U0872687

荆楚文庫

〔光緒〕續輯咸寧縣志

〔清〕陳樹楠　諸可權　修
〔清〕錢光奎　余益杞　纂

荆楚文庫編纂出版委員會
武漢大學出版社

荊楚文庫

〔光緒〕續輯咸寧縣志

GUANGXU XUJI XIANNING XIANZHI

圖書在版編目(CIP)數據

〔光緒〕續輯咸寧縣志/〔清〕陳樹楠,諸可權修;〔清〕錢光奎,余益杞纂.
—武漢:武漢大學出版社,2021.4

ISBN 978-7-307-21879-6

Ⅰ.光…

Ⅱ.①陳… ②諸… ③錢… ④余

Ⅲ.咸寧縣—地方志—清代

Ⅳ.K296.33

中國版本圖書館 CIP 數據核字(2020)第 214364 號

責任編輯:朱凌雲

整體設計:范漢成 曾顯惠 思 蒙

責任校對:汪欣怡

出版發行:武漢大學出版社(中國・武漢)

地址:武昌珞珈山

電話:(027)87215822 郵政編碼:430072

録排:武漢恒清圖文菲林輸出工作室

印刷:湖北新華印務有限公司

開本:787mm×1092mm 1/16

印張:25.75 插頁:6

版次:2021 年 4 月第 1 版 2021 年 4 月第 1 次印刷

定價:118.00 元

ISBN 978-7-307-21879-6

9 787307 218796

《荆楚文庫》工作委員會

主　　任：王瑞連

副 主 任：王艷玲　許正中　梁偉年　肖菊華　尹漢寧　郭生練

成　　員：韓　進　陳　亮　盧　軍　陳樹林　龍正才　雷文潔　趙淩雲　謝紅星　陳義國

辦公室

主　　任：陳樹林

副 主 任：張良成　陳　明　李開壽　周百義

《荆楚文庫》編纂出版委員會

顧　　問：羅清泉

主　　任：王瑞連

副 主 任：王艷玲　許正中　梁偉年　肖菊華　尹漢寧　郭生練

總 編 輯：章開沅　馮天瑜

副總編輯：熊召政　陳樹林

編委（以姓氏筆畫爲序）：朱　英　邱久欽　何曉明　周百義　周國林　周積明　宗福邦　郭齊勇　陳　偉　陳　鋒　張良成　張建民　陽海清　彭南生　湯旭巖　趙德馨　劉玉堂

《荆楚文庫》編輯部

主　　任：周百義

副 主 任：周鳳榮　周國林　胡　磊

成　　員：李爾鋼　鄒華清　蔡夏初　王建懷　鄒典佐　梁瑩雪　黃曉燕　朱金波

美術總監：王開元

《荆楚文庫·方志編》編纂組

組　　長：賀定安　陽海清（執行）

副 組 長：劉傑民（執行）　王　濤　謝春枝　范志毅（執行）

參編人員（以姓氏筆畫爲序）：

王　濤　李云超　宋澤宇　范志毅　柳　巍　馬盛南　陳建勛

梅　琳　張文静　張雅俐　陽海清　彭余焕　彭筱溦　賀定安

楊　萍　雷　静　劉傑民　謝春枝

編　　審：周　榮

顧　　問：沈乃文　李國慶　吴　格

出版説明

湖北乃九省通衢，北學南學交會融通之地，文明昌盛，歷代文獻豐厚。守望傳統，編纂荆楚文獻，湖北淵源有自。清同治年間設立官書局，以整理鄉邦文獻爲旨趣。光緒年間張之洞督鄂後，以崇文書局推進典籍集成，湖北鄉賢身體力行之，編纂《湖北文徵》，集元明清三代湖北先哲遺作，收兩千七百餘作者文八千餘篇，洋洋六百萬言。盧氏兄弟輯録湖北先賢之作而成《湖北先正遺書》。至當代，武漢多所大學、圖書館在鄉邦典籍整理方面亦多所用力。爲傳承和弘揚優秀傳統文化，湖北省委、省政府決定編纂大型歷史文獻叢書《荆楚文庫》。

《荆楚文庫》以『搶救、保護、整理、出版』湖北文獻爲宗旨，分三編集藏。

甲、文獻編。收録歷代鄂籍人士著述，長期寓居湖北人士著述，省外人士探究湖北著述。包括傳世文獻、出土文獻和民間文獻。

乙、方志編。收録歷代省志、府縣志等。

丙、研究編。收録今人研究評述荆楚人物、史地、風物的學術著作和工具書及圖册。

文獻編、方志編録籍以一九四九年爲下限。

研究編簡體横排，文獻編繁體横排，方志編影印或點校出版。

《荆楚文庫》編纂出版委員會

二〇一五年十一月

前言

《〔光緒〕續輯咸寧縣志》八卷首一卷，清陳樹楠、諸可權修，錢光奎、余益杞纂，清光緒八年（一八八二）刻本。牌記鐫：『光緒壬午年刊。』

陳樹楠，字筱園，陝西鄠縣人，同治十年（一八七一）進士，光緒五年（一八七九）任咸邑令。諸可權，字肖菊，浙江錢塘人，諸生，繼樹楠任縣令。錢光奎，字少白，邑人，歲貢，咸寧候選訓導。余益杞，字午峯，邑人，同治六年舉人，沔陽州學正。章列侯，字蘭室，邑人，舉人。

咸邑宋元無志，志自明天順學博伍公始，萬曆鄉先達孟公五岑（養浩）繼修之。入清康熙時耐菴王公又裒輯之。同治時愚溪陳君復據王志爲藍本編次成書。十七年後，欲修省志，而檄催咸志。時知縣陳樹楠於光緒八年開志館，推錢少白董其事，余益杞與焉，章蘭室、董雨三先後從助，繼任知縣諸可權成之。

是志卷首列序文，並録萬曆志序二篇、康熙志序六篇、同治志序三篇，有徵志啟、舊徵志啟、凡例、目録。志文八門九十三目，主要爲：疆域（輿圖、星野、形勝、沿革、疆界、鄉都、山川、街衖、鎮市、古蹟、風俗）、建置（城池、公署、郵傳、舖舍、津梁、坊表、陂塘、壇廟、寺觀）、秩官（上諭、官制、秩官表、名宦列傳）、食貨（户口、田賦、漕南、雜税、倉儲、蠲賑、卹政、物産）、學校（廟圖、廟制、建修源流、祀位圖、封崇表、名宦祠、鄉賢祠、忠義孝弟祠、節孝祠、祀儀、學制、學規、學官、學額、射圃、學田、書院等）、人物（仕籍、選舉、徵辟、應例、武選、封蔭、忠義、孝友、義行、隱逸、列女）、藝文（制、表、疏、記、序、説、書事、碑、跋、頌、賦、詩等）、雜紀（災祥、兵防、耆壽、技藝、流寓、仙釋、金石、拾遺）。

此志爲同治志之續，『内容較前志無多增删，只稍變體例』。舊志列八綱，諸目從其類附之，但編次失倫，故是志略加斟酌，仍首疆域，秩官居建置之後，食貨列學校之先，次人物，次藝文，拾遺綴以雜紀終焉。舊志諸目有序有論，八綱概未題詞，是志凡前志有者皆承襲之，缺者則補並標識之。

舊志無表，此志疆域類立沿革表，秩官類立秩官表，學校類立封崇表，且仕籍有表，選舉有表，征辟、保舉、椽吏爲一表，補選職銜爲一表，武選、封蔭各爲一表，概遵一統志例。舊志建置類誤收射圃，謬名秩祀，本志參酌釐正，將射圃改歸學校，將秩祀易名廟壇，以符合義例、綱領。人物志舊載仕籍選舉各類立表而傳附之，此志增忠義，孝友、義行、隱逸傳仍附人名下，此承前志而沿其例者也。

内容之變著，如風俗節序，舊志風俗僅録郡志前志數語，未免簡略，節序所紀今亦不盡如古所云，此志重加採輯，風俗則增補之，節序則釐正之。又如舊志食貨類載賦税章程過於缺略，此志詳加蒐討，參以府志、通志。志書例有雜紀一門，舊志寥寥數條，所取過隘，方技、流寓又載無考。此志間存舊文，博採群書，外增耆壽一類，紀事更名爲兵防。

錢光奎序稱其『立體裁具徵啟，發凡舉例、博訪周諮，取前志之存者互相參訂，考之通志、郡志以決所疑，旁稽江蒲志以證同異，善者因之、訛者校之、繁者芟之、脱遺者補之、失次者序之，事以類分、例以義立，類例之端，各著臆説，蕭規曹隨十九，多沿前志。』

是志僅有光緒八年刻本，《中國地方志聯合目録》載國内多地均有收藏。《中國方志叢書》《中國地方志集成》皆曾收録影印。此次以湖北省圖書館一藏本影印，葉面不佳者，如卷首4A、7A、12A、27B、卷六應例表3B、武選表3A、義行傳30B、列女132A以湖北省圖書館另一藏本替換，其中卷首27B版面改動，内容有增。（宋澤宇）

目録

卷之六　人物

咸寧縣志

光緒卅年季栞

續輯邑志序

奎既窮且老蕿落無所用棲遲望雲山莊不與人世事久矣歲壬午邑續輯志乘齒及於余余不文奚能為役而諸君子見委之意則殷甚也請於筱園陳侯侯遞延午峯余子蘭室章子同司載筆弗獲固辭因思方志之書風教係焉苟有可盡之心力不得謂無責於其身倘朝廷之政教弗紀賢司牧治行弗傳鄉先正勳業文章弗耀忠臣孝子貞烈義婦之卓行苦節弗彰是邑之陋亦士大夫之略也豈特山川景物韻事芳蹤黯沒銷沉為可流連而嗟嘆哉余是以勉而承之頃志告成矣諸君

子又謂余宜有言以揭諸簡端則謹為之序曰前事之不亡後事之師也咸劃江蒲置邑宋元無志志自明天順學博伍公始是歲亦壬午也鄉先達孟公五岑繼修之逮　國朝耐菴王公又裒輯之近愚溪陳君復據王志為藍本編次成書今惟孟志亡耳餘皆具在余何庸贊一詞然攷成都古華陽國志趙清獻刪修為集記矣王恭簡公復輯續記范石湖胡長文相繼撰丙丁二記一書經數人之手往往然也爰竭一得之愚立體裁具徵啓發凡舉例博訪周諮取前志之存者互相參訂考之通志郡志以決所疑旁稽江蒲志以證同異善者因之訛者校之繁者芟之脫遺者補之失次者序之事以類分例以義立類例之端各著臆說蕭規曹隨十九多沿前志若知之有未至編之有未及者自知不免也其有待於後之君子乎余滋愧矣余行自念也在昔太史公作史記而唐司馬貞採摭異聞為索隱歐陽修著新唐書而吳縝又撰糾繆外如吳仁傑之兩漢刊誤補遺陶宗之五代補錄皆以正原書之失而人推其有功於作者余何人斯敢希往哲但自秉筆以來實事求是校讐繕寫亦身任之年已七十矣日不暇給率夜漏下四十刻一燈炯炯慘淡經營雖乏史家之長而得失寸

心惟恐有負委任區區之衷竊願與諸君子共質之惜午峯事未及半司鐸沔南暮雲春樹未得樽酒細論遺舛之咎其得而辭諸則亦聽其罪我與知我而已少白錢光奎序

續輯邑志序

志者史家之支流也自班孟堅漢書有志陳承祚遂名三國至史志輿地者三輔黃圖爲志畿輔之始元和郡縣志爲一統志之始吳郡圖經爲郡志之始鄴錄爲邑志之始自是州邑皆各有志統疆域建置田賦學校官師人物藝文之屬覼縷變續用備郡志通志一統志裁擇而太史氏亦得所依據以爲討論之資甚盛典也自來稱述卓卓者郡推姑蘇邑推武功王康二公本良史才宜其所作雄視百代矣然王志當時即有訾議康亦

見譏後世志豈易言作哉夫人非博通今古具知人論世之識未許以厠著作之林否則率爾操觚而欲袪紕繆而免嘲訕難已咸立縣始南唐保大歷宋元數百年紀載無徵明天順時學博伍君始創爲之繼以萬歷孟公 國朝康熙時王公同治時陳公成書具在惟孟忠定所纂徧搜無得今去丙寅才十有七年疑若可以已者恭逢督撫各大憲編纂通志檄咸采訪邑尊陳公筱園以爲不佞不佞忝邑人士謀焉僉曰丙寅志視前此備矣顧訛漏亦所時有不及此釐正沿襲益久補救奚從爰踴躍籌資推錢子少白董其事不佞與焉章子蘭室董子雨三先後載槧鉛以從夫咸縱横不及百里截江蒲東西偏而邑之南唐遠今千餘歲矣伍孟諸公歷加纂輯尚待掇拾不佞雖苦心搜訪而地處窮僻家少藏書先民事實挂漏詎免矧兼資采訪者固多實事求是而從不加意與瞻徇世故亦豈必無惟將無作有以僞亂眞不佞確有見聞則不敢以阿所好編次未就忽奉司鐸沔陽之報不獲及躬告成是用耿耿然千慮一得竊欲獻芻荛以曉方來而荒疏陋劣尤望後君子匡

所不逮則非徒不佞之幸也已

邑人余益杞午峯氏謹譔

續志敘

邑舉人章列侯蘭室

自丙寅至今壬午纔十有七年耳志胡以續曰　上臺之檄催嚴也前志所未及者當補入也夫咸雖小邑而實四通八達之區山川形勝人物奇特仙釋隱逸才媛貞女節烈婦之表著城池鄉舍戶口賦役之繁重古蹟市鎮坡塘寺觀土產之眾多人傑地靈指不勝屈見諸紀載者不綦可考哉然自唐宋以迄元明兵火頻仍邑志難云全備明時學博伍公輯之於前邑令王公元炳邑紳少司農孟公義甫至　國朝康熙間何毅菴大令與邑紳王耐菴前輩兩續於後亦云善矣但年湮世遠

考証難週即藏書家所存字迹亦多漫漶兼以蠹蝕鼠傷簡斷編殘令人悵悵同治丙寅邑紳陳愚溪廣文張介農別駕業重加纂訂付剞劂以垂後歲壬午　上臺復修省志檄咸再輯邑乘　邑侯陳筱圃夫子已延余午峯孝廉錢少白明經理其事後以　侯自天邑岳江書院歸適賦閒居促　侯共理遂不獲辭而載筆從事竊以邑之有志也猶國之有史也史與志事同而實異史有褒貶志第錄其事蹟可爲勸導者彰明之而劣迹遺行采訪者不登諸手冊纂輯者亦無事搜求此其所以異也然而其事有甚難焉者節孝生人所重取之寬則易濫繩之過則近刻非貿乎人心之所同然折衷諸義理之至當未易云善由是以思修志之難也不難於考覈之精而難於斟酌之善不難於發微闡幽而難於循名核實有一事之未妥則於心不安有一語之未安則於眾不協即譽之不以爲是笑之不以爲非矣而風化所關前無以昭彰往哲後無以感發來者則亦安用秉筆爲敘而不浸簡而能該此其所以難也昔曾子固有言知信乎古而不知合乎世知志乎道而不知同乎俗今茲志之修其信乎古耶其合乎世耶其志乎道同乎俗耶是難逃有識者之鑒矣志成聊附數語於簡端而共

證焉

明萬歷乙巳志序　孟養浩邑人

咸故無志天順間博士伍君嘗屬草焉今百五十年矣磨滅漫漶不復可識薦紳先生難言之萬歷甲辰關中王侯來蒞咸甫下車即詢邑志慨文獻之無徵毅然身肩其任而以載筆屬予予最款啓乏三長不嫻於史顧以邑人習邑事義不得辭也乃稍檢舊志參之乘史證以老吏所誦說彙爲六卷各千萬言夫志郡邑之史也史以綜天下之故而志以攄一隅之實皇華遣使周爰咨度太師陳詩觀采風謠太史奏而記之以存往蹟鏡方來陳得失之林昭懲勸之公志允史之權輿胡可廢

也咸地褊小才當子男三之一又其建最後唐宋而上無聞焉孔子不云乎吾猶及史之闕文也夫信信信也疑疑亦信也吾徵其信者而闕其疑焉故於宋元而略也吾不敢誣也於明而獨詳也吾不敢佚也是故仰瞻天度俯察地宜形著於下象見於上精祲相摩氣類相召天人之際如鼓答桴無不應也熊繹受封子紅胙鄂羅侯置守分領併隸爲鎭爲縣詘伸代謝譬之置棋不常所治我是以有星野方域之表山厚象仁川虛象智灝氣盤鬱烟光浩渺地紀人文其致一也王公設險與民守之乘與濟人君子譏焉向明出治非壯麗無以示威與賢育才虞庠周雍不見異物而遷斯爲士矣我是以有山川城池津梁公署學校之籍厥土塗泥火耕水耨呰窳偷生民鮮積聚承流之使冠蓋相望置郵如綫疲於奔命我是以有田賦郵傳之紀法施於民以死勤事非此族也不在祀典聖哲之變仙釋間出緇衣黃冠其麗不億青牛白馬之談猶河漢而無極也我是以有壇祠之錄豈弟君子德音不遐召棠故址峴淚堪揮高山仰止典型猶存我思古人雖百世之上僾然如將見之矧生同其地者乎我是以有宦蹟名賢之傳惟鄉三物論定後官匹夫有善可得而舉也里選既湮科貢斯

闢射覆爭奇得雋者王士生斯世即莘巖有側注進耳我是以有仕籍之考江漢化行莫不靜好柔嘉維則聖善之儀雖元堂既闕而彤管猶芬我是以有淑媛之述在則人亡則書識大識小惟愛則傳媚竈諛墓之詞不足存也我是以有藝文之輯孔子有言吾志在春秋彼隱桓之際則章定哀則微爲其有所刺譏也夫褒諱挹損之文吾何敢知要以抉其幽微正其譌舛芟其繁蕪增益其所未備闡前喆之清徽俟後人之可信則知我罪我有斯志在矣夫王侯蒞咸未閱月嚴保甲清積蠹諸善政且次第畢舉余拭目俟之而茲獨先其大者是

可以觀志云

明萬歷乙巳志序　趙邦柱 邑

聞之墨子曰吾觀百國春秋蓋國不乏史云自秦罷侯置守令而郡邑之志與家國二史並垂國史善誣家乘善溢夫其經緯天地原本山川苞孕民物恩者不得譽而怨者無所修其郄則郡邑之志憂憂乎難矣今言史者徧宇內十室之邑靡不緗袠爛焉而吾咸獨否夭順間學博臨川伍君嘗剏爲之稱具草耳旋亦蠹蝕不復可句學士大夫橫經而閱八紘問以邑事莫置對也往予爲吾友義甫言古人尚友先自其鄉杞宋之事孔

子慨焉若任邑乘闕如何以令天下後世知有咸也義甫笑弗答居久之關中王侯進諸生知邑志湮佚狀爰謁義甫請焉義甫唯唯乃檢舊志什一益以耳目所覩記彙爲六卷踰月而告成事於是王侯殺青走使白下而屬敍於予予蹶然起曰吾志也而大夫成之耶居今之世志古之道所以自鏡也咸地褊小割江蒲東西偏而邑之蒞之以令尉董之以師儒一邑之山川民物夭喬蝡動性㙜之態具焉觀政則餘澤猶芬考德則高山在望懿行微言星列滿目迹其遺事想見其爲人無乃惻然而有企心而仰止思齊以庶幾昔人於今日則是

編之大有造於咸也昔王仲宣記英雄欲以其時重於古荆楚傳先賢欲以其地重於天下春秋云邁陵陸已遷而二書之存猶若琬琰其色而傳之曹子桓氏云文章不朽誠非虛也矧一邑鉅典千秋鴻業賢師帥實執牛耳而鄉之名卿偉人奉槃盂從之組繡其舌金石其指以圖爲人紀明章天化爲萬世規有不美愛可傳流麻千禩者乎不佞浮沈郎署匏繫白門未由操管從義甫後效千慮之一覩是編怦怦然心動焉夫自是而咸之人知有其鄉與天下後世之知有咸也則是編在矣

王侯諱元炳陝之蒲城人義甫諱養浩邑人

康熙乙巳志序　知縣 何廷韜

居今而卓然具千古之識能斷然衡千古之事者誠賴有文獻之傳也文獻傳而故典備故典備而一代之史彰矣史雖

國書而其成必資郡邑之志以邑統於郡郡統於省省統

於京師故大一統

聖天子車書全盛之模而守庶邦者牧伯師尹宣化中外之

職也自郡而下凡在屬邑志可不詳具歟然邑志之作必參以野史方言之紀載故老隱碩之傳聞徵信也信則公公則信今而可以傳後甲辰秋九月韜奉

命任咸事方兢兢飲氷茹蘗修政和民甫及朞而邑中之
庶務修百廢舉農樂其田疇士澤以詩書得持其以咸
治咸者上報
聖天子固守職然也退食之暇取往志讀之宋元以來有傳
人因有傳享惟明嵩歷乙巳而後曁我重熙累洽之世
六十餘年之事蹟略焉未著夫咸雖小邑其間山川之
輿形士民之禮教人官物曲之輔相户口田賦之生聚
而輻輳守土者本實心以行實政則一邑之志胡可不
博稽纂輯耶適　上臺飭續三楚全志徵書於咸爰進
邑薦紳及諸弟子員互相參校錄一事必錄其事之信

而無疑甄一人必甄其人之名而當實當因者因之非
以蹈沿徇舊跡也未備者備之非以增飾炫新華也閱
三旬而成編登之黎棗用是達之　上臺獻之彤廷樂
觀館閣之編撰以成
國朝一統之史乘前以驗往後以彰來無徒曰一邑之書也
竊猶得俟諸有識者訂千古之同心焉

訓導胡　珏

康熙乙巳志序

余栖遲咸學官星霜飽歷廡楹之下山川風土相習而
深學敷武面相山則執政當世故墟也遠挹鐘臺則北
海書室在焉唐宋名公卿赫赫照耳目而元明兩代忠
孝偉望猶其近觀懷古盱衡未嘗不深幸夫邑志之詳
而可攷也春秋百國各有書蕭何入關盡收圖籍丙吉
東曹考業邊瑣由此觀之古人致治圖籍之功斷未容
泯志可昔有而今無與夫咸當江蒲地未割一鎭也保
大間始立爲縣宋元志不傳前明天順時學博伍君實
始編輯司農孟公復續編於萬歷乙巳首尾百年賢有
司得以居今知昔斟酌物產裁制壤則相風土順天時
志所由重也兵燹散佚留心者鮮余方愧才不逮伍君
第顧執鞭弭以俟君子之至斯也蓋六年於茲歲甲辰
關東何侯奉

簡書臨咸其明年慨然首商邑志徵邑髦士刻期續編稽
三月志成詳於前乙巳同於昔之伍君而相成此不朽
者甚盛典也予坐臥廡楹日友頤相山博綜於唐宋元
明之間俯仰於車書一統人文物產之麗庶無負此星
霜云耳例有序余不敏願僭以書諸左

康熙乙巳志序

鄭邦相邑人

天文有分野地輿有疆域封建之制變爲郡縣其間或
百里或數百里阻山距河語言物類懸殊不一豈非天
地有自然之排設而隨時因革人特爲之輔相裁成者
與山川之氣民物生焉有樸有僞有良有悍而土之肥

瘠俗之善淫靡不隨氣化以相感非有廉明之吏與端謹之士夫以倡明教化維持風習則樸者良者皆不可恃以爲理而况望其有忠孝節義之士孕育而起者乎此人之所以與天地參也邑有人而邑治猶之國有人而國治天下有人而天下治也賢人者衆人之則也前人者後人之師也文獻不足邑典闕如其何以矩矱百世聞風興起也與此志之不可已也咸志始於天順間學博臨川伍君翔之繼萬歷年間　邑侯諱元炳王公領之而先達鄉先生養浩孟公纂輯成卷余生晚不得覯其人復不得稽其籍滅没數十年縱父老傳聞疑信

相半其間士之仁者大夫之賢者愚夫愚婦之節烈名儒碩彦之理學才臣傑士之忠義勳名間不乏人而竟無傳焉主持風教誰之責與咸之民樸魯而耕耨故兵凶不至於走險咸之士敦謹而詩書故矜肘不及於城闕咸之官温儉而鮮驕侈故科名間作不敢爲墨吏所由然者星川之氣鍾之者和受之者正而又有良牧休養甄育於其間風純俗美殆斯人之力也甚矣志之不可已也美而弗彰孰爲之前盛而弗傳孰爲之後故千百年之聖踪賢跡四海九州之名山大川搜之輿圖燦若列星而况在户牖里巷之間乎邑之有志以彰前也以訓後也以示凡爲吏者不可不聚生齒而慎賦役而凡爲世祿者不可不尚忠孝而羞淫侈也此修志之義也余有意未逮卽授鄖令仕優則學竊自勉焉乃吾弟走書饒陽盛稱邑侯何公新任廉明而喜邑人感之以修輯咸志請序將不以簿書吏視予也而曷敢辭焉若夫著述之詳略是非之眞贋三代遺直父老存焉去浮就實討古論今立不朽之言昭垂典則所望諸君子敬徵以勷厥成矣

康熙乙巳志序

鄭之謨邑人

洪濛既闢清甯位分岳瀆之精上應列宿星野之區下配八極條理燦著邃古而然矣載籍以來九州形制詳於禹貢十五國風備於魯詩繼此而方輿山海之經三都兩京之作人物風土之記紛然雜出故以域中之大赤縣神州而廣凡名山大川之阻距古聖前賢之出處珠璣百寶之興藏草木禽魚之方產靡不展卷燎然若揭日月而行中天顧閭里之近眉睫之間故典不彰文獻莫考往者湮滅來者無傳豈非士夫之責也耶甚矣邑不可一日無志也何也一邑之志一邑之史也山川

之美惡必書風俗之貞淫必書民情之悍樸必書户口物產之繁簡必書忠孝廉節之行實必書名賢羽仙之遺蹟必書故讀志可以觀風觀風可以知樂知樂可以察禮察禮可以考政於以寓勸懲而移風易俗在此也志所係豈微哉咸志始於宋元明天順中取而輯之者學博伍君福也萬歷中詳而編之者前邑侯元炳王公鄉先達養浩孟公也煨燼之餘廢缺無存三紀以來目不覩是書矣邑侯何公毅菴於治咸之明年遍索民間始得殘編命邑中諸君子纂輯成書余適以省覲來歸問敘於余余備員史館方學楊子雲日懷鉛提槧向使

者問外國事況先輩芳型景仰在望所樂覩也麗藻遺文所樂讀也幽貞逸節所樂道而闡揚也附名不朽復何辭焉夫後之視今亦猶今之視昔若覽是志者知所興起敎行而俗美士端而民純山川毓秀人文踵作侯志不以地重而以人重則李北海之高標馮文簡之芳模如邑乘所紀者庶乎其不墜云

康熙乙巳志序

王禹錫 邑人

郡應垣也邑百里專城應宿也邑長令北宅南向坐奉君令以臨民也君應極日東出躔十有二皇建而人民會歸於極長令上應列宿一邑休徵戾氣罔不係於身

而人民會於長令豈常人任也前志謂咸初爲永安南唐割江夏地而以咸甯名至宋元祐益以蒲圻地編十六里版圖田賦歲入禹服武郡屬縣有九州有一咸壤地犬牙山可界也界之水可界也界之遠而兩粵西蜀滇黔罔不取道於咸而其繁疲時與會城等從來長令有負兼才有中人之資有恩慈獨勝皆父母也下車日五方風土不同而山川城社形勢户口壤賦時代人物遠近所產不一左右豈堪備顧問而父老子弟烏容源源備舉而進賴夫邑志以供覽也前志明天順間博士伍君屬草字漫漶板泐蝕不可讀而於萬歷乙巳歲關

中王侯與先達孟公商訂而復輯成全卷此萬歷乙巳夏也歲紀元會一週適關東何侯蒞咸之年亦以甲辰秋侯將種而文吏也負洛陽賈誼之才仿終軍弱冠之姿道傍聚觀舉手加額相慶一望而知爲慈父母也夫不知侯孝友天植奉母隨任慈命是凛錫類之賡應格豚魚亡何索詢邑志鼎革後志湮滅斷簡侯於乙巳夏首徵禹於歸田山僻更進子衿十餘士於輶輭假室㕑舉前王侯乙巳所輯今乙巳復賡而輯之殆有進焉矣侯諭定卜吉大集貲稿立編志館公餘退食簡騎從短葛箭袍日一視事禹彰厥高深用告同執自禹而外職

編次蒐討分任各執一事事有不實不詳禹不敢筆凡
編次蒐討徵有未合諸友未嘗輒許也是志更有進焉
不但參之前乙巳遡而上伍君屬草以及元志更搜郡
邑之備名公鉅卿山人韵士詩歌以雅以南以頌者是
無取焉不謂有進焉不可一體侯之誠切志其一端爾
乃若三載異績自有彤管書之可拭目以竢禹其揮汗
屬草研墨成文

康熙乙巳志序　陳璧 邑人

聞之星日之垂昭諸古史覽物之槩寄在方聞咸邑舊
志明以來號差備矣其季年兵火流離典文散失以鄂

淦風物人文之盛而載籍泯闕懿美弗彰君子觖焉璧
操刀學割慙賦歸來徒勞輿踩實云有志而未逮也當
事者有修葺三楚通志之舉檄下邑邑侯何公毅菴欣
肩任之一日集諸紳士採諸名宿慨然詢其事於余以
爲諸士倡璧何知焉然遡厥前乙巳修志於今越六十
年凡山川風俗戶口壤賦星紀災祥名宦人物與夫忠
孝節義廉潔孤尚有關名教者不論缺簡殘篇問吟一
得悉得採取而編錄之廣搜旁覽分類成書顯微闡幽
小善必錄未一月而成蓋以耳目之所常覩記者共紀
其事必確必公不浮不溢以是而達於　上臺傳之四
境質諸鄰封庶乎其有光如此典矣夫邑載家乘各具
名山之勝流連觀覽仍同拱璧之珍後之採風茲土者
一開卷而恍然見吾邑山川人物之盛見吾邑山川人
物之盛而何侯撫字苦心其德業之遠及者千百載後
如或親見璧亦藉是以與爲不朽何典之隆也語云莫
爲之前雖美勿彰莫爲之後雖盛勿傳於是乎贈之以
言卽不覺其欣幸之極而忘其言之贅也以是爲序云

同治丙寅志序　陳怡

古者列國皆有史官掌紀時事至秦變封建爲郡縣志
乘以作其義例權與於龍門班范而考核則惟

大清一統志爲最精後有作者弗可及也已咸志創自前明
天順間續修於萬歷間逮我
朝康熙六年毅菴何君復釐訂而蒐討之頗稱完善卽今
所謂舊志也二百年來兵燹摧殘簡編剝蝕有待於補
葺掇拾者甚多怡於同治四年夏承乏斯篆辦理善後
之暇接見都人士議修志事深愜余懷良以有人心而
後有風俗有觀感而後有人心況斯邑爲聲明文物之
區顧坐視獻缺文殘幽光過鬱無論非士大夫桑梓敬
恭之誼抑亦非守土者維持風化之心也怡爰竭心力
以成其事並訪延名宿暨公正紳耆分任纂修采訪稽

星躔之分野辨疆域之沿革表揚志士仁人之大節以及貞媛烈婦之孤衷分三才而各爲一類加之蠶田水利以與養道學文章以興教餘者備敍繼自今人心風俗之觀感意在斯乎意在斯乎至若山川名勝博雅士能言之固不必侈談金山淦水竹嶺梅坡䰎䰎然摛藻摛華吟風嘯月也邇因瓜代有期未遑蒇事姑先錄其大旨俟希續成斯志者博采旁搜以匡未逮是則怡之厚幸也夫

同治丙寅志序　沈寶柟

士人讀書先四子六經次歷代綱目以及

大清一統志與廣輿記諸書皆宜備覽周之何則讀古書鑑古人體今書審今事也嘗有皓首窮經文章自命一行作吏而未能措施裕如者泥古而不知準今也予生自江浙長於山左承先君子訓朝夕稽考以道光甲辰舉於鄉同治癸亥南宮報捷晉庶常館越乙丑改職牧令丙寅三月奉

簡命來宰斯土欲悉民風先觀邑志乃知咸甯立縣最遲在宋元無書可考至前明天順臨川伍學博始纂輯以成書萬歷閒官紳王孟二人續修述

國朝康熙六年前賢何毅菴偕邑紳王禹錫又修之今二

百年有奇雖有是書而藏之者鮮卽徵諸世胄間獲一二緘而編殘簡斷揣合殊難因嘆邑志之修也亟甚況下車伊始正值

憲札催辦之時方惴惴然懼無以應命適有同年生陳君愚溪張君介農等編志稿呈政於予並懇予備文呈政於上憲予於公暇逐句逐字詳閱細審見其星野輿圖學校建置與夫食貨秩官人物藝文諸類綱著爲八卷成十五條分縷晰詳不厭冗簡不病遺是宜以剞劂成書以備郡志省志之採因以備

一統志之採至邑中山川之勝風土之宜詩書科第之迭興

忠孝節義之競爽一開卷而朗若列眉固不必贅以誇美之詞焉是爲序

同治丙寅志序　雷以誠

邑之有志原以載山川險要城郭溝池祠廟衙署戶口賦稅風尚土物人文科第以及忠孝節義並流寓釋道隱逸方技莫不條分縷晰用備郡志省志採擇以成一統志之盛予幼時讀書不出戶庭及應小試水陸所經見有挂榜銅鼓尖小龍潭蘋花溪灊山寺石洪溫泉等處聞皆志書所載也比至邑城東門見豐碑屹立有指稱曰此宋馮文簡公讀書臺故址也又有鐘臺山闖係

唐李北海讀書處石案臥榻倘存洞中予未得至其所此皆吾邑古來人傑之見於前史者意其文章事業邑志或能較詳且聞前明人才炳蔚仕宦頗多迄我
朝國初自鄭野謀前輩晉詞館後竟有皓首窮經以得一賢書爲難中間如張公巽峯宗崑胡公理齋章皆以進士得官均未聞有談及邑乘者家大父北軒公藏書頗富而獨無邑志詢之戚好亦鮮存此書是用耿耿道光癸未予成進士由刑部郎官出使閩浙隨轉監察御史升禮科給事中曾致書吾邑學博胡崑白璧華同年澥其訪覓舊志商之同邑紳耆重新編纂終以經費無出

不果行其後予歷任內閣太常大理奉天府丞兼學政復升左副都御史出使南河旋升刑部侍郎
欽差幫辦軍務怨被議遠戍西羌到配未久即蒙
恩起用還都今乃罷職歸來計筮仕四十年所歷地方往返奔馳約三四萬里足迹幾半天下席不暇煖且值吾邑屢經燹刼竊慮典籍淪亡不復能酬修志夙願也茲官秀峯爵相制府以吾楚漸次肅清省志已成灰燼文憲無稽諭前任方伯厲伯符札令各府州縣趕修志乘前任邑侯羅液池先行倡捐並請兩學博偕邑紳共議設局與修事未舉而羅公忽因潰勇謀逆殉難續經陳邑侯心台仍延原辦諸公力成此舉嗣陳交卸赴南漳新任沈公粟香實授前來相繼督修並將覓得舊志郵寄到省予反覆披讀始知邑志肇自前明天順中輯之者學博伍君也萬歷中詳而編之者邑侯王公與鄉先達養浩孟公也逮
國朝康熙乙巳歲邑侯何公毅菴與邑紳王公禹錫搜殘纂輯內翰鄭之諶撰序即今所存舊本也第閱歲已久鼠耗蠹蝕紙頁破綻不免亥豕訛謬若不及早重加釐正將圖籍日就湮沒故老無存後雖有心欲再修舉必至無可徵信矣今諸君子合力同心肩任其事以舊志

爲程式攷訂詳核酌理衡情不參私見可因者因之缺者補之復旁搜博訪凡有關風化者徧採而登記之洵足信今而傳後俾邑之中有所觀感士食舊德農服先疇相與敦品力學樂業安居將見人才輩出於以黼黻
皇猷光我家
國而凡蒞茲邑者亦皆以循良相勸勉德教行而禮俗成舉於斯志基之矣乃忽走伻肅函丐予一言列之簡端予自維前以主講黃州河東書院時適值漢皋戒嚴吾邑方在攻試以故不能赴局今春復受聘訂定江漢書院掌教未遑懷鉛握槧與諸君子晨夕蒐討身在事外

掠取美名靦顏可愧然既承不棄譾陋屈指首及遇茲
盛舉近則伯仲諸君遠則繼伍孟諸先賢之後並傳不
朽不可謂非生平之幸云

續輯咸寗縣志姓氏

光緒八年壬午

主修

咸寗縣知縣陳樹楠 進士 筱園

咸寗縣知縣諸可權 諸生 俏菊

監修

咸寗縣教諭陶翊空 副榜 靄春

咸寗縣訓導黃元昕 舉人 仲丹

承修

候選訓導錢光奎 歲貢 少白

沔陽州學正余益杞 舉人 午峯

協修

候選訓導章列侯 舉人 蘭室

校閱

候選訓導董禹勳 拔貢 呂仲

採訪

伍兆霖 邑庠生 獻卿　幸嘉會 邑庠生 竹心　張達琛 邑庠生 寶琴

劉德馨 邑庠生 小銘　艾尚昇 邑庠生 鳳洲　葉國霖 廩膳生 雨香

孫天錫 廩膳生 哲夫　錢平元 邑庠生 心畬　呂安詵 歲貢生 覺之

童衡 邑庠生 六平　王龍光 邑庠生 暘予　周煥文 邑庠生 斐然

周繼濂 邑庠生 蓮舫　伍文瑞 邑庠生 清華　朱小沸 太學生
方鏡明 歲貢生 南湖　余開第 孝廉 鴻谷　石廷玉 廩膳生 郎山
方瑞山 邑庠生 星墀　陳楚翹 教職 少海　黃家鈺 職附生 仁山
樊鳳起 舉人 丹池　毛鴻儀 歲貢生 羽卿　石鏡明 拔貢生 晴江
陳定煌 太學生　陳丹書 廩膳生 輔臣　周際虞 邑庠生 兼山
章兆吳 邑庠生 少室　胡玉琳 邑庠生 寶臣　胡登壽 恩貢生 雪門
陳清揚 歲貢生 婉如　陳金谷 邑庠生　毛有珠 職員 子權
羅名湘 邑庠生 金階　周宗源 邑庠生 起齋　余兆禹 邑庠生 輔丞
余燮堂 職員　陳耀東 太學生　廖樹棠 邑庠生 朗山
余文品 邑庠生 梅丞　余性芳 邑增生 蘭谷　鄒綏之 太學生

吳鳳璪 舉人 采洲　江意揮 孝廉 指如　黃濤 職生 雪荃
萬壽山 邑庠生　雷煥奎 廩膳生 寶臣　潘麗生 太學生
廖桐階 邑庠生　張濟川 邑庠生　金琢周 邑庠生 序東
吳國琛 邑庠生 小雲　胡春昇 邑庠生 之軒　吳殿琛 邑庠生 丹霄
王炳春 邑庠生 印心　何煥南 邑庠生 蓉山　魏子奇 邑庠生 毓農
何光廬 廩膳生 愛吾　董鳴盛 邑庠生 竹軒　賈序鏞 邑庠生 登如
劉立廷 教職 小石　劉玉昆 邑庠生 桐軒　張庭輝 孝廉 允圃
胡藻 邑庠生 雨亭　楊友三 廩膳生 梅村　胡漢臣 邑庠生 燮亭
吳憤徽 邑庠生 獻臣　陳經 上舍生 芸軒
梓人 吳曉然 武昌人 知門

舊修邑志姓氏

明天順五年壬午志

主修

咸甯縣知縣 陳灝 蔭生 公遠

纂修

咸甯縣教諭 伍福 舉人 天錫 江西臨川人

明萬歷三十三年乙巳志

主修

咸甯縣知縣 王元柄 陝西舉人

纂修

明戶科左給事中 孟養浩 邑人 進士 義甫

國朝康熙四年乙巳志

主修

咸甯縣知縣 何廷韜 蔭生 毅菴

咸甯縣訓導 胡珏 舉人

纂修

長山縣縣丞 王禹錫 邑人 拔貢 耐菴

參輯

邑恩貢士 陳璧 長瑜

邑副舉人 張檄 只書

邑恩貢士 唐范英 耳瓚

校閱

王貴錫 廩膳生　闞 韡 歲貢士 甯生　沈建昌 歲貢士 昌侯

李旭白 歲貢士 東若　趙拱乾 拔貢　錢有年 歲貢士 蔡英

佘希聖 歲貢士

同校

孫可儀　鄭邦命　季立楷

胡虞賓 邑庠生　孟應衡　孟佐盛 增生

趙拱宸 庠生　李贊中 歲貢士　黃應元 庠生

孫瑞業

同治五年丙寅志

主修

攝理咸甯縣 陳 怡 府銜 心台

咸甯縣知縣 沈寶枬 翰林 栗香

纂修

前任天門縣教諭 邑人 陳國正 舉人 愚溪

協修

候選直隸州州判 邑人 張應惇 副榜 介農

前任寶豐縣知縣 邑人 佘光斗 貢生 印如

候選訓導 吳廷選 廩貢 椽生

邑優廩生 何運珍 聘臣

總理採訪

咸甯縣教諭 張 鼎 梅丞

咸甯縣訓導 夏應霖 雨人

校閱

國子監上舍 張慎先 稺農

邑增廣生員 劉之均 溥田

邑庠生 張嗣先 喆生

邑庠生 周命鈺 兩如

邑文童 鄭緒洸 經四

採訪

盧允恭 郡庠生 古漁　楊至恕 邑庠生 心如　辛大坤 邑庠生

陸寶文 邑庠生　劉德馨 邑庠生 小銘　伍兆霖 邑庠生 賦卿

鄭啓猷 孝廉 升之　葉啓忠 邑庠生 藎臣　陳興本 廩膳生 培之

梅鳳鳴 教職 曉谷　童文樞 副榜 星帆　王汝霖 廩膳生 福農

錢振聲 太學生 振之　周繼濂 邑庠生 蓮舫　朱煥南 邑庠生 祝峯

程先民 邑庠生 是齋　方景山 邑庠生　洪以芳 武舉 聲揚

張寶鏞 太學生 星樓　黃仁壽 邑庠生 靖臣　石輝玉 邑庠生

樊鳳起 廩膳生 丹池　毛鴻儀 廩膳生 羽卿　章兆奎 邑庠生

胡 馨 太學生　孫福田 邑庠生　陳瑞麟 邑庠生 春圃

佘作賓邑庠生　施春華太學生　甘鶴林太學生
佘逢吉郡廩生　佘文品邑庠生梅丞　萬澄清太學生
江意揮孝廉指如　佘華柏邑庠生翠岩　辛黼臣邑庠生
周承元職員　周福元廩膳生理皆　王道東邑庠生
夏錫疇邑庠生壽田　袁定河郡庠生礪山　蘇松濤邑庠生
蔡文偉副榜　董鳴盛邑庠生竹軒　張庭輝邑庠生允圃

書手

闕增倫邑人振綱

梓人

葉桂軒武昌人丹丘

啓

錢光奎少白

咸甯志志咸甯也志成於同治丙寅五年由今壬午逆溯之才十七載耳何更庸修爲曰續修之也續修者何丙寅新志因康熙乙巳志而增輯之者也去取失當且紊次序邑之人弗善是也議改修者久矣適臺臣續修通志檄　邑侯以方志上并下采訪章程至光緒六年爲斷六年前修有新志者亦須續行采訪以昭畫一咸是以有續修之舉夫志修於未修新志之時作必待述始顯志修於已修新志之後續更較創倍難曷難乎覆車猶未遠耳倘蹈前轍不慎不公不詳不實則訛未訂也闕未補也斟酌未當也抉擇未精也一事之差一字之貶隨之矣難一志與史同而異有褒無貶而譽過其實猶之毀掩其長新志人物卷中涇渭同流嚴之則斂怨寬之則滋議難一志以紀事亦以徵文新志藝文若傳記若詩章瑜爲瑕掩白以緇污因仍焉弁陋貽譏刪削焉才力不逮難一修志先須籌款咸連年與作隄防猶循舊例也他如社倉如衙署如奎星閣經費悉取諸民而復擾之以續志家諭戶曉庸必聽乎難一兼此數難改修之議所爲遲遲而弗果也然憚其難而不之曆續歲月遷流老成凋謝茫茫墜緒漸至失傳後縱有起

而輯之者眞贋已莫辨矣其何以成信史則何如乘此修之之爲得哉夫天下事不以難自阻未有不臻厥成者也頃者　邑侯命下詢謀僉同諏吉日開志館進不佞等而屬之以載筆從事不佞夙夜祇懼惟恐失墜因思闕疑存信責在纂修而錄實釐眞事由采訪有如此之前功舊緒而不能立體裁勤蒐討書一事必眞紀一人不濫猶復因陋就簡承謬襲訛纂修者之咎也以閭里之習見熟聞而不能本大公之見酌至當之歸隱情惜已雜僞亂眞使一邑之風教湮而典章紊讀志者議論沸騰則采訪者之羞也豈不佞所以自處哉豈不佞所望於都人士哉敢露微忱恭疏短引維諸君子匡予不逮共勉其難以無負　邑侯之命謹啓

舊徵志啓 康熙乙巳

咸甯縣　何廷韶

維咸楚滏名區野分翼軫武昌屬郡地接江蒲金城聳乎四鄉延袤亘以百里其間山川秀麗人物祥符蘋溪傳北海之雄文潛石留稚川之仙蹟山名相嶺人傑由於地靈水號帶河脅流爽乎腕渚眺梅坡而念丹陽懿範步青臺而仰文簡元風至若孟機之淸憲忠定之諫垣雲漢爲昭日星共耀緬懷往蹟幸際今休然玉麗山輝珠滔川媚必紀載資於博物方著作協夫同文獨念華故伊邇稽古維艱即家有藏書未免苔封綠字及匱湮方策奚由雲護金縢欲校圖章之罔闕實求文獻以可徵用詢故老傳聞無嫌夫珠遺滄海確抜先民典則所合夫日燦中天藉是搜羅必悉庶幾考核宜詳韜民牧攸寄邑宰是司按慚刻鶩才愧雕蟲適承　憲輯王會之圖特飭郡守方輿之志采故本以續新筌於今爲烈索前徵以彰軼事曠古莫違時移而物未改作述恆關聖明古往而今自來守待壓分先後雖方言野史明若著占即家乘稗官燎如犀照凡我先達士夫崇文碩逸世代藏優柱秘不妨示我考求前人紿有囊珍尤望資予采輯先型是式後學有徵夫金山滏水之區皆人文淵藪而鍾臺挂榜之地盡理學宗工注望同人欣懽

共事咸標繡虎之心裁各擅雕龍之巧范氷紋製錦用
能藻繪於縹緗玉屑分硎豈徒工飾於鉛槧法太青之
紀事石室堪傳倣文毅之遺書鄖函特勒釋疑存信考
古即以證今就簡芟繁雖風直能訓俗方物既多載乘
太史具有明徵惟冀士林之編纂上備
彤管之撰修敢侑名卿聿修盛典

凡例十三則

一振裘者必挈其領紀事者務提其要舊志列八綱諸目從其類附之知體要已但編次失倫今略加斟酌邑分土因而分民域民以封疆之界仍首疆域秩官居建置之後治法必需治人也食貨列學校之先既富而後加教也教化與行人文蔚起次人物次藝文猶恐有遺也拾遺綴之以雜紀終焉此志之序也

一志有序文序作者之緣起自應弁首舊志原序暨修輯姓氏仍臚列簡端俾當年首事勷事諸先達存而不泯苦心共揭云

一志分類編輯冠以小序此通例也舊志諸目有序有論八綱概未題詞今有者因之間參存之缺者補之並標識之不敢因陋亦不敢掠美

一志之有表肇自腐遷舊志無之今疆域類立沿革表秩官類立秩官表學校類立封崇表且仕籍有表選舉有表徵辟保舉掾吏爲一表廕例補選職銜爲一表武選封蔭各爲一表非創舉也避一統志例也

一疆域最重輿圖自經起九道禹貢有圖後世圖象之學尚焉漢高入關鄧侯先收圖籍晉裴秀析其說爲六唐賈耽繪地圖以寸析里近世胡渭禹貢錐指用之此圖

法也舊志輿圖不明其法方位錯亂水道模糊不可爲模範今按通志局頒發程式照式繪圖審定方向以水道爲經以人行路爲緯證以采訪所到分晰詳註披覽之下瞭如指掌

一疆域首紀星野天先乎地之義也舊志星野未圖星象今繪各星象圖證以漢唐宋明諸家之說星占星經星度亦類載之占驗家乃得依據

一風俗節序附諸疆域舊志風俗僅錄郡志前志數語未免簡略節序所紀今亦不盡如古所云因重加採輯風俗則增補之節序則釐正之據實直書不敢浮詞

一舊志建置類誤收射圃謬名秩祀今參酌釐正射圃改歸學校方合義例秩祀易名廟壇乃符綱領

一舊志食貨類載賦稅章程過于缺略今詳加蒐討參以府志通志先舊章按賦役全書註載丁隨糧派之疏附爲次今例按丁漕指掌註載折減充餉之示附爲其他起存各款津貼雜稅亦類及之編氓完納展卷了然矣

一舊志學校類載廟學規制失之紊亂今謹按次第縷晰條分先廟制凡廟中之事附焉次學制凡學中之事附焉若綱在綱有條不紊

一志收藝文體例不同范至能吳郡志康對山武功志詩文隨款附綴舊志則藝文別爲一門今遵舊志例并隸藝文至篇章次第去取意旨已載小序中

上諭不敢褻入藝文謹列各款前合比事屬詞之意使覽者觸目警心

一人物志舊載仕籍選舉各類立表而傳附之此變前志而改其例者也增忠義一類及孝友義行隱逸傳仍附人名下此承前志而沿其例者也列女先前代次本朝舊志採錄者分姓彙編之今志採報者分都臚列之至殉難婦女捐生完節殊堪悼憫附貞節之後而才媛壽媛賢媛亦附錄之

一志書例有雜紀一門舊志寥寥數條所取過隘方技流寓又載無考更隘甚矣今闡存舊文博採羣書數條下匯事增之外增耆壽一類紀事更名兵防庶符體例

續輯咸甯縣志

續輯咸甯縣志卷之一

疆域　輿圖　星野　形勝　沿革　疆界　鄉里　山川　湖泉
井洞　街巷　市鎮　古蹟　墳墓　風俗　節序

周禮形方氏掌制疆域正其封疆無有華離封域皆有分星星土之說舊矣然非一邑所得專故地以統之地紀輿圖猶天垂星象披覽形勝瞭如指掌邑析自沙羨益以蒲壤祝其夾谷沿革可稽爰是畫界域民分鄉記里名山大川用表厥鎮山下出泉川匯爲湖或源或委逝者如斯井洞幽邃市集嘈雜一寂一喧以類差次自古在昔先民有作異蹟芳蹤景仰如昨生存華屋零落山邱墟墓生哀九原可作此外風隨土異氣以里差與

化推移因時節宣是在守土者志疆域　壬午續志補

輿圖每方五里

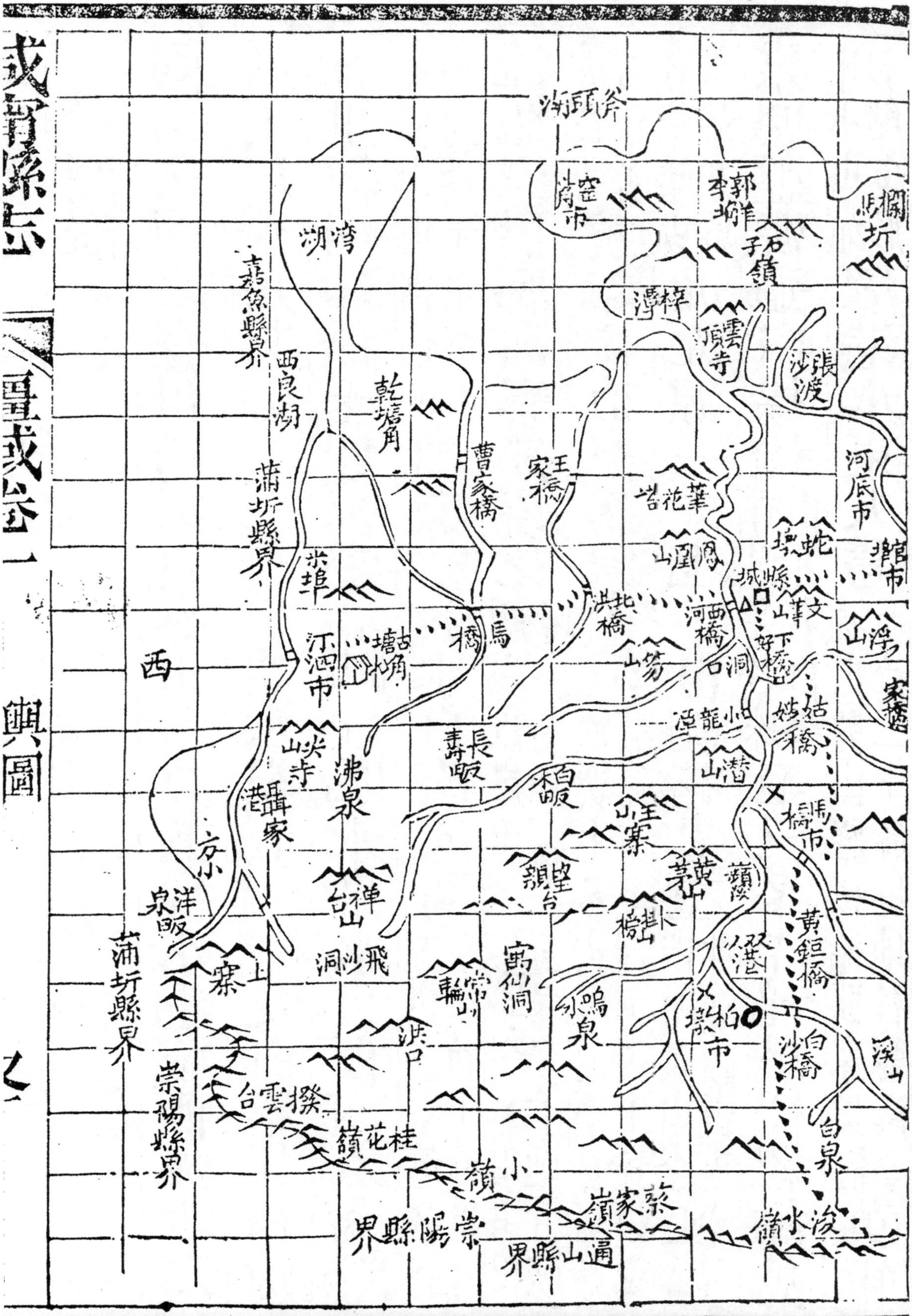

西
湖灣
西良湖
嘉魚縣界
蒲圻縣界
乾塘角
曹家橋
王家橋
馬橋
汀泗市
長壽畈
沸泉
白沙畈
洋泉畈
禪台山
飛沙洞
桂花嶺
小嶺
蔡家嶺
崇陽縣界
通山縣界
沒水嶺
白泉
白沙橋
柏墩市
鳴泉
縣城
雲頂寺
張沙渡
河底市
姑嫂橋

圖說

兩山之間必有川焉禹貢導山所以兼導水也咸西流水之幹河曰淦川其源有二一出浚水嶺（嶺與通山分界）及白崖泉西流五里經白沙橋至雙汊港（新建河橋）兩鳴水泉水自西南入焉（源出常輪山與寓仙洞相通約十里許）柏墩（有茶釐局）水自南入焉（源出金家湾楊家畈約十餘里）合流朱家橋歷高寨注蘋花溪（在洪崖山下一名挂榜山）過黃茅山（山上田地膏腴居民耕種）經黃鉅橋直至馬家橋河（河廣七八丈可通小舟划船載運下至西河橋上達柏墩有市集設茶釐分局）此淦源一支也一出桃花尖左（即鐘台山李北湧讀書處）桃花泉歷盤源過白楊橋（有僧寺名珠山亦名白楊）至三峯寺龍溪橋經鮎魚（洲小山如鮎魚形）濯港水東入焉（源出盤山經楊橋張家橋西流二十餘里地名雙溪）流黃鉅

橋入蘋溪至馬家橋河此淦源又一支也自是合流西折抵潛山（山半有寺馮文簡讀書處葛洪煉丹岩丹竈亦在此）北出石洪（有溫泉）經白槎姑嫂橋水入焉（源出楊下至此十里）西流小龍潭白木畈水入焉（源出飛沙泉雙碑橋至此十餘里）雙嶺水自東入焉過青林北出盤泗洲下好橋水入焉（源出曾家橋經淦山約十里許）迴爲茅潭南過笏山（一名帶帚山）洞口水入焉（源出長壽畈）逕至金山（名淦川以此）經縣治西北城下過西河橋折而西北至鳳凰山爲羅家渡過朱老廟經嚴家嶕（有筆花塔）又折而東南至立寨溝縈折五曲至官寨官埠赤口二水入焉（官埠源出長嶺至團塘橋流十里至栗林老鸛橋水注之流五里至官埠○赤口一名株樹港發源九嶺北流架城舖西折達新橋橫溝水注過赤土嶕與官埠港合）西流至小港口過雲頂寺匯于紫潭湖（有河

泊所今廢）湖以北之水入焉至白公潭北入斧頭湖以達金口（一名塗口）入于江此西流水道也東流水之出樊口者其源亦有二一由桃花尖右經祝家畈至李家巷石獺口水（發源金雞山側）入焉流新橋轉至張家橋小寨畈水（發源桃花觀）入焉至孟家橋東西源水（二水發源大墓山合流三星橋）入焉流至高橋（有市集大武昌地界）注於牛鼻潭合雙溪橋水（發源石川畈）下達高家河此一支也一由石川畈山陡石口經楊埠橋楊家畈而鹿過橋園田水入焉出舒鉄口六齋橋水入焉（源出茅屋舖）過石門山入潘家橋流雙溪橋至楊堡與高橋水合流以達高家河匯于東良子湖出樊口入大江此又一支也皆東流水道也外西流者汀泗橋港水一支源出蒲圻洋泉歷土寨經方小聶家港水入焉（源出蒲圻）至汀泗經米埠入西良湖又馬橋港水一支源出沸泉經彭陂至馬橋亦入西良湖外東流者桃林港水一支源出桃林舖（通省驛路）（有烟墩）逾北至黃石橋入黃塘湖又賀勝橋水一支由孟家衝發源經冠山余花坪以北之水注焉亦入黃塘湖水道之或源或委畢具于斯矣若東良子湖者地屬武昌與咸無涉西北斧頭湖水面縱橫六十里許隸江夏者十之五隸嘉魚者十之三咸約二分而已長隄屬嘉境地咸例只協修不贅境內多山東南桃花尖爲祖西北禪台山爲宗其他大小高低皆其支分者也崇岡峻嶺礙難備載至形勝古蹟與凡有名

之山已按地里所在繪入圖中一目瞭然矣（壬午續志補）

星野

序曰自周禮以星土辨九州之分野左氏善誣康成强附學者疑之及觀裨竈梓慎之言靈憲法象之志因星以辨土因分以察變未或爽也蓋地有是形天有是星形之所凝天象昭焉在朝象官在野象物在人象事精氣相盪無足異者咸甯古楚國江夏之域也自范蠡鬼谷張良諸葛亮譙周京房張衡並云翼軫楚荊州江夏入翼十二度入軫亦十二度按星官家云在天一度應地二千九百二十三里咸分土江夏益以蒲圻延袤不

滿百里尚不足度之一分既入翼惡得兼軫哉然萬家之邑精物亦大矣雩而雨火而反風凡以令身自有之也夫郡邑之長有君道焉今之邑長古之子男則休徵戾氣豈盡不相感召耶抑亦可思也已 王志

紫微垣北斗玉衡星主楚按春秋緯北斗七星主九州大別以東至雷澤九州荆州屬衡星春秋緯文耀鉤北斗分野荆屬衡星

太微垣上台第二星主荆揚按論語摘輔象兗豫屬上台荆揚屬下級

天市垣西垣第二星主楚按天文圖兩垣共二十二星

東垣首宋終魏西垣首韓次楚

五星熒惑主楚按漢書吳楚之疆候在熒惑占於鳥衡

星經熒惑主揚州荆州

二十八宿屬翼星按漢書楚地翼軫分野晉書江夏入翼十二度

十二次舍屬鶉尾按周禮疏鶉尾楚也史記天官注翼二十二星軫四星皆爲鶉尾在吳楚之分於辰在巳攻左傳襄公二十八年歲淫於元枵裨竈知楚子將盡且曰歲棄其次而旅于明年之次以害鳥帑周楚惡之鳥帑尾也故鶉尾屬楚 王志

按星野之説伍志小序略已王志增之益以三垣五星二十八宿十二次舍而亦未詳古者天官之學不下數十家各主一説言人人殊以今授時歷量天尺校之星度又變歲差故耳歐陽子作五代史書人不書天其旨微矣然我咸文簡之生天禧五年德星入翼十二度至皇祐元年祥雲繞華蓋星文簡大魁天下天人之應如桴鼓然終不敢謂古説盡可廢也爰圖星象并存諸說星占亦附載焉以俟鏡機之士 壬午續志補

南方朱鳥

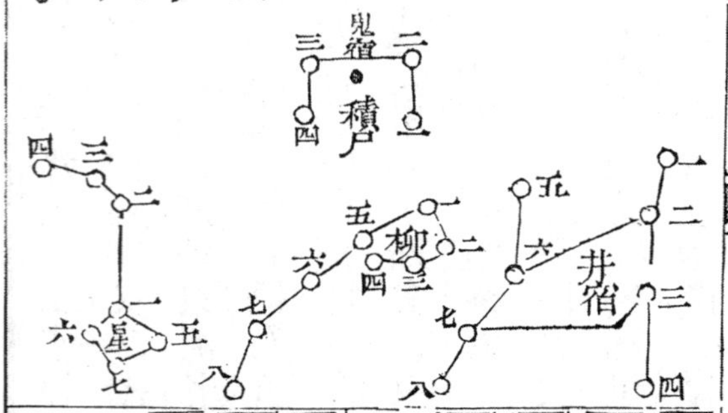

黄帝分星 自張十八度至軫十一度爲楚分

西漢志 翼軫楚分野今南郡江夏皆楚分

費直周易 起張十三度至軫七度荆州分

班固三統歷 自張十七度至軫十一度爲鶉尾於辰在巳分野屬荆州

蔡邕月令章句 起張十二度至軫六度謂之鶉尾

陳卓郡國躔次 自張十七度至軫十一度楚分

皇甫謐世紀 自張十八度至軫十一度于辰在巳今楚分野

七宿總圖

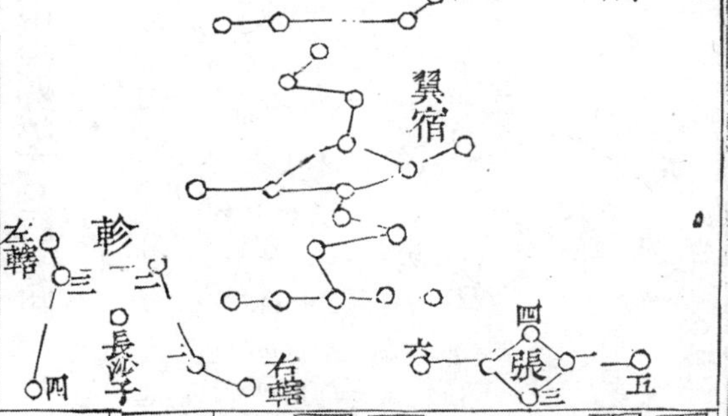

唐書天文志 翼軫鶉尾也起張十五度至軫九度

唐一行大衍歷 翼軫鶉尾也初張十五度餘千七百九十五杪二十二太中翼十二度終軫九度

明大統歷 自張十七度至軫十一度爲楚分

欽定明史天文志 自張十六度至軫九度鶉尾之次湖北武昌府皆軫分

翼宿圖

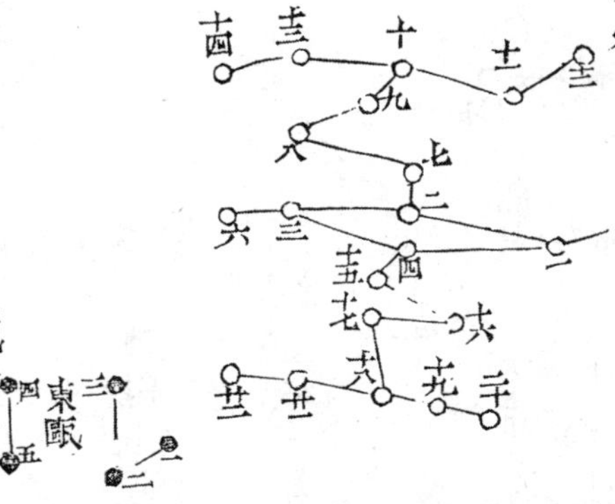

東甌五星今儀象志無

星經 翼凡十八度一說十八度七十五分 內二十六尺爲黄道

晉天文志 翼軫楚荆州江夏入翼十二度

漢史記 翼爲羽翮主遠客國翼二十二星爲天樂府又主夷狄占明大禮樂興四夷服從則天子舉兵以伐亂者

考要云 翼主太微三公化道文籍此皆甘氏之說若張衡諸志大略與太史公同

正義云 翼二十二星合軫七星皆爲鶉尾楚分野

星經 星孛于鶉尾荆域有變黑雲氣貫翼軫主荆楚水

軫宿圖

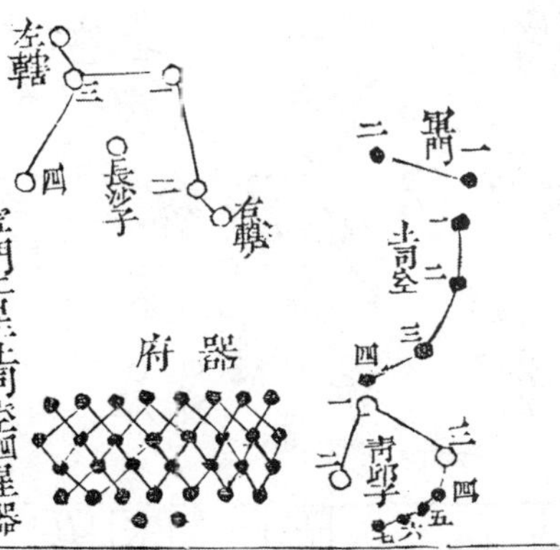

軍門二星土司空四星器府三十二星青邱四星今儀象志無

星經 軫凡十七度一云十七度三十分內十三尺爲黄道

春秋元命苞 軫星散爲荆州江夏入軫十二度

漢史記 軫爲車主風國索隱曰宋均云軫四星居中又有二星爲左右轄車之象也與巽同位爲風車動行疾似之也

晉志 主車騎主載任有軍出入皆占于軫離徙天子有憂

張守節正義 軫四星主冢宰輔臣又主車騎亦主風占明大則車騎用太白守之天下學校散文儒失業兵戈大興熒惑守南方有不用命之國

紫微垣北斗第二星分楚圖 又四星主楚

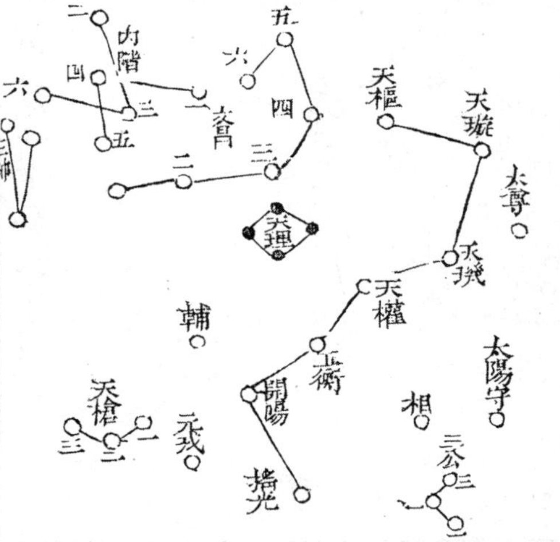

隋志 璇北斗第二星謂之法星主月爲楚

宋天文志 北斗第二星曰璇其分爲楚

漢天文志星經 玉衡者謂斗九星第四星主荆州救考要云一主徐二主益三主冀四主荆五主兗六主揚七主豫八主幽九主并北斗凡九星二陰星不見故只云七星

星占 天璇主地主陰刑女主之位若有變必天子廣營宮室妄鑿山陵玉衡主土主中央主殺有罪變色不明必天子務淫聲而廢正樂

太微垣上台三星分楚圖

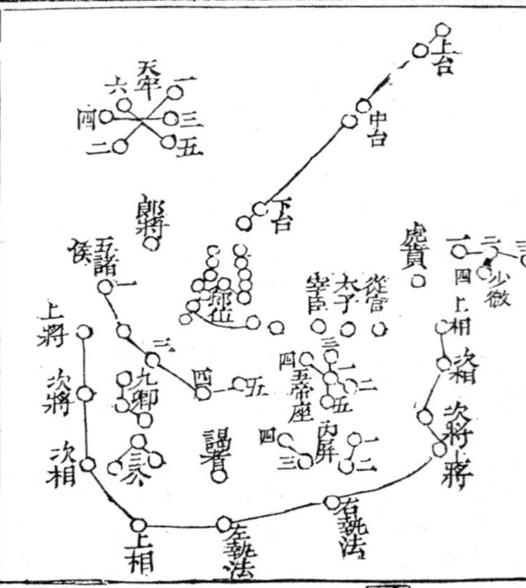

宋天文志 太微垣三台六星兩兩而居其西北近文昌二星曰上台上星主兗豫下星主荆揚

星占 上台爲司命主壽上星爲天子下星爲女主若有變各以所主占之

天市垣西藩十一星分楚圖

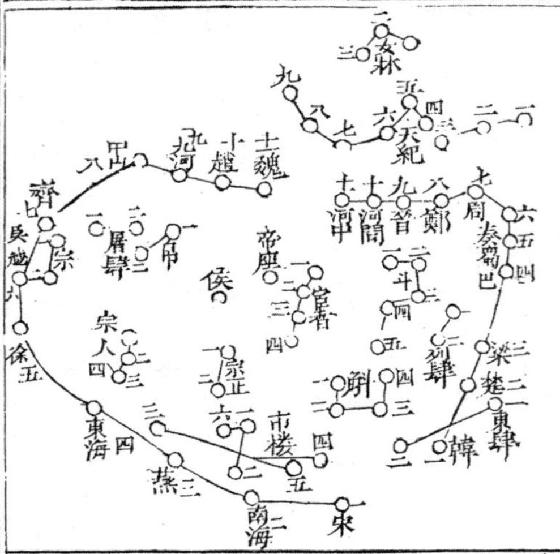

宋天文志 天市垣二十二星南二曰楚

星經 天市中衆星潤澤歲豐西藩二星主楚財帛明大吉

星占 二十二星國市也衆民交易之所宜潤澤光明左右環曲各主其國以爲占市中星衆則歲實熒惑守主戮不忠之臣若怒角守之臣殺其主彗主徙市易都客主兵起五星入市門亦主兵

五車五星在畢東北分楚圖

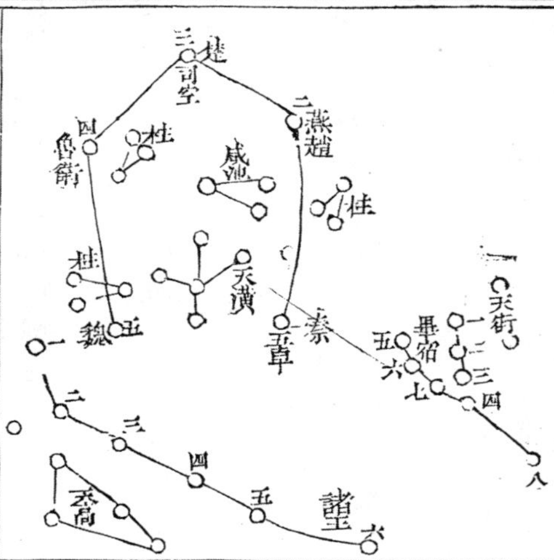

漢史記 五車五星西北大星曰天庫主太白秦也次東北曰天獄主辰燕趙也次東曰天倉主歲魯衛也次東南曰司空主鎮楚也次西南曰卿主熒惑魏也

漢張衡渾天賦 以五帝座東南中一星爲司空主鎮星爲荆州

宋天文志 五車五星在畢東南中央星司空主鎮楚也

星占 五車均明則倉庫實無兵災不見則否各以所主之國占之

牛女之南魏西一星分楚圖

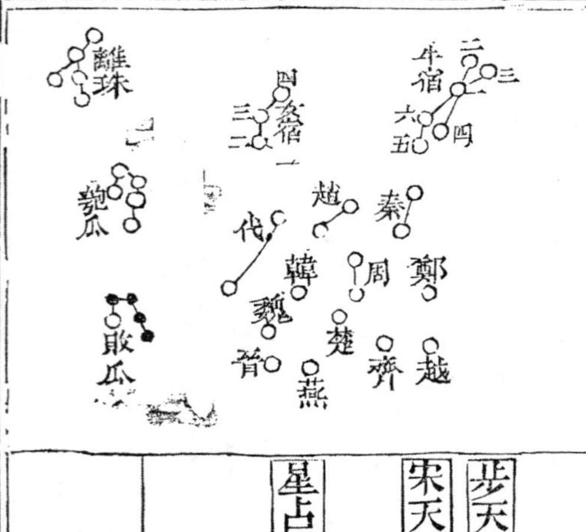

隋天文志 星官在二十八宿之外者魏西一星曰楚其星有變各以其國

步天歌 楚之一國魏西屯

宋天文志 十二國凡十六星在牛女之南魏西一星曰楚

星占 十二國星若有變動流亡五星陵犯則其國當咎

紫微垣天極星定分野度數圖

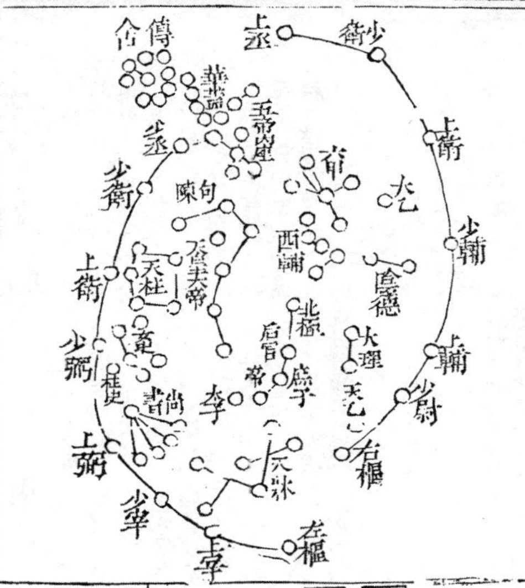

楊泉物理論北極天之中極南爲太陽極北爲太陰

元史鄂州出地三十一度半

明史湖廣北極出地三十一度

形勝

金山横其前紫潭匯其後左連昌國右接蒲嘉達黔粤之要逵爲武鄂之前屏舊志鐘臺白望排左堆青紫潭黄塘右眺鸐鶴何廷韡登高記鄂渚上游控扼險阻銅鼓山稱雄峙宿曹湖作寨濤唇齒輔車實相倚賴府志金山淦水之地犖乎四鄉舊通志南有銅鼓堤西有成山寨明史

論曰吳子對文侯曰在德不在險矧咸無險可恃也西南幾萬里道必由咸咸疲邑也要在司邑者調停郵賓中設遞所以蘇其困仁義以爲金湯忠信以爲甲胄而又本之以浴德則民安盜息桴鼓不聞詎非屹然眞形勝哉王志

沿革

咸在禹服爲荆史記鬻熊子事文王其孫熊繹事成王繹孫渠甚得江漢民伐庸蕩粤至於鄂封中子紅爲鄂王按鄂故城在今武昌縣非今日省會漢置江夏郡領縣十四沙羡其一黃祖始于沙羡置邑伍志邑作屯又名夏口成在江北時江南無夏口之稱按黃祖爲江夏太守仍治西陵以夏口爲重鎮移守此以拒吳在今漢陽縣北七里祖爲江夏太守治沙羡者特爲置之耳舊志指爲是邑者謬吳置武昌郡晉咸和中立汝南郡南北朝爲郢州爲北新州隋爲鄂州唐天寶仍爲江夏大歷三年割金城豐樂宜化三鄉置鎮吳乾貞三年改爲永安場南唐保大十三十三亦作十二年始升爲永安縣宋景德四年舊志云開寶初恐誤改爲咸甯縣屬鄂州哲宗元祐元年又割蒲圻長樂鄉以益之元屬武昌路明改路爲府咸甯屬焉

國朝因之編戶一十六里

史通論史氏流別有十九曰地理杜君卿曰言地理者在辨區域徵因革知要害此述作之大凡也而沿革最難實沈主晉爽鳩國齊惟博物君子能道之溯咸所由來禹貢曰荆春秋進楚地屬沙羡名易永安府志伍志互有得失爰訂其譌誤起唐虞至

國朝按歷代史志及通志參以江夏志次第註之遵

大清一統志列表於左亦古人左圖右史意也後之覽者可以了然矣志沿革壬午續志補

沿革表

唐

洪水平肇十有二州屬荆州地

虞

地仍屬荆

夏

禹受命以十二州爲九州地仍屬荆

商

詩維汝荆楚屬楚地

周

分天下爲十二州周禮職方氏正南曰荆州周夷王時楚熊渠封其中子紅爲鄂王始名鄂鄂王城在武昌縣咸邑亦隸鄂

秦

始皇二十三年虜荆王分楚地爲四郡江南屬南郡咸隸南郡

漢

高祖六年置沙羨縣屬江夏郡前漢書地理志江夏郡領縣十四次九沙羨時咸甯未設地屬沙羨

東漢

邑仍屬沙羨按黃祖爲江夏太守曾邑沙羨考水經注云沔左有卻月城乃沙羨縣治在漢陽縣北七里祖僑置之江北以拒吳按興平四年孫策擊黃祖軍至沙羨當即在是舊志引誤

三國吳

漢獻帝二十年權備分荆州江夏郡屬權權析江夏東境沙羨等縣置武昌郡郡治武昌縣沙羨時屬武昌惟魏黃初二年吳於鄂渚築城取對岸夏口之名治沙羨後又省沙羨西南境置蒲圻縣咸仍屬沙羨

晉

武帝太康元年平吳析沙羨西南境置沙陽縣則君邑又爲沙陽按晉書地理志武昌郡縣七吾曰沙羨六曰沙陽是二縣也水經注云沙陽縣治本江夏之沙羨是更沙羨爲沙陽祇一縣也非是又析沙羨西境益蒲圻時蒲兼有咸地

東晉

成帝咸和中以汝南民流寓夏口僑立汝南郡治塗口今名金口即古沙羨太元三年爲汝南縣省沙羨入之時咸又爲汝南矣

南朝宋

武帝孝建元年置郢州移江夏郡治今黃鵠山有郢城遺址咸此時屬郢州

南齊

移郡治沙陽

梁陳

分郢州置北新州復於沙陽置沙州陳因之

隋

開皇初平陳州廢江夏郡爲鄂州改汝南曰江夏縣江夏名邑始此仍治塗口開皇中移今江

唐

武德四年仍爲鄂州天寶初改曰江夏大歷二年割金城與樂寧化三鄉置永安鎮明史云唐於

夏治時江夏兼咸甯地

江夏南境置永安鎮

五代

吳行密乾貞三年改爲永安場南唐保大十三年即以江夏南境三鄉升永安縣隸鄂州見寰宇記

宋

景德四年避永安陵名改爲咸甯縣哲宗元祐元年又割蒲圻長樂鄉以益之

元

改州爲路至元置鄂州路大德中改武昌路統七縣咸甯其一

明

改路爲府太祖甲辰年二月改爲武昌府領州一縣九次三咸甯

國朝

仍之下字避宣宗廟諱遵奉諭旨改作寧咸豐初又改作甯

疆界

東西廣八十里南北六十里延袤一百里

東行小路五十里至大塘凹本縣上五都抵興國州界

西行舖路三十里至汀泗橋抵蒲圻縣界

南行小官路五十里至浚水嶺抵通山縣界

北行舖路四十五里至賀勝橋抵江夏縣界

東至興國州治三百里

西至蒲圻縣治一百里

南至通山縣治九十里

北至本府小路紙坊一百八十里東湖街大路二百四十里

東北至武昌縣治二百四十里

西南至崇陽縣治一百二十里
西北至嘉魚縣治一百四十里
水路至南京二千三十里陸路一千七百一十五里
水路至北京五千四百七十五里陸路三千零六十里
水路由斧頭湖出金口至本府三百里
論曰傳曰國無小不可易也千里專城百里應宿所謂其地足容其民足守者矣咸雖小且瘠豈有裔民哉長吏者時其疾苦而噢咻之廣狹可無問也伍志

鄉

金城鄉　宣化鄉　豐樂鄉　長樂鄉

都

一都金城鄉　二都金城鄉　三都金城鄉
四都豐樂鄉　上五都豐樂鄉　下五都宣化鄉
六都金城鄉　上七都宣化鄉　下七都宣化鄉
八都宣化鄉　九都長樂鄉　十都長樂鄉
上十一都長樂鄉　十二都金城鄉　上十三都長樂鄉
下十三都長樂鄉

論曰古者萬二千五百人爲鄉咸之有四鄉也其古制歟曰非也特紀其鄉土之名焉耳金城宣化豐樂三鄉劃之江夏西偏者也長樂一鄉益以蒲圻東偏者也合四鄉爲邑析每鄉爲四都都十有六都亦里之名非周禮之四縣爲都也秦制十里一亭十亭一鄉漢以鄉屬縣迄宋明因之又按唐九州志一萬戶以上爲望縣七千戶以上爲緊縣五千戶以上爲下縣今咸十戶爲一甲十甲爲一里十有六里計戶僅當下縣三之一兹非邑之最小者歟伍志

山川

相山　在縣治東南數百步與儒學相對宋參知政事馮京讀書其上故名其下舊有相山書院今廢

東皋山一名登高一名東高　在縣東城外與相山并峙爲一邑之

鎮臨眺則湖光山色宛在襟帶間晉孟嘉嘗游焉明知縣陳灝建亭其上康熙年間知縣何廷韜修今廢

白望山　在縣東南六十里望極江夏白湖故名

金山　在縣南二百步與天馬山接晉善輝禪師住錫夜有光如燈至曉乃散一名金燈山山之陽爲金山寺後遷城内名資福寺遂以遺址爲山川壇順治初禪僧如是圓寂有塔今廢

天馬山　去城半里其麓建金燈閣爲明孝廉孟應乾讀書處閣廢

鳳凰山　在縣西三里以形名

熨斗山　在縣西四里俗名風火斗卽通志云鈷鉧山

笏山　在縣南五里巍峯卓立自應宿樓望之秀聳天際爲縣治外案笏插青雲俗名掃帚山

鷄子山　有二一在縣南十里山嘗有鷄潔如玉飲啄林際名玉雞林訛爲玉岐林明隱士孟養蒙築方開堂於其下又一在縣東四十里

埜山　在縣東三里山勢連亙開屏列嶂爲縣龍少祖

龜山　在縣東四里其形似龜

浮山　在縣東八里卓峙塘中若浮故名名湖山上有太子祠其神無考歲旱禱雨輒應

潛山　在縣南二十里形如展旗上有壇相傳葛洪煉丹處入古蹟卷

桃花尖山　在縣東六十里高出萬峯卽鐘臺山　入古蹟卷

金鷄山　在縣東南五十里高數十丈頂有巨石上有竅如碗者二可受二升清水四時不涸疾人飲之輒愈取水旣盡頃復如故鄉民建廟名金鷄寺廢址存

金城山

大墓山　在六都東原爲咸與分界世傳唐李靖母墓在焉上有三十六峯峯下靈泉禱雨有應　一云眞人張道清母墓人犯之則致風雷

輞山　在縣東四十里突起平陽聳秀圓曲如車輞一石宛若神駿上有祠明末賊兵犯境王曄父子三人率鄉兵禦之阻河爲固獲勝一方得全土人德之因祠其上并名橋爲賀勝以誌功焉下有古雲菴明孟司農讀書之所

石門山　在縣東四十里石門天成行人往來其間

香爐山　在縣東四十五里以形名其陰有泉港寺

黄牛山　在縣東二十里下爲元解元胡可仕舊宅

阮家尖山　在縣東四十里

銅鼓尖山　在縣東南二都雄峙峭立紅巾之亂土人避其上賊不能窺下有張口泉一名廖家泉

黄茅山　在縣南三十五里上有膏腴田地居民耕種其利甚溥

横山　在縣南三十里山横而秀故名

尖山　在縣南十五里

小尖山　在縣西南二十五里

禪臺山　在縣南三十里其形峭直上三里許有地平坦僧寺在焉傍有天泉四時不竭胡理齋集云泉水日一潮落旁有石碗昔傳水潮入碗則凝爲鹽足供

寺僧一日之食俗僧鑿之使多遂不復出泉中有蒲草人動草則水縮僧以香茶滲之水復出

掛榜山即洪崖山相傳爲洪崖煉丹處在十二都崖壁峭削方疊横亙如榜每大比之年崖石崩則應科第

龍溪山 在二都縣南三十五里一名龍泉山山半有洞投石響音丁東半晌方寂山西麓有潮水洪水潮如海信水色如江水山之陽有張王廟文昌閣咸豐八年里人劉大建募建

馬鞍山 在縣南二都下有泉水夏冷冬温

五峯尖山 在縣南二都由龍溪歷馬鞍穿田過峽突起五峯中峯最高形如頓鼓名峯鼓尖下有文生錢旭齋母墓

架上金盆山 在縣東南二十里山前有崇福寺

川字峽 在二都石川畈以此名石峽三直如楷書然

眠弓山 在下十三都縣南十五里形如弓眠與潛山相對石洪水出兩山之麓

斧尖山 在縣北三十里其狀類斧又名斧頭山

牛鼻山 在縣東八十里以形似名山下有潭深百尺四面青蘿緑竹可觀

黄山寨 在六都小寨畈昔人避亂於此

棠梨山 在縣南三十五里上有仙人跡

金龍尖山 在十二都去縣東南五十里有金龍洞

常輪山 在十二都其下爲寓仙洞

石子嶺 在縣北十五里上七都

紫山 在縣北二十里

石獅山 在六都有巨石如獅蹲踞故名

鸛巢山 在上十一都大橋如鸛形上有進士唐時舉坵壠書院

鳳凰山 在六都上有鳳凰寺今廢

仙人墩 在三都上有仙人跡

碧泉山 在四都有龍池四時不涸海龍寺在其下

梓山 在下七都上有龍王廟廟前一山名駝山明推官余艮佐墓在焉

石屋山 在上十三都去縣南二十里崖下凹折深敞如屋几榻俱存可蔽風雨

長嶺 在縣東二十五里官埠港發源于此

雙嶺 在縣南十里一嶺至浮山一嶺至小龍潭

噴水崖 在潛山右水出石壁如瀑布然八景之一

篔竹嶺 在縣東四十里產竹中實

石鼓嶺 在縣西三里有石如鼓舊有白雲寺今廢

梅花山　在二都秀而高聳下爲明經邵氷源住宅
土寨嶺　最高南下蒲之洋泉畈通蒲崇大路
蓮河嶺　在縣西南五十里接崇陽縣地界
泉洪嶺　山有廟界蒲亦崇路出入
浚水嶺　在縣東南五十里接通山縣界
菩竹嶺　在縣西南五十里與崇陽縣分界
朱潭腦　在縣西北河朱老廟後元末縣署爲紅巾賊所燬遷治於此遺基尚存明甲辰仍遷舊治
李基腦　在縣東三都去縣三十里
旗鼓腦　在縣南十五里相傳爲曹操治兵處

銅盤堤　一名銅鼓堤在縣南四十里堤有四門各廣二丈古蠻獠保聚於此今名銅門城
撥雲臺　在上十一都有寺
望親臺　在十二都窩仙洞嶺上周子南野望親之處

水港

咸之水其經流曰淦川支流曰官埠港赤口港北洪港皆從淦水滙爲紫潭曰馬橋河汀泗河出西艮湖曰桃林港賀勝橋河入黃塘湖而與紫潭諸水瀦於斧頭湖通金口入於江在東境者曰東水東北入武昌高家河出樊口入於江

西河淦水　淦文從金從水以邑有金山而河水經焉故名說文水入船中爲淦於義無取　其源有二　一出浚水嶺及白崖泉數里至白沙橋西北流與鳴水泉合流而爲雙汊港過洪崖山名蘋花溪至於高寨　一出桃花尖之桃花泉過白楊橋歷三峯寺經銀魚洲濯港水入焉雙溪合流出黃鉅橋與蘋溪合至馬家橋西折抵潛山溫泉入焉北出爲石洪名大龍潭經白茶畈西流爲小龍潭白木畈水入焉過青林北出爲盤泗洲下好橋水入焉迴爲茅潭南過掃帚山北出洞口至金山名淦川爲西河渡經縣治西北城下有洲曰游龍灘曰洗馬潭曰淩

木又折而西北至鳳凰山下爲羅家渡過朱老廟又折而東南至縣治後名立寨溝復東西縈折如帶五曲至官寨官埠赤口二水入焉爲小港口過雲頂寺乃匯爲紫潭湖湖以北之水入焉至白公潭北入於斧頭湖

官埠港　發源長嶺北流三里至團塘橋五里至王大八橋七里至鼓樓橋四里至官埠橋下達官船渡與赤口港合西流至張沙渡達官寨入於淦水

赤口港　一名赤土港一名株樹港發源九嶙北流至架城舖西折達新橋橫溝水入焉過赤土塝至官船

渡與官埠港水合

氿洪港　發源長壽畈西出平家橋北流至北洪橋迤邐歷商家磡王家橋北入紫潭湖

馬橋港　發源沸泉出彭陂至馬橋西北流入西艮湖

白楊港　自桃花泉發源經盤源歷龍塘三峯寺至黃鉅橋與蘋溪合

濯港　發源盤山經楊橋張家橋過銀魚洲與白楊港合名雙溪流入黃鉅橋至蘋溪

聶家港　西接蒲南通崇大路北流達汀泗橋

汀泗橋港　發源洋泉歷土寨經方小與蒲圻水合流

過汀泗橋至米埠西北入西艮湖

桃林港　出桃林鋪迤北至黃石橋北入於黃塘湖

赤金港　在上七都出魚之處流入紫潭湖

賀勝橋港　由孟家衝發源經冠山流入黃塘湖

東水　水有二　一發源石坑出黃牛山陡石口至楊湖橋經團田畈出舒鐵口過石門山東北入武昌高家河　一出桃花尖之陰過金鷄山至祁家橋下流與石硊小賽畈水合流歷游家橋東北入武昌大港達高家河滙於東艮子湖出樊口入於江

湖瀦

宿曹湖　在立寨溝北曹操宿兵於此因名居縣治之後一曰後湖又曰咸甯湖下與紫潭湖連淦水（一作塗水）縈帶其中夏秋水漲儼然互浸

紫潭湖　在雲頂寺左潭水甚深大旱不涸塗水所經向河泊所在焉今廢

闞陽湖　在十都東

香廣湖　在十都彭家嘴對面

谷口湖　與闞陽湖接中有洲渚鳧鴈聚焉

天井湖　在七都北與江夏連界中有五泉龍多蟄其中旱可取水禱雨其東爲泉水湖又東爲黃塘湖

西艮湖　與蒲嘉連界中有倪家泉歲旱巫者每投入深淵探泉穴取水焉東接塗水北會釜頭湖（通志）

泉水湖　在下七都隆萬間其水日兩潮至夏青橋與海信無異

宮壇湖　在縣東北

黃塘湖　在縣東北三十里接江夏界

淒木潭　在縣治北三里

大龍潭　在縣南十里卽石洪舊有廟祀吳王

小龍潭　在縣南八里舊有廟祀龍王歲旱禱雨

白公潭　在縣北二十五里與斧頭湖連界

茅潭　在縣南三里

牛鼻潭　在縣東八十里牛鼻山下

泉

按爾雅水本曰源源曰泉易蒙之山下出泉詩公劉之覯其流泉泉固所在多有咸多崇山峻嶺泉出不一今姑紀其河流所出者耳伍志

蘆茀泉　在縣東南二十里相傳邑苦旱禱雨方撑所向忽遇三白衣童子曰本縣高梿山石鼎嶺有泉可禱叢蘆爲識如其言禱之果得雨按伍志云在縣西南五里今洞口內有泉仍名蘆茀此云東南二十里待攷　府志作蘆花泉

温泉　在潛山麓其水如湯浴之可愈病有硫黃氣孟佐益有記

三十六八泉　在縣南六十里相傳三十六八祈雨救旱泉水忽湧山雲並興片時遂得甘霖故名

沇泉　在縣西五十里源出蒲圻境入縣界數里下注大石竇中聲如萬鼓遂伏流不見

飛沙洞泉　在縣南四十里水出白水畈洞口有仰山廟龍王廟鄉人遇旱禱雨輒應僧指宗修靜處詳仙釋

銀魚泉　在六都常收畈之南龜山下泉從山下石穴中流出能沃田數百餘頃無憂歲旱故有常收畈之名每天晴見有銀魚從石穴躍出取之忽不見天雨則無

鳴水泉　在縣南五十里與寓仙洞相通水從洞出怒濤齒石色黃而赤說者謂其源通江瀑聲潺湲流入雙汊港

黃沙泉　在上十一都棠棣尖東邊山腰其水夏冷冬温逢旱有禱必應

白巖泉　在縣南四十里爲西河之源

桃花泉　在縣東南五十里流出黃鉅橋入蘋溪亦爲西河之源

黃柏泉　在縣東南三十里

沸泉　在縣西南二十五里流爲馬橋河伍志云十五里

大泉小泉　在縣東南苦竹嶺下六都茅橋畈亦有大小二泉

蔣師泉　在縣南二十五里旱可取水

廖家泉　在縣南四十里一名張口泉

石燕泉　在縣東四十里詳石龜洞

洞

九龍洞　在縣南三十五里常輪山下舊名寓仙懸岩峭壁既入洞門高廣有龍王祠久廢洞傍有門門內深黑高低莫測束炬行二里上有白石若幕滴乳結成龍蛇狀水涔涔出其口下有石盆盛之寒氣襲人六月如冬明宣德甲寅知縣上官儀率衆禱雨有應正德己卯夏旱都御史吳廷舉賑湖南駐節縣城率官民詣洞爲文以告雨如注仍命鑿石爲龍象祠龍王於此更今名洞前磯有千手塔

石屋洞　在六都黃山寨背後陡起懸崖內若屋然最深處一洞甚幽暗秉燭人者莫窮其深或有獲古磁古銅等物者殆昔人曾避亂者歟

石龜洞　在黃茅山下洞門甚狹入則寬平有石盆石床又有石如龍首水自口吐入石盆禱雨得石龜者驗今名石燕洞

壽龜洞在六都小坑洞口突起石龜高四尺許上有石若龍蛇水從口滴龜背如涎沫洞內石如琴牀書几高者望若邃閣層樓有泉甘如醴冬溫夏冷土人云飲能益壽昔有仙去者春秋佳日逸士騷人率多觴詠其中若別有天地焉舊名二靈洞

白崖洞　在十二都深窅莫窮歲旱禱雨有應

蔣師洞　在上十三都洞門凹折入數十武豁然宏敞一水內流窅不可測崇禎末男婦避寇其中數萬計賊攻不克其上爲黑山砦

金龍洞　在金龍山半入數武石間隔之人不能越彼岸有柳眠生爲橋以渡內列石田溝塍皆具巖石險仄相傳古仙七人修煉其中白日沖舉丹池存焉明崇禎間道人一微棲此詳仙釋

和尚洞　在六都小賽畈石羊城山下相傳有掌寶和尚結菴洞口後不知所終菴亦尋廢洞甚幽奇多怪石闊處可佈數席暑天野老樵夫多息陰於此上有經臺前明後暗洞近有甘泉流入前溪溪由鐘臺山分派來委蛇出武昌縣樊口孝廉章蘭室有五言律紀其勝詩云客已西天去名猶此地傳經臺懸怪石梵宇汨甘泉蝌蚪文俱古龜蛇蹟亦仙（洞壁有蝌蚪文龜蛇迹）遺蹤留小賽知歷幾千年（附記八景）小賽羊城晚照　西嶺晴嵐　龜山滴翠　火豔流霞　茅橋晚釣　柳灣夜月　甘泉飲犢　僧洞眠樵（即和尚洞）

桃花洞　在縣東南六十里鐘臺山上李北海讀書處

響洞　在二都龍溪山腰投石則聲丁東半晌方寂

井

義井　在縣治東相傳昔有人掘地得泉以濟行人
桃花井
文昌閣左井　在園內
文昌閣右井　在考棚東號舍內相傳　文昌閣係鴈地二井即鴈目云
五通井　在黃家巷　打狗井在潛山右世傳爲馮文篚打狗處井水味甘
淦川井　在五顯巷
儒學井　在啟聖宮前
大街井　在申明亭前
別俗井　在資福寺內其水甚甘異於他井

皂袍井　在橫街西此水獨宜染色白衣漭之則緇白米煮之則赤有記載藝文
利民井　在縣驛西側
槐花井　在殺雞巷側
金雞井　在金雞山

論曰國語云山之爲言宣也含澤布氣調五神也易云潤萬物者莫潤乎水夫水出於山其源一也吾邑依山阻水層巖競秀盡列東南而西北諸川滙爲巨浸嶺與洞皆山也港與泉與井皆水也鐘臺作祖頓起黃鵠鳳凰金口由淦水得名遂成江漢斯一鄂渚之大觀也夫地紀既章人文斯盲名卿喆輔毓秀鍾靈不可誣也雖人才士抒奇摛藻得山川之助爲多生其間者無徒嗜奇選勝負此山川云參王志

街衢

中街一名快手營其南名青雲門　前街
後街　橫街
小街俗名施家溝　黃家巷在後街
五顯巷在東街皂角塘前因同治丙寅夏霆營勇變陸錢兩姑殉節於此更名雙烈巷傳載藝文
永豐巷在三元橋側　殺雞巷
皮樹巷在縣前街伍志有皮樹巷或即此巷　社稷巷一名姜家巷在馬驛廟傍

石壇巷在北門雲路祠前　屠鐵巷
冷舖巷在市西富庶橋側

鎮市

官埠橋東去縣十里　橫溝橋東去縣十九里
汀泗橋西去縣三十里蒲圻界　馬家橋東南去縣二十里
高橋東去縣五十里武昌界　賀勝橋東北去縣四十五里江夏界
黃石橋東北去縣三十里爲客舟聚泊之所　茅屋墩東北去縣十里爲客舟聚泊之所

論曰置都立邑必有街市街者四通之衢市者貨物之聚街者出入之便徑也咸雖小亦有闤闠以通交易爲政者體通商之意明治市之法無重徵以致其

難有寬恤以便其用則商賈願藏而王化行矣

古蹟 墳墓附

序曰人物之英皆川陵之秀也世代雖殊而紀載必備詩云高山仰止景行行止雖不能至心向往之彼鍾臺以北海名潛山以文簡著金光之所蛻化洪崖抱朴之所歸眞名卿碩士之所游息鄒湛所謂聞望當與此山並傳者非耶乃陵谷滄桑浮沉靡定荒煙蔓草變幻不常欲訪其遺事而故老已湮舊章散佚矣徒穆然於山阿水湄低徊留之不能去雖然山川以人重者也士苟抗心希古德立名成後之視今不猶今之視昔耶

鍾臺山　在縣東南六十里即桃花尖山省龍縣龍俱此山發脉一名泰山永嘉元年洪水鐘自山流出又名鐘山下有桃花泉上有桃花洞有修靜寺李北海讀書處石室猶存山頂有石臺石鐘鐘時自鳴又有搗藥石杵臼泉水甘潔里人用以造茶曰桃花絕品胡理齋集云李渤兄弟亦嘗隱此

讀書臺　在相山傍宋馮京讀書處有碑

潛山　在下十三都宋馮京弱冠讀書其上著有潛山碑唐李俟記嘗偶與同人戲竊潛山寺僧犬僧訟之令一見知其非常人謂曰汝作偷狗賊左郎貰汝公援筆立就中有警句云團飯引來喜掉續貂之尾索綯牽去驚回顧兔之頭令擊節歎賞延之上座曰此雕龍才當大魁天下明年果首選令可謂冰鑒志佚其名惜哉公未遇時詩有豐年足酒容身易世路無媒着脚難琴彈夜月龍魂冷劍擊西風鬼膽驚之句膾炙人口皆得之潛山云公登第後築精舍於寺右置像其中後里人周鼎文修像建龕買田立碑邑庠生唐以淵記之碑現在寺明侍郎通山朱廷立亦讀書寺中著有兩崖集附載潛山八景　書臺夜月　丹竈晴嵐　温泉沸波　石洪飛渡　蘋溪烟雨　瀑布騰聲　龍潭柳色　狗井松濤

葛仙巖　在潛山腰詳仙釋葛洪傳

蘋花溪　在洪崖山之下昔洪崖先生煉丹其中嘗有老姥采蘋於此問之曰吾鮑姑也忽不見附蘋溪八景　東高晚望　西河暮興　石嶺樵歌　梓潭漁唱　相嶺晴嵐　温泉虹影　潛崖丹竈　古道蒼松　所援之景皆縣城之境不知蘋溪在洪崖山以下也

金蓮池　在相山下即馮檝寄居第遺址馮以太子少

師致仕池中植蓮因以爲號今廢爲儒學稻田

成山古寨　在縣西五里周迴十餘里可容數千人四面壁削惟一徑可入宋建炎間民聚糧保守賊不能窺　按通志載劉成山寨一名成山古寨大約山因人名

永安樓　在護城堤上知縣周日庠建康熙四年知縣何廷韐重建今廢址存孟養浩題聯云高閣俯平川聽菱歌漁笛起滄波泠泠身世憑虛後樂先憂鄂渚樓臺思范老新堤環曲沼見樹色烟光迷遠眺歷歷溪山罨畫淡粧濃抹西湖楊柳羨蘇公　又趙邦柱

題聯云飛閣嶙峋引曲岸修堤際日摩空遥瞻砥柱千尋井邑陰陰隆保障崇臺崒嵂擁重湖疊巘含烟吐靄平連水天一碧郊坰鬱鬱壯奇觀

筆峯塔　在北門外四里許羅家渡北巖家嘴舊有塔久圮道光戊戌年夏懋亭方伯令咸時勸捐重建旁構夏屋教諭單懋德記起懋亭訓導胡壁華記俱載藝文附淦川八景　書臺月色　黌泮金蓮　福剎曉鐘　西河漁火　東皋樵歌　北郊堤柳　長湖烟雨　相嶺閒雲

朱竹垞太史云自宋廸有瀟湘八景之傳後之作志者無論何地遂靡不有八景存焉甚哉世俗之附會也通志府志不錄八景誠爲有識然邑先達藉作風雅之助題咏甚多徑抹殺之則後之觀者亦靡所據依矣附古蹟之後以備參攷

墳墓附

宋樞密使參知政事文簡公馮京墓　在鳳凰山下去縣三里今蕪沒或曰江夏靈溪鄉有馮樞密墓又據馮譜墓在大冶縣南三十里港塘名拜相山南北俱產辰砂公及夫人同塋二世殯左右左日山爲龍下有飛仙觀右月山爲虎下有宣政殿案山有龍隱洞

散花莊散花寺其裔在咸守廟祀在治守墓祭云

宋忠臣朝奉大夫都水監使陳求道墓　在蒲圻輿陂畈教諭黎公弁因旱禱墓下有應　按蒲志載陳墓在縣東二四都輿陂舊志今石坑團徐氏牆屋內道光十六年知縣勞光泰勘明豎界詳府

元王曄墓　在縣南山

王朝卿墓　在十二都宋襄敏公韶之孫曄之子捍寇有功元朝列大夫張術撰碑文按王韶字朝卿爲樞密副使生於龍口葬於白沙其後裔猶能言之

翰林學士李鵬翔墓　在黄板橋

明工部尚書劉維墓　在東山麓
奉政大夫四川右布政使李祥墓　在下好橋
江西行中書省參議李廣墓　在黃岡畈
贈文林郎監察御史方嵩墓　在金山後
資政大夫都察院右都御史陳智墓　原葬官埠橋
後賜葬祭改塋下好橋山吏部尚書王公爲撰墓表
文林郎監察御史方洙墓　在十二都白沙灣月山
北京都水清吏司郎中王煥墓　在一都梅家嘴
通議大夫南京戶部右侍郎孟養浩墓　在茅壇奉
賜葬祭刑部尚書蘇茂相爲撰墓誌後改葬於下十

三都學堂畈中墓前翁仲猶存裔孫世居墓側
奉政大夫通政司參議趙邦柱墓　在馬橋烈馬山
中憲大夫四川川南道副使趙嗣芳墓　在茅壇孟
墓左
孝廉李玉墓　在躍馬橋山莊祠前
孝子劉從鳳墓　在上五都
孝子楊遇春墓　在二都
明解元王倫墓　在十都故宅五里許竹梅坡倫讀書處右
側
明廣西桂林府推官崇祀鄉賢余艮佐墓　在下七都
梓山對面之駝山
贈文林郎錢珊之妻余孺人墓　孺人推官余艮佐
女墓在二都梅花山下側船山
論曰墓者人之終也諸君子先朝名臣閒氣攸鍾或
執朝政或衛國本或掌邦憲或分鎖鑰或殉節捍難
俱行成名立而終矣顧百年坵隴漸就蕪沒化長松
之千尺藏狐貉與鼪鼬牧豎樵子樵刈其上亦誰復
知泉下人豐功偉節有如此耶志諸邑乘無替厥美
附百鳥護葬之墓
萬歷中民黃美金每於冬雪煮食以飼饑鳥後夫婦

無疾同卒羣鳥遶宅徹夜哀鳴及葬萬鳥繞柳盤飛
復前導如雁行至壙塡翠滿穴葬畢聚塚數日乃散
歲時仍飛集塚上鄉人刻石紀異焉墓在金山嶺孫
應鉉應元等俱庠士

風俗　節序附

火耕水耨民食魚稻故呰窳偷生而無積聚漢班固地理志
人多勁悍決烈隋地理志通志亦云鄂俗計利而尚鬼病者不
藥而聽命於巫宋劉清之傳火耕水耨魚稻爲業猶有楚
之遺風郡志居民漁稻爲業無商賈利欲之誘無奢
侈浮僞之習伍志土瘠民貧俗尚商賈家絃戶誦士

競科名 王志

民風

俗尚質樸不事奢侈敦本力農以積財置產爲務近逐末者多競尚華靡惟詩禮之家尚敦古處而式先民

士風

小兒始受句讀必避閏年恐其滯鈍而不利達富者延師家塾曰專館寒士負笈從遊曰朋館前輩最重經術謹守繩墨近花樣不同漸就時趨競功名重氣節束修自愛常抱隕訕之恥趨炎附勢人咸嗤之

商賈

山多田少人滿於土不願工作多事貿遷查邑鄉鎮除典質外本薄利微非長袖善舞者也若漢口沙市襄樊諸繁盛地悉謀生理家累鉅萬未可一二數各省大小馬頭皆有咸甯會館操奇計贏稱極盛焉俗尚浮華亦由於此

嫁娶

男女結配多屬童婚媒氏說合訂聘過庚帖男家用釵釧等物押庚女家亦有回答古納采遺意也將婚男家請期謂之報日納徵謂之過禮女家備粧奩器物謂之賠嫁屆期鼓吹迎逐新婦謂之接親女家往送之門謂之交親新婦初來先行合卺禮廟見告祖拜舅姑以次及尊長親屬新婦奉盤匜進棗栗拜見舅姑卽踏饋之禮亦合古意惟俗名鬧房三日不分大小競入新房新婦行茶語言雜貼博笑騰歡俗最可鄙知禮者宜力斥之

兒生有不啼者俗名悶臍呼其父母乳名務令兒啼亦有驗者小兒生三日宴客曰洗三朝過九日曰洗九朝匝月曰滿月週歲曰抓週生恐不壽恒斂白金鑄鎖梏其頸項曰百家鎖入寺禮佛拜僧道爲徒服

僧道服曰寄名俗諱養女窮民不能舉間或溺之近各 上憲暨縣憲好生爲心屢次出示嚴禁各都紳耆多有起育嬰社者

喪葬 自殯殮至歸窆士族多遵家禮初喪訃聞親友羣往弔之臨葬賻儀相助必盛饌宴客否則誚笑及葬銘旌素旐備極觀美不忍儉其親也鄉俗慣用浮屠遵佛教應七之說自一七至七七犯七則延僧禮佛焚楮誦經謂之打七士紳雖行家禮亦用應七名目七內作佛事或五日或七日謂之做道場拜懺破獄極爲虛誕婦女多信之子孫受遺命亦行之讀書

明理者多不爲此又或溺於形家者言停柩數年久
淹不葬固亦求子心之恔也然而惑矣

賓宴 冠服見客士紳如是鄉俗脫畧或不盡然其宴客之具數十年前不過魚肉今則海物惟錯率以爲常偶爾布筵冷熱圍碟領異標新生期祝壽錦幛爲屏甚至演戲侑觴以爲賓榮其弊由富饒之族僭擬仕宦有中人之產者亦勉强效顰語云由儉入奢易由奢入儉難旨哉斯言

訟獄 田土如覇佃越界衕占墳山如强砍强葬盜葬冒占婚姻如搶親悔盟拐逃人命如投水自縊服毒

往往有之然田土則查買賣契劵有無婚姻則查訂聘庚帖眞假無難力判眞僞人命雖屬重件率多輕生若無致命重傷官不之究此風亦漸熄矣藉屍抄毁此乃惡習若讀書明理之家遇有輕生命案恐致暴露多不報官

論曰在上爲政敎在下爲風俗風俗何常視政敎爲轉移耳然士習者民風之準也古有處士而式化於鄉者矣若陳仲弓王烈藍田呂氏其最著也咸故龎厚家誦戶絃兵燹後亦少異矣吾懼樸者轉而華而野處且匿其秀也挽紈袴之習崇詩書之敎正喪祭之禮復尹姞之風非士君子責哉壬午續志補

節序

立春 前一日官行迎春禮遠近童叟競觀爲樂老農視土牛顏色占水旱高下宜種視勾芒鞋帽占晴雨燠寒是日鞭春牛如制

元旦 男婦夙興盛服鳴爆啟外戶視歲吉所向拜祝日出行歸祀家神畢行賀歲禮幼者拜尊長以次爲差城中賀歲出行後至戚至契入門交賀疎遜者呼門投小帖而已鄉間賀歲或延至二月初旬諺云靑草蓋牛蹄正是拜年時

上元 食糯米粉團曰元宵城鄉爲張燈之戲剡竹蒙紙爲龍狀篝燈者曰龍燈作魚獸狀者曰散燈十三十四夜爲試燈十五夜爲正燈十八十九爲續元燈醵金演劇曰花燈龍燈則沿村盤舞花燈則沿家演唱鼓吹導從竟夜爲懽迎紫姑神以卜將來箕爲腹著爲口亦能於灰盤畫字

鄉城正月招飲曰請春客酒曰春酒餅曰春餅詩所稱春酒介眉之意也

二月社日 鄉各爲社會以祀社曰祈穀先祭社然後饗其胙 按今俗家各立土地廟農民祀神聚飲初

二月爲會者多不定用社日
三月三日　爲踏青之遊兒童放風箏爲戲張口仰觀可洩時氣
清明　前一日寒食除墓草加墓土謂之掃墓是日上塚墓祭以竹木綴紙幡標墳頭子孫羅拜鼓吹聚飲亦綴食之遺
穀雨　茶芽初發鄉間競事紅茶摘茶踩茶焙茶又値割麥插禾之時民無暇刻
二十八日　爲東嶽誕辰城鄉賽會祀神
午日　戶懸蒲艾研雄黃和酒飲之以末塗小兒耳鼻并佩蒜符以辟時氛女許嫁者壻家送花幣果羹曰賀節女家酬以鞋巾然或先數日舉行不拘五日也是日造龍舟角黍吊屈原龍舟競渡奪標角勝角黍互相饋遺
五月十三日　關帝廟爲單刀會演劇祀神城鄉皆然是日雨爲磨刀雨
六月六日　富家曬衣物讀書家曬書農家則賽會祀神
七月七日　荆楚向有乞巧之戲而今不行
中元　俗謂鬼給假之時家備酒食以祭先人自十二

日始至十四日晚帋包楮錢焚之曰燒袱新亡者先一日焚之謂新鬼先返故也事雖無徵要亦秋霜之惕僧道作盂蘭會糊帋爲盞注油然燈曰蓮花燈散布水上游順流而下曰水燈施放陸地曰路燈剪帋衣包楮錢焚之
中秋　團餳爲餅曰月餅彼此饋送設酒果讌集曰賞月於瓜田探瓜曰摸秋送至祈子之家置卧榻上出吉語徵兆蓋取緜緜瓜瓞之義也
九日　士大夫登高嘯咏鄉落開製餻饋遺以盆栽菊累數十本曰菊花山貧者亦分植數本是日造酒
九月十五日　祀始祖有宗祠者合族祭祀
小除日　掃屋塵祀竈神以飴餅酒食俗名送竈亦有行於小除前一夕者
除日　具羹飯庶饈祀先祖焚香炳燭迎竈神更桃符貼春聯夜則子弟向家長行辭年禮達旦不寐曰守歲置酒聚飲曰團年簫鼓爆竹之聲不絕
按荆楚歲時記編於宗懍以今驗之或不盡如古所云蓋風俗與化移易亦因時更變也前志節序舊附風俗昔是今非未敢盡廬依樣非炫異也志體宜紀實耳而居德善俗仍在救時君子壬午續志補

續輯咸甯縣志卷之二

建置　城池　公署　郵傳　津梁　坊表　陂塘　壇廟　寺觀

疆域志地倚察地宜因時創造則有建置昔者先王建邦啟土設險守國實墉實壑民資保障所謂城郭溝池以為固也故首城池縣令膺百里封坐擁專城堂哉皇哉出治嚮明故次公署皇路馳驅冠蓋如雲傳命置郵德之流行驛宣政令橋通往來除道成梁王政畢賅故次郵傳次津梁咸自三元啟運代生賢喆顯仕巍科恩榮綽楔故次坊表水泉灌溉芍陂鄭渠決渠為雨長我禾黍故次陂塘是皆切於民者也成民而後致力於神

事神亦治民之典也惟釋老之教於吾道別為一端故次壇廟而以寺觀終焉若此者官振其職民樂其成敢告來者毋忘經營志建置　壬午續志補

城池

按通志云城周四里有奇崇一丈九尺濠廣三丈水洞四門四明宏治間知縣周介創建正德中知縣邱魁修嘉靖間知縣蕭立業重修萬歷六年知縣葛應岐增築城週六百八十八丈五尺高一丈九尺厚一丈二尺水洞四城樓四門四東升陽西便民南薰北帶河警鋪八所共費工料銀六千二百三十三兩五錢零萬歷二十五年知縣周曰庠建護城堤起東山之麓繞城三面直接西河渡長三里廣三丈中建堤樓名永安國朝雍正四年知縣魏錮八年知縣戴惟樞相繼修之堤內浚濠深廣倍焉嘉慶元年知縣張太冲重修之就土城加砌磚石高一丈九尺厚一丈二尺週七百五十八丈改東名賓陽南名文治西名雲稼北名承恩道光十九年文昌閣後城頹十五丈東西城樓亦壞知縣夏廷樾補修

論曰傳有之勇夫重閉況國乎咸踞鄂上游而綰轂其口脣齒輔車實相倚賴無咸實無鄂也明初咸故

無城甯瑞諸賊負嵎覬覦西北大浸稽天萑苻出沒有司者難之今崇墉屹屹民稍安枕矣夫民保於城城保於德失此不務危將焉保是在守城者　參王志

按通志載永安故城今縣治考輿地紀勝云避永安陵名故城咸未更名永安已有城矣王志云咸故無城特因元末友諒燹邑後言耳尚未遠稽也附載於此以曉後來　壬午續志補

公署

咸自南唐保大十三年始置縣面金山背紫潭左相山右西河歷宋元無所易元末陳友諒據武昌壬申邑燬遷河北今朱老廟是也友諒平歲甲辰仍遷舊治洪武三年知縣馮昶始建廳宇景泰間知縣陳灝繼修宏治

乙丑知縣王介重建

國朝順治六年知縣周文華續修康熙四年知縣何廷韜重修新建六曹一十二間儀門三間及申明旌善二亭堂西側建桂花堂四間咸豐壬子年十一月十一日粵賊自湖湘下竄由蒲至咸署燬官悉燬居民舍光緒一年冬闔邑籌貲復建知縣梁家鈺始其事知縣王培厚吳耀斗繼之至光緒六年知縣陳樹楠竣工制益宏麗云光緒八年復建捕廳別構禁獄

舊署規制

正廳三間　泊水三間　後堂三間　儀門三間

庫樓一座　應宿樓一座（學士廖道南有記康熙五年何廷韜重修）

環翠樓三間（學博伍福有記二樓在縣署內康熙七年何廷韜重建名爲退思堂）

六房東西各六間　架閣庫一間　戒石亭一座

土地祠三間　書手攢寫房（在儀門內）　儀仗庫一間

廨舍（天順元年知縣陳灝建康熙五年何廷韜又建修內宅各房）

廳屋三間　樓房三間　東西房各五間　廚房一間

迎賓館（康熙四年知縣何廷韜重修）

受善堂三間

榜房　頭門外左右各十間

縣獄　瓦房三間　外建屋三間（爲收禁解犯之所康熙七年何廷韜建）

典史署

廳屋三間（康熙元年典史衛起鳳重建）　住房三間　廚房一間（咸豐二年粵賊竄咸公署盡燬）

新署規制

中爲大堂煖閣左聽事房右値帖房堂前樹戒石亭一座堂東庫吏戶禮科東班廳堂西迎賓館承發兵刑二科西班廳次爲儀門門外東爲候審所西福神祠前爲頭門門外屏牆左東轅門右西轅門

大堂煖閣後宅門門內中爲甬道左右門房後爲二堂

堂後廨舍廨左別舍五間廨右書房三間

二堂左爲明遠庫樓樓傍廚房一堂右爲小花廳前爲大花廳又前對廳

捕廳在儀門右側　大堂三間　二堂三間

廨舍三間　廨左廚房一間　大堂右監禁舊址候修

論曰此何地也民具爾瞻自堂以下貴賤賢否老幼疾痛疴癢相關生殺在予詛視在彼亦可畏也伊可懷也涖斯地者將坐擁堂皇高位遠謗乎抑盟心屋漏潔己奉公乎將寓撫字於催科大擴仁字乎抑任簿書塡委視同傳舍乎不僻於位民之攸塈凡百君

子敬而聽之壬午續志補

戎廳　久廢址亦無考光緒九年置買南門錢宅爲廳

譙樓　明知縣上官儀建陳灝修康熙六年知縣何廷韶重修樓上銅壺滴漏前知縣張興祖建鼓一鐘一鼓手五名

按譙望也門上爲高樓以望其制美麗故一謂麗譙中置鼓角所以警旦晚與息也昔魏武造麗譙曹子建撰畫角三弄初弄曰爲君難爲臣亦難爲臣難難難次弄曰創業難守成亦難守成難難難三弄曰起家難保家亦難保家難難難今角聲之嗚嗚者乃難字之曳聲使人有所感悟而懲創也凡鼓三百三十聲爲一通角十二聲爲一疊鼓音止角聲動三角三鼓而昏明嚴故邑之有斯樓也於以出政教集吏民書雲物實有關於政事徒資眺玩已耶久廢址亦無考伍志王參

巡按分司　舊在縣南二百步明正統五年知縣龎端建景泰間知縣陳灝重建宏治中知縣施達改建於縣城東二十步爲儒學射圃舊址明末賊燬

國朝順治七年知縣周文華遷建後街西康熙四年知縣何廷韶重修

正廳三間　穿堂　後樓五間　司房東西各三間

司門一間　厨房二間　今廢

憲司分司　舊在縣東二十步明洪武三年知縣馮𧼈肇建宣德中知縣上官儀天順中知縣陳灝正德中知縣潘澤相繼重修　明末賊燬

國朝順治十二年知縣澔源泗遷建於新察院分司之南

康熙四年知縣何廷韶重修

正廳三間　後堂三間　司門一間

東西廊各一間　厨房一間　今廢

府公館　在縣治東明景泰七年知縣陳灝始建宏治十二年知縣施達重修天啟元年圮知縣曹應聘改

建爲三元書院明季廢與分司舊址並爲民居

按古方伯之國卽今之布政司也分司之設初未之有正統中冬官建議各府州縣始爲之立薇省大臣旬宣於外布章條揚教化宣德意懲奸革弊奬善勸賢除貪去暴皆發政於此又按繩愆糾謬激濁揚清耆風憲職也明初各省建總司以掌憲度復於各府州縣置分司以爲巡督之所於以覈官吏察民隱考文藝稽案牘政肅於內霜飛於外使姦宄之徒有所畏懼而不敢肆若府公館則本府官長至縣於是專寓凡軍需課賦皆於此催辦俱宜崇飭蠲潔而不可

苛者也伍志王參

河泊所　在紫潭湖畔洪武十四年立宣德間裁革

行臺公館　在文廟前右側三元坊之南今廢遺址尚存

醫學洪武十七年設三十一年裁革三十五年復置醫學訓科一員　醫生五名　久廢

按周禮醫師掌醫之政令凡邦之有疾者皆造焉使醫分而治之所以躋斯民於仁壽之域也宋元嘉中始詔天下郡縣皆立醫學唐宋因之漢藝文志以醫列方技家班固曰方技者生生之具王官之一守也古有岐伯俞跗扁鵲秦和蓋論病以及因原診以知

症者也敘其書爲四科一曰醫經凡七家二曰經方凡十二家三曰房中凡八家四曰神仙凡十家唐以神仙入於道家類而醫術類凡六十四家明堂經脈類一十六家房中不錄云伍志王參

陰陽學洪武十七年置久廢　陰陽訓術一員　陰陽生五名

按班孟堅謂陰陽家出於古羲和之官欽若昊天歷象日月星辰敬授人時者也漢藝文志凡二十一家唐藝文志丙部子錄所載天文類二十家歷算類三十六家五行類六十家司馬遷曰陰陽之術太詳而衆忌諱使人拘而多所畏然其序四時之大順不可

失也伍志王參

郵傳

咸甯驛

驛廳三間　上房一間　次房一間

三房一間　泊水一間　廊房東西各三間

厨房二間　倉一間　庫房一間

馬房十間　馬神廟一間　鼓樓三間

上馬十疋　中馬十疋　下馬十疋

馬夫三十名舊志

驛丞宅

廳屋一間　住房六間　厨房一間

舖舍

縣前總舖　官埠舖　駕城舖

桃林舖東北往省城路　楊山舖　馬橋舖

赤岡舖西往蒲圻路　馬家橋舖　白沙舖南往通山路

每舖設舖司一名舖兵六名　驛司一名

每舖正屋三間一郵亭一間　兩廂各三間

土規一座　門房一間　門外駐馬亭三間

望竿一根旗一面　舖前界牌二　每舖馬房一間

論曰周禮地官之職凡國之道十里有廬廬有飲食

三十里有宿宿有路室路室有委五十里有市市有
候館候館有積漢書乘傳詣洛陽顏師古曰傳者若
今之驛古者以車謂之傳車其後又置單馬謂之馳
驛宋二十里置馬鋪有歇馬亭即路室遺意也六十
里有驛驛有廩給即候館遺意也近制郡邑通衢六
十里置驛水驛則給站船陸路則乘驛馬室廬委積
所在供峙器物罔不悉備十里置鋪設鋪司鋪兵凡
官司文移則晝夜靡停皇華四牡則祇迓罔愆制云
善矣咸甯孔道近接省會上通川廣車轍馬跡無日
無之迎勞柔遠之道尤不可不備云王志

津梁

三元橋 在縣治東五十步初名永安即唐永安鎮也通判王夔改名朱紫橋正德中貲福僧玅容募化建樓其上改今名崇禎間圮 國朝康熙四年知縣何廷韜重建有記

富庶橋 在橫街西上有亭康熙四年知縣何廷韜重建

下石橋 在橫街北

西河橋 在縣西半里嘉靖間縣令張時舉砌石爲基架木其上爲屋十七間中廢萬歷壬辰知縣曹維藩重修後復圮乃造舟爲梁以鐵索維之天啟甲子縣令曹應聘始甃以石鄉紳趙嗣芳捐千金成焉橋洞有七石欄環列其上影若臥虹然 國朝康熙十二年橋爲洪水所潰十六年丁巳知縣張時泰復修未成二十二年癸亥知縣王失名接修成工有記雍正丙午四年又圮乾隆二年丁巳邑孝子孫廷秀修復距道光二十九年己酉百有餘年橋將頹知縣饒拱辰捐四十金集邑紳議修未果咸豐元年辛亥知縣黃兆奎徵費千金構材大半至二年冬兵燹材耗九年知縣李遇泰捐錢百串以倡邑紳耆醵金二千緡

以修明年秋工竣越七載蟻蝕橋西橫梁過半邑人士仍修完好

按此橋爲咸甯八景之一實要害也西南路通數省北爲鄂郡屏藩橋之上游至洞口多崇山峻嶺不便馳驅橋之下游至筆峯塔一目瞭然即有詭譎亦難竟渡故登諸志以明橋爲咸城要害即爲鄂城要害不獨勝景足供遊眺已也

金塘橋 在縣東三里有亭三間其下爲東川港宏治中知縣施達重修

下好橋 在縣南三里有亭三間宏治中知縣王介委

資福僧玅寶築堤重修黄表有記陳好橋又修之
上好橋　在浮山塘出口去縣七里
皇風橋　在縣西三里
黄家橋　在縣西五里萬歷庚子經歷曾立大修
東川橋　在縣東四里一名陳家橋正統中鄉官陳俊
修後水衝鄉官楊璜重建
官埠橋　在縣東十里有亭有鎮港通江湖商船所萃
横溝橋　在縣東二十里正德中小旗汪興隆修天啟
間義民萬有重建有鎮進士鄭邦栴父子故宅
架城橋　在縣東廿里一名株樹橋知縣吴驄修

國朝至康熙三年圮知縣何廷韜重建乾隆年間知縣
陳煥世重修有亭碑序尚存
小金橋　在駕城橋側正德中義民施景清修
宏濟橋　在北門堤口天啟中民謝尚德修
便道橋　在西河橋西畔堤上橋久圮驛路病焉康熙
四年知縣何廷韜重建
北洪橋　在縣西十里有亭三間朱北洪修故名其後
裔重修
平暖橋　在城西上十三都長壽畈上架凉亭董姓修
馬橋　在縣西二十里正德中義民趙魁賢修

水洞橋　在縣西十六里同治甲子年新修
平家橋　在縣南十里正德中鄉官陳俊修
汀泗橋　本名丁四橋在縣西三十里蒲咸分界鄉民
丁四剏造因名記載藝文正德中知縣潘澤重修
新橋
小龍潭橋
竹劉橋　在縣西十五里
姑嫂橋　在縣南十里昔以姑嫂剏建故名年久漸傾
同治九年例貢鎮炳文遵父必達遺命募修復之
馬家橋　在縣南二十里有鎮天順中三峯寺僧本來

募建
張家橋　在二都縣南三十里明天啟年間三峯寺僧
募建有碑記孟司農撰載藝文橋側有孟家畈孟家
塘相傳爲司農故業橋久屢圮諸生錢雲坡倡修復
之因名與縣東張家橋同更名雲莊橋
龍溪橋　在縣南三十二里三峯寺並有記載藝文
高橋　在縣東五十里武咸連界處有鎮
黄鉅橋　在縣南二十五里明時白沙寺僧清理募建
白沙橋　在縣南四十里路通通山縣宏治中白沙寺
僧清理募修後圮正德十二年其徒心誠募修伐石

甃砌

孟家橋 在縣東五十里水入武昌

張家橋 在縣東五十里水入武昌

游家橋 在縣東五十里水入武昌 國朝順治十六年重建

盤元橋 在縣南五十里

芙蓉橋 在縣南二十里宏治中義民佘茂先建

新橋 在縣東五十里水入張家橋

楊湖橋 在縣東二十五里路通興國州正德中義民熊勝賢劉興棋募砌

高茶橋 在縣東南五十里

洗馬橋 在縣東三十里路通武昌縣正德中義民毛鳳伐石甃砌

黃石橋 在縣北三十里客舟所聚處

觀山橋 在縣東北四十里正德中典史陳恩修

賀勝橋 在縣北四十里宋末兵起里人王疇聚眾與賊戰得勝相賀因以名橋

鹿過橋 在縣東三十里上下橋二下係萬歷年間周南號從雲建上係康熙年間周季臣同姪介孚倡修

均安橋 亦名老馬橋在十二都山南畈源出鳴水泉小路通嘉蒲崇通四邑

白楊橋 在二都珠山寺僧慈雲捐修

竹林橋 在二都唐姓屋下首僧慈雲募修

四門樓橋 在二都四門樓周姓公建

兩河橋 在十二都縣南四十里同治十二年王錫三募建

萬壽橋 在十二都縣南四十里

玉峯橋 在十二都縣南三十里

樂善橋 在縣南三十里朱家河康熙年間齋公曹邦南苦行募建有碑

錫福橋 在下七都乾隆壬寅年陳萬良偕姪時慶建光緒丙子年橋圮孫耀東募修復之

劉家橋 在三都縣南四十五里

羅家渡 在縣西北二里萬歷間經歷曾立大置山地四畝田數畝給舟人爲工食修船之費知縣朱凌霄刻石紀其事

張沙渡 在縣北七里現里人集貲公設義渡

官船渡 在縣東北十里

論曰橋梁國政也周官司空掌之天官以天津九星衡貫河中爲津梁象夏小正九月除道十月成梁是故妝場工峙畚鍤課章程測水闌而成之利涉大川用此道也道茀不行單襄以爲亡徵子路治蒲孔子

見其溝渠而三善之矣嗚呼亂流而涉踰膝則止盈盈一水實爲畀途吾邑方舟輿梁所在不乏夷然康衢民未病涉自非愷悌之宰鄉黨自好之士仁心爲質引義慷慨孰克臻是乎故紀其名令後世有述焉

坊表

明德坊在縣門左　新民坊在縣門右

宣化坊在縣門前　頤賢坊在學門左

毓秀坊在學門右　激濁坊在舊憲司左

揚清坊在舊憲司右　生賢坊

三元坊儒學右爲宋馮文簡立知縣何廷韜重修　解元坊王倫立

都憲坊陳志立　繡衣坊在縣左御史方洙立

豸冠坊御史唐震立　都諫坊有二在縣治左右顔閭立

忠諫坊在縣治前孟養浩立道光四年邑紳耆重修　忠臣坊在横街北黃表祖子澄立

恩榮坊有三一在儒學左光祿趙邦柱立一在舊分司前憲副趙嗣芳立一在縣前街王祺立

登科坊舉人陳寶立　應奎坊舉人陳漢立

昂霄坊舉人李九思立　擢秀坊舉人陳以忞立

步武坊舉人方杲立　飛騰坊舉人俞敏立

懷義坊後街　由義坊前街

皇華坊在驛前　節義坊西街

論曰坊者方也言人所居之里爲坊也又方類也方以類聚居者必求其類也漢洛陽有九字坊唐裴晉公有碎錦坊宋富鄭公有遺直坊坊之由來尚矣今里邑皆有坊或因風俗之善或因賢能之興或因節義之著而題美名以表之使居是坊者觀感興起處仁遷義誠厚風化之一端也王志

陂塘

長陂　在縣西南四十里

雙陂　在縣南三十里

黃土陂　在縣東

高墩陂　在縣東十五里

黃鉅陂　在縣二都

彭家堰　在縣南二都楊橋地方記載藝文

蒲潭塘　在縣北十五里下爲龍湫旱禱屢應本伍志

桃林塘　在縣東三十里

文家塘　在縣東二十里

百丈塘　在縣北十五里

牛鼻塘　在縣東三十里

馬鞍塘　在縣西三十里旁有石窟多產鯽魚色黑味甘

黃泥塘　在黃泥山上每潤水長塘水亦長時有廢蓆

舩板湧出源與江湖通下有黃泥洞

浮山塘　在縣東八里泉流出下好橋

北洪塘　在縣西十里

宏文塘　在縣東南三十里

古隄塘　在縣東三十里

論曰周官營溝行水之制職之匠人俾任浚導之功止水蓄水之令領之稻人俾專儲蓄之利水道源流無不加之意者備旱潦也咸境陂塘不一灌溉之利隱然古蓄水行水之遺故鄉人賴以獲豐殖之資官司仰之享租賦之入一邑之間利亦溥矣備書諸冊於以見水利之政宜修舉而不墜也　伍志　王參

壇廟

社稷壇　在縣西半里西河寺山之後洪武八年立天順間知縣陳灝重建正德中知縣邱魁修其制東西二丈五寸高三尺四寸出陛各三級壇下前十二丈後九尺五寸東西南各五丈繚以周垣四門紅油由北門入石主長二尺五寸方一尺埋於壇南正中去壇二尺五寸止露圓尖餘埋土中神牌二以木爲之硃漆青字高二尺二寸闊四寸五分題曰縣社之神縣稷之神臨祭設於壇上盛以矮棹祭畢藏之神厨　舊址尚存

時日　順治元年定　每歲春秋仲月上戊日致祭十五年復定時辰用上戊日子時

齋戒　前期凡一應執事官員人等各於家致齋三日

祝文　乾隆九年頒定　維某年月日某官敢昭告於縣社之神縣稷之神曰惟神奠安九土粒食萬邦分五色以表封圻育三農而蕃稼穡恭承守土肅展明禋時屆仲春秋敬修祀典庶丸丸松栢鞏磐石於無疆翼翼黍苗佐神倉於不匱尚饗

陳設　雍正二年頒定　每位用黑色制帛一白磁爵三羊一豕一鉶二簠二簋二籩四豆三

祭品　鉶實和羹　簠實黍稷　簋實稻粱　籩實棗栗形鹽藁魚　豆實韭菹菁葅醓醢鹿脯

祀儀　乾隆四年頒定　正祭日各官具朝服至壇贊禮生引至行禮處通贊唱排班承祭官及各官排班立唱班齊瘞毛血迎

神贊引生贊跪叩興承祭官及各官俱行三跪九叩頭禮興通贊唱奠帛行初獻禮贊引生引承祭官詣盥洗所盥洗畢詣酒樽所司樽者酌酒詣

司社神位前承祭官至案前立贊引生贊跪承祭官跪贊獻帛司帛生奉帛跪進承祭官受帛拱舉獻畢贊引生

贊獻爵司爵者奉爵跪進承祭官受爵拱舉獻畢贊引生
贊叩首興承祭官叩頭興贊引生贊詣
司稷神位前承祭官獻帛獻爵如前儀畢贊引生贊詣讀
祝位承祭官詣讀祝位立贊引生贊跪承祭官及各官
皆跪贊讀祝文畢贊叩興承祭官及各官俱三叩頭興
贊復位承祭官就原位立通贊唱行亞獻禮贊引生贊
詣
神位前獻爵如初獻儀畢贊引生贊復位承祭官復位立
通贊唱行終獻禮贊引生贊詣
神位前獻爵如亞獻儀畢贊引生贊復位承祭官復位立

通贊唱飲福受胙贊引生贊詣福胙位承祭官就位立
奉酒胙者至福胙位右旁跪接酒胙者在左旁跪贊跪
承祭官跪贊飲福酒承祭官受爵拱舉授接爵者贊受
胙承祭官受胙拱舉授接胙者贊叩興承祭官一叩頭
興贊復位承祭官復位立通贊唱謝福胙贊引生贊跪
叩興承祭官及各官俱行一跪三叩頭禮興通贊唱徹
饌送 神贊引生贊跪叩興承祭官及各官俱行三跪
九叩頭禮興通贊唱司祝者奉祝司帛者奉帛各詣望
燎所唱望瘞贊引生贊詣望燎所承祭官至瘞位立視
帛焚半贊禮畢退

按壇之上立石主者蓋社以祭地主陰氣也陽氣積而
成天故其精爲星陰氣積而爲地故其精爲石石擊則
星出陰動生陽也星隕則化石陽變爲陰也土爲陰氣
之積而石乃其精故社以石爲主又社稷皆木主而石
主居其中蓋社爲五土山林川澤邱陵墳衍原隰是也
稷爲五穀黍稷稻菽麥是也五穀生於原隰是土所自
出故石得以貫之亦以明社稷神無二致也
神祇壇舊本名山川壇嘉慶十六年奉部文更正 在縣治南一里金山之陽洪武
八年立天順四年知縣陳灝修正德中知縣邱魁重修
制與社稷同牌凡三一爲風雲雷雨之神居中一爲縣

境內山川之神居左一縣城隍之神居右俱南向由南
門入不用石主歲以仲夏仲秋致祭壇制與社稷同
時日 順治初定 每歲春秋上戊日致祭
齋戒 與 社稷壇同
祝文 乾隆五年頒定 維某年月日某官等敢昭告於
風雲雷雨之神本縣境內神祇城隍之神曰維神贊襄
天澤福佑蒼黎佐元化以流形生成永賴秉氣機而鼓
盪溫肅攸宜磅礴高深長保安貞之吉憑依鞏固實資
捍禦之功幸民俗之殷盈仰神明之庇護恭修歲祀正
值良辰敬潔豆籩祇承牲帛尚饗

陳設　雍正二年頒定　每位用白色帛一白磁爵三共

用羊一豕一鉶二簠二簋二籩四豆四

祭品

祀儀　與　社稷壇同

按禮制凡各布政司府州縣春秋仲月上旬戊日旣祭社稷而又擇日以祭風雲雷雨山川城隍之神蓋風雲雷雨發育萬彙神乎天也山林川澤以取財物神乎地也城隍以衛人民神乎人也皆造化之用功在生民靈而莫測故謂之神常祀之典所當修也夫郡邑旣不敢祭天地則所當祭者不過是耳外此苟非有大功德於

民而載諸彝典者皆淫祀也

先農壇　每歲主祭官率屬員耆老農夫致祭行耕耤之禮

時日　雍正四年定　每歲季春亥日致祭

齋戒　雍正五年定　先期主祭官各官俱致齋二日

祝文　乾隆五年頒定　維神肇興稼穡粒我烝民頌思文之德克配彼天念率育之功陳常時夏茲當東作咸服先疇洪維九五之尊歲舉三推之典恭膺守土敢忘勞民謹奉彝章聿修祀事惟願五風十雨嘉祥恒沐乎神庥九穗雙歧上瑞頻書於大有尚饗

陳設　雍正四年定　每歲致祭用帛一羊一豕一鉶二簠二簋二籩四豆四酒罇一

祭品

祀儀　與　社稷壇同

雩祭　乾隆七年　定　每歲孟夏月舉行常雩之禮不別立雩壇卽於先農壇行禮並合祀社稷山川諸神牌

時日　乾隆七年定　每歲以四月十八日致祭

齋戒　乾隆七年定　主祭官各官先期致齋三日

祝文　乾隆七年頒定　文曰恭膺詔命撫育羣黎仰體形廷保赤之誠勤農勸稼俯惟蔀屋資生之本力穡服田令甲爰頒肅舉祈年之典惟寅將事用申守土之忱黍稷

惟馨尚冀明昭之受賜來牟率育庶備豐穰於蓋藏尚饗

陳設　祭品　祀儀　與　先農壇同

邑厲壇　按厲壇舊在縣西北五里隔河洪武八年立天順四年知縣陳灝修宏治中知縣施逵遷近北門外後復遷於東高山之下其制壇屋一間宰牲房三間祭文木牌一片每歲春用清明日秋用七月十五日冬用十月初一日致祭迎本縣城隍牌於壇正中用羊一豕一設無祀鬼神於壇下左右祭用羊二豕二解置於器糧米五石爲飯香燭酒紙隨用祭文載洪武禮制辭繁未錄

鄉厲壇每都一所里甲人等祭日與邑厲同

鄉社壇每鄉一所與鄉塾相聯祭日與社稷同

論曰厲說文作癘禮記泰厲祭古帝王之無後者公厲祭古諸侯之無後者族厲祭古大夫之無後者先儒以其無歸或為民害故祀之歷稽古制京都有泰厲之祭王國有國厲之祭府有郡厲之祭縣有邑厲之祭里有鄉厲之祭一歲凡三行之

皇仁浩蕩貫徹幽潛哀死恤民之道於斯至矣

文昌閣　今在南城內施家溝東門臨孟家塘明孟司農故宅後人以逋賦入官為積儲所乾隆庚午鄒平李公

五峯任縣改祀文昌右淦川書院左圍地大如書院基兵燹後閣漸朽壞光緒八年知縣陳樹楠葺而新之

每歲春秋仲月及誕辰致祭　祭品祀儀與　關廟同

祝文　嘉慶六年頒定　文曰維神蹟著西垣樞環北極六匡麗曜協昌運之光華累代垂靈為人文之主宰扶正久彰夫感召薦馨宜致其尊崇茲届仲春秋用

昭祀事尚其歆格鑒此精虔

文昌帝君後殿嘉慶六年太常寺奏准文昌帝君三代姓名查無確據未便請加封號謹擬增置神牌一分牌面書文昌帝君先代神位字樣先詣後殿行禮式如

關帝後殿

祝文　嘉慶六年頒定　文曰祭引先河之義禮崇返本之思矧夫世德彌光延賞斯及祥鍾累代炯列宿之精靈化被千秋偉人文之主宰是尊後殿用答前庥茲值仲春秋肅將時事用伸告潔神其格歆

關帝廟　在東門外半里許東嶽廟之右　今廢

國朝順治九年

敕封忠義神武關聖大帝乾隆三十三年

加封忠義神武靈佑大帝嘉慶十九年

加封忠義神武靈佑仁勇大帝道光八年加封威顯字樣咸

豐二年加封護國字樣

時月　每歲春秋仲月及五月十三日三次致祭

祝文　維帝浩氣凌霄丹心貫日扶正統而彰信義威震九州完大節以篤忠貞名高三國神明如在徧祠宇於寰區靈應丕昭薦馨香於歷代屢徵異蹟顯佑羣生恭值嘉辰遵行祀典筵陳籩豆几奠牲醪尚饗

陳設

祭品　與　文廟同

祀儀　雍正五年定　承祭官行三跪九叩頭禮　乾隆九年定　祀事儀節　正祭日各官具朝服齊集陰陽

生報鼓三次贊引生引至行禮處通贊唱執事生各司其事承祭官就位陪祭官各就位立通贊唱迎神各官俱行三跪九叩頭禮興通贊唱奠帛行初獻禮贊引生引承祭官詣盥洗所贊進巾盥洗畢詣
關帝神位前上香獻帛獻爵如文廟儀畢贊叩首興承祭官一叩頭興贊引生贊詣讀祝位前承祭官至祝位立讀祝生奉祝文立於案左贊引生贊跪承祭官及各官皆跪贊讀祝文讀祝生跪讀畢贊引生贊叩興各官俱三叩頭興贊復位承祭官復位立通贊唱行亞獻禮如初獻儀畢行終獻禮如亞獻儀畢飲福受胙徹饌辭神望瘞均與文廟同各官俱行三跪九叩頭禮畢退

關帝後殿　雍正三年定

後殿五年定咸豐六年加封王爵每歲三致祭

加封關帝三代曾祖光昭公祖裕昌公父成忠公皆供奉

時日　三祭與　關帝同

祝文　咸豐五年頒定　維王世澤貽庥令儀裕後靈鍾河嶽篤生神武之英誠溯淵源宜切尊崇之報班爵超躬桓而上升香肅俎豆之陳茲際仲秭爰修祀事尚祈
昭鑒式此苾芬尚饗

陳設　雍正五年定　不用牛餘照前殿

祭品　與前殿同

龍神祠　每歲春秋仲月某日致祭先期陪祭官赴祠省牲

祭品　帛一　豕一　羊一　酒爵三

儀注　祭日主祭官衣蟒衣禮生稟請行禮至盥洗所贊盥洗盥洗畢引至殿內行禮處立通贊唱執事者各司其事主祭官就位陪祭官各就位瘞毛血迎神行二跪六叩頭禮興行初獻禮引唱詣酒罇所司罇者舉冪酌酒詣
神位前跪進帛進爵叩頭興詣讀祝位跪衆官皆跪讀祝畢叩頭俱興復位通贊唱行亞獻禮如初獻儀行三獻禮如亞獻儀通贊唱飲福受胙引唱詣飲福受胙位跪

飲福酒受福胙叩頭興謝胙一跪三叩頭興復位通贊唱徹饌送神行二跪六叩頭禮興司祝者捧祝司帛者捧帛各詣望瘞所祝帛焚半贊唱拱復位禮畢

祝文　惟神德洋寰海澤潤蒼生允襄水土之平經流順軌廣濟泉源之用膏雨及時績奏安瀾占大川之利涉功資育物欣庶類之蕃昌仰藉神庥宜隆報享謹遵祀典式協良辰敬布几筵肅陳牲幣尚饗

城隍廟　在縣治後街南宣德中知縣謝仲重建正德知縣王介修崇禎知縣孟良範重修康熙中知縣何廷韓重葺

添建功曹神像咸豐二年廟左土地祠財神祠廟後僧房均被兵燹神殿及拜殿戲臺俱被燬敗蟻又蝕之同治四年闔邑紳耆醵金以修

按祀典陽氣升而天神降地氣肅而人鬼出自邦國達於臣庶家祭秩切近者社稷五祀而已城隍之神初未載也世說秦功臣濕尙見夢於漢高帝曰奉天帝命與王知領城隍陰事雖惝怳不可致詰然自漢迄今爲天下通祀社與五祀雖有常尊莫城隍若也蓋累土依山爲城掘土浚川爲隍所以捍寇敵衛人民高城深池之表宜有主司淑慝超然不可致詰者

存神而明之陰陽一理故歷代祀典不廢明太祖初秩城隍之祀京都視王郡視公州視侯縣視伯後改稱某郡縣城隍之神封爵不用

國朝因之廟貌益新焉嗚呼明有禮樂幽有鬼神洋洋如在不可度思故凡新令到任特與神誓君子於斯所當敬畏而不敢忽者也

奎星樓　舊在城西康熙九年知縣何廷韶建塑文昌奎星二像後廢移祀奎星於文昌閣光緒六年知縣陳樹楠建樓於文昌宮後茅山有記載藝文

張中丞廟即安瀾宮在後街資福寺左祀張睢陽創始無考知縣陳灝重修康熙七年知縣何廷韶再修并新建前殿及廊房

關聖廟　在縣東一里東嶽觀之右知縣陳灝建崇禎丁丑遊擊劉承允平峽山賊獲神祐重修焉崇陽進士汪桂有記　國朝嘉慶十六年辛未知縣郎錦駿修葺後蟻朽道光十七年丁酉知縣夏廷樾重建咸豐二年十一月兵燹廢見擬籌修

朱老廟　一名朱牢廟在羅家渡北相傳神初爲本縣提牢吏午節夜歸聞鬼語將疫毒放井中公欲救之念詰朝語人或不盡信不若以身投井晨自無汲者

遂溺死焉毒氣所觸昏若烏喙然至今午節祀之以禦疫一云元末爲本縣獄卒平生信祀神佛能以巫術療病常手執珓杯以口呵之遂著口上不可脫自云死作衙門土地元季兵變遷縣治於廟後今廟其衙門也康熙七年知縣何廷韶遷建新廟於北門城內舊廟如故

觀音廟　在城南三十里朱家河雍正六年曹邦南募建

五聖宮　在中城縣前街老火巷內與兩銘書屋隔巷今廢遺址尙存

玉皇廟　舊在東峯之下知縣陳灝建天啟中改建於
西河寺後康熙四年知縣何廷韜遷建寺前
張王廟　在縣東十里官埠橋
章皇廟　在下七都
吳主廟　在馬驛姜家巷內祀孫權其祠於鄉社者不
一所在皆有
文昌宮　在縣東十里官埠橋旁建奎星閣
來蘇廟　通志云在縣西南
關王廟　在上七都離城二十里許
關帝廟　在縣東十里官埠橋西

阜角廟　在縣治東祠五顯之神以傍多阜角樹故名
其中又有所謂樂王者荆楚故俗謂神酷好音樂鄉
人有疾輒於廟中酬戲賽禱擊金伐鼓歌舞傀儡以
樂神康熙六年知縣何廷韜重建正殿
第一山　即東嶽廟在縣治東一里關聖廟之左正統中
知縣龐端建康熙六年知縣何廷韜重修改建前殿
增設十殿及諸神像咸豐二年冬兵燬今已修葺
朱公廟　在上七都雲頂寺下二里許
洞庭廟　在上七都白公潭祀洞庭君柳毅船過斧頭
湖必祭之

張王廟　在二都龍口地方咸豐八年里人馮祖凰劉
大堃募建僱人奉祀不准招僧記載藝文
春秋閣　在九都汀泗橋咸豐二年壬子兵燹廢址存
論曰聖王先成民而後致力於神故社五土稷五穀
所以厚民生而以死勤王以勞定國禦大菑捍大患
者秩在祀典亦既彰彰矣自聖教攸斁被髮而祭或
祀之非其分或祠之非其地皆名淫祀淫祀無福以
咸民號稱樸嗇而率畧於內鬼淫於外祀焚楮瘞管
趨媚恐後莫知所由來也豈尚鬼好巫荆楚之故俗
然耶彼洞埜有言桀黠之豪作姦犯科凶逆之子邪

曲側媚詩書不能開覆轍之迷名教不能移福堂之
樂乃登壇則趨過祠則下語及泰山泥犁則五體不
覺盡投譚至酆犴業鏡則寸膚悚然皆栗豈非神道
足濟人道之窮而聖王設教固有所不廢乎　王志

寺觀

資福寺　在後街西為咸首剎領僧會司宋建隆間僧
福眞開山元延祐間修明正統年都御史吳廷舉重
建　國初僧通神重修康熙四年知縣何廷韜復建
觀音殿棟宇宏敞凡宣　諭習儀皆在焉道光十九
年僧寶月建修朗亭於觀音殿後又建藏雲閣三間

於觀音殿西咸豐二年均被兵燬

西河寺　城西半里龍王廟旁俯眺河橋淦流潄玉鳳凰前矗石鼓左峙漁歌互唱與閣鈴相應爲一邑勝觀康熙七年知縣何廷韜主僧性恆建佛像觀音樓及諸方丈舊文昌閣即在寺後見理齋集

九龍寺　在十二都寓仙洞前天順元年僧福慧建萬歷丙戌燬於火僧普念募修康熙六年知縣何廷韜重建

小暑寺　在十都嘉魚尚書吳廷舉以小暑日建故名康熙七年知縣何廷韜重修

三峯寺　在龍溪山元末兵燬明正統中僧本來重建

禪臺寺　在縣西南二十里上十一都景泰中僧圓惺重修山頂有天泉詳禪臺山下

白沙寺　在十二都蓮蓬山僧從智開山鄉官王鼓峯施有香火田地山塘勒於石

海龍寺　在四都碧泉山僧江英重建旁有龍池四時不涸

金塘寺　在縣東五里明天順中僧道澄建正德間僧智秀修　國朝順治十七年僧眞印重建

黃山寺　在縣西二十里成化中僧洪湛重建

潛山寺　在縣南二十里宋三元馮京讀書之所明永樂年間新安王施千佛袈裟一件近視無佛遠觀有佛十年施銀字金剛經一摺二十年施金字金剛經一摺迄今數百餘年紙響如銅又降魔杵一係九換銅所造（四件至今猶存）邑令陳煥世過潛山寺詩二首錄一載藝文

白石寺　在縣東一十里僧道滿修

鶴林寺　在縣東二十里僧覺正修

白水寺　在縣東三十里景泰中僧德觀修

寶泉寺　在上十一都一名衢道寺

北山寺　在三都黃石洞僧洪昌修

白雲寺　在上五都景泰中僧道珍重修

石門寺　在十二都天順間僧恒輝重修初開山時得斷碣爲宋石門院故址因名鄉官王煥施有香火田地山塘勒於石煥父獻箴有記載藝文

龍泉寺　在下七都

崇福寺　在二都僧寶中修

香巖寺　在下七都

祥雲寺　在三都狐嶺山天順中僧光智重修

輞山寺　在八都

甘首寺　在下五都正統中僧昌昱重修

圓隆寺　在八都

泉港寺　在六都僧本雲重修

劉青菴　在下五都

寶福寺　在上五都僧修聰修今名西[illegible]寺

珠山寺　在二都

黎首寺　在八都僧了性重修

九重寺　在下五都月臺山下舊爲尼寺正統中僧普廣建

多寶寺　在九都有濟祖師塔一名尖山寺天順三年

僧文學重建

崇雲寺　在四都即新開寺天順五年僧寶鐘重建係資福寺分派

靜安寺　在六都僧如剛修

團田寺　在三都

禪池寺　在四都長嶺唐開元六年開禪和尚如山募修明景泰七年僧法澗重修

觀音堂　在六都

雲峯寺　在二都僧廣濟修寺左有聾公祠道光己酉年錢姓建有碑記寺右僧房

望雲寺　在二都石川畈嘉慶二十三年僧受千募建

洪山寺　在六都

金雞寺　在三都金雞山天順五年僧道清重修上有金雞井

勝音寺　在城西三十里上十一都大龍山元初土內掘出一鐘一日三時聲音不同故名勝音前明刑部員外郎趙嗣芳讀書處遺跡猶存有記載藝文

尖山寺　在三都與石燕寺相隣

崇禎堂　在六都

瞻泉寺　在十二都鳴水泉前

東山寺　又名東關在十二都洪崖山上明景泰年間募建

石燕寺　在六都

谷雲寺　在上十一都棠棣山傍王大寰讀書處後登鄉科官北京戶部主事取出谷凌雲之意以名寺

圓覺寺　在八都灊山寺分支

棲錫林　在上十三都

八疊寺　在下七都

雲頂寺　在上七都紫潭上二里許

三元寺　在下七都

西海寺　在六都萬歷間修建

洞口菴　在西關外上十三都石鼓嶺崎其左金雞嶺聳其右爲洞口內勝觀道光癸未年僧長青修咸豐壬子年兵燹焚廢光緒辛巳年僧續青重建

方廣菴　在八都

寶月菴　在十都

普菴堂　在橫溝橋傍鄭翰林野謀讀書之所

興隆寺　在十都咸豐乙卯年兵燹丁巳年僧淨凡重修

十峯寺　即石腦寺

福民寺　在九都彭陂畈僧寂眞改建

泗洲寺　在十都

觀音寺　在上十一都康熙八年何廷韶修

七寶寺　在九都

白衣菴　在九都黃山之北

元都觀　在九都　今廢

紫山觀　一名龍王廟在下七都

金頂觀　在相山後廢址尙存

城山觀　在官埠舖東　已廢

龍興觀　在官船渡北

天聖觀　在上十一都大泉口

論曰寺觀安昉乎漢明帝遣博士王遵等往西域迎佛法得迦葉摩騰竺法蘭二梵僧帶白氎畫釋迦像經四十一章白馬馱至洛陽止鴻臚寺帝乃立精舍處之因本寺名稱白馬寺此僧寺之始也周穆王尙神仙召伊執杜冲居鍾南山西靈眞人之所因號樓觀又黃帝內傳西王母授帝白玉元始眞容置於高觀之上謂之道觀觀義取此歷世相沿二氏之宇日新月盛咸雖小邑而梵刹元宫幾數十所學士大夫沉湎濡首以從之又何怪乎輪迴果報之說中蚩蚩者之深也雖然世教衰民失其養彼無告者得假緇

黃以遊食李溫陵所謂朝廷一大養濟院也今奉明旨嚴汰僧尼每縣量留數僧祀香火餘盡散遣歸農嗚呼崇正學而黜異端此舉實萬代瞻仰矣王志

續輯咸甯縣志卷之三

秩官　上諭　官制　秩官表　戎廳附　名宦傳

疆域非官莫守建置亦官興行之者也作秩官志大凡志秩官者率有褒無貶惟康對山武功志官師篇美惡並書別於他志蓋以史體爲志體人推爲第一書有以也咸分邑置宰實自宋始由宋迄元無志可徵志昉有明國初續之雍乾間久未增輯官多失攷今闕疑存信仿武功志意表而錄之治行卓異者别紀名宦餘次姓氏而已至溺職者據事直書以昭炯戒亦考鏡得失之林也後之讀志者將指其名而議之曰某也廉某也能

某也賢某也否嗚呼豈不懼哉志秩官　壬午續志補

雍正元年

上諭知州知縣朕惟國家首重吏治爾州牧縣令乃親民之官吏治之始基也貢賦獄訟爾實司之品秩雖卑責任綦重州縣官賢則民先受其利州縣不肖則民先受其害膺茲任者當體朝廷惠養元元之意以愛民爲先務周察蔀屋綏輯鄉里治行果有其實循卓自有其名非内聚賄而外干譽謂之名實兼收也全省吏治如作室然督撫棟樑也司道其垣墉也州縣其基址也書曰民爲邦本本固邦寧夫所以固邦本者在吏治而吏治之本在州縣茍州縣之品行不端猶基不立則室不固庸有濟乎

皇考臨御六十一年灼知州縣之重特行引見咨詢明試至詳至慎其有廉能之員每不次超擢以示鼓勵今海内羣黎皆

皇考所懷保也朕膺

宗社重寄思纘

皇考之治功惟爾州縣諸臣具有父母斯民之責其爲朕立之基址以固邦本焉誠能潔己奉公實心盡職一州一縣之中興仁興讓教孝教忠物阜民安刑清訟簡朕將陞之

朝寧用作股肱也如罔念民瘼恣意貪婪或朘削肥家或

濫刑逞虐或借刻以爲清或恃才而多事或諂媚上司以貪位或任縱胥吏以擾民或徇私逞欲以上虧國帑王章具在豈爾貸歟更有任州縣時私肥己槖而謾云且俟顯要方立名節者其與初市清名晚而改操之人何以異哉至於錢糧關係尤重絲毫顆粒皆百姓之脂膏增一分則民受一分之累減一分則民沾一分之澤前有請暫加火耗抵補虧空帑項者

皇考示諭在廷不允其請爾諸臣共聞之矣今州縣火耗任意加增視爲成例民何以堪乎嗣後斷宜禁止或被上司察核或被科道糾參必從重治罪決不寬貸夫欲清虧空

之源莫若節儉正直節儉則用無不足正直則上官不可干以私若朘小民之生以飽上官之貪欲肓不測之罪以快一時之奢侈豈砥礪廉隅爲民父母之道乎爾州縣等官其恪恭乃職勿蹈罪戾毋謂地遠官卑朕不及察其賢否也特諭

雍正五年奉

上諭守令乃親民之官關係百姓之休戚故得其人則民被澤而風俗日淳不得其人則民生受累而風俗日薄自古安民必先察吏此不易之經也朕御極以來夙夜孜孜欲使薄海之内無一夫不獲其所而此願一時難遂者則以

縣令之不能盡得其人也果能得有猷有爲之人布散各省分膺民社之寄彼一人之精神力量足以貫注乎一邑凡督撫大吏耳目心思之所不能遍及者縣令皆能體察經理之則民生安得不厚風俗安得不淳而朕心無一夫不獲之願於是乎可遂矣向來各省縣令多循資按次照例選用之員故其中庸碌無能者有之年力衰憊者有之少不更事者有之以致苟且因循貪位竊祿諸事闒冗職掌廢弛此等之人尚不能顧一身之考成豈能爲地方之憑藉乎今因會試後天下舉子齊集京師朕思其中必有才品兼優之士是以特加遴選畀以縣令之任爾等亦各鼓舞踴躍欲乘此年力精壯之時爲國家宣猷效用意亦甚善然朕之所望於爾等者不僅在於辦理刑名徵收賦稅了簿書期會之責而已必須實盡父母斯民之道視衆庶爲一體剛柔相濟教養兼施化澆薄而爲淳良懲險邪以安善類古稱愛民如子此語最宜體會父母愛子之心未有不教之正者縣令果視民如子豈有優柔貽害姑息養奸行婦人之仁忘聖賢之義而可謂之痌瘝保赤者乎書經曰罔違道以干百姓之譽自古聖賢爲治皆尚實政最惡虛名若時存沽名市惠之心必至爲同流合汙之鄉愿又何能爲整綱飭紀之良吏乎從來父子之間施者不

以爲恩受者弃忘其感守令之於民果能潛移默化使閭閻習爲固然而泯其感頌之迹斯不愧父母之稱而媲美古之循良矣紳士居鄉每多違理肆行之處且師生年誼固結攀援弊端種種朕令有司約束勸導之者無非欲其屏除舊習同歸於善弃非令地方官有意摧折之也爾等蒞任後於紳士之品行端方者則當加意敬禮以樹士民之坊表其小有過愆者則勸戒之令其悛改其不可覺悟不可寬宥者則寘之於法以警其餘如此則賞罰公明輿情悅服而觀感興起比戶可封矣爾等旣叨鄉薦皆以古之孝廉相比擬所當早夜思維何以克副此孝廉二字乎

時株守寒窗則以不獲見用爲歎今見用矣正可展布素懷發舒夙抱且以下第之人選期尚遠而朕破格遴選授以官職卽論感恩圖報之常情亦當人人自奮況朕實伕爾等爲朕教養斯民移風易俗以成一道同風之盛爾等豈可薄待其身而爲陋習所漸染私欲所牽制乎爾等果能卓然自立不負選用朕自格外加恩倘拜命之初一時感激而蒞官以後頓改初心則不但國典王章無可寬貸卽清夜自思亦應無地自容矣勉之勉之

官制

序曰日月象君臣星辰象百官法天道也五嶽視三公四瀆視諸侯明地統也人位乎中經天紀地官制行焉一官綜畿內藩宣蒞四輔遠卿士師尹尊卑相承禮樂政刑大小咸秩凡以廣德教振風化崇封建遂物宜人治之大端也稽古唐虞建官惟百政簡民和秩可專焉夏商官倍成周益以三百六十屬董正之權旣重僚署之制亦詳秦漢而後官建不一而制法近古故秦漢之官郡有尹州有牧縣有令學有教體制備而職業修煌煌鉅典世代相師未之易也至於邑令或任百里或任五六十里其於一邑之利便民而無損於國家者躬行廉恕而修舉焉則人倫明

而庶事康庶乎課最有條而奉職無負也已

按古者四百里爲縣官有縣正各掌其縣之政令而賞罰之春秋千里百縣縣有四郡時縣大而郡小上大夫受郡縣邑之長曰宰曰尹曰公曰大夫（晉謂之大夫魯謂之宰楚謂之尹）戰國以來郡大而縣小秦有縣令長漢因之凡掌治其縣萬戶以上爲令減萬戶爲長侯國爲相秩亦如之凡縣道國邑千五百八十七（列侯所食縣爲國皇太后皇公主所食曰邑有蠻夷曰道）後漢每縣邑道大者置令一人祿千石其次置長四百石小者三百石侯國之相秩次亦如之凡縣有蠻夷曰道公主所食湯沐曰國縣萬戶以上爲令不滿爲長侯國爲相皆秦制也凡掌治民顯善勸義禁姦罰惡理訟平賦恤民時務秋冬集課計上於所屬郡國晉志大縣令有治績官報以大郡不經宰縣不得入爲臺郎宋諸縣署令銅印墨綬進賢兩冠自晉宋以後令長國相皆如漢制北齊制上中下九等唐制縣有七等之差（京縣曰赤旁邑爲畿四千戶爲望三千戶爲緊二千爲上千戶爲中不得千爲下）凡一千五百七十三縣令各一人掌導揚風化撫字黎民敦四民之業崇五土之利養鰥寡恤孤窮察寃屈躬親獄訟凡民田收受縣令給之每歲季冬行鄉飲酒禮籍帳傳驛倉庫盜

賦隄道雖有專官皆通知縣丞爲之貳衆曹收率課調五代任官凡齷齪無能者始署爲縣令（故天下之邑率皆不治甚者誅求百出以近萬狀）宋建隆元年詔天下諸縣除赤畿外有望緊上中下（四千戶以上爲望三千戶以上爲緊二千戶以上爲上千戶以上爲中不滿千戶以上爲中下五百戶以下爲下）掌總治民政勸課農桑凡戶口賦役錢穀賑濟給納之事皆掌之有孝弟行義聞於鄉閭者中州激勸以勵風俗有戎兵則兼兵馬都監或監押三年始以朝臣爲知縣其間復參用京官或幕職爲之慶歷間詔天下知縣非鞫獄毋得差政和二年詔縣令以十二事勸課農桑宜各適行上副朝廷（一曰敦本業二曰興地利三曰戒游手四曰謹時候五曰戒苟簡六曰厚蓄積七曰備水旱八曰戒宰牛九曰置農器十曰廣栽植十一曰恤民戶十二曰懲妄訟）自政和以來太平盛時人皆重內輕外士大夫皆輕縣令之選吏部兩選不注者甚多然後議所以增重激勸之法宣和五年縣令止差六十以下人靖康初詔初改官必爲縣紹興七年詔將寺監丞等任滿已改官未歷朝事者各與堂除知縣一次並借緋章服詔吏部自後縣令差文臣乾道元年詔京官知縣以二年爲任雖屢有更革率以三年爲任御筆今後非兩任縣令不除監察御史有元以縣分上中下三等每縣以蒙古邑目八

爲達魯花赤掌縣印（達魯花赤即華言知縣）以華人爲縣尹掌判署事又有赤縣達魯花赤縣尹明制知縣一員秩七品縣丞一員秩八品教諭一員訓導二員秩八品主簿一員秩九品典史一員咸甯驛驛丞一員河泊所一員陰陽學訓術醫學訓科各一人以本土人爲之僧會司道會司各一人僧道領之宣德中裁去縣丞主簿河泊所三員并裁醫學天順間裁陰陽學

國朝知縣因明之制　教諭一員　訓導一員　康熙三年裁訓導康熙二十六年復設　典史　把總各一員　僧會司　道會司各一員

秩官表

宋（自宋眞宗景德四年縣始名咸甯自宋仁宗慶歷四年咸始立學校紀官師當自宋始故立表亦自宋始）

知縣	用京朝官任七等如唐制咸甯時爲中縣乾道三年詔兩任知縣始除監察御史建炎後多用武官紹興中始專用文臣宋縣令無考惟仁宗慶歷間有令識馮文簡於未遇之時惜姓名佚耳事詳載古蹟類滑山註
丞	宋初廢置不一紹興中令縣及萬戶者注丞一員
教諭	宋初無專職以縣令佐職兼學事選鄉士爲直學教諭慶歷四年詔諸路州軍縣監各令立學二百人以上更置縣學按宋儒學教職額設學正學諭直學學儀學訓五員今俱無考
雜職	簿（咸平後置）　尉（建隆二年置）

元

按前志元朝職官載無考光緒七年邑東海掘得文廟銅鑄祭器形似簠係元延祐六年製造鑄有各職官姓名備錄於表

延祐六年

達魯花赤 卽華言知縣係掌印官
伯顏 將仕佐郎

縣尹
劉　傑 承事郎

儒學教諭 元初各學由儒學提舉司差設耆儒以分教後乃注選
吳榮
按元儒學教職額設學正學長學諭直學學訓五員今掘得祭器只鑄載教諭一員或因縣大小而有多寡歟抑因時先後而有變革歟志乘無徵俟考

雜職
主簿 馬　瑞 進義校尉
縣尉 王世榮
典史 張文秀
可考者六人外載監造江崇德司吏王國忠戴應麒

明

洪武元年戊申

知縣 明制縣編二十里者官全設初全設後省丞簿
馮　袒 有傳
丁　名佚
趙　愉
張興祖 有傳

丞
唐景原

教諭訓導
鄧均禮 貢生岳州華容人十五年任教諭
游　藝 山東濟南長清人舉人訓導
丁世修 教諭
周　垌 舉人寧波府慈谿人訓導

雜職
主簿 張敬修
驛丞 莫　謙 廣西人
典史 張　中
河泊所 譚 失名廣西人
醫學訓科 劉　嵩 本縣上一都人十七年領
陰陽訓術 鄧原哲 縣九都人十七年領
李仲俊 上十一都人

永樂元年癸酉

知縣
王　原 有傳
葉子誠 有傳
林和生 有傳

丞
劉則武 浙江青田縣人
李仲賢 四川南溪人

教諭訓導
呂永明 浙江會稽人教諭
周　誠 廣東合浦舉人訓導
王子清 字仕廉四川滎縣人五年任教諭
蔡　紳 江西南城人舉人十三年任教諭

雜職
主簿 晏 失名
驛丞 李　璨
典史 任 失名四川達縣人
河泊所 李　燦 河南人
醫學訓科 符　到
陰陽訓術 甘從禮 十一都人

洪熙元年

知縣
失攷

丞
失攷

教諭訓導
失攷

雜職
典史 裴　泰 直隸臨淮縣人

宣德元年丙午

知縣
上官儀 有傳
謝　紳 江西萍鄉人重建城隍廟

丞
申　茂 直隸大城縣人
盧　祐 無考
王　震 直隸河間府人

教諭訓導
舒　紳 揚州興化縣舉人教諭
黃　孚 廣東連州舉人教諭
袁　傑 四川富順人監生教諭
溫　弼 四川墊江舉人任訓導
周　諤 江西廬陵監生訓導

雜職
主簿 姜思恭 四川廉州人
高 失名
唐 失名
驛丞 施 失名
李　吉 山東人
典史 張　理 直隸甯晉人
韓　恕 山東東昌府桂平縣人
河泊所 盧　榮 廣東瓊州府瓊山縣人
醫學訓科 劉文洋 嵩子以後缺裁

紀年	知縣	丞	教諭訓導	雜職
正統元年丙辰	龐端 有傳	徐毅 直隸蕪湖縣人 以後缺裁	劉秩 有傳 教諭 孔善 江西新淦人儒士十年任教諭 曹伯恩 四川人十二年任教諭 林恂 直隸當塗人舉人訓導四年任 李芳 江南新城舉人訓導 何纘 直隸懷甯人監生訓導八年任	主簿 蘇賢 廣東番禺人 黎鉛 江西人 驛丞 田清 直隸靈壁人 萬昷 江西南昌人 典史 滕濱 山東招遠人 吳忠 直隸無爲州人 河泊所 高嵩 陝西邠州人 李實 雲南丹陵人 以後缺裁

紀年	知縣	教諭	訓導	雜職
景泰元年庚午	張昌 浙江嘉興人監生三年任 陳灝 有傳	方貴 江西浮梁人舉人二年任 伍福 五年任 有傳	王綸 四川夾江人舉人二年任 劉志 江西萍鄉人監生七年任	驛丞 張瑛 福建崇安人 典史 王智 直隸大明人 沈廷璋 浙江崇德人五年任 陰陽訓術 陳仕艮 上七都人 以後缺裁
天順元年戊寅	陳°灝 接任主修壬午志	伍福 接任纂修壬午志	李實 四川安岳人監生五年任	驛丞 韓佛遜 廣東南海人元年任 此後缺裁 典史 何本清 四川漢州人五年任

紀年	知縣	教諭	訓導	典史
成化元年乙酉	鍾啟 江西永豐人恩貢 唐憲 無考 鍾瓘 江西永豐人進士 李鼎 直隸崑山人舉人		王慶 有傳 四年任 程英 五年任	吳鰲 後大經
宏治元年戊申	汪祥 山東人監生 徐明 陝西人監生 周介 創建咸城 施達 直隸全椒人監生 王介 有傳	趙輅 雲南曲靖人舉人流寓本縣 張清 直隸儀徵人	慕熙 浙江人 周顯 廣東人 王福 江西建昌人 蔡宗榮 廣西人 花潤奇 江西人 韓恂 廣西人 李紹芳 四川人	劉文 陳言
正德元年丙寅	陸坦 直隸吳縣進士三年任 潘澤 直隸建平舉人五年任 邱魁 號梨峯福建浦城舉人九年任修咸城及相山書院 吳聰 四川末州人十三年任九龍洞禱雨記內吳伯乾係聰之別號	鍾林 無考 孟賢 四年任 曹伯恩 十二年任	李介 見相山書院記 趙文璣 河南人十二年任 吳鍊 浙江新城人十五年任	馮天祿 陳恩 見相山書院記并修觀山橋

嘉靖元年壬午

知縣
凌　旦　浙江歸安人二年任舉人府志作林旦
鄧　守　廣東樂昌人監生四年任
茅　信　號蓮塘寶應監生十年任
王元英　曾修儒學櫺星門
梅　鶩　號屏野直隸旌德人舉人十七年任
林　椿　號雲屏侯官舉人十七年任
蕭立業　有傳
譙崇柏　號節里四川南充人舉人二十四年任
張時舉　號西橋雲南中衛舉人曾修西河橋歷山西平陽府通判
何仁嗣　號七山四川淮縣選貢三十四年任
陽　銑　號星洲四川金堂人舉人
李春和　號致齋江西廣昌舉人四十二年任曾移建文廟祠於學右陞邵府通判
吳世忠　號淮江歙縣人舉人四十

教諭
牟　訓　四川羅江人七年任
江　貞　直隸婺源人十一年任
叢　佳　直隸如皋人
張　斗　四川安岳人二十五年任
江南雲　江西貴溪人三十年任
楊希說　有傳
王廷臣　號向葵雲南後衛舉人三十八年任
王　濤　直隸貴池舉人四十一年任
羅繼元　號士橋浙江新城人四十三年任

訓導
程友道　福建人四年任
孟士奇　廣西人十五年任
郭　縉　雲南人十八年任
孫　鐸　江西人二十一年任
何　翔　四川人二十三年任
季時秀　直隸江都人二十九年任府志季作李
吳　慧　廣東南海人三十一年任
游　驄　四川永州人三十二年任
陳　鏜　福建吉田人三十六年任
汪　堦　直隸休寧人四十一年任
曹　梓　四川什邡人四十三年任

典史
蕭　勳
王　國
童世恩
吳仲和　徽州祁門人
何尚義　廣東人

五年任
林　楚　號春齋福建漳浦人舉人四十五年任

隆慶元年丁卯

知縣
楊以寧　號任菴貴州衛巴縣舉人三年任
劉繹思　號定軒廣西臨桂舉人五年任陞尋甸府通判

教諭
張　源　號芝田廣西賓州舉人二年任
畢　集　河南洛陽人四年任

訓導
胡希旦　四川南溪人元年任
詹雲卿　四川人三年任
黃　閱　四川內河人六年任

典史
孟天爵　南直隸人

萬曆元年癸酉

知縣
茶　昊　號雲岡三原舉人三年任
王光裕　見東門趙邦柱石坊
葛應崚　有傳
邵　齡　號懷軒休甯恩貢七年任
胡學禮　號虹江四川中江人十年任
林　椿　侯官舉人
鍾　沂　號孚峯江西會昌選貢十三年任
康　直　號中山直隸貴池舉人十七年任

教諭
曾用龍　號勿菴福建建安舉人三年任
冉德甯　號松亭四川東鄉人四年任
孫起宗　號海嵎雲南左衛舉人八年任
費思箴　荊門州舉人十二年任
趙子文　號洪齋荊州府歸州人十八年任
萬邦俊　有傳
吳嘉龍　貴州都勻衛選貢二十六

訓導
蕭叔詢　江西太和人元年任
劉金樞　江西都昌人二年任
高希佑　臨湘人八年任
覃可交　巴東人九年任
王繩武　福建人十五年任
蔣　儀　四川大竹人十六年任
徐　志　德安人十七年任
羅民新　寶慶人十八年任
李能白　雲南西靖人二十二年任

典史
湯克寬　福建上杭人
潘　棕　號仰山直隸宣城人三年任
任可重
黃　焯
區　英　廣東人
王明贊　浙江人

曹維藩 號心微江西吉水舉人二十年任陞甯國府同知
周日庠 有傳
王元柄 劍龍三十二任
張失名 見孟養浩修儒學記
葉失名 見趙西河永安橋記曾協修西河橋
朱凌霄 有傳
徐可大 據熊襄愍堤記云安化人
秦懋觀 有傳
吳東白 徽州歙縣人由武昌府斷

年任
李應暘 號賓龍四川敘州富順舉人三十三年任
張士旂 福建舉人後陞旌德知縣

黃世通 廣東順德縣人二十四年任
楊繼美 號慕州常德人二十六年任
鄒揚 荊州人三十三年任
劉天衢 號申名辰州人三十八年任
楊應祥 號立鍾四川雲陽人
佘可甲 羅山人

事遂咸令沒葬九都長壽畈陳宅後山妻宜人金氏同塋流寓咸邑女字邑庠生董治公

天啟元年辛酉

知縣
曹應聘 有傳
劉世科 號旭陽四川成都舉人
彭純 廣東南海舉人

教諭
宋德祁 黃州貢生後陞龍安府
董以修 號雲門德安舉人
黃可柱 羅田舉人

訓導
陳希賢 公安恩貢
袁汝穀 羅山人

典史
紀應對

崇禎元年戊辰

知縣
許逼 江西舉人
劉藎善 順天歲貢
王世英 見學校卷

教諭
胡一鶚 浙江餘姚舉人
董正 號無奇京山人
紀元 廣東人

訓導
鄧膺聘 邵陽人德政碑收儒學頭門左壁碑文載金石府志膺作應
李瑾 麻城人瑾作璲

典史
林承祐 福建人
胡乃宿 浙江人

陳奇勳 號燮兩廣西臨桂舉人陞南京兵馬司四年任
孟良範 有傳
陳鶴齡 號雪峯廣東舉人十六年任

龍湘 漢陽舉人
張拱翼 號沖霄澧州人
汪綬和 徽州人
彭式古 江西人
陶彥 黃安人

郭堯京 河南汝甯人
石成璧 山東德州人
張昌允 鄖陽人府志允作應
楊字柱 雲南姚安人府志字作宇

國朝

順治元年甲申

知縣
楊騰桂 山西鄉甯歲貢二年任府志桂作柱
周文華 有傳四年任
馮源泗 有傳九年任

驛丞
黃文煥 北京大興人八年任
嚴廷章 江南崑山人十二年任
夏日永 浙江紹興人十八年任
以後缺裁

教諭訓導
教諭 王廷傑 見修學記四年任
郭都城 號五雉黃岡舉人九年任
訓導 吳希璘 臨湘貢士五年任

典史
章兆鼒 浙江紹興人三年任
傅天惠 大興人十二年任

朱復亨 順天大興舉人十八年任

鄧起鳳 黃梅貢士七年任
鄒璧明 隨州貢士十年任
劉士龍 武陵貢士十二年任
胡珏 孝感貢士十六年任

康熙元年壬寅

知縣
何廷韶 二年任有傳
孫毓華 見移石塔碑
鄭夢馨 見宗嶽橋記十六年任
王士瀚 見宗根碑記貢士二十二年任

教諭
李登甲 郴州貢士元年任
楊昌言 貢士三年任
劉效曾 潛江貢士
喻良臣 號枚廷漢陽歲貢二十六年任分訂府志

訓導
胡珏 接任
李之經 號凡九見修石塔碑元年缺裁十六年復設又二十六年復設
楊家桂 號天根遠安歲貢二十六年分訂府志

典史
衛起鳳 山陰人元年任
鄒廷瑞
孫成 陝西人
胡賡鉉 宛平人
周南 河南祥符人

年號	知縣	教諭	訓導	典史
	詹象泰 號倚嵓武進貢士協修府志二十三年任 張 失名三韓人見重修西河橋記 王 失名山陰人見重修西河橋記丁巳年間任 韓 失名見張華校歷致錄 劉文燧 五十六年任有文稿行世 張時泰 見贈節婦額			李道賢
雍正元年癸卯	魏鈿 四年任 戴惟樞 八年任二公相繼修城		周登任 廣濟人貢士	張士林
乾隆元年丙辰	鄒允煥 浙江仁和進士見修西河橋記 王正常 四川人 吳世賢 進士善畫竹蘭尤妙 歐相箴 失攷 陳煥世 有傳 黃應魁 見淦川書院課士詩 楊春華 舉人 方玉麟 見贈節婦額	失攷	曾瑞包 江陵人 李永震 石允諧 李企緒 劉琪樹 襄陽人 傅大英 陳光鐸 張翼 圻州人正貢	陳得龍 大興人 顏樹 江都人 余有慶 武進人 章學浦 會稽人 張宏泰 大興人 孫庭華 鎮海人 劉懷登 宛平人

年號	知縣	教諭	訓導	典史
	朱易 無攷 顧長祚 見城隍廟楔書 翟中倫 舉人丙寅年任 李晟 見贈節婦額 李宗白 無攷 陳貽青 見淦川書院記 陳煜 五十七年任曾修儒學見省志		方懋疇 長陽人正貢 劉本垣 廣濟人正貢	
嘉慶元年丙辰	張太冲 元年任曾修縣城 李秉義 四年任 曾衍東 七年任有傳 張際熙 河南陝州人進士 郎錦駿 字妝雲山西代州副榜十六年任修武廟 王希琮 號蕉鄰南陵人十八年任捐廉新聖宮記載藝文 溫宜銳 號可亭山西人進士乙亥年任著玉山草堂文集 關維紀	謝彪 龔定豐 號樸齋 陶顯宗	蕭蔚江 與修通志 陳堯道 南漳正貢 何棚 荊門州正貢 聰學賅 鄭曾池 曾芝附	吳湘 寄華陰 席承洪 汪大春 黃紹祖

杜大奎浙江紹興人

劉貽孫二十三年任有傳

道光元年辛巳

知縣

劉貽孫再任
何衣錦廣東亞元
符其珍廣東拔貢
蔣烱浙江優貢
蔣嘉璠
張崇鼎
陶洽
張恩溥進士
李兆元有傳
夏廷樾號憩亭江西新建人創修筆花塔記載藝文陞本省臬台
王德興進士
張日融
王本立號禹門羅山人進士咸豐二年在省守城殉節
董炳楠舉人
張行檢

教諭

任東道
方棵材
王朝幹
羅正太
樊明倫
方炳
胡升之
王徵品
曾學達
單懋德襄陽進士夏屋記載藝文
鄭士瀛
劉紹攽
龔斗南
張承庥
程德懋
譚澤騰

訓導

聶兆芳
陳曉陵
王瑀
胡壁華蘄水舉人憩亭記留別詩載藝文
龔炳
王麟黼
蕭道鶴號樂園孝感舉人

典史

譚葵生
鍾光瑞
潘箴
周蘞華
何輅
王震後陞武昌同知
王渭川

何渭珍雲南師宗人

侯甲驥山西人進士

施均號曉村監生咸豐二年在省守城殉節

饒拱辰有傳

潘克溥

黃兆奎號秋崖舉人咸豐二年在省守城殉節三十年任

閔瀛

咸豐元年辛亥

知縣

韓寶昌號善圃二年任
莫若璣廣西舉人三年任
汪靜淵有傳號月卿
黃鐘鳴附生保舉六年任
周世棨號福門七年任
李廷鉽號鎮三直隸易州人進士
史繼基貢士八年任
李遇泰號安溪南昌監生九年任
金東昀山陰監生十年任
蔡耀孫舉人十一年任元年病故

教諭

寇溥安陸縣歲貢號秋槎善畫尤長山水
吳世銓鹽提舉銜
廖鈞南漳附生辛酉冬以計罷去

訓導

黃本驥辛酉冬以計罷去
王禧佑黃岡人

典史

丁縉席
胡懋澧
陳梓
張維新
王壽昌
胡世觀附生

同治元年

知縣

教諭

訓導

典史

（知縣）

英福　滿洲人

朱榮椿　安徽涇縣副榜

羅琳　江西奉新人二年任政不宜民叛勇戕斃

陳怡　有傳

沈寶枬　有傳

陳秉信　有傳

崔培元　號厚菴山東莒州進士

陳祖心　有傳

傅遇昌　號思森江甯順天舉人十年任

潘介蘩　十二年任

淩心垣　有傳

光緒元年知縣

傅遇昌　元年復任

梁家鈺　二年任有傳

達斌　號右文三年任漢軍廩生

王培厚　監生三年任有傳

吳耀斗　號朗星江西人四年任

陳樹楠　五年任有傳

諸可權　十一年三月任有傳

（教諭）

張鼎　有傳

黃文樹　松滋優貢

陳桂辛　天門副榜十一年任

教諭

陳桂辛　接任

陶述景　號鶴春南漳副榜七年任更名翔堃

（訓導）

周輝藻　南漳人

夏應霖　有傳

王自仁

蕭光烈　均州增生保舉十二年任

訓導

李國禎　江陵廩生保舉二年任

黃鳳　號仲丹黃梅舉人二年任更名元昕

（典史）

陶埜

蕭一錦

陳炳

諸鼎　安徽人四年任

裘相周　江西人六年任

張棻　江南人七年任

崔炳　安徽人八年任

孔廣楷　安徽人十年任

高佶　河南人十年任

典史

張符德　河南桐柏監生三年任

高佶　復任

惲鶴齡　命韶梅十年任

王志論曰邑宰爲牧民之官必得其人而邑乃治考鏡曩牒夫不有惠均召父化埒文翁者乎不有肅如秋霜靄若春暘者乎不有抱嬰翦非發姦殪猾善鉤距而懔神君者乎不有犬卧花陰雉雊陌上息物力而勸農桑者乎不有晝郊晝閟風鐸夜靜家無劍而犢在牧者乎不有清風滿袖雀羅罥庭還浦珠而栽鬱石者乎不有設糜待哺置藥起廢甦桑翳而蔭樾陰者乎不有循良卓異賜章服而掄豸繡者乎不有捍寇禦侮衛社稷而忘身家者乎諸此忠信之長慈諒之師子惠胥流教養恩灑所以父母吾民者曷其能忘也敍而錄之豈第求甘棠之慕已耶抑將俾司牧者知咸有治譜云爾

又論曰國家之建師儒所以興賢育才迪德考藝也故三物有典矣而禮樂絃誦職綦勤哉明初特重司鐸博士員或典文衡或晉內翰非經明行修之士莫授也以故嚴訓迪時考課正誼明道端己格物子衿嗣音郁乎彬彬矣乃後而稍淩夷也以儲英蓄德之區寒嘆老嗟貧之望俎豆空陳誦讀寥寂廩餼虛糜德藝荒落而欲菁莪振響雲漢昭文此實難矣我　國朝隆重儒術慎簡教鐸所望端重之才不自菲薄卑比橫經敬典敷教於以循胡氏蘇湖之規樹朱子鹿洞之的使春風滿座

化甬盈池儒效其丕振乎人倫師表欽厥職哉王志

把總舊志缺載遠莫可稽今載其近者以明不弛武備之意

李文魁江夏人

方大熊江夏人

阮定國江夏人道光二十四年任

張金玉江夏人道光二十八年任

周得名江夏人咸豐三年任

龍得興號華山江夏人

張正魁江夏人

劉文耀號輔廷江夏人同治三年任

傅致彪江夏人

吳鎔江夏人

楊義春四川人同治乙丑年任

楊松林江夏人有玷官箴

楊啟太江夏人

錢萬選號殷卿江夏人

名宦列傳

明知縣

馮昶嘉興人洪武戊申兵革初定民多逋竄昶憂勤立政翦荆棘招流亡墾闢草萊勸課農桑民翕然歸之且剏公宇建學校立壇壝治橋梁百廢具舉上下輯睦民始有生人之樂矣

張興祖洪武二十四年任建倉廩置銅壺滴漏更籌分明今無

王原四川銅梁人永樂間任勞心撫字不事表暴嘗作勸民歌使民誦之

葉子誠浙江會稽人永樂年任有惠政民追思之

林和生福建晉江人永樂間由陰陽官薦知縣事在咸九年清廉勤幹不攜家室去之日行李蕭然

上官儀福建沙縣人宣德間以進士任文學政事獨步

一時振衰起墜不激不隨德政及民吏民畏而愛焉尤工書畫片紙之存人爭寶之後擢滄洲守

龎端江西吉水人經魁正統三年由學正保陞令職平易近人民悅其政秩滿陞平涼府通判

○陳灝字公遠浙江平陽人天順間以冑子令咸周知閭里利病凡所興革悉中機宜征輸營繕勤瘁匪懈雖工役煩興而民不知勞

王介福建侯官舉人宏治十七年任下車首詢民利害三日之間衙蠹悉去以禮樂化民俗以法律齊豪右以丁產定賦役宮宇橋梁傾圮斥而新之三年之

間令行禁止門無私謁以紙價作贖鍰上三字見府志易稻
穀萬石正德乙巳歲饑全活甚衆先是邑民多以幼
子娶壯婦介爲痛華浮屠老子之教泯然不聞以才
調江夏吏民攀留不忍舍

蕭立業字勤齋江西新喻人嘉靖二十年以貢任雄渾
磊落博綜今古爲政勤敏有決斷裁抑豪右撫循善
良而案牘積弊爲之一清在咸三年廢墜修舉曾修
儒學邑城及應宿樓以西河病涉編舟爲橋民利之
秩滿以內召去嘗曰吾治咸無愧古人但增民數及
多植引道松爲負咸耳咸民語賢令必以勤齋稱首

焉

葛應蛟浙江黄巖人萬歷戊寅任建義倉增修城池日
不暇食爲咸保障不乾没一錢

周曰庠字文所江西臨川人萬歷癸巳以進士任溫厚
和易與物無忤然持身廉慎氷蘗自將居常布衣蔬
食泊如也邑東北近湖城且就圮公建議築堤捍城
城以不隤咸民德之去之日脫靴攀轅感激泣下

朱凌霄廣東南海舉人溫厚平恕不忍傷一物廉勤自
持頻笑不苟躬校簿書每至夜分胥吏莫窺其際比
擬律令參稽出納不務赫赫名而詳審縝密當道信
之

秦懋觀號彬菴浙江仁和舉人萬歷四十四年任慈祥
仁愛催科若拙撫字爲先民皆受恩士咸見德內召
復守滇南假道經咸與諸士款洽殷勤情不忍别

曹應聘號覺菴滕縣貢士天啟二年任古貌古心擅言
語政事之長忠信明決遇事犀燃庖解無濡忍不斷
之患廉直有聲修西河橋永濟行旅代攝知蒲圻兩
邑頌之遷慶陽府同知

孟良範號洛九鎭藩衛拔貢崇禎年任釐剔弊蠹催科
撫字俱宜繕城嚴守聲望丕著署州署縣陞府轉道功

名之盛罕出其右

國朝知縣

周文華字在中號尹公山西翼城人順治丁亥科進士
四年任性簡默而嚴冷嚬笑不假絕不爲左右所窺
訟簡刑寬錢糧籌算不遺纖塵政事精勤六載如一
日邑罹兵燹廢弛多公手經營里戶成畫一之治值
軍需立限單騎叩素封之門貧居毫無所擾需賦則
賦治苦荒則荒救眞循吏亦幹員也宜乎
賜衣卓異聲名顯擢甘棠遺愛不衰云

馮源泗字子濱宰相之姪以恩廕順治九年任老成練

達精敏裀裁嚴處左右痛懲積弊邨無犬吠六曹無
留牘圜扉無罪苦雅重師儒嘉禮賢士洵能吏也擢
全州牧民不能忘云
何廷韜字毅菴遼東瀋陽人由官廕康熙二年任性慈
才敏礪行清介勤求民瘼風節懔然咸地衝煩韜能
寓撫字於催科善讞獄嚴緝捕繕城壘固江隄實政
及民民不能忘至護解餉鞘遞送逃人招俫流寓以
及勘灾江夏繪圖請賑署蒲圻篆蒲民勒石紀德宜
乎上臺交薦紀錄推功也
陳煥世字浚卿號唐園由進士乾隆年間任文章經濟
兼擅其長尤精草書士民至今寶之修架城橋碑載
金石
劉貽孫號芑汀湖南湘潭舉人嘉慶戊寅初任道光間
再任雅重文學下車觀風得余璟張應春兩卷甚契
重之訂為文字交後俱中式公餘勤於課士數年間
科甲蟬聯實公作育之功蒞咸十餘載兩署大邑十
四年甲午往嘉魚驗堤冒風染病至署遂卒
李兆元山西人由舉人道光年間任剛直馭下奸猾斂
跡勤於決獄政簡刑清
饒拱辰號滌夫江西新建縣人由進士道光二十九年

任值大水民間田廬淹沒過半公惻然力請蠲免賑
卹稽查戶口按月給與米錢差役莫敢售其欺實惠
及民民感德之有德政碑載金石類後陞安陸府知
府
汪靜淵湖南人由舉人咸豐五年任時强寇據省餘賊
分擾鄂屬公父子忠勇共憤募勇數百人戰賊屢捷
賊憚之六年四月失脩賊夜入城子樹聲持鎗力戰
賊衆圍刺獨力不支遂遇害城陷公赴水死
陳　怡號心台浙江會稽縣人同治四年四月以府銜
攝理咸寧時霆營叛勇過境城中殘酷不堪公到任
撫卹居民民避山村者漸復秋成後籌款設局興修
志書邑人感之贈萬家生佛額
沈寶楫號粟香浙江嘉興府桐鄉縣人同治二年癸亥
科進士由庶常同治五年三月任溫文爾雅足式多
士到任剛逾四月因公務旁午積勞病卒
陳秉信號慶堂山東登州府榮成縣人道光辛丑進士
同治五年八月任勤儉持身嚴明馭下疲玩積習猝
然改觀
淩心垣號東藩四川宜賓人同治戊辰科進士十三年
知縣事天資英敏蒞政嚴明每當聽斷訟庭肅穆胥

吏憚之
祿祖心號堯薪河南光州人以副榜知縣事饒才幹日判十數案均能得情并有民甫具控經理諭而事遂寢者性儉樸衣服不尚華麗宴客僅數豆而已去之日士民製傘以贈其行
梁家鈺號湘帆湖南善化人性寬和接士大夫以禮受控詞則嚴加訊鞫民少訟累咸署久燬官背賦居民舍俟籌款勸捐擧興營繕未蕆事遽卸篆去邑人思之贈咸與維新額
王培厚號子厚江西玉山人性樸直才識强幹最愛民

咸苦江堤接湖北堤防紀要堤屬嘉魚咸例協修徒憫咸代人頂龔屢稟上台爲民請命仍照例協修以甦民困事雖未成厥心可嘉至懲奸戢盜又屬餘事
陳樹楠號筱園陜西鄠縣人辛未進士光緒五年任治尚簡靜不務名志載其懲奸詰盜潔已愛民諸善政刪之曰此作官應爲之事何傳焉十年春病假卸任
諸可權號肖菊浙江錢塘人年弱冠值粵匪亂以諸生橐筆從戎初在制軍何公璟及中丞郭公柏蔭幕府今大學士肅毅伯李公鴻章見而器之交章薦辟由是督師關中宣防海上游保今秩加運同銜　賞戴

花翎歷任通城監利縣事以同知直隸州在任候選光緒十年春調署咸精明强幹尤以文章飾吏治甫下車殷勤課教培植人文時值旱沴齊虔禱遂降甘霖咸民頌之

明教職

伍 福字天錫江西臨川人景泰間以舉人任學問浩博爲文敏贍俊逸頃刻數千言其教躬範物先惓惓誨迪先是學舍未脩祭器簡略福請於當道增補修葺煥然一新屢典文衡悉稱得士至朔望課試飲射之儀皆裁定允當不爲虛文可謂經世之才矣

劉 秩江西萬安縣人正統年間任其教人先行後藝一日三進諸生於前諄諄不倦平時衣冠不去身嘗患痢疾幾危諸生問安乃引冠帶上覆中有岸巾者曰某禮樂不可斯須去身是何禮也諸生悚然越數

年如一日屢典文衡士子至今稱慕

楊希說廣東海陽人由舉人嘉靖三十五年任接物以誠士思慕之

萬邦俊號鰲石貴州銅仁人萬歷壬辰以舉人任英姿秀發倜儻多大節爲文雄渾古雅訓士表裏洞達多士信之文名蔚起見重當道聘典南畿文衡拔吕克孝爲榜首人服其藻鑑嘗攝武昌篆定經界剖數十年不決之訟人稱神明立碑紀之

王 慶直隸崑山人博物洽聞律身清介尤敦信誼不輕爲然諾成化戊子分教咸邑將行亞卿葉盛謂曰馮文簡咸先正也而廟貌不稱無以棲神靈子其圖之慶頓首曰諾會武昌同知馮立通判陳琳皆爲慶作私第慶曰亞卿葉公有成言矣能欲復言而愛身乎卽撤私第之材翕之已又復金蓮池之侵於閭右者督學陳方爲文紀之見藝文

鄧膺聘邵陽人德政感人有去思碑立儒學頭門外左壁文頌載金石類

張 鼎號梅丞羅田縣人由附貢生同治癸亥年任貌樸訥內實精明奉高堂溫凊定省以孝聞同居十餘人內言不出外言不入家範肅然尤敬奉 先聖先

賢除朔望行禮外殿庭必躬親灑埽朝夕必焚香告虔誠足爲諸士坊表云

夏應霖號雨人圻水縣人由歲貢同治乙丑年任品端行潔文學擅長待諸生循循善誘經師人師兼之矣

論曰太史公循酷並傳志專紀名宦何也史顯行其權者也故彰明法戒志隱行其意者也故微寓勸懲義各有當也且旣縉綬而父母斯民師長多士矣居是邦不非其大夫禮也然名終不可假焉故志其名者而不名者可知也咸自炎宋以來迄今千載而官師之名惟數子巋然獨存是可感也已 壬午續志補

續輯咸甯縣志卷之四

食貨（戶口 田賦 漕運 雜稅 倉儲 蠲賑 郵政 物產）

設官以爲民也民者國家之元氣也食爲民天貨惡棄
地征斂無藝民何以堪我
朝深仁厚澤薄賦輕徭停編審之虛文永不增賦丁隨糧
派民各稱便偶遇兵戎水旱
蠲䘏頻彌凡我編氓羣得物土之宜而布其利何其幸也
咸豐以還大盜假擾戶口典籍焚蕩無餘即常平義社
各倉亦不復存然度支告匱猶不忍行前朝加賦之令
抑末抽釐毋許虐取漕南經前中丞胡文忠公酌減定

章以甦凋敝寬一分民受一分之賜矣至釐政茶釐涉
及境內者咸與賦法相輔亦食貨類也於法宜得併書
志食貨（壬午續志補）

戶口

明

洪武二十四年戶二千四百男婦一萬七千八百八十
口
永樂十年戶二千三百三十六男婦一萬八千一百四
十五口
景泰三年戶二千三百四十七男婦二萬三千九百五
十二口
成化八年戶二千九百二十男婦三萬五千五百五十
四口
正德七年戶二千零九十男婦三萬六千八百口
萬歷年間戶二千一百男婦四萬零一百口

國朝

順治四年編審人丁凡年老殘疾并逃亡故絕者悉行
豁免
額戶二千二百男婦四萬一千二百口
順治五年編審責成州縣印官察照舊例造册六十以

上者添註
額戶二千三百三十男婦四萬二千三百口
順治十七年覆准直省每歲底各將丁徭賦籍彙報總
數觀戶口消長以定州縣考成
額戶二千八百八十二男婦四萬七千七百一十六口
康熙十年額戶三千零九十男婦四萬零一十口除免
故夫審丁老幼加減實額丁一萬一百丁（與府志同）額徵
併新加共銀二千一百四十三兩六錢二分八釐八
毫三絲五忽九微一塵三纖三渺（與府志同）內除豁免運
夫八丁一百三丁豁除丁銀二十一兩八錢六分七

毫六絲九忽三微一塵六纖四渺實在九千九百九
十七丁內有免人丁七百一十八丁一斗八升五合
奉文只免雜徭不免正供無免人丁九千二百七十
九丁八斗一升五合（每丁派銀二錢一分二釐二毫）有免無免共實
派徵丁銀二千一百二十一兩七錢六分八釐六絲
六忽五微九塵六纖九渺（與府志同）
康熙三十一年直省編審人丁俱造花名征銀科則細
冊送部
康熙三十一年起至五十年歷次編審共增益人丁六
千丁九斗四升五合二勺派增益丁銀一十二兩五
錢三分五釐以上人丁一萬五千七丁九斗四升五
合二勺共實徵丁銀二千一百三十四兩二錢九分
四釐
康熙五十二年欽奉
恩詔據五十年丁冊為常額續生人丁永不加賦
康熙五十五年欽奉
恩詔以新增人丁補足舊缺額數如有多人之丁歸入滋
生冊內造報
雍正六年棗同不在額征丁銀以內之優免丁銀四十
九兩八錢一釐於湖廣總督邁柱奏請丁 糧派等

事案內奉文自雍正七年為始以通省丁銀攤歸通
省地糧銀內徵收每糧一兩派攤徵丁銀一錢二分
九釐六毫四絲九忽以該縣實征糧銀扣算又於議
奏案內奉文將雍正七年民賦銀六錢派征丁銀七
兩四錢二分六釐抵算鍾祥縣重丁銀數原額丁銀
二千一百三十四兩二錢九分四釐（丁隨糧派疏附）
疏曰湖北一省有田之家田連阡陌所輸丁銀無幾貧
民糧僅升合所輸丁銀獨多蓋緣地賣丁存而富豪多
與書役勾通故換裁派以致按冊有丁追呼無業貧民
徧受其累今據湖北武昌布政使徐鼎詳稱湖北丁銀
止天門一縣前經題請隨田起丁民各稱便而武鄖八
州歸州一州共計人丁四十五萬三千四十三丁一斗
零應徵丁銀一十二萬五千八百六十四兩九錢八分
八釐零自應查照山東江西等省之例以通省丁銀攤
入通省地銀之內一例輸將今查雍正五年民賦冊內
除應城縣膏稅沔陽州柴山官地租共銀一千一百九
兩九錢七分四釐零又除丁糧外派之乾魚蔴鐵湖課
線膠等項無庸攤派外合計通省民賦更名條餉優免
南糧驢脚米折歸併屯糧帶派地租匠役班價甎皮京
損籽粒計料補徵歲貢及雍正六年增墾並恩施縣民

屯餉銀等項共銀九十七萬八百八兩一錢七釐零以
通省丁銀均勻攤入每錢糧一兩合攤丁銀不過一錢
二分九釐有零又有武昌襄陽等十衛所共徵人丁一
百四十三兩八錢以通省成熟屯銀四萬八千七百二
十八兩二錢一分零攤派每兩該徵銀三釐所增無幾
而課額實爲公平自雍正已酉年爲始照通省攤勻地
丁數目飭令各州縣衛所造冊徵收至續報勸墾及自
首隱墾歲報陞科應請暫緩攤派再過編審之期另將
通省丁銀與通省舊額新陞之糧均勻攤派等情臣查
丁隨糧派均平徵收富者所增無幾而貧者受益靡盡

永無出入增減之弊實於
國賦民生大有裨益雍正七年覆准各省丁銀均攤入地糧內徵收
乾隆三十七年七月內奉 上諭五年編審不過沿襲
虛文無裨實政嗣後編審之例永行停止
自康熙五十五年至乾隆三十七年停止歷次編審
滋生人丁共一千五百三十一丁欽奉
恩詔永不加賦
諭曰民數者聖王圖治之先務也世道盛衰視夫家
之眾寡夫家眾寡視時政之善否登耗有由然矣咸
甯爾邑戶數多寡前代可覩自罹兵燹哀鴻在牧我

朝維新景命濡養休息二百餘載生齒日見其蕃庶矣
顧司牧者志存保障則晉陽無損志在干澤則膠東
可增所望於勞來安定生聚教誨者至亟也誰居民
上能無既厥心與 王志

田賦

原額田地塘共三千三百五十五頃九十四畝六分三
釐 數與通志舊志不符與府志符
上中下三則田一千八百五十三頃二畝三分七釐 府志舊志數符
山鄉田三百一十六頃九十畝四分七釐 府志舊志數符

水鄉田一百二十三頃九十七畝七分一釐 府志舊志數符
上中下地九百一十三頃二十畝四分八釐 府志舊志數符
塘陂一百四十八頃八十三畝六分 府志舊志數符
額載科秋糧米一萬四百五十八石六斗三升四合內
有免糧七百九十三石一升七合五勺奉文只免雜
糧不免正供無免糧九千六百六十五石四斗一升
六合五勺每石派銀九錢九分有免無免共額派銀
九千九百五十九兩四錢四分七釐
夏稅二麥共七百四石七斗八升六合 已於秋糧內派 府志舊志數符
夏稅桑二絲共八百一十七觔一十三兩九錢三分 已於

秋糧內派與府志舊志數符

民賦田畝九釐餉銀三千二百七十四兩三錢七分九釐

按九釐餉者明萬歷四十六年邊餉驟增戶部尚書李汝華議畝加三釐五毫次年又加三釐五毫兵工二部又請加二釐通共九釐謂之遼餉復以給事中甄淑言加派因田之腴薄倍蓰不同請照納米之數從之至 國初裁之後奏復之仍以明萬歷賦法爲準故有此名

更名原額田地二頃二十畝額租銀二十二兩加增餉銀一兩九錢八分

更名原額穀田四十九頃七十畝額穀一千九百八十八石奉文每石折銀四錢六分六釐實征銀九百二十六兩四錢八釐

更名報科銀一十兩二分八釐

按更名地田者始自明萬歷年間凡廢藩田塘召民納價更名謂之更名田今名租餉只正銀六百五十兩零

康熙二十六年開墾額外淤田二十一畝又雍正七年首墾額外淤田一十三頃九十畝三分六釐五毫共派征銀五十八兩四錢九分六釐

湖稞銀一百一十三兩三錢一分除豁免丁銀二十九兩五錢實征銀八十三兩八錢五毫八絲遇閏加征銀一兩五錢六分八毫九絲七忽

匠班匠戶自辦起運南京八匠實在納班八十八兩四年一班該班每名納銀一兩八錢遇閏加銀六錢除逃亡故絕外實在納班匠五十名每正銀三十兩解司充餉

麂皮京損銀三錢二分四釐

以上共征丁田賦銀一萬六千五百一兩一錢五分六釐內除補荒銀二十九兩五錢實征銀一萬六千四百七十一兩六錢五分六釐

解支各欵

一應解地丁條餉銀九千八十一兩九錢七分五釐前明編里應役其類有四皆於秋糧另派本朝均攤於糧百姓便之稱爲條餉

一官俸役食銀九百一十二兩七錢七分三釐

一撥運銀一十四兩八錢三分二釐

一均徭銀三百四十八兩一錢二分二釐

一應支祭祀等項銀二百六十三兩二分二釐

一添撥銀五十八兩四錢八分

一驛站走遞夫馬銀三千九百一兩一錢四分

一應解隨漕正耗贈貼米隨漕實額銀壁墾派征丁銀米五千七百五十六石七斗三升六合銀一千四百六十八兩九分四釐

一驢脚米折給解充餉銀三百一十四兩五錢四分八釐

以上共解支銀一萬六千三百六十二兩九錢八分六釐

按前征數浮於解數縣卷經兵燹後無從稽考錄存俟查

一北漕糧兌軍正耗本色米二千七百二十二石七斗二升照舊志錄

一南糧正耗本色米二千六百二十一石

按南糧舊志及府志與今征例數目均符漕糧府志所載多於舊志征數較今征例又少參差不一錄存俟考

又按兵燹後文卷散佚咸豐七年報消在案前載丁役田賦均據縣册底稿參之府志通志科算數目多寡互有參差蓋府志編於康熙二十六年通志則嘉慶年間所輯制因時易故不符耳此即詳加榷訪究難覩若畫一照舊例錄存之而已方今鄂省漕務益陽胡文忠公清釐積弊已定折減新章而遠村林方伯纂有丁漕指掌一書若錢糧若漕南與夫起運存留領款耗羨罔不縷晰條分雜稅倉穀亦類附焉洵賦役全書外簡明善本也爰臚列之以著左方折減新章示附

爲出示曉諭酌減徵漕章程删除浮費以甦民困事案奉 撫憲胡札飭湖北漕務積弊民苦浮勒官無經制其取於民者厚其交於公者微類皆中飽於丁船雜費及上下衙門一切陋規現值停運之時奉 部文折價充餉急應清釐積弊取中飽之資以分益上下於

國計民生均有裨益惟各州縣情形不同其如何分别删減定立章程應由道府大員親詣督查以杜州縣官吏隱匿趨避而收實效飭委本攝理府親詣所屬各州縣

體察情形核其征收兌運實費遵照 部案折價充餉其浮勒積弊太甚之州縣酌定删減並將節省兌運之費提解充餉裁汰浮費實屬有益於民有益於 餉務須認眞督查因地制宜妥協議擬定限九月以前通稟酌辦勿稍猶延等因奉此當經轉行遵照將征收兌運漕糧一切費用實帳開呈去後茲據該咸甯縣稟呈征收漕南米石用帳前來本攝理府逐一查閲復明查暗訪該縣征收漕南二米向係統征分解內除花戶自行上倉本色米八百三十餘石之外再按四二折收本色米五八收折色錢米則連斗級扒夫飯食加八合完納

折則每石收錢七串三百文又每石折收一五水脚錢一百八十文本折牽算總計每石約錢六千零二十六文積弊相沿已久深爲閭閻之害殊堪痛恨又查該縣除北漕兌費之外有司道府廳衙門房費銀七百八十五兩一錢三分又解荆南米費用銀六百二十二兩二錢二分又錢七百七十串九百七十八文又糧道府廳漕規銀六百七十二兩種種陋規實屬浮費當頻年兵燹之餘瘡痍未復元氣當培本攝理府軫念民艱力圖拯救急應痛裁浮勒酌減定價官吏之費用既省則黔黎之困苦立甦現經本攝理府隨同撫憲將咸甯應

征漕南二米照舊章之價每石核減錢五百二十六文比較向來折價減去錢二串零八十文定以足錢五串五百文一律折收凡毛米水脚券票等項一併在五串五百文之内不准多索民間一文漕糧正毛米石以銀一兩五錢折解南糧正毛米石以銀一兩五錢折解又每石隨解水脚銀一錢五分俱用庫平庫色漕糧價銀折解糧庫兌收南糧價銀聽候撥解再提兌運之費庫平銀三千兩解府轉送糧臺暫充軍餉俟漕船開運仍改爲漕船兌費餘銀留作縣中製備征册流水卷票紙劄書役飯食等項津貼辦公之用俱在定價錢五串五百文之内所有院司道府廳衙門一切陋規浮費全數删除開單飭知至該縣一切費用自行實力删減自此次定章之後官吏丁役如敢格外多索一經訪聞或被告發丁胥立拿枷甕官則專案嚴參懲辦除詳 院憲外合行開單札飭札到該縣即便遵照裁汰定章趕緊出示曉諭開征具報紳衿士庶人等須知 上憲體恤民艱痛裁浮勒酌減定價之苦衷既照舊章每石核減錢五百餘文較向折價計減錢二串有零定足錢五串五百文一律折收毛米水脚卷票一併在内此外不准多索分文士庶人等亟應激發天良踴躍輸納務將應

完漕米趕緊遵照此次定章年内掃數全完該紳民人等如果不知自愛有意抗違定拿照律治罪決不寬貸切切特示

查咸邑征收漕數向章實甚瑣碎深爲民累茲蒙
上憲軫念民艱痛裁浮勒酌減定價咸民均皆感戴遵照現定章程將應完漕米折價於年内掃數全完不敢抗違合行刊石立碑永遠遵行

計開咸甯縣删除浮費清單

一糧道漕糧房規費小禮案禮銀一百六十二兩八錢

一司糧房規費銀十二兩

一南糧房規費小禮案禮銀一百七十二兩
一通關結規費銀二十四兩
一派撥房規費小禮案禮銀五十六兩六錢
一樣米房規費小禮案禮銀六十兩
一府經歷房規費銀一十六兩
一倉房規費銀九兩六錢
一府糧房規費小禮案禮銀四十五兩二錢
一府戶房規費銀十二兩
一斗級規費銀一十兩
一府書紙筆飯食銀一十一兩五錢一分

一糧捕府書規費銀一十一兩五錢一分
一縣書紙筆飯食銀一十一兩五錢一分
一押兌城守費銀三兩二錢
一鮎魚司程儀銀三兩二錢
一請戽規費銀一百六十兩
以上司道府廳衙門房費銀七百八十五兩一錢三分全數裁汰
一解荆倉南米費用銀六百二十二兩二錢二分又錢七百七十串九百七十八文全數裁汰
一糧道漕規銀三百兩

一本府漕規銀二百兩
一三府漕規銀二十四兩
一門包號房投樣米文書共銀九十五兩六錢
一門包號房銀五十兩
一門包銀二兩四錢
以上糧道府廳漕規銀六百七十二兩全數裁汰
一縣署內漕規錢四百六十串
一縣糧總書錢五百串
一各班總催差錢一百五十二串
一巡役倉差大班錢五十五串

一城守營漕規錢四十串
一捕衙漕規錢四十串
一營書兵漕規錢二十串
一捕衙書差漕規錢二十串
一儒學漕規錢四十串
一儒學書斗錢二十串
以上縣中一切費用自行痛加删除全數裁汰
咸豐七年十月初九日示
此示本府現刊碑署前以垂久遠兵燹前舊例置不論論今所賦者

田賦 今例

自雍正六年制府邁柱奏准丁隨糧派閤省丁銀併歸入錢糧內均攤咸於是乎無丁賦只有田賦自咸豐七年中丞胡文忠公奏請覈減定章閤省漕米均改折充餉咸於是乎不徵米而只徵銀按原額歲征秋糧一萬五百二石五斗二升一合每石派徵正銀一兩每兩攤丁銀一錢二分九釐攤九釐餉銀一錢九分八釐攤匠班價銀一錢二分三釐三毫秋米一石合派正銀一兩五錢五分三毫總計正銀一萬六千二百八十一兩六錢一分七釐又額征更名租餉正銀六百五十兩三錢

八分三釐額征湖稞正銀八十三兩八錢一釐（閏年加正銀一兩五錢五分一釐）代征江夏漁稞正銀一十九兩七錢八分三釐（係江邑東鄉西水湖稞坐落咸甯寄莊地畝咸豐七年咨准撥咸代征解司）

以上額征地丁雜款銀一萬七千三十五兩五錢八分四釐

隨征耗羨一千七百六十七兩七錢七分

漕糧 今例

按例每秋米一石派征漕南五斗四升八合二勺內漕米二斗九升七合六勺共計北漕米三千一百二十四石七斗三升七合五勺南糧二斗五升六勺共計南糧二千六百三十一石九斗九升八合五勺合征漕南二米五千七百五十六石七斗三升六合（合征分解）

隨征耗米五百七十五石六斗三合六勺

起存各款

起運（有閏/無閏）銀一萬五百（八十兩一分六厘/七十八兩四錢五分五厘）

又加江夏縣撥歸漁課銀一十九兩七錢八分三釐

共應解司銀一萬五百九十（九兩七錢九分九釐/八兩二錢三分八釐）

存留銀一千五百九十三兩二錢五分四釐內除坐支官役俸工等銀一千四百四十八兩八錢三分六釐

外

應解司銀一百四十四兩四錢一分八釐

驛站銀三千九百一兩一錢四分內三百五十（四/五）日應除坐支夫馬工料等銀二千二百（五十六兩九錢八分六釐/六十二兩三錢五分六釐）外

應解司銀一千六百（四十四兩一錢六分/三十八兩七錢八分四釐）

耗羨（有閏/無閏）一千七百六十七兩（九錢四分三釐/七錢七分）

又加江夏縣撥歸漁課銀二兩一錢七分六釐

共銀一千七百（七十兩一錢一分九釐/六十九兩九錢四分六釐）內除坐支佐雜養廉銀六十兩

典史養廉銀六十兩提扣減平銀三兩六錢

應解司銀一千七百一十一錢一分九釐九兩九錢四分六釐

存留項下解欵

司府俸銀四十八兩

通判俸銀六十兩

縣俸銀二十兩

典史俸銀三十一兩五錢二分

儒學並均攤俸銀八十一兩二錢一分九釐

共銀二百四十一兩三錢三分五釐

裁缺俸工燈夫袪夫等銀七十兩八錢二分二釐

部寺解費銀九兩四錢六分六釐

鄉飲銀三兩九錢九分七釐

科舉銀八兩九錢八分二釐解交司庫派給科場對讀生書手刊錄梨板諸件

新舊會試舉人長夫銀三十九兩九錢七分三釐按年解交司庫派給

歲貢盤費花紅銀五兩九錢九分六釐

時憲書銀五兩一錢八分二釐

七欵共銀一百四十四兩四錢一分八釐係存留項下解司欵

存留項下支欵

文廟二祭銀四十兩　香燈銀一兩五分

崇聖祠二祭銀七兩

名宦鄉賢祠二祭銀七兩

山川壇二祭銀十兩

社稷壇二祭銀十兩

厲祭壇三祭銀十一兩原止兩二錢雍正十三年補給銀十一兩

厲祭米折銀一兩二錢二分

八欵共銀八十七兩二錢二分指掌載祭祀銀九十兩七錢六分數不相符後註明

關帝廟祭祀銀三十五兩七錢四分六釐雍正七年奉文添設舊在起運項下今按册改載

額內外孤貧五十四名口糧花布銀二十九兩四錢

十欵共銀一百五十二兩四錢一分六釐

府同知門子二名工食銀一十二兩

轎傘扇夫七名銀四十二兩

儒學俸薪銀三十一兩五錢二分

儒學齋夫六名工食銀三十六兩

廩生二十名廩銀四十八兩康熙二年裁康熙二十四年奉文復廩生歲支給銀四十八兩

膳夫二名工食銀一十三兩三錢三分三釐廩膳二欵奉文扣減平銀三兩六錢八分

門斗二名工食銀一十四兩四錢
典史門子一名工食銀六兩
典史皂隸四名工食銀二十四兩
典史馬夫一名工食銀六兩
以上共銀三百三十三兩三錢二分三釐（現在奉文共扣減銀十三兩九錢九分九厘）
縣門子二名工食銀一十二兩
轎傘扇夫七名工食銀四十二兩
皂隸工食銀七十八兩
迎送皂隸工食銀六十六兩八分三釐

仵作三名工食銀一十八兩
捕快八名工食銀四十八兩
民壯三十名工食銀一百八十兩（內裁汰四名除銀二十四兩提解司庫）
庫子四名工食銀二十四兩
斗級四名工食銀二十四兩
禁卒八名工食銀四十八兩
西河渡夫銀二兩三分三釐
協修嘉魚堤看役二名工食銀十兩
鋪司向設（鋪兵四十名弓兵五名）工食銀二百七十兩六錢（咸豐七年奉文提解六成銀一百六十三兩四分四釐外留四成工食銀改發健夫差役遞鋪路公文）

以上存留項下額支一千肆百五十三兩三分六釐
內除祭祀餘剩充餉並荒故丁銀四兩二錢外實坐
支銀一千四百四十八兩八錢三分六釐
驛站銀三千九百一兩一錢四分除解司銀一千六百
二十八兩七錢八分四釐下實銀二千二百六十二
兩三錢五分六釐內
驛馬五十匹草料藥餌銀九百五十兩
馬夫二十五名工食銀一百八十兩
獸醫一名銀七兩二錢
扛夫一百一十名工食銀八百五兩二錢

支應廩糧並修理號房製備鞍屜雜費等銀一百五十
兩八錢三分三釐
例支倒馬補價銀一百九十六兩
七欵支銀二千二百八十九兩二錢三分三釐扣除
小建銀二十六兩八錢五分三釐實支銀二千二百
六十二兩三錢五分六釐（奉文扣減平銀一百三十五兩七錢四分皮價銀一十四兩）
應解司銀一千六百三十八兩七錢八分四釐
解支共銀三千九百一兩一錢四分
藩庫領欵

文昌三祭品銀三十五兩七錢四分五釐咸豐七年奉文添二月初三日生辰捐祭銀一十一兩九錢一分六厘光緒元年改歸藩庫領欵

常雩祭銀五兩

先農祭銀五兩原支地丁辦祭雍正十二年奉文將藉田四畝九分租穀糶售以作祭費不敷方許請領

知縣養廉銀八百兩奉文提扣減九成并減平各銀兩實銀六百七十六兩八錢

儒學加品俸銀四十八兩四錢八分奉文提扣減平外實銀四十五兩五錢七分一釐

額內孤貧增設二十名銀五兩九錢三分小建扣存縣庫留爲閏年湊數支銷遇閏加增

額外孤貧增廣六名銀一十五兩一錢二分小建扣存遇閏加增

七欵共銀九百一十六兩九錢八分

四糧銀無定額

漕南

漕糧正米三千一百二十四石七斗三升七合五勺

每石扣銀一兩三錢折價銀四千六十二兩一錢五分九釐

加一耗米三百一十二石四斗七升三合七勺

每斗一錢三分折價銀四百六兩二錢一分六釐

漕糧水脚每正米一石一錢五分折銀四百六十八兩七錢一分一釐

漕糧兌運費銀三千兩解府轉送糧臺充餉俟漕船開運仍解漕船兌費

隨漕淺船正項並蓆板銀六百三十兩六錢一分六釐

隨漕淺船耗羨銀六十九兩三錢六分八釐

南糧正米二千六百三十一石九斗九升八合五勺

每石一兩五錢折價銀三千九百四十七兩九錢九分八釐

加一耗米二百六十三石一斗九升九合八勺

每斗一錢五分折價銀三百九十四兩八錢

南糧水脚每正米一石一錢五分折銀三百九十四兩八錢

驢脚米折正項銀三百一十四兩五錢四分八釐每正一石加驢脚米一斗五升每脚米一石折銀一兩以二錢給解役餘八錢充餉

驢脚耗羨銀三十四兩六錢

合共計漕南解銀一萬三千七百二十三兩八錢一分六釐雜款在內

論曰咸疥土也又其人呰窳偷生無奇羸之羨歲一不登待哺他郡客舟少滯釜且生魚計畫無復之有徙且死耳夫以嗷嗷之民應不可已之上供計非得巳也矧揭借之煩輸輓之擾如近所稱重困者乎節

養之調劑之變通之如良醫之察脉慈母之乳子是所望於長民者王志

雜稅徐州津貼銀附

牙稅

康熙年間府志載稅銀八十七兩嘉慶年間通志載稅銀八十五兩一錢舊志載稅銀四十六兩現光緒元年定例牙稅銀五十一兩四錢五分係照同治十二年　奏銷册報開載嗣後如有增減應仍隨時更正以備查考

田房稅銀

康熙年間府志載稅銀一百兩嘉慶年間通志載稅銀一十五兩二錢一分盈餘儘解現光緒元年新定今例田房稅銀二兩八錢三分與舊志符

牛驢稅銀無定額儘征儘解

當稅每典銀五兩府志未載通志與舊志俱載稅銀三十五兩咸豐年間兵燹典歇停征

茶引紙珠飯食銀一十六兩五錢每年解本府衙

茶稅銀三十五兩

鹽引

舊志咸無鹽稅府志但載鹽帖稅銀三十六兩按通志咸額消淮鹽五千六百四十引引重三百六十觔

改作小包四十四包重八斤四兩每引課銀一兩一錢七分二釐零商人交納道光三十年改行票鹽不設引額咸豐三年粤賊竄踞江南兩淮路梗經湖廣制軍張　奏借運川鹽以濟民食近賊削平仍食淮鹽運商納稅稅取之商商仍取之民者也畧志梗概備觀覽焉

茶釐

按茶稅康熙時府志載茶稅銀七十兩嘉慶通志則載銀四十兩此茶引稅也縣志只載銀三十五兩現咸豐四年戶部議覆大臣勝保奏勸諭商販抽釐助餉章程通行直省七年湖北克復省城後設茶釐局上憲札飭遵辦茶自西洋通商咸馬橋柏墩地方植茶最廣行戶領帖開行商人販買委員抽取釐稅有業釐有籍釐籍釐取之商業釐取之民夫釐者百分而取一不爲不輕也而綜計所取不下萬餘金矣

徐州衛津帖銀一百二十四兩二錢六分向係本衛印券征收咸豐八年撥縣印券征解藩庫案兌江南甯院原名赤軍按丁辦費完納

論曰古者正供什一園廛漆林之征則雜稅也我朝則壤成賦徵收則例一準前明萬歷初年若啟禎間一切無藝派額胥除去之所徵雜稅僅此數者而已

今雖籌餉抽釐非得已也而屢次　詔裁分卡收民
中仍寓不忍取之意不久克奏膚功亦行停止耳壬午
倉儲
順治十一年
詔各府州縣俱有預備常平及義倉社倉積貯備荒責
成該道員稽查舊積料理新儲每年一次造册報部
察積穀多寡分别議奏以定功罪
康熙十八年題准地方官整理常平倉每歲秋收諭
官紳士民捐輸米穀照例議敘鄉村立社倉鎮店立
義倉捐輸積貯公舉本鄉殷實善良之人管理出陳

入新春月借貸秋收償還每石取息一斗歲底州縣
將數目呈詳　上司報部管倉人貯穀多者題明給
頂戴榮身有官吏掊尅者照侵欺錢糧例議處分有
强派抑勒借端擾民者該督撫題示治罪
康熙十九年覆准直省常平倉穀留本城備賑社倉
穀留本村備賑永停協解外郡
雍正二年奉
上諭社倉之設原以備荒歉不時之需用意良厚然往往
行之不善致滋煩擾官民俱受其累朕以爲奉行之道
宜緩不宜急宜勸諭百姓聽民便自爲之而不當以官

法繩之也近時各省漸行社倉之法貯蓄於豐年取之
於稔歲俾民食有賴而荒歉無憂朕心深爲喜悦但因
地制宜須從民便是在有司善爲倡導於前留心照應
於後使地方有社倉之益而無社倉之擾督撫當加意
體察
又覆准社倉之法原以勸善興仁該地方官務須開
誠勸諭不得苛派以滋煩擾至收貯米石先於公所
寺院收存俟息米已多成造倉廒收貯設立簿册逐
一登明其所捐之數不拘升斗積少成多若有奉公
樂善捐至十石以上給以花紅三十石以上獎以匾

額五十石以上遞加獎勵其有好善不倦年久數多
捐至三四百石者該督撫奏給八品頂帶每社設立
正副社長擇端方立品家道殷實者二人果能出納
有法鄉里推服令按年給獎如果十年無過該督撫
題請給以八品頂帶徇縱者卽行革懲侵蝕者按律
治罪其收息之多寡每石收息二斗小歉減息一斗
大歉全免其息祇收本穀至十年息已二倍於本祇
以加一行息其出入之斗斛照部頒斗斛公平較量
社長預於四月上旬申報地方官依例給貸定日支
散如有地方官抑勒挪借强行糶賣侵蝕等事許社

長呈告上司據實題參
嘉慶四年八月內奉
上諭社倉原係本地殷實之戶好善捐輸以備借給貧民之用近來官為經理大半借端挪移日久并不歸款設有存餘管理之首士與胥吏亦得從中盜賣倘遇歉歲顆粒全無以致殷實之戶不樂捐輸老成之首士不願承辦是向來良法徒為官吏侵肥亦應一律查禁并著各該督撫等將本省社倉仍聽本地殷實富戶擇其謹厚者自行辦理不必官吏經手以杜弊竇而裕民食各該督撫務須董飭所屬實力奉行如有前項弊端即行據實參奏倘仍視為具文復蹈前轍一經訪聞或被科道叅照必將該督撫重治其罪將此通諭知之欽此

前明

永豐倉　在縣署東側二十五步明宣德知縣上官儀建

東倉　在四都去縣二十里今其地猶名東倉

西倉　在上十三都去縣十里

南倉　在下十三都去縣十五里今其地猶名南倉

北倉　在八都去縣三十里

在市倉　與永豐厫相對

以上五倉俱明宣德中知縣上官儀建久廢址亦無存

國朝

常平倉　向在司門口街順治九年知縣馮源泗因永豐倉故址建還庫樓東側距縣署數百步儲穀三萬二百二十六石九斗四升前經因公動用後咸豐二年粵賊擾城被刦無存七年清查案內造報在案

預備倉　康熙四年知縣何廷韶建後添倉厫今廢

便民倉　舊在西河畔後遷江夏金口尋廢復還縣治後街之南康熙六年知縣何廷韶重建儲漕南二米倉廳三間　倉厫三十二間　門架一間今廢址亦無考

糧倉　乾隆年間於常平倉內添厫四十五間以儲漕南道光二十八年倉被水淹知縣施　均移置城東二甲買鄧姓房屋改建計厫二十八間咸豐二年兵災倉燬遺址尚存

儲糧倉　在省垣文昌門外五顯廟建漕南倉厫一座以備糧運晉省存儲兌解每歲完廟地課今廢

舊社倉

按通志咸社倉分貯各里共十九處攷　國朝雍正元年總督楊宗仁題請建設社倉分儲州縣各鄉此十九處大約是時建置今廢無攷

新社倉　仍在司門口街舊常平倉地光緒四年知縣吳耀斗建倉屋兩進倉厫四間經費穀石各都捐輸實貯穀

論曰社倉爲救荒設也咸東南多山西北患水即時和年豐而人稠地狹恒藉泛舟況澤居苦潦山居苦旱豐穰之慶十無四五仰資倉儲視他縣尤急已考明宣德間城建永豐倉設鄉村者四境各一　國朝常平預備外分貯各里者十有九處即社倉也蓋官之爲民計不若民之自爲計守以民而不守以官則吏胥無由滋蠹城之專爲備不若鄉之多所備貯於

鄉而不僅貯於城則閭澤可以旁敷軫念民依至周且悉已社倉僅設城內春借秋還鄉村之窵遠不便也減價平糶祗以飽市儈射利之慾附近居民沾潤而已四境窮黎張頤待哺不得邀升斗之惠良可歎也自古治法尤需治人必有平心應物之良民方可任社倉之出入而公不肥私亦必有曲體民情之良吏方可主社倉之斂散而均不患貧其法乃歷久而無弊也是所望於仁人　壬午續補

蠲賑

順治二年乙酉蠲湖北賦

恩詔地畝錢糧自順治元年五月初一日起按畝徵解凡加派遼餉新餉練餉召買等項悉行蠲免其大兵經過地方仍免正糧一半歸順地方不係大兵經過者免三分之一各省起存拖欠本折錢糧如金花夏稅馬草人丁鹽鈔民屯牧地竈課富戶門攤商稅漁課馬價柴直棗株鈔貫果品及內供顏料蠟茶芝麻棉花絹布絲綿等項自順治元年五月初一日以前凡未經徵收者盡行蠲免

順治十一年奉

詔順治六七兩年直省地丁本折錢糧拖欠在民者悉予豁

免

順治十二年奉

詔順治八九兩年直省地丁本折錢糧拖欠在民者悉予豁免

康熙元年奉

詔直省順治十五年以前民欠各項銀米藥材紬絹布疋等項錢糧概行蠲免

康熙四年奉

詔直省順治十六十七十八等年各項民欠錢糧俱令蠲除

康熙十年奉

詔蠲免康熙四五六年舊欠地丁等項錢糧
康熙二十年奉
恩詔康熙十七年以前民欠錢糧該督撫查明俱題豁免
康熙二十三年奉
恩詔湖廣等省自用兵以來供應繁苦宜加恩恤二十四年
所運漕糧著免三分之一自十三年起至二十二年拖
欠漕項錢糧著自康熙二十三年起每年帶征一半以
免小民一時并徵之累
康熙二十四年奉
上諭湖北二十五年錢糧蠲免一半其二十四年錢糧全免

康熙二十七年奉
上諭康熙十七年以前民欠漕項銀兩米麥俱著蠲免
康熙三十年奉
上諭湖廣應輸漕米蠲除一年
康熙三十八年奉
上諭湖廣三十九年全省地丁銀俱行蠲免
康熙四十四年奉
上諭湖北康熙四十五年除漕糧外其餘地丁銀米一槩免
徵舊欠未完者並停輸納
康熙四十五年奉
上諭湖北自康熙四十三年以前未完錢糧通行蠲免
康熙五十年奉
上諭蠲免湖北康熙五十一年地丁銀康熙四十八九兩年
民欠
康熙五十一年奉
上諭湖北省康熙五十年五十一年地丁錢糧一槩蠲免
康熙五十六年奉
上諭湖北帶徵地丁屯衛銀槩免徵收
康熙六十年十一月奉
恩詔各省民欠錢糧著該部查明具奏其年久應免者候旨

豁免
雍正五年奉
上諭上年湖北地方有數州縣被水收成歉薄已降諭旨令
該有司動用倉穀減價平糶以惠窮民今聞本年四五
月間有數處雨水稍多江流泛漲沿江之地未免近水
被淹如武昌府屬之咸寧蒲圻嘉魚三縣武昌武左二
衛漢陽府屬之漢陽漢川二縣荆州府屬之江陵縣荆
州衛黃州府屬之黃陂黃梅二縣俱係濱江之地田畝
有被水之處米價漸昂朕心深為軫念著該地方官加
意撫卹

雍正五年奉
上諭前因湖廣近江濱湖之州縣如咸甯蒲圻數縣平時易於被水者今歲又畧被水特頒諭旨將今歲錢糧全行蠲免外沔陽潛江監利一州二縣及屯坐此州縣之衛所亦皆屬低窪之地與咸甯等處大畧相同著照咸甯等處之例將今歲錢糧全免其有已經完納者准抵算明年錢糧之數朕因珍念楚省窮民已發帑銀二萬兩令該督撫加意賑卹此銀倘有不敷查湖北現有買穀備用之銀六萬兩著即將此項銀兩動支於應用之州縣分給賑卹務令均沾實惠特諭

雍正八年奉
上諭著將九年湖北額征錢糧蠲免
雍正十三年九月奉
恩詔各直省民欠錢糧係十年以上者著該部查明具奏豁免
乾隆十年奉
上諭將乾隆十一年直省應徵錢糧通行蠲免
乾隆三十一年奉
恩詔有漕省分槪免漕糧一次
乾隆三十五年奉
上諭今年爲朕六十誕辰明歲恭逢
聖母八旬萬壽將各省應徵錢糧通行蠲免一次
乾隆四十二年奉
上諭前因
聖母萬壽特宏錫類之仁普蠲各直省錢糧以昭慶惠朕本欲俟恭祝
聖母九旬萬壽之年再溥恩施一次玆者
仙馭升遐此後更無推廣
慈仁之處現在部庫帑項又積至七千餘萬著再加恩自戊戌年爲始普蠲天下錢糧仍分三年輪免

乾隆四十三年奉
上諭將湖北成災之江夏咸甯等縣應徵漕糧正耗米石及折漕銀兩水脚隨漕等銀俱緩至下年帶徵
乾隆五十一年二月奉
上諭上年湖北江夏等州縣并武昌等衛因旱暵成災現屆東作方興青黄不接所有成災七八九十分之江夏武昌咸甯等縣著加恩於正賑散畢後再行展賑一個月
乾隆五十五年元旦內閣奉
上諭今歲屆朕八旬壽辰著將乾隆五十五年各省應徵錢糧通行蠲免

乾隆六十年奉
上諭今朕紀年慶符周甲丙辰元旦舉行歸政典禮爲嗣皇
帝登極初元著將嘉慶元年各直省應徵地丁錢糧通
行蠲免
嘉慶元年六月奉
上諭湖北教匪滋事被賊擾累著再加恩將湖北來歲應征
錢糧俱行豁免
又七月奉
上諭湖北本年應徵漕糧概予緩徵
嘉慶四年五月奉

上諭湖北近賊地方並被水緩徵之咸甯等縣節年緩帶錢
糧及本年春征銀兩俱著加恩自嘉慶五年起分作兩
年帶徵以紓民力
嘉慶七年旱奉
上諭緩徵
嘉慶十四年奉
上諭豁免湖北地丁錢糧
嘉慶二十三年奉
上諭蠲除積逋一次
嘉慶二十五年旱奉

上諭緩徵
道光元年奉
恩詔蠲免地丁錢糧
道光十一年夏大水奉
上諭緩徵
道光十二年春奉
上諭蠲賑
道光十五年旱蝗奉
上諭蠲免節年民欠並緩本年徵
道光二十八年夏大水奉

上諭緩徵賑䘏
道光二十九年大水奉
上諭蠲賑
咸豐元年奉
恩詔蠲免民欠
咸豐六年旱蝗省城克復奉
上諭蠲免
同治元年奉
恩詔蠲免民間積欠至咸豐十一年止
同治八年奉

上諭緩征本年錢漕一次
同治九年偏災奉
上諭緩征
同治十一年偏災奉
上諭緩征
同治十二年偏災奉
上諭緩征
光緒元年偏災奉
上諭緩征並蠲免至同治十年以前積欠正雜錢漕一次
光緒二年偏災奉

上諭緩征
光緒三年偏災奉
上諭緩征
光緒四年偏災奉
上諭緩征
光緒五年偏災奉
上諭緩征
光緒六年偏災奉
上諭緩征
光緒七年偏災奉
上諭緩征
光緒八年偏災奉
上諭緩征

論曰國初定賦鑒前明加派之弊賦與役統諸地丁又均一歲之牟而兩稅其全民及寛政矣列聖相承子惠元元之心愚有加而無已除租減賦史不絕書水溢旱乾多方賑卹聆下逮之綸音情詞悱惻嗚呼仁已豈一邑之志所得私爲紀載然皇恩不可忘也爰稽實錄凡詔諭之涉及我邑者敬謹備書其他亦節錄如右覽斯志者庶知浩蕩同於覆載而沐

浴膏澤咸歌帝力云　壬午續志補

舊志論曰周書有之曰天有四殃水旱饑荒其至無時非務積聚胡以待之今常平預備倉法非不備也歲一不登輒苦炊玉賑者不必貧貧者不必賑民未有沐實惠者也夫滑胥市魁爲患久矣藉非神明之宰慈惠之師實心措濟若富鄭公朱晦庵其人者烏在其爲續命之由也　王志

卹政

惠民藥局　洪武六年設立在縣東二十步知縣龐端建天順五年重修久廢

養濟院　舊在縣西黃風橋側知縣陳灝遷南城外二百步正德中邱魁建後圮康熙五年何廷韶新建今廢　按唐開元五年宋璟蘇頲建白悲田院貧子養病從長安以來置使嵩知此所稱悲田乃開釋教爲僧尼職掌給廩食以養之宋初名福田後亦曰悲田今名養濟院凡鰥寡孤獨流徙篤廢不能自存之民皆收養之老者日支米一升五合鈔五十文幼者支米一升鈔十文冬則給褚衾一床席一件病則給藥以療之死則斥官地以葬之子惠困窮澤及枯骨仁矣哉伍志王參

漏澤園　久廢

義塚　在縣治西楊山鋪去縣三里景泰中知縣陳灝置後爲猾民戴祥侵種正德中都御史吳廷舉查復之今亦無考

按舊設惠民藥局以活貧病明宣德三年令天下貧病者惠民藥局給與醫藥設養濟院漏澤園以待民之生無養死無葬者明洪武二年令天下置養濟院以處孤貧殘疾者三年令民間立義塚禁焚尸貧無地者官司擇附近寬地立爲義塚天順四年令天下置漏澤園此皆邮政也王志

物產

穀類

稻　荊州其穀宜稻爾雅曰稌稻說文謂稻爲稉爲稉字林云稉稻黏而稉稻不黏其名不一稉如麥爭場六旬稻竹雞斑冬黏麻黏毛黏桂陽黏油紅黏青黏花黏白秈黏黃姑早雲南早思南早團白黏竹節早鐵腳早長穀早金裏銀糯如早糯遲糯石子糯金銀糯柳條糯黃絲糯黑殼糯重陽糯蝦鬚糯魚子糯馬牙糯其他難以枚舉類之爲三日早稻中稻晚稻

粟　米如魚子有黏糯二種有赤白黃三色糯粟釀酒熬糖作糕稉粟作飯有鐵駝粟猴楂尾鹿角早寒粟觀音粟

黍　即高粱其苗如蘆高六七尺始自蜀故謂之蜀黍粒大如椒有赤黑白三種赤者最黏可蒸食可釀酒梢可爲帚莖可織席編籬

麥　有大麥小麥蕎麥大麥有鶯蟄早三月黃自落芒白米麥青米麥之名小麥有西麗白竹根早毛邊子剪刀廓火烏頭之名蕎麥稈紅花白有甜苦二種

菽　豆之總名其種不一有黃豆飯豆菉豆黑豆青皮豆江豆雁來紅龍爪豆猪牙豆皂角豆豌豆豇豆藊豆刀豆虎爪豆蛾眉豆蠶豆螃皮豆泥豆

麻　俗名芝麻一名巨勝有黃黑白三色子可食味香亦可榨油取油以白者爲勝服食以黑者爲良

蔬類

白菜　一名菘有春菘有晚菘一種莖扁而寬葉白惟心帶微黃以初吐有黃色故名黃芽白最肥大而厚有重十餘觔者出襄陽者佳各處土不宜種一年即變一種莖圓而細直謂之箭桿白一種莖白葉黑而有光謂黑油白諸葛菜根葉及子皆是菘類

薑　三月種五月生苗如嫩蘆秋社前後新芽如指采食無筋尖微紫名紫薑又名子薑秋分後次之霜降後

則老性惡濕畏日秋熱則無薑氣味辛生用發熱熟用和中留皮則涼去皮則熱八九月多食至春患眼孕婦忌

番椒亦名秦椒三月種子四月開細白花五月結實狀如禿筆頭嫩時青綠色老則紅鮮味甚辣有一種如爪形俗名南爪番椒又一種極小者子皆向上而不垂名朝天椒

茴香亦名蘹香宿根深冬生苗作叢肥莖綠葉五六月開花如蛇牀花牀色黃子如麥粒輕而有細稜俗呼爲大茴香人家園圃間亦有之又有小者名小茴香理氣開胃夏月祛蠅避臭煑臭肉下少許即不臭臭醬入末少許亦香故曰茴香

蔥一名芤一名菜伯一名鹿胎一名和事草初生曰蔥針葉曰蔥青衣曰青袍莖曰蔥白葉中涕曰蔥苒有數種一種凍蔥即冬蔥夏衰冬盛分莖栽蒔而不子即慈蔥也一種漢蔥春末開花冬即葉枯胡蔥似大蒜而小形圓皮赤故亦云蒜蔥又名回回蔥其生山谷者曰茖蔥生沙地者曰沙蔥又有一種樓蔥莖上

生根移下種之亦冬蔥之類生熟皆可食

蒜一名胡一名大蒜一名葷菜葉如蘭莖如蔥根如水仙八月分瓣種之當年便成獨顆及熟每囊五七瓣或十餘瓣亦有獨顆者切片炙癰疽腫毒最效

韭一名豐本一名起陽草一名草鍾乳一名嬾人菜莖名韭白花名韭青八月開小白花成叢醃作茹益人一種久生故謂之韭可生可熟可醃可久菜之最有益者

薤一名藠子一名莜子一名火蔥一名菜芝一名鴻薈本文作鬒韭類也葉似蔥而有稜氣亦如蔥體光華露難竚古人所以歌薤露也王正農書云生則氣辛熟則甘美種之不蠹食之有益

芥一名辣菜一名臘菜其氣辛辣有介然之義又可過冬也

蘿蔔一名萊菔一名蘆菔一名雹葖一名紫花菘一名溫菘一名土酥根葉可生可熟可葅可虀可醬可豉可醋可糖可腊可飯乃蔬中之最有益者

胡蘿蔔元時來自虜中故名有黃赤二種長五六寸宜伏內畦種肥地亦可漫種

菠菜一名蔆稜一名菠斯草一名赤根菜一名鸚鵡菜出西域頗陵國今訛爲菠稜蓋頗陵之轉聲也八九月種者可備冬食正二月種者可備春蔬種此菜者必過月朔乃生晦日下種與十餘日前種者同生此一異也

蕓薹一名油菜單莖圓肥葉附莖上春菜苔心爲茹子灰赤色炒過榨油

莧菜凡六種赤莧人莧紫莧五色莧馬莧白莧大者爲白莧小者爲人莧味勝他莧紫莧莖葉皆紫赤莧一名蕢又名花莧莖葉深赤五色莧今稀有

馬齒莧一名馬莧一名五行草一名五方草一名長命菜一名九頭獅子草柔莖布地葉對生比並圓整如馬齒故名

萵苣一名萵菜一名千金菜葉似白苣而尖嫩多皺色稍青折之有白汁四月抽薹高三四尺剝皮生食味清脆糟食亦佳或鹽醃食以備方物謂之苣筍

甜菜一名莙薘葉青白色似白菜葉而短莖亦相類但差小耳生熟食皆微有土氣用醋浸揩面去粉滓潤澤有光取莖曬乾燒灰淋汁洗衣色白如玉

蒝荽張騫得種於西域故一名胡荽後因石勒諱胡改名香荽又以莖葉散布呼爲蒝荽俗又名胡菜生熟皆可食又一種野蒝荽一名天胡荽一名石胡荽一名鵝不食草一名雞腸草生石縫及陰濕處不堪食

芋本草名土芝種於水田四月種八月熟莖可爲葅每根一本旁生子十餘枚可蒸食可煑食可煨食凶年代食活人又一種乾芋種於陸地其莖與根俱與水芋同

藷又名薯一種玉枕藷形圓而長本末皆銳一種俗名雪藷如梧如拳亦有大如甌者可熟食又有番藷種自外洋來名日地瓜可以根種可以藤種一莖可得三五枚一畝種數十石勝種穀二十倍可生食可熟

食亦可切碎曬乾煮作粥或磨粉作餅餌并可造酒佐食且生長甚速

苦菜 一名苦苣一名苦蕒一名褊苣一名游冬一名天香菜葉似菠薐差大而綠折之有白汁詩薄言采芑即此菜也

筍 隨竹命名冬筍尤佳

蕨 一名鼈山中處處有之二三月生芽拳曲狀如小兒拳長則展寬如鳳毛高三四尺

薇 一名野豌豆一名大巢菜生田中及原隰莖葉氣味皆似豌豆其藿入羹作蔬皆宜巢菜有大小二種大者即薇乃野豌豆之不實者小者即東坡所謂元修菜也

茄 一名落蘇有紫青白三種老則黃如金來自暹羅紫者又名紫膨脝白者又名銀茄又一種白者名渤海茄形圓有蒂有萼大者如甌又一種白花青色稍扁二種白而扁謂之番茄宜勤澆多糞則味鮮嫩自小至大生熟皆可食又可曬乾冬月用

茼蒿 莖肥葉綠有刻缺微似白蒿甘脆滑膩

薺 一名護生草俗呼碎米菜野生有大小二種冬至後生苗二三月起莖五六寸清明日未出採薺莖候乾夏作燈杖蚊蟻不敢近

藜 一名地膚一名地葵一名地麥一名益明一名落帚一名獨帚一名玉帚一名玉簪一名白地草一名涎衣草一名鴨舌草一名千頭子一名千心奴女嫩苗可作蔬茹至八月而藉幹成可採子落則老八月以草束其腰九月刈以石壓扁可爲帚粗長者可爲柱杖杜少陵詩杖藜從白首心迹喜雙清

百合 狀類胡蒜花色淺黃本草云摩羅一名中逢熟食味美益人

芹 古作靳一名水英一名楚葵水芹生水中旱芹生平地有赤白二種

菌 生濕地俗云地氣不和生菌本非善品且有感毒氣生者誤食殺人鄉民辨法菌底瓣葉分明曬乾者無毒可食有生煑之者以燈芯拌炒有毒燈芯黑要之養生爲重不食可也救法中毒者當飲人糞汁

蓏類

黃瓜 一名胡瓜蔓生葉如木芙蓉葉五尖而澁有細白刺如針芒莖五稜亦有細白刺開黃花結實青白二色質脆嫩多汁解煩止渴可生食亦可醃以爲菹

梢瓜 蔓生較黃瓜頗粗色綠而黑有縱白紋界之

菜瓜 蔓葉俱如甜瓜生時色青質脆可生食熟食亦甜間有苦者故北方名苦瓜亦可作豉醃菹以備冬月之用

絲瓜 一名蠻瓜一名布瓜一名天羅絮蔓生莖綠色有稜而光葉大無刺開大黃花結實色綠有短而肥者有長而瘠者多食敗陽老則瓤絲如網可滌器

冬瓜 一名白瓜一名水芝一名地芝在處蒔之附地蔓生實在蔓下長者如枕圓者如斗皮厚有毛初生青綠經霜則青皮上白如塗粉霜降後方可食不然反成胃病

南瓜 一名番瓜附地蔓生莖粗而空有毛葉大而綠亦有毛開黃花結實形橫圓而竪扁

苦瓜 蔓生味苦以之調諸肉則苦不侵雖盛暑經宿味亦不變

葫蘆 匏也一名蒲姑蔓生莖長須架起則結實圓正亦有就地生者大小數種有大如盆盎者有小如拳者有柄長數尺者有中作亞腰者有甘苦二種苦者有毒不可食惟可佩以渡水陸農師曰項短大腹曰瓠細而合上曰匏似匏而肥圓者曰壺

瓠子 蔓生春種夏熟苗葉花俱如葫蘆結實長一二尺亦有短者粗如人肘中有瓤兩頭相似味淡可煑食不可生噉惟味苦者有毒

果類

梅 似杏初實純青酸甚熟則黃甘酸可啖灰拌曬乾名烏梅入藥

桃 二月開花結實夏熟仁入藥

杏一名甜梅實如彈丸可食仁入藥

李葉綠花白結實有離核合核無核之異

梨葉青而花白如雪六出上巳無風則結實必佳有二種瓣圓而舒者果甘缺而皺者果酸又一種棠梨俗名野梨白花結實如小楝子霜後可食其樹接梨甚佳

郁李即棠棣凡花先合而後開此花先開而後合色或白或赤子如櫻桃六月熟可食仁入藥

楊梅一名杭子二月開花結實肉在核上無皮殼五月熟

棗一名木蜜五月開小淡黃花結實微見紅絲即堪生啖熟則純紅味甘淸異錄云百益一損者棗故醫氏目爲百益紅

石榴本出塗林安石國故名安石榴五月開花實有甜酸苦三種單葉者開花結實千葉者不結實皮入藥

橘一名木奴刺生莖間四月開小白花實如柚而小至冬黃熟皮與核可入藥又有一種牛奶橘一種金彈子皆以形似得名

栗苞生外殼刺如蝟毛其中著實或單或雙秋熟則苞裂實墜俗呼板栗其頂圓末尖謂之旋栗其形如板栗而極小高山多有者俗呼毛栗

櫧實櫧樹子味苦俗名苦櫧子可作腐食

柹朱果也四月開黃白花結實靑綠八九月熟又一種椑柹乃柹之小而卑者雖熟亦深綠色大如杏味甘可生啖擣碎浸汁謂之柹漆可染罶扇諸物俗謂之膠柹

木瓜葉厚如桂味酸似梅

銀杏一名鴨腳子

芡生水澤中又名雞頭實又呼芡實入藥

菱生水澤中即芰實

落花生濱河沙土中多有種者

荸薺爾雅云鳧茈生田中

木類

松 柏 桂 楊有黃白二種 柳

桑 櫟 槐 檀 楓

楮一名穀皮可造紙 株 椿 杉 樸

樹 椐 梓 栗 椰

楝青 椶一名棕 桐有數種 櫧俗呼苦珠樹 烏桕一名木子可熬油

樟

竹類

楠竹 斑竹 筀竹 苦竹 叢竹

筋竹 水竹 紫竹 實竹實竹嶺產 天竹

草類

茭 蓳 蓼 艾 蒿

蘆一名葦一名葭 青茆 蒲草 吉祥草 茅

穀精 鳳尾 荇 萍有紅綠二種 蘋一名田字草

藻有二種 宜男 藍 蘩 鼠耳即卷耳

葛藤

藥類

車前　菖蒲　茱萸　香附　萆麻
荊芥　香薷　紫蘇　茯苓　梔子
薄荷　半夏　五加皮　金銀花　紫荊藤
天花粉　天南星　天冬　麥冬　風藤
五味子　青木香　黃精　草烏　山藥
地骨皮　草決明　蒼朮　獨活　薏苡
連翹　黑牽牛　枸杞　扁豆黑白二種　乾葛
馬兜苓　夏枯草　益母　烏藥　皂角
金櫻子　骨碎補　瓜蔞　首烏　百部
淡竹葉　土茯苓

花類

山礬　紫薇　薔薇　萱草　山茶
桂花　芙蓉　芍藥　葵花　玉簪
紫荊　木槿　菊花　蓮花　月桂
榴花　棠棣　石竹　瑞香　月季
辛夷　荼蘼俗名刺蘼　金鳳　春蘭　蕙
映山紅　普庵蓮　金錢　指甲花

羽類

雞　鵞　鴨　鴿　燕
鴈　鷗　鳩　雉　鴉

鷹　鷂　鴞　鵲　鸛
黃鸝　鷓鴣　鵪鶉　子規　布穀
鶺鴒　畫眉　鵓鴿　百舌　野鴨
啄木　麻雀　竹雞　蠟嘴　魚翠
舂鋤一名鶚鴠　洵河　伯勞　白頭　錦雞
白鶴　白鷴　鸂鶒　鴛鴦　相思鳥
練雀　烏　鵲

毛類

牛有水黃二種　馬　驢　騾　羊
豬　狗　犬　猫　兎

鼠　獺　虎　鹿　麂
獐　狸　野猪　猪獾　狗獾

鱗類

魴即鯿魚　鯉　鯽　鮎　黃顙
鱔　鰓　鱧即烏魚　鰍　鰱
鯖　鱖　鱅　鯚　黃姑
白魚　鹹魚　春子魚　刀魚　火燒鯿

介類

龜　鱉　螺　土龜　穿山甲
蛸　蚌

蟲類

黄蜂　土蜂　蜜蜂　蝴蝶　蜘蛛

蜈蚣　蜻蜓　蚱蜢　螳螂　蟋蟀

蝎虎　螟蛉　蚯蚓　蠶　蝦蟇

蟬　虵　蠅　蟻

貨類

苧麻　木棉　葛　蠶絲　麻布

麻絹　黄蠟　白蠟　蜂蜜　青靛

土硃　桐油　石灰　黑炭　華香

紅酒　燒酒　紫草　草紙　紅茶

茶油　蔴油　煙葉　火紙　生漆

棉油

論曰余觀傳記所稱素封之家陸產牸畜水居魚鱉山居千章之材無弗具也此豈盡天降哉因時者與天阜財者與地節事者與人三者備而治之道該矣咸地褊小產物無幾然服食器用固不乏也司牧者不鄙夷其民而敎之取之有時用之有節而咸乃得遂其生矣斯志意也王志

續輯咸甯縣志卷之五

學校

廟圖　廟制　建修源流　廟祀位圖　封崇表　名宦祠　鄉賢祠　忠義孝弟祠　節孝祠　文忠祠　祀儀　祭品　樂章舞譜　禮樂器圖　彝器并圖　學制　學規　學官　學額　射圃　鄉飲　學基　學田　書院　試院　社學

王者御世之道曰養曰教食貨養也學校則教之地我
朝光有天下令郡邑立廟通祀孔子而設學校意欲使學者近聖人之居志聖人之道而已夫聖人之道處則理學出則名臣文藝特末務耳咸有學自宋慶歷四年始不數載文簡大魁天下理學名臣兼之矣方今
聖天子重道崇儒春秋釋奠與一切考校之法視前代有加
聖域賢關去古未遠也仰宮牆而切景行其無負

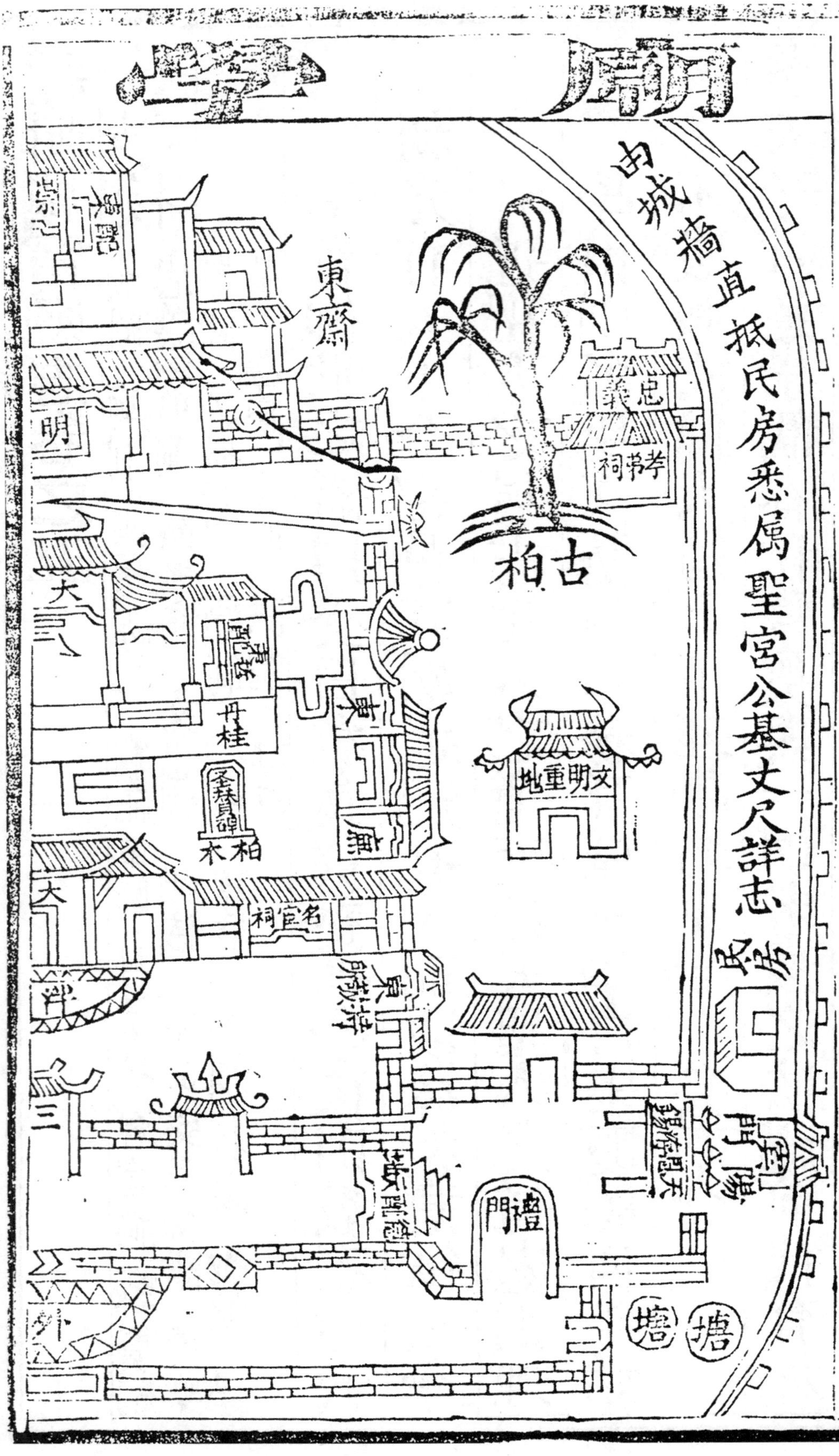

國家造就人材之意因採廟學成憲具布於篇志學校壬午志補

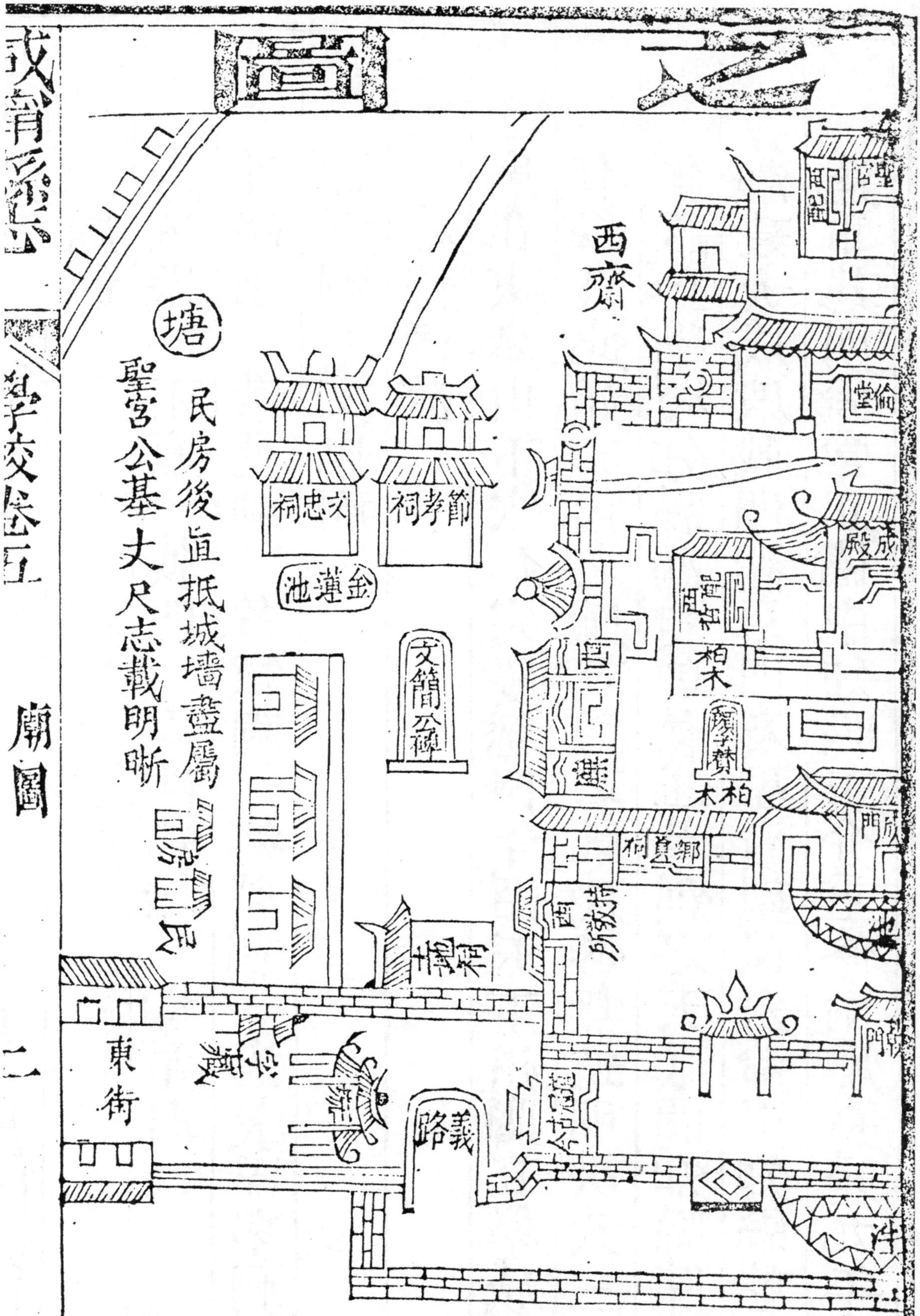
學校卷五
廟圖
二
圖
塘
民房後直抵城墻盡屬
聖宮公基丈尺志載明晰
文忠祠
節孝祠
金蓮池
文簡公祠
西齋
倫堂
成殿
柏木
柏木
鄉賢祠
成門
東衙
義路

廟制

大成殿　兩廡　戟門　內泮池橋　欞星門

外泮池　崇聖祠　名宦祠　鄉賢祠　忠義孝弟祠

節孝祠　文忠祠

建修源流

廟在東皋山下宋仁宗慶歷四年詔天下州縣立學咸有學自此始元因之陳友諒之亂殘燬無遺明洪武三年詔立學校知縣馮昶卽舊址草創之天順間知縣陳灝建大成殿戟門欞星門及聖賢塑像宏治中知縣施達重建明倫堂正德中知縣王介重修兩廡嘉靖九年

更定孔廟祀典去塑像設木主改大成殿爲文廟大成
門爲廟門又別立啟聖祠祀啟聖公孔氏時知縣茅信
奉旨改設木主葬神像於東皋山之麓創啟聖宮於文
廟之西崇禎中署篆王元英重修櫺星門
國朝順治初知縣周文華重加修葺濬泮池得古銅象罇
犧罇罍尊各一康熙三年知縣何廷韶重修并重建文
忠祠於啟聖宮之西祀馮文簡公以孟公養浩配知縣
王士瀚教諭劉效曾復修之康熙二十六年武昌府裴
天錫知縣詹象泰捐貲重修雍正元年奉　勅改啟聖
祠曰崇聖祠乾隆五十八年重修大成殿嘉慶十八年

知縣王希琮全修文廟記載藝文道光四年邑紳胡克椿捐建節孝祠道光八年闔邑紳耆重修崇聖祠明倫堂并創建忠義孝弟祠同治四年兵燹廟毁并蟻蝕朽蠹闔邑諸生醵金重修光緒八年濬内外泮池此建修之始末也

大成殿祀位圖

木主定式
先師主高二尺三寸七分，闊四寸，厚七分，座高四寸，闊七寸，厚三寸，朱地金書

至聖先師孔子

述聖子思子
復聖顏子

四配主高一尺五寸，闊三寸二分，厚五分，座高四寸，闊六寸，厚二寸八分，赤地金書

宗聖曾子
亞聖孟子

東西哲主高一尺四寸，闊二寸六分，厚五分，座高二寸六分，闊四寸，厚一寸，赤地金書

先賢有子
先賢卜子
先賢仲子
先賢端木子
先賢冉子
先賢閔子

先賢冉子
先賢宰子
先賢冉子
先賢言子
先賢顓孫子
先賢朱子

兩廡先賢祀位圖

東四十位

周商樂狄縣顏顏秦步琴陳邽公叔廉原鄭左榮罕鄒公公任公漆漆冉伯冉梁司漆商南原林公

正 叔 西輿 仲 人 父 肩 良 不 西 雕 雕徒 馬 雕 宮 孫

頤章克虔亶何噲非乘張亢巽如會潔亢國郢旂黑單定孺齊赤哆父季虔孺鱣耕開瞿适憲放僑

先賢主式高一尺四寸闊二寸六分厚五分座高二寸六分闊四寸厚二寸朱地墨書

西三十九位

蘧澹宓公高公樊商巫顏曹公秦顏壤石公后奚顏句秦縣公燕樂狄孔公顏施申左秦公公張程

臺滅 不 皙 馬 孫 駟 夏 容 井 祖 句 西 之 邸 明 耘 孫

瑗明齊長柴哀須祖施辛卿龍商高赤蜀皙處蔵祖驷祖成茲伋家黑忠蔵僕常楨明冉儀子丑載頤

西廡先儒祀位圖

東三十一位

湯黃呂王蔡陳曹許吳許陸王魏蔡黃陸張李羅謝司歐范陸范鄭后孔毛伏公
道 守 獻 秀 了 九 從良馬陽仲 康 安 羊
斌周坤仁清章端謙澄衡夫柏翁沈幹淵栻綱彥佐光修淹贄甯成蒼國亨勝高

先儒主式高一尺三寸四分闊二寸三分厚四分座高二寸三分闊四寸厚二寸赤地墨書

西三十一位

穀高董毛杜諸王韓胡韓楊尹胡李呂袁陳眞何文趙金陳方薛胡羅呂劉孫陸
梁堂仲 子葛 安 祖 德 天 履 孝 居欽 宗奇隴
赤生舒萇春亮通愈瑗琦時焞國侗謙燮淳秀基祥復祥澔孺瑄仁順栩周逢其

先儒主式高一尺三寸四分闊二寸三分厚四分座高二寸三分闊四寸厚二寸赤地墨書

崇聖祠祀位圖

崇聖祠主高一尺五寸闊三寸二分厚五分座高四寸闊六寸厚二寸八分赤地金書

昌聖王伯夏公
裕聖王祈父公
肇聖王木金父公
詒聖王防叔公
啓聖王叔梁公

先賢孔氏
先賢顏氏
先賢孔氏孟皮

先賢曾氏
先賢孟孫氏

先儒周氏
先儒程氏
先儒蔡氏

先儒張氏
先儒朱氏

歷代封崇表

紀朝	封謚	崇祀	立學	賜予
周 魯哀公十七年	公誄曰尼父	立廟舊宅世世歲時奉祀　立廟之始		
漢 高祖十二年		幸闕里以太牢奉祀		
武帝			命天下郡國皆立學校	
元帝 永光元年		詔孔霸以食邑八百戶奉祠廟		
平帝 元始元年	追謚爲褒城宣尼公　封孔均爲褒城侯奉祀　謚宣之始			
元始三年			詔立學宮郡國曰學侯國曰校命郡縣行鄉飲禮於學	
武帝 建武五年		幸闕里遣大司空宋宏祀孔子		
明帝 永平二年		以周公孔子并祀郡縣學　郡縣學奉祀之始		
十五年		東巡至魯祀孔子及七十二弟子　弟子從祀之始		
章帝 元和二年		親祀如明帝		

和帝 永元四年	改封孔子爲褒尊侯　封爵之始			
安帝 延光三年		祀孔子及七十二弟子於闕里		賜褒成侯以下帛有差
桓帝 元嘉三年				爲孔子廟置百石卒吏
靈帝 建甯二年		祀孔子依社稷出王家穀以供禋祀		
光和元年			立鴻都門學畫孔子及七十二弟子像	
魏 文帝 黃初二年	以孔羨爲宗聖侯			置百石卒吏守衛廟
廢帝 芳正始		用太牢祀孔子於辟雍以顏子配　祀太學及顏子配享之始		
晉 武帝 泰始三年	封宗聖侯孔震爲奉聖亭侯	詔太學及魯國四時備三牲祀孔子		
七年		皇太子釋奠		
惠帝 元康三年		太子釋奠		
元帝 大興元年		太子釋奠		
宋 文帝元嘉二十二年		皇太子釋奠		舞用六佾樂設軒縣祭器依上公禮　樂舞之始
武帝 孝建元年		詔孔子廟佾同諸侯之禮		
陳 廢帝 光大二年	封孔英哲爲奉聖侯			

魏 孝文延興元年	以孔乘爲崇聖大夫		給十戶供灑掃
大和十六年	改謚孔子爲文宣尼父	以顏子配	
十九年	封孔珍爲崇聖侯	親祀闕里	
北齊	封三十一代孫爲恭聖侯	每歲春秋二仲月朔行釋奠禮　春秋二祭朔日行禮之始	
後周 靜帝大象二年	追封孔子爲鄒國公		
隋 文帝開皇	謚宣師尼父	詔州縣學春秋二仲上丁釋奠　州縣丁祭之始	
仁壽九年		制釋奠樂章	
唐 高祖武德二年		立廟於國子監以周公爲先聖孔子配之	
七年		親臨釋奠	詔諸州縣并令置學
太宗貞觀二年	詔以孔子爲先聖顏子爲先師	罷周公祀尊祀孔子	
四年			詔州縣皆立廟　郡縣立廟之始
十一年	尊孔子爲宣父　封孔德倫爲褒聖侯		
二十年		定州縣學守令初獻丞佐亞獻博士終獻	
二十一年		詔以卜子夏左邱明公羊高穀梁赤伏勝	

		高堂生戴聖毛萇孔安國劉向鄭衆賈逵杜子春馬融盧植鄭康成服虔何休王肅王弼杜預范甯二十二人從祀　先儒從祀之始	
高宗乾封元年	尊爲太師	親祀闕里	
總章元年	贈顏子少師曾子少保	以曾子配享	
中宗嗣聖七年	封道隆公		
睿宗太極元年		以道隆公近祠三十戶供灑掃	
元宗開元八年		圖七十弟子及二十二賢於壁立十哲坐像曾子侍坐從祀製顏子贊令文士分贊題壁幸孔子宅親奠遣使以太牢祀墓	令天下州縣立學
十三年			
二十七年	追封爲文宣王服袞冕顏子兗國公閔損九人爲侯曾參等七十二子伯嗣褒聖侯封嗣文宣王	令貢士釋褐謁	樂用宮懸舞用八佾
後唐 明宗長興三年		定七十二賢祀享各陳酒脯	

周太祖廣順元年		幸闕里廟奠祭皆再拜或曰天子不當拜曰夫子聖人也百王取則安得不拜		
宋太祖建隆三年		祭用一品禮親撰文宣公二贊		廟門立戟十六樂用永安之曲賜[illegible]阜令孔仁玉[illegible]
太宗興國三年	詔孔宜襲封文宣公			免孔氏[illegible]調
至道三年			幸太學	賜太學御書六經
真宗大中祥符元年	加謚元聖文宣王追封弟子及左邱明等十九人爵五年避諱定謚至聖文宣王加冕服九旒九章桓圭用玉封叔梁紇齊國公顏氏魯國公夫人亓官氏鄆國夫人封閔損以下公七十二賢俱列侯配享命中書門下撰諸賢贊王旦撰顏子贊左邱明以下范甯二十一人皆伯王肅司空杜預司徒命李臣等贊之			
大中祥符二年		詔太常禮院[illegible]釋奠祭器數[illegible]賢每座酒樽二[illegible]各八簠簋各二俎三罍洗篚各一燭一巾各共二爵共四從祀諸座各籩二各豆簠簋一各俎爵燭一		

四年			詔州縣立孔子廟	
仁宗景祐元年			命藩府皆立學	詔釋奠用登歌賜飛白書殿榜金字篆碑
慶曆四年		詔大學講再拜	以范仲淹請詔州縣學興學校	
至和二年	封孔氏爲衍聖公			
神宗元豐六年	追封孟子爲鄒國公			
七年		增孟子配享荀況揚雄韓愈從祀孟子配享之始		
哲宗元祐六年		幸太學釋奠一獻再拜		三賜田勒守廟戶五十八人
徽宗崇寧元年	封孔鯉泗水侯孔伋沂水侯			
三年		頒顏孟配享圖易七十二子以周之冕服		
四年	詔增冕十二旒服十二章鎮圭用王者制			增廟門立二十四戟
大觀元年		詔[illegible]子思從祀		
四年	封公夏首等十八侯爵			

政和元年	更定弟子封爵			
五年		以樂正克等配享孟子廟		
九年	詔郡縣名犯先聖諱者改正			
高宗 紹興	孔氏挈族于衢以孔玠襲封			
紹興四年			令府州縣皆置學	
紹興八年				賜衍聖公孔玠衢州田
紹興十二年		幸太學步趨大成門外執爵灌獻製文宣贊及七十二子贊兩廡列周程張朱		
理宗 紹定三年	封朱熹徽國公			
臨祐元年	追封周敦頤張載程顥程頤伯爵與朱熹並從祀			
景定二年	追封張栻呂祖謙伯爵從祀　四配之始			
度宗 咸臨二年	追封邵雍伯爵	以顏回曾參孔伋孟軻並配享升顓孫子于十哲并司馬光從祀		
金 章宗 承安二年	升先賢先儒封爵			
天眷三年	詔求孔子後於山東以四十九代孫璠襲			

	封衍聖公			
天定四年	加服十二章繅旒九就顏孟章服皆用九			
元 成宗 大德十一年		勅到任官先詣聖殿著爲令		
武宗	加號曰大成			
至大元年				
仁宗 皇慶二年		以許衡從祀		
延祐三年	封孟子父邾國公			
文宗 至順二年	加先聖父爲啟聖王母爲啟聖王夫人顏子兗國復聖公曾子郕國宗聖公子思沂國述聖公孟子鄒國亞聖公二程子封爵	漢儒董仲舒從祀		
明 洪武 元年		詔天下儒學各建先賢祠春秋附祭制春秋二丁釋奠丞相初獻翰林學士亞獻國子祭酒終獻以太牢祀於國學後遣使詣闕里致祭定釋奠儀		蠲其子孫賦役戶百賜衍聖公田二千大頃置林廟洒掃戶
四年		遣子祭闕里定釋奠祭器各爲籩豆簠簋以瓷代牲用熟		樂用六佾
五年		罷孟子祀尋復		

六年				學士詹同樂韶鳳上釋奠樂章定舞六佾
十四年		文廟成遣官以太牢祀神主詔以後像毋用土繪		
十五年		詔天下郡縣通祀孔子	頒禁例勒石於明倫堂謂之卧碑	
十七年			詔天下府縣立學勅每月朔望府縣官以下詣學行香	
二十六年				頒樂器於天下
二十九年		黜楊雄祀進祀董仲舒		
太宗永樂四年		服皮弁行一奠四拜禮		
宣宗宣德三年		考正從祀先賢名位頒示天下		
八年	正文廟繪像衣冠	以吳澄從祀		孔鄉會試京師詔賜進士印授春坊中允優免先聖子孫差役
英宗正統元年	刊定從祀各爵位次頒行天下	禁祀孔子於釋老宮		
二年		以楊時從祀		
十三年		以宋儒胡安國蔡沈真德秀從祀		
弘治九年				加籩用樂
十二年	少詹事楊守成請追崇帝號祭酒周洪謨			

	請改大成至聖文宣王爲神聖廣運帝尚書周幹駁之			
世宗嘉靖八年	改稱文宣王爵題曰至聖先師孔子神位四配爲復聖顏子宗聖曾子述聖子思亞聖孟子從祀弟子爲先賢左邱明下稱先儒去塑像易木主罷封爵	改大成殿爲先師廟門爲殿門用籩豆八佾舞六四配籩豆六十哲籩豆四兩廡如之罷佾六罷申黨卽棖重公伯寮秦冉顏出故何荀況戴聖劉向賈逵馬融何休王肅王弼杜預吳澄祀○林放蘧瑗鄭玄鄭衆盧植服虔范甯各祀其鄉		上親釋奠太學詔衍聖公及三代子孫聽講賜冠帶有差命孔氏世舉一人爲曲阜令公親弟承子忠爲翰林五經博士其房衢州者亦世襲博士
九年		進后蒼王通胡瑗歐陽修陸九淵從祀啟聖公以顏無繇曾點孔鯉孟孫激配享俱稱先賢以程珦朱松蔡元定從祀俱稱先儒		
穆宗隆慶五年		以薛瑄從祀		
六年		以宋儒羅從彥李侗從祀		
神宗萬歷十二年		以胡居仁陳獻章王守仁從祀		
二十三年		以宋儒周敦頤之父輔成從祀啟聖祠		特用六佾選民間子弟充之

崇禎十五年	詔以左邱明周子二程子張氏邵子朱子改稱先賢位七十子下漢唐諸儒上			
國朝順治元年壬辰			頒製臥碑於郡縣明倫堂左	定優渥聖裔之制
二年	詔尊孔子為大成至聖文宣先師孔子	定文廟為中祀致齋二日祭啟聖公於後殿以先賢先儒配享從祀		
十四年	定文廟尊稱曰至聖先師孔子			
康熙二十年				
二十三年		幸闕里御製詩勒石孔林 東巡岱宗幸江南還親詣闕里釋奠先師行三跪九叩禮	頒	
二十四年			頒書萬世師表於天下文廟	飭修禮制樂器令學官擇俊秀習佾舞
二十六年			立御製闕里孔子廟碑孔子序贊	
二十八年			立御製四配贊碑	
二十九年			立文廟下馬碑並禁在學宮內放馬畜消賤	
四十一年			頒御製訓飭士子文	
四十九年				
五十一年		詔直省大小武職一體入文廟行禮 升附先儒朱子於十哲之次		

五十四年		以范仲淹從祀		
世宗雍正元年	追封先師五代為王者改啟聖祠為崇聖祠	增宋儒張迪從祀崇聖祠	勅懸御書生民未有額於天下文廟	詔聖廟特設執事官三品二人四品四人五品六人七品八人八品十人九品十人悉以孔氏子孫為之
二年	復增遽瑗林放秦冉顏何鄭康成范甯從祀以孔子弟子縣亶牧皮孟子弟子樂正克公都子萬章公孫丑漢諸葛亮宋尹焞魏了翁黃幹陳淳何基王柏元趙復金履祥許謙陳澔明羅欽順蔡清及故御史陸隴其從祀	臨雍釋奠 定直省府州縣學附建忠義孝弟及節孝祠	詔改幸學為詣學 頒平定青海告成太學碑文	
三年		詔避孔子聖諱除圜丘外餘俱加邑旁 詔丁祭用太牢		詔以韓愈後裔世襲博士
四年			頒御書生民未有額	
五年		諭八月二十七日至聖先師誕辰各官致齋一日不理刑名禁止屠宰永著為令		
八年			立御製重修闕里孔子廟碑	

高宗乾隆二年		以元儒吳澄從祀	勅懸御書與天地參額於天下
三年		升有子於十哲位中	
八年		頒丁祭旋宮之樂	
十三年		增定十二哲東西各少牢一案每位一帛兩廡各少牢三案定樂舞用六佾額設樂舞生四十名	立御製闕里孔子廟碑
十四年			頒平定大金川告成太學碑文
十六年		南巡遣官祭告孔子	
二十年			頒平定準噶爾告成太學碑文
二十四年			頒平定回部告成太學碑文
三十三年			頒用范銅器十於太學
三十六年			頒用范銅器於闕里
四十一年			頒平定兩金川告成太學碑文
仁宗嘉慶四年			頒御書聖集大成額
十三年		詔發帑重修闕里文廟及顏子專廟	
宣宗道光元年			頒御書聖協時中額於天下文廟

二年		以明臣劉宗周從祀	
三年		以明臣黃道周及故工部尚書湯斌從祀	
六年		以唐臣陸贄明儒呂坤從祀	
八年		以明儒孫奇逢從祀	
二十三年		以宋臣文天祥從祀	
二十九年		以謝良佐從祀	
文宗咸豐元年		以李綱從祀	頒御書德齊幬載額
二年		以宋臣韓琦從祀	
三年		以公明儀從祀	
七年		以公孫僑從祀文廟東廡之首	
八年		以先賢孟皮配享崇聖祠東配之首	
九年		以宋臣陸秀夫從祀	
十年		以明臣曹端從祀	
同治元年		以毛亨方孝孺呂枬從祀	頒御書聖神天縱額
七年		以宋臣袁燮從祀 定文廟祀位頒發直省各學遵行	

名宦祠在大成門左
鄉賢祠在大成門右
乾隆二十年二月十二日奉
上諭直省建立名宦鄉賢祠古者瞽宗之祠所以崇德尚賢
預斯祀者必其人可以當之無媿方足以光俎豆而式
鄉閭其典綦重昨於幾暇恭繹
皇考世宗上諭有江西撫臣謝旻題請以原任江西學道高
鐄崇祀名宦降旨訓飭並詢問江西通省紳士應否崇
祀令其據實陳奏
皇考於崇祀一事加意慎重如此所以爲世道人心計者具

有苦心朕不勝欽感卽位以來各省督撫題祀之人漸
多該部或駁或准不免如所議行今見此旨因憶近時
大臣有以祖父得祀鄉賢具摺謝恩者召見九卿則卽
尚書王安國左都御史楊錫紱其同時題請部駁者曰
徐景京則其子孫固非顯耀者矣設亦九卿則部必議
准矣可見該撫之所請原在可准可駁之列部臣之議
卽寓高下其手之心大臣身居九卿部臣督撫誼屬同
寅彼此瞻狥勢所不免卽使採訪卽爲公當而悠悠之
口尚不無遺議又況名實未必盡孚者乎且入祠旣多
朝貴先人則濳德韜光之士必且恥與爲伍崇祀大典
將不以爲榮而以爲辱至實在政績茂著德望俱隆者
或子孫不能自振必至湮沒無傳矣當其具呈公舉雖
託之輿論而主持爲首者乃係姻族衿士貢諛徼賄何
所不有風勵激勸之謂何不亦瀆典章而褻名器乎朕
亦非謂大臣祖父必不可入祀者使政事人品足爲矜
式自必久而益彰何妨待之十數年之後而必及其子
之備位大僚亟亟題請以至公之舉而胥至私之名其
入祠年久者姑免追究所有王安國楊錫紱之父禮部
行文各省卽爲撤出從前具題之督撫議准之部堂俱
着交部查明嚴加議處嗣後子孫現在九卿其祖父概

不得題請入祠其身後鄉評聽著爲令總之狥情曲庇
卽黨援門戶之漸昔
皇考洞悉此等陋習大加振刷如查嗣珣呂留良諸案實足
挽頹風而勵名教萬世子孫臣庶何忍不競競遵守使
綱紀肅清風尚敦厚乃國家之福卽四海臣民之福也
倘以日久漸弛故習復萌將來有似查嗣珣呂留良之
案朕亦非不能執國憲而儆奸頑者諸臣其共惕之欽
此

名宦姓氏

國朝湖北學政蔣公永修　湖北布政使司張公聖猷

湖廣總督李公蔭祖　劉公　珩
丁公思孔　湖北學院潘公宗洛
吳公　琠　明知縣事馮公　昶
李公煇祖　王公　介
石公　琳　林公和生
郭公世隆　上官公儀
額公倫忒　陳公　灝
劉公兆麟　蕭公立業
劉公殿衡　明教諭伍公　福
楊公宗仁　劉公　秩

鄉賢姓氏

唐秘書少監太和李公諱邕
宋贈司徒式之馮公諱商
宋司徒文簡公當世馮公諱京建文忠祠專祀
宋處士思立陳公諱倬
宋忠臣朝奉大夫都水監使得之陳公諱求道
元翰林院學士時起李公諱鵬翔
元御進士解元本學胡公諱可仕
明資德大夫工部尚書紀之劉公諱維
明文林郎廣東道監察御史中山方公諱嵩

明通議大夫都察院右副都御史孟機陳公諱智
明勅封總巡監察御史文川方公諱洙
明員外郎禮夫鮑公諱時
明奉政大夫通政使司參議觀一趙公諱邦柱
明誥封兵科給事雲岩孟公諱機
明通議大夫戶部右侍郎義甫孟公諱養浩附文忠祠合祀
明外翰河南隋州學教諭思獻楊公諱贊
明奉直大夫戶部員外郎谷山姚公諱亨
明奉直大夫桂林府推官菊菴余公諱艮佐
國朝誥授奉直大夫滁州知州又僑鄭公諱邦相

國朝誥授承德郎翰林院侍讀野謀鄭公諱之謀

忠義孝弟祠

節孝祠

雍正元年
恩詔內開一旌表節義乃彰善大典每見直省地方有力之家尚能上達而鄉村貧窶之人則多湮沒無聞深可憫惻著督撫學臣及有司遍加採訪務使苦寒守節之家同沾恩澤至節婦年逾四十而身故計其守節已歷十五載以上者亦應酌量旌奬著該部議奏一旌表節義給銀建坊民間往往視為具文未曾建立恐日久仍至

泯沒不能使民間有所觀感著於地方公所設立祠宇將前後節孝忠義之人俱標姓氏於其中已故者設牌立於祠中祭祀用以闡幽而垂永久又奉

上諭致治之要首在風化移風易俗莫先於鼓勵良善俾人人知彝倫天則之爲重忠孝廉節之宜敦古聖王勞來匡直所以納民於軌物者舍是無由也朝廷每遇覃恩

詔款內必有旌表孝義貞節之條實係鉅典邇來直省大吏往往視爲具文並未廣諮遠訪祇將有力之家囑托賂遺者漫憑郡縣監司之申詳即爲題請建坊而山村僻壤貧苦耕織之人或菽水養親天性篤孝或柏舟

矢志之死靡他鄉鄰嗟嘆爲可欽而姓氏不傳於城邑幽光湮鬱潛德消沉者何可勝數爾部即行傳諭督撫學政諸臣嗣後務令各屬加意搜羅阻抑勿以富家巨族而濫爲表揚以負朕成俗化民實心彰善至意

奉

旨建忠義孝弟祠於學宮左側留主奉祀姓氏另錄人物志

奉

旨建節孝祠於學宮右側設主致祭姓氏刻碑并錄人物志

文忠祠　文簡舊祀相山書院嘉靖壬戌知縣李春和建祠明倫堂右記載藝文題曰馮文簡公祠萬歷中兵巡道馮應京移政聖宮西崇禎間以忠定孟公養浩配易名文忠祠康熙五年知縣何廷韜重建二公皆已祀鄉賢祠者鄉賢祠教官主其祀文忠祠則丁祭日裔孫致祭

文廟祀儀

每歲春秋仲月上丁日致祭如遇有事改次丁日或下丁日時辰用子時

前祭二日地方官率教官淨廟設次前一日辰刻教官出祭器陳列明倫堂設香案於牲房外日午地方官偕陳設官恭捧祝版主祭及各承祭官執事生姓名榜至學宮奉安祝版於祝案前正中詣

至聖先師神位前上香三炷行一跪三叩首禮退掛榜亭內日晡後主祭官具吉服至明倫堂升座各官以次三揖畢主祭官起省饌豆醴尊唱贊生唱詣省牲所引贊生前引并贊省牲執事者牽牲過香案前省畢唱復位主祭官復位各官以次序坐唱贊生請演禮禮如正禮獻帛爵等遣員代攝樂舞生請演樂樂如正禮演畢啟行

祭之日四鼓陳設官教官率各執事人陳設祭器祭品牲俎於各

神位前工歌陳籩簋琴瑟鼓柷敔等訖各齊集廟門外待事五鼓主祭官分獻官陪祭官各朝服詣廟門外步行

由儒星門左右入文左武右升次序坐陪祭官侍立茶二巡畢陰陽官報聲鼓唱鼓初嚴初徐後疾以百桴爲節唱鼓再嚴主祭官及各官俱起立整冠帶斂容由幄次唱贊者先入就位各執事生以次俱入序立東西階下樂舞生序立丹墀兩旁唱鼓三嚴引贊生引主祭官以下魚貫入戟門內唱詣盥洗所濯水進巾唱樂舞生各就位唱執事者各司其事司尊者就尊所立助獻生分東西階進殿左右門各就廳侍拜次左右立唱主祭官就位唱分獻官就位唱陪祭官就位唱瘞毛血助獻生徹毛血瘞置於坎唱迎神司樂唱舉迎神樂奏昭平之章引贊生贊上香引主祭官由東階升進殿左門詣香案前立上香三炷唱復位從殿右門出由西階下贊跪以下皆贊跪唱三跪九叩首贊興樂止唱行初獻禮唱司樂舉初獻樂奏宣平之章

引贊生前引贊詣盥洗所濯水進巾唱詣醴尊所司尊者舉冪酌醴　執帛者捧帛　執爵者捧爵引主祭官自東階上進殿左門

贊詣

至聖先師孔子神位前跪左右助獻生皆跪獻帛右助獻舉帛跪授主祭官舉拱授左助獻奠神位前贊獻爵如獻帛儀贊叩首贊興贊詣讀祝位跪引主祭官詣祝案前跪讀祝者舉祝版旁跪唱分獻官陪祭官皆跪　樂止贊唱

讀祝文詞曰維年月日某官某致祭於

至聖先師孔子位前曰惟

先師德隆千聖道冠百王揭日月以常行自生民所未有屬

文教昌明之會正禮和樂節之時辟雍鐘鼓咸恪薦於

馨香泮水膠庠益致嚴於籩豆茲當仲春秋祗率彝章肅

展微忱聿將祀典以

復聖顏子

宗聖曾子

述聖子思子

亞聖孟子配尚

饗讀畢仍安原位樂作贊三叩首贊興贊詣

復聖顏子神位前跪贊獻帛如前儀贊獻爵如前儀贊叩首贊

興贊詣

宗聖曾子神位前如前儀贊詣

述聖子思子神位前如前儀贊詣

亞聖孟子神位前如前儀其

十二哲分獻官

兩廡分獻官均於讀祝後唱贊生唱行分獻禮各引贊生引各分獻官就神位前行禮俱同主祭官初獻儀注初獻禮畢贊復位引主祭官自殿右門出由西階下眾分獻官就所獻東西階下各復位樂止唱行亞獻禮司樂唱舉亞獻樂奏秩平之章引贊生引主祭官各引贊生引各分獻官升階獻爵俱如前儀惟不獻帛亞獻禮畢贊復位如前樂止唱行三獻禮司樂唱舉三獻樂奏敍平之章如亞獻儀三獻禮畢贊復位如前樂止唱飲福受胙引主祭官自東階升進殿左門贊詣福胙位贊跪助獻二名捧福胙立於右又二名跪於左贊

飲福醴主祭官受酒啐授胙於左跪者贊受福胙受胙舉拱授左跪者贊三叩首

贊興贊復位唱謝胙贊三跪九叩首贊興唱徹饌司樂唱

舉徹饌樂奏懿平之章助獻生舉饌出殿左右門由東西階下樂止唱送

神司樂唱舉送神樂奏德平之章唱三跪九叩首唱興唱

讀祝者捧祝司帛者捧帛各詣燎所正祝由殿中門出左配左哲由

左門出右配右哲由右門出兩廡各於門出隨班往燎所各捧跪於燎次之西唱望燎唱詣

望燎位主祭官以下俱面燎立唱焚祝帛　復位　樂止　禮畢

大成殿祭品

祝版一高九寸廣一尺二寸有架　香盤一

帛一白色　爵三酒　登一大羹

鉶二和羹　簠二黍稷　簋二稻粱

籩十形鹽藳魚棗栗榛菱芡鹿脯白餅黑餅　豆十韭菹芹菹筍菹菁菹醓醢魚醢兔醢鹿醢脾析豚胉

羊一俎　豕一俎　鐙一

鑪一　牛一俎　尊一有勺疏布冪

四配祭品東西各二案

帛各一白色　爵各三酒　鉶二和羹

簠二黍稷　簋二稻粱　籩八減白黑餅餘同

豆八減脾析豚胉餘同　羊一俎　豕一同俎

鐙二　鑪一　尊一有勺疏布冪

十二哲祭品東西各一案向用豕首豕肉未用少牢今各改少牢一案每位帛一東西共篚二兩

帛各一白色　爵各三酒　鉶一和羹

簠一黍　簋一稷　籩四形鹽鹿脯棗栗

豆四菁菹鹿醢芹菹兔醢　羊一俎　豕一同俎

鐙二　鑪一　尊一有勺疏布冪

東西廡祭品東西各三案向用豕首豕肉未用少牢今改少牢三案各增香帛一案

帛各一白色　爵各三酒　簠各一黍

簋各一稷　籩各四與哲同　豆各四與哲同

羊各一　豕各一俎　鐙各二

鑪各一　尊三同坫有勺疏布冪

樂章春秋二祭同

迎神奏昭平之章　無舞

大伬哉仉

孔伍子伏先伬覺仕先伍知伏與仉天伏地仕參伍嵩伬

世仉之伍師伍祥伍徵仕麟仉紱伏韻仉答仕金伬

緜仕日仉月伏既伬揭伍乾仉坤伏清仉夷伬

初獻奏宣平之章

予伬懷仉明伏德伍玉仕振仉金伬聲仕生伏民仉

未仕有伍展仉也伏大伍成伏俎伍豆仕千伬古伍

春伏秋伏上伍丁伏清伬酒仕既仉載伬其仉香伏

始仉升伬

亞獻奏秩平之章

式伬禮仉莫伬愆伍升仩堂伍再仉獻伬響仩協伍

鼓仉鏞伬誠伍孚伬罍伍甗伬肅伍肅伍雍伬雍伬

譽仉髦伬斯仩彥伬禮仩陶伍樂仉淑伬相伬觀仩

而仉善伬

三獻奏敘平之章

自伬古仉在伍昔伬先仩民伍有仉作伬皮伍弁仩

祭仉菜伬於仩論伍思伬樂仉惟伍天仩牖伬民伍

惟仉聖仩時仉若伬彝伍倫伍攸仩敘伬至仩今伍

木仉鐸伬

徹饌奏懿平之章　無舞

先伬師仉有伬言伍祭伬則仩受伬福伍四仉海伬黌伍

宮仩疇仉敢伬不仉肅伬禮伍成仩告伬徹伍毋仉

疏伍毋仉瀆伬樂伍所仩自仉生伬中伬原仩有仉

菽伬

送神奏德平之章　無舞

鳧伬繹仉峩伬峩伍洙仩泗伬洋仉洋伬景仩行伍

行伍止仩流仉澤伬無伍疆伬聿伍昭仩祀仉事伬

祀伬事仩孔仉明伬化伬我伍蒸伬民仩育仉我伬

膠仉庠伬

舞譜

初獻

予（正立羽籥植）

懷（身作向內勢兩足向後面轉向外籥指內羽植如十字）

明（正立兩手微拱羽籥如十字）

德（正立籥植近肩羽平衡如十字）

玉（向西首微側右足進前籥平指西羽斜舉）

振（身俯向東面轉向西兩手伸出羽籥斜交）

金（正面身微蹲籥斜舉羽植）

聲（向內身俯兩足並羽籥植地）

生（外向兩足並籥植羽倒指內少垂）

民（內向籥斜指羽植）

未（正立面向外兩手相並推向內羽籥）

有（正立籥平舉過肩羽植）

展（內向兩足並籥內指羽植）

也（外向面仰兩手推出羽籥斜舉）

大（身微向外兩手推向外羽籥並植）

成（正面身微蹲羽籥如十字）

俎（向內身俯兩足進前籥斜指下羽植）

豆（外向籥下垂右手伸出羽植）

干（正立籥斜舉羽植）

古（身微向外羽籥偏外如十字）

春（正面身微蹲籥植過肩羽平額交如十字）

秋（內向兩手伸出羽籥植）

上（正立籥平衡羽植籥上）

丁（正立籥植居中羽衡籥上）

清（內向兩足並籥內指羽植如十字）

酒（身俯向外外足進前趾向上羽籥斜交）

既（正立籥平衡羽斜指東）

載（正立身俯籥平衡羽居中植籥上）

其（正立左手伸出籥斜舉羽植近左肩）

香（正面左足虛立籥衡膝上羽植）

亞獻

始（正立俯首羽籥如十字）

升（正立兩手高拱過額羽籥如十字）

式（正面身微蹲兩手並羽籥植）

禮（內向內足虛立籥斜倚膝羽植）

奠 外向身微俯面微仰籥高舉斜指外羽植
悳 內向起內足兩手相並推向外羽籥植

升 正立羽籥如十字
堂 正面右足勾後兩手高舉羽籥斜交

再 身微蹲面向東籥植近肩羽衡膝上
獻 身微蹲面向西羽植近肩籥横膝上

響 正立羽籥向下斜交
協 正面身向內外足進前內趾虛立羽籥並植

鼓 正面身向外內足進前外趾虛立羽籥並植
鏞 正立籥植羽倒指東

誠 身俯向西身側向東籥平指羽植如十字
孚 正立首微俯羽籥植

罍 正面起左足籥高舉羽植
甗 正立籥植過肩羽平額交如十字

肅 內向首微俯兩足並羽籥如十字
肅 俯身偏外起外足羽籥如十字

雍 正立兩手伸出羽籥並植
雍 內向籥斜指內羽植籥上

譽 正立籥平舉右手微伸出羽植
髦 正立左手伸出籥平舉羽植近左肩

斯 正面起右足羽高舉籥植
彥 正立籥植居中羽衡籥下

禮 身微向東右足進前羽倚肩籥平指東
陶 正面身作向東勢兩手高舉羽籥推向東並植

樂 身微向西左足進前籥倚肩羽平指西
淑 正面身作向西勢兩手高舉羽籥推向西並植

相 正立羽籥斜交
觀 仰面向內兩足並羽籥如十字

而 正面身微向東籥下垂羽倚肩
善 身俯面微仰向內抱內膝羽籥斜交如十字

三獻

自 正立籥下垂羽植
古 向外身俯兩足並羽籥斜交

在 正面身微蹲兩手推向內羽籥植
昔 外向起外足羽籥植

先 正面右足交於左羽籥如十字
民 向西身俯左足進前籥下垂羽植地

有 向東身俯右足進前籥下垂羽植地
作 正立籥平衡羽植居右如十字

皮 正面左足勾後籥斜舉過肩羽植
弁 正面屈右足左足伸出趾向上籥平舉羽植居中

祭 正面屈右足羽籥偏左如十字
菜 正立身俯羽籥植地

於 內向兩手相並羽籥斜指內
論 正面身作向外勢兩手高舉羽籥斜交偏外

思 向內身俯起內足籥衡斜羽植
樂 正立籥下垂衡斜羽植籥上

惟 正面屈左足羽籥偏右如十字
天 正面屈左足右足伸出趾向上籥下垂衡斜羽斜舉過肩

牖 正立羽籥向右斜倚肩
民 正立羽籥向左斜倚肩

惟 正立籥平衡羽高舉
聖 仰面向內籥平指羽植如十字

時 外向籥平指外羽植如十字
若 正立身俯羽籥如十字

彝 外向籥平指外羽植
倫 正立羽籥偏內如十字

攸 正立身俯籥斜植地羽植
敘 正立兩手相交羽籥並植

至 正面屈左足羽籥如十字
今 正面屈雙足籥平衡羽植居右

木 正面屈雙足羽籥植
鐸 俯首至地羽籥如十字

附錄舊樂章

迎神　無舞

大太四 哉南工
至林尺 聖仲上 道太四 德仲上 尊林尺 崇仲上 維南工 持林尺 王仲上 化太四 斯林尺
民仲上 是黃合 宗太四 典黃合 祀太四 有仲上 常林尺 精南工 純林尺 並太四
隆仲上 神黃合 其南工 來林工 格仲上 於林尺 昭仲上 聖黃合 容仲上

初獻　有舞

自太四 生仲上 民林尺 來仲上 誰太四 底黃合 其仲上 盛太四 惟南工

師(林尺)神(仲上)明(太四)度(黃合)越(仲上)前(仲上)聖(太四)粢(仲上)帛(太四)具(仲上)成(林尺)
禮(黃合)容(太四)斯(林尺)稱(仲上)黍(太四)稷(南工)非(黃合)馨(林尺)維(南工)神(林尺)
之(仲上)聽(太四)

亞獻　有舞

大(太四)哉(仲上)
聖(黃合)師(太四)實(南工)天(林尺)生(仲上)德(太四)作(仲上)樂(太四)以(仲上)崇(林尺)時(仲上)
祀(太四)無(林尺)斁(仲上)清(黃合)酤(南工)惟(仲上)馨(仲上)嘉(林尺)牲(仲上)孔(黃合)
碩(太四)薦(太四)羞(南工)神(黃合)明(林尺)庶(林尺)幾(南上)昭(仲上)格(太四)

三獻　有舞

百(仲上)王(南工)宗(林尺)師(仲上)生(林尺)民(仲上)物(太四)軌(黃合)瞻(黃合)之(南工)

洋(林尺)洋(仲工)神(林尺)其(仲上)甯(太四)止(黃合)酌(太四)彼(黃合)金(林尺)罍(仲上)
惟(南工)清(林尺)且(太四)旨(仲上)登(仲上)獻(太四)惟(林尺)三(仲上)於(黃合)嘻(南工)
成(林尺)禮(仲上)

徹饌　無舞

犧(仲上)牲(太四)在(仲上)前(林尺)豆(太四)籩(仲上)在(黃合)列(太四)以(太四)享(南工)
以(林尺)薦(仲上)既(仲上)芳(林尺)既(太四)潔(仲上)禮(黃合)成(太四)樂(仲上)備(太四)
人(南工)和(林尺)神(仲上)悅(太四)祭(黃合)則(太四)受(仲上)福(林尺)率(黃合)遵(南工)
無(林尺)越(仲上)

送神　一望燎同

有(太四)嚴(南工)學(林尺)宮(仲上)四(黃合)方(太四)來(仲上)崇(太四)恪(黃合)恭(南工)

祀(林尺)事(仲上)威(南工)儀(林尺)雝(仲上)雝(太四)歆(仲上)茲(林尺)惟(南工)馨(林尺)
神(仲上)馭(太四)還(林尺)復(仲上)明(黃合)禋(南工)斯(林尺)畢(仲上)咸(南工)膺(林尺)
百(仲上)福(太四)

附録舊舞譜

初獻

自(稍前向外 開籥舞)生(蹈向內 開籥舞)民(合手蹲 朝上)來(起轉身向外謙兩 高舉籥面朝謙兩)
(相對舉東 西相向)庶(合手蹲 朝上)其(正 揖)盛(起平身垂 左手立)惟(兩兩相對自 下而上東西)
(相向)
師(稍前舞與 籥垂翟)神(中班轉身東西相向立惟兩中 班十二人轉身俱東西相向)明(舉翟三 合籥)度
(稍前向外 垂手舞)越(蹈向裏 垂手舞)前(向前合手謙進 步雙手合籥)聖(回身再謙退 步側身向外)

(高手回 面向上)粢(正蹲 朝上)帛(稍舞躬身挽手側身向外 呈籥耳邊面朝上)具(正 揖)成(起 轉)
(身挽手復 舞籥正立)禮(兩[illegible][illegible]對交籥兩 [illegible][illegible][illegible]西手執籥)容(正 揖)斯(向外退挽手舉 籥向外面朝上)
稱(回身 正立)黍([illegible]前 舞)稷(正蹲 朝上)非(左右垂手兩班上下 [illegible]雙垂手東西相向)馨(起合 手相)
(向 立)惟(左右側身垂手向 外開籥垂手舞)神(右側身垂手 向裏垂手舞)之(正揖 躬上)聽(躬而 受之)
(躬身朝上拱籥而 受之三鼓舉起)

亞獻

大(左右進步向 外垂手舞)哉(右向裏 垂手舞)
聖(向外落籥 面朝上)師(退向正 身立)實(正 蹲)天(起身向前 轉向外舞)生(向裏 舞)德(合手謙 進步向)
(前雙手合 籥存謙)作(兩兩相對自上而下 兩班相對舉籥東西)樂(上下俱垂手惟兩 中班上下十二人)
(俱垂手轉身 東西相向)以(轉身東西 相向立)崇(相向立兩班上 下以翟相籥)時(稍前舞 蹈兩班)

上下俱垂手向外 祀 向裏垂手舞 無 合手謙進步向前垂手合籥 斁 回身再謙兩班東西上下

相向合籥立 清 稍前舞向外開籥翟 酤 向裏舞 惟 雙手平執籥翟開籥翟 馨 合籥翟朝上正

立 嘉 側身垂左手兩班側垂手向外舞 牲 正躬身揖 孔 雙手舞籥翟躬身 碩 躬而受之躬身

朝上拱籥受之一鼓而起 薦 一叩頭舉右手叩頭 羞 舉左手叩頭 神 復舉右手叩頭 明 拜一鼓畢

卽起躬身三鼓平身 庶 三舞蹈舉籥向左躬身舞 幾 舉籥向右躬身舞 昭 舉籥復向左躬身舞 格

拱籥躬身而受之

三獻

百 向外開籥舞 王 向內開籥舞 宗 側身向外面朝上 師 朝上正立 生 兩班上下兩兩相對

交舞 民 合手朝上正蹲 物 側身向裏落籥 執 合籥朝上正立 瞻 向外開籥舞 之 向裏開籥舞

洋 開籥朝上正立 洋 合神向外開籥神籥舞 其 向裏開籥舞 宇 前雙手合籥 止 回身東西

相向手謙 酌 向外開籥舞 彼 向裏開籥舞 金 開籥朝上正立 罍 合籥朝上正立 惟 向外垂手

舞 清 向裏垂手舞 且 朝上正揖 旨 躬身而受之 登 躬身向左合籥舞 獻 躬身向右合籥

舞 惟 躬身復向左右籥 三 合籥朝上拜一鼓便起身 於 側身向外垂手舞 嘻 側身向內垂手

舞 成 朝上正揖 禮 躬身朝南受之三鼓畢起身

崇聖祠致祭儀注

丁祭日主祭官先至

崇聖祠行禮 引贊生 引入崇聖祠 唱 詣盥洗所濯水進巾 唱

執事者各司其事 司尊者就尊所立助獻生分東西階升各就應時拜次前立 唱

主祭官就位 分獻官各就位 唱 瘞毛血 助獻生徹毛血槃如儀

唱 迎神 上香 引詣香案前立三上香 唱 復位 贊 跪 主祭官以下皆跪 贊

二跪六叩首 贊 興 唱 行初獻禮 引 引贊生前 贊 詣酒尊所

司尊者舉冪酌醴 執帛者捧帛 執爵者捧爵 引主祭官

自祠左門入 贊 詣

五聖王神位前跪 贊 獻帛 授篚奠篚如儀 贊 獻爵 爵五舉 贊 叩首 贊 興

贊 詣讀祝位跪 引主祭官詣祝案前跪讀祝者舉祝版旁跪 唱 讀 分獻官皆跪

贊 讀祝文詞曰 維某年月日某官某致祭於

肇聖王

裕聖王

詒聖王

昌聖王

啟聖王曰 惟

王奕葉鍾祥光開聖緒盛德之後積久彌昌凡聲教所覃敷

率循源而溯本宜肅明禋之典用申守土之忱茲屆仲

春秋 謹修祀事以

先賢孔氏

先賢顏氏

先賢曾氏

先賢孔氏

先賢孟孫氏配尚

饗 讀畢 贊 三叩首 贊 興 贊 詣

先賢孔氏神位前跪贊獻帛贊獻爵贊叩首贊興贊詣
先賢顏氏神位前如前儀贊詣
先賢曾氏神位前如前儀贊詣
先賢孔氏神位前如前儀贊詣
先賢孟孫氏神位前如前儀其從祀前分獻官於讀祝後
唱贊生唱行分獻禮二引贊生引二分獻官就東西神位前行禮俱照主祭官初獻儀
初獻禮畢贊復位唱行亞獻禮引贊生引主祭官又引贊主引分獻官俱如初
獻儀惟不獻帛亞獻禮畢贊復位唱行三獻禮如亞獻儀贊復位唱
徹饌助獻生舉饌出唱送神跪主祭官以下皆跪贊二跪六叩首贊興
唱讀祝者捧祝司帛者捧帛各詣燎所唱望燎主祭官以

下各面燎所立唱焚祝帛唱復位引贊生引主祭官以下俱出復次
祭品五案
祝版一制同前爵各三簠二籩八羊一鐙二尊一有勺疏布冪
帛五白色鉶二簋二豆八豕一鑪一
配位祭品
帛各一白色簠一籩四羊一鐙二尊一同前
爵各三簋一豆四豕一同俎鑪一
從祀祭品
帛一白色簠一籩四羊一鐙二尊一
爵各三簋一豆四豕一同俎鑪一

名宦鄉賢祀儀
春秋丁祭畢教官詣祠行禮唱生就位唱上香迎
神跪初獻爵再獻爵三獻爵叩首再叩首
三叩首興送神禮畢
祭品
帛一爵三簠一簋一籩二豆二羊一
豕一同俎鐙二鑪一尊一有勺疏布冪香盤一
論曰朱邑有言後世子孫蒸嘗我不如桐鄉之民之
祀我也故卓異神君循良衆母始與歌於來暮旣貞
珉於去思終遺咏於蔽芾社而稷之烏容已乎若乃

名儒耆德著型珂里茂烈偉閥流光枌社斯禮所稱
鄉先生歿則祠之於社者也嗚呼名於宦遺澤如新
賢於鄉可與勸善尸祝寄棠陰之思庾桑高畏壘之
化遊祠下者能無景慕歟
忠義孝弟祠
節孝祠
祭日祭儀祭器與名宦鄉賢同
忠義祠祝文　文曰惟
靈稟賦貞純躬行篤實忠誠奮發貫金石而不渝義問宣
昭表鄉閭而共式祇事懋彝倫之大性摯莪蒿克恭念

天顯之親情殷棣萼模楷咸推乎懿範綸恩特闡其幽光祠宇維隆歲時式祀用陳尊簋來格几筵

節孝祠祝文　文曰惟

靈純心皎潔令德柔嘉矢志完貞全閨中之亮節竭誠致敬彰閫内之芳型茹冰蘖而彌堅清操自勵奉盤匜而匪懈篤孝傳徽綵綸特沛乎殊恩祠宇昭垂於令典祗循歲祀式薦尊醪

禮器 并圖

簠簋 皆盛黍稷之器有虞氏曰敦夏曰璉商曰瑚周曰簠簋簠方簋圓刻木爲之古用陶器後世範金爲之

籩豆 籩古今皆竹製惟豆製不同夏楬豆殷玉豆周獻豆又魯玉豆雕卷爾雅及鄭氏說以木周禮旅人說以瓦呂氏考古圖說及政和近置以銅郊特牲曰鼎俎奇而籩豆偶陰陽之義也籩豆之實水土之産也

雲雷尊 組以蟠首腹畫雲雷回旋之狀用貯初獻酒

象尊 取形於象以明乎夏德者夏者假也萬物之所由而化也範金爲之穴背受酒上覆以蓋貯亞獻酒

犧尊 按周禮有司尊彝之職而犧尊取其犧牲享飲食之義犧牛形範金爲之穴背受酒於腹覆以盞用貯終獻酒

大尊 大從泰有虞氏之泰尊瓦尊也貴本尚質

壺尊 其尊作壺形其脰飾饕餮腹著風雲不獨示有節止而又明其施澤之及時也

山尊 夏后氏之尊也郭璞云形似壺受五斗刻畫爲山雲狀

著尊 按明堂位商尊曰著著地而無足也

罍洗 皆所以盥也臨事而盥致肅恭之意罍盛水洗受棄水惡穢地也舊圖罍畫雲龍洗畫水文菱花今博古圖罍爲饕餮雷文洗飾龜龍

勺 夏龍勺殷疏勺周蒲勺龍藏淵蒲生水疏有導引意今刻首龍夏制也

鼎 鑪匜用以焚香

爵 明堂位曰夏以琖商以斝周以爵按爾雅鍾小者爲琖琖卑而淺故琖爵淺而爵象雀而斝有耳焉

按禮書爵小者名爵火細者名爝其義取小爲貴因著飲戒云洪氏曰大常爵制兩柱三足㚇耳侈口以置爵亦承爵陸氏曰古者爵有承盤坫與豐是也施於燕射曰豐賈氏曰諸經承爵器皆易本豐字從豆爲豐年之豐謂時和年豐粢盛豐備神歆其祀人受其福也鄭注云豐似豆而卑木製漆赤中書

坫

赤雲氣

登 似豆而高用薦大羹

鉶 用薦和羹

俎 明堂位曰周以房俎鄭注云房謂足下柎也孔疏云俎頭各有兩足足下各別爲柎其間有橫似堂壁橫下二柎似堂東西各有房也詩魯頌曰籩豆大房箋云玉飾俎也兩端漆中央黑

篚 竹爲之鄭氏謂如車笭如竹篋古用篚不一以奠爵以承食膳以置玉幣具載禮記今單以承幣蓋詩鹿鳴序實幣帛篚篚之遺意也

簠

通蓋重一十三斤高七寸深二寸闊八寸一分腹徑長一尺一分

簋

通蓋重九斤高六寸七分深二寸八分闊五寸腹徑長七寸九分

犧尊

重九斤一十兩通足高六寸一分徑二寸四分頭去足高八寸二分耳高二寸一分五釐闊八分五釐深二寸七分

象尊

重一十斤通足高六寸八分口徑一寸八分耳闊一寸二分長一寸九分深四寸九分

大尊

通足高八寸一分口徑五寸七分腹徑六寸一分足徑三寸八分深六寸五分

山尊

重六斤四兩高九寸八分五釐口徑六寸七分五釐深七寸五分

壺尊

重四斤十兩二錢高八寸四分口徑四寸五分腹徑六寸深七寸一分

著尊

重四斤十兩高八寸四分五釐口徑四寸三分腹徑六寸二分深八寸二分

罍

重一十二斤通高一尺口徑八寸四分深七寸二分足口徑七寸九分

爵

重一斤八兩通柱八寸三分深三寸三分口徑長六寸二分闊二寸九分兩柱三足有流有鋬

洗

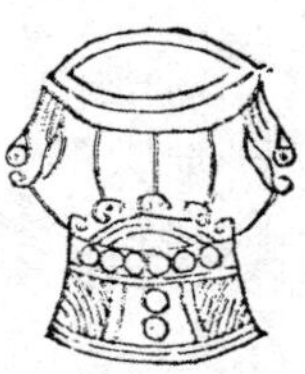

重八斤八兩通足高五寸七分口徑一尺三寸六分深二寸九分

坫

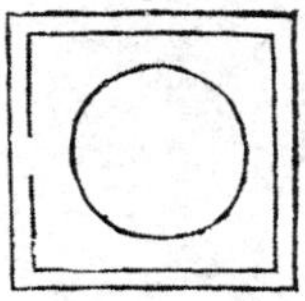

置爵承尊皆用之重二斤九兩縱廣九寸二分措諸池而平正

勺

重一斤口闊二寸一分深一寸一分柄長一尺二寸九分

豆

並蓋重四斤一十兩高廣如籩

籩

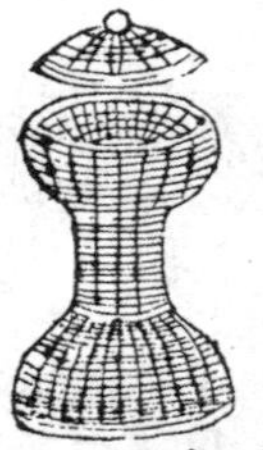

口徑四寸九分通足高五寸九分足徑闊五寸一分上深一寸四分

登

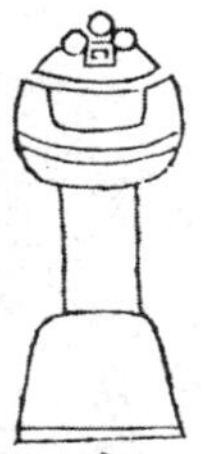

高一尺四寸

俎

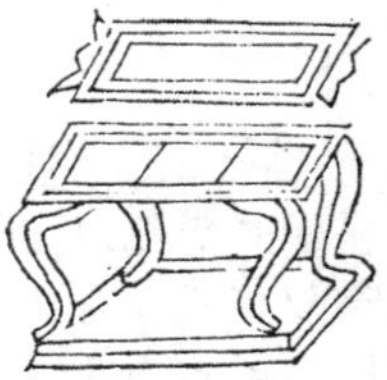

朱漆兩端中以黑長一尺八寸闊八寸高八寸五分

籩巾

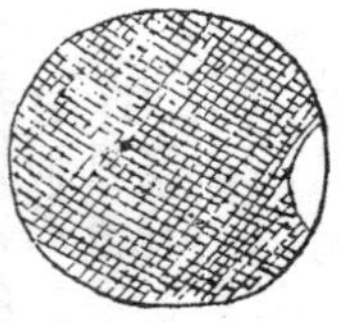

以絲爲之圓幅元被纁裏

篚

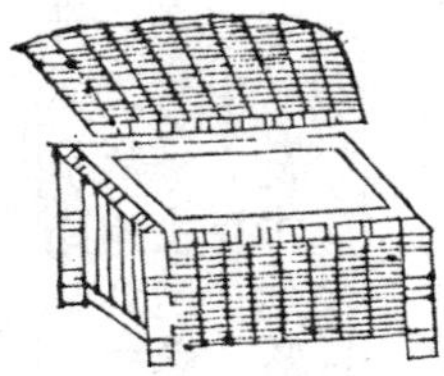

通足高五寸長二尺八分闊五寸二分深四寸蓋深二寸八分

龍冪

以絳帛方幅爲之中畫雲龍兩旁畫文彩四角各綴以金錢用以羃尊者兩廡則不可畫雲龍止用青

尊冪

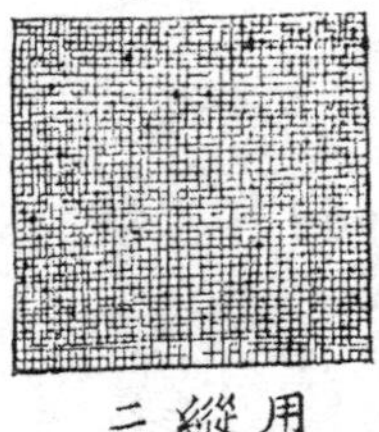

用布爲之縱橫二尺二寸

鉶

範金爲之三足口有兩耳覆以蓋施三紐用薦和羹

雲雷尊

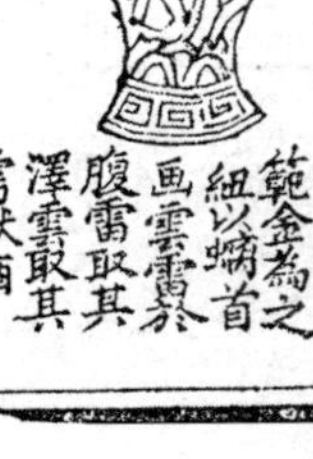

盛酒器也範金爲之紐以螭首畫雲雷於腹雷取其澤雲取其需獻酒

盥盤架

以木爲之繪以采色髹以漆

燭臺

範金爲之高一尺八寸重盤四足

帨巾

以布爲之長短隨宜獻官盥卒拭手

盆

範金爲之盛水盥手

鼎

範金爲之高一尺八寸縱一尺六寸橫一尺二寸兩耳四足

祝版

以木爲之高九寸闊一尺二寸用白紙寫祝文貼版上祭畢揭而焚之

按爵登鉶簠簋雍正二年頒行圖式皆沿明舊代以瓷器乾隆二年悉倣古制一體更正惟爵用瓷登鉶簠簋概用錫酒罇仍用銅扚犧罇等七罇並用精鐵

樂器並圖

鐘一堵磬一堵琴六瑟三鳳簫篪塤搏拊應鼓各二簫四笙六笛六柷一敔一樂生五十人舞生三十六人執旌二人凡八十八人俱堂上之樂其叙則麾生一人立神位左西向次左柷又敔次左右搏拊各東西對立次琴六人左者以次而東右者以次而西俱北向立次左右瑟各一次左右笙簫笙在內簫在外次左右篪塤鳳簫及邊亦以次而東西北向立於笙簫之後次鐘右磬又次楹鼓居其左焉八音之器聖人法八風而爲之其音出於五行之器其制器之法則以十有二律爲之度數以十二聲爲之齊蓋有其一聲者有其十二聲者清濁高下八音克諧故奏之可以格神祇和上下修己治人變其氣質轉移風俗以至於風氣禽獸皆可以感召蓋天地間皆陰陽二氣所爲故其氣相爲感通有如此

金部

金

鐘也世本云垂所造周禮編鐘編磬凡十六枚謂之堵起八音倍而設之鐘一堵磬一堵謂之肆其縣橫者曰簨縱者曰簴八簨凡二層下簨自右而左其首黃鐘次姑洗以合字應次大呂次太簇四字應次夾鐘次姑洗六字應次仲呂上字應次蕤賓合字應次林鐘尺字應上簨自左而右首夷則次南呂上字應次無射次應鐘尺字應其聲以漸而清至應鐘清之極也又繼之以清黃鐘六字應清大呂清太簇四字應清夾鐘又清之極而接乎其間者也製法已厚則石已薄則播侈則柞弇則鬱長甬則震其妙惟斟酌於鉛錫而已

石部

編磬

磬之爲物堅實而不動象卦則乾其時則秋冬之交其方則西北之維其風不周其聲尚角其音則辨立冬之氣也以堅木爲槌竹爲柄司磬者擊之其音律則與鐘同凡擊則先擊鐘以宜一字之音旣闕則擊磬以收之所謂金聲而玉振之也

絲部

琴

琴大皆七絃斯樂則用第七徽其第一絃黃鐘律合字應之左手中指按右手中指鈎第二絃太簇四字應之左手食指按右手中指鈎第三絃林鐘尺字應之左手大指按右手食指剔第四絃七徽半仲呂上字應之左手無名指按右手中指鈎第五絃南呂工字應之左手大指按右手食指剔第六絃黃鐘清律六字應之左手大指按右手食指剔

瑟

瑟三古瑟五十絃黃帝命素女鼓之其聲哀故破二十五絃長七尺首闊一尺一寸九分而兩頭角有小孔疏通以繫絃絃長一丈內外各十二以牙中一絃名君以黃共二十五絃各設以柱游移前後以

和其聲外十二絃用右手食指鼓内十二絃用左手食指鼓外第一絃黄鍾律以合字應之用右手食指順鈎凡鼓此字必與内第一絃六字並鼓清濁相應二三絃太簇以四字應用右手食指連鈎六絃仲吕以上字應右手食指順鈎七八絃林鍾以尺字應用右手食指連鈎九十絃南吕以工字應用右手食指連鈎内一絃黄鍾清律以六字應以左手食指順鈎餘十一絃與外絃音律指法相同凡鼓四上尺工字外内絃亦俱並鼓取清濁相應

以黄布囊之各縁以朱

竹部

簫 截竹爲之以紅絨絲繫之吹者宜緩取其音斯悠揚不迫

鳳簫 世本曰舜造編竹爲之黄鍾之管長九寸其音宫大吕八寸三分七釐六毫太簇八寸其音商夾鍾七寸四分三釐七毫三絲姑洗七寸一分其音角仲吕六寸五分八釐三毫四絲六忽蕤賓六寸三分八釐其音變徵林鍾六寸其音變宫夷則五寸五分五釐一毫南吕五寸三分其音羽無射四寸九分

八釐四毫八絲應鍾四寸六分六釐其音變宫此五音六律十二管還相爲宫之義也加黄太大夾四清聲凡十六管其制以木爲櫝納管其中齊其上出一寸五分下則自右而左以次而短其聲長者濁短者以漸而清管中各開小竅自右吹之第一管爲黄鍾第三太簇第五姑洗第六仲吕第八林鍾第十南吕第十二應鍾第十三清黄鍾第十四十五俱清太簇其形參差象鳳之翼其音六律六吕象雄鳳雌凰之聲故以鳳簫名也

篪 篪二以竹爲之長尺四寸圍五寸三分一孔上出五孔向外一孔向内一孔在末節共八孔後一孔黄鍾清律以六字應凡吹六字止開此孔餘皆閉第二孔南呂以工字應凡吹工字此孔與下第三孔底一孔皆開餘皆閉第三孔林鍾以尺字應凡吹尺字此孔與下第二孔底一孔皆開餘皆閉第四孔仲呂以上字應凡吹上字此孔與下一孔底一孔俱開餘皆閉第六孔底太簇以四字應凡吹四字止開此孔餘皆閉惟黄鍾律以合字應六孔皆開此樂吹聲大宜用輕氣吹之其聲乃和

篴 篴六用斷紫竹爲之長尺四寸七孔其第一孔黄鍾清律以六字應凡吹六字下五孔皆閉第二孔南呂以工字應凡吹工字此孔與下四孔皆開餘俱閉第四孔仲呂以上字應凡吹上字下二孔皆開餘俱閉第五孔太簇以四字應凡吹四字下一孔隔餘皆閉第六孔黄鍾以合字應凡吹合字六孔皆閉末一孔相應

管 截竹爲之爲十二孔以應十二月之音

匏部

笙 用紫竹爲之十有七管而列於匏中管中各施以簧管端參差如鳥翼吹匏之端則鼓舞其簧而發聲按第一第二第七第十一管皆南吕以工字應凡工字以此四管用右手大指及食指按餘孔皆開十二十五管林鍾以尺字應凡尺字以左手食指按其餘孔皆開其第二第十管仲吕以上字應第四第八第十一管太簇以四字應第十二第十四管黄鍾清律以合字六字應凡吹合字必吹六字凡吹六字必

吹合字清濁取其開合也

土部

塤 以紙觔爲之布漆劃金雲彩圍五寸半長三寸四分上尖底平如稱鍾差大如鵞子高三寸四分六孔上一前三後二上孔平吹爲太簇以四字應下五孔皆閉向上稍仰爲黄鍾以合字應下五孔亦不開左手中指與食指二孔爲仲吕以上字應凡吹上字止開此孔餘皆閉左手食指孔並右手二孔俱開爲林鍾以尺字應凡吹尺字止開此三孔餘皆閉後二孔左手大指孔南吕以工字應凡吹工字此孔與前三孔俱開餘皆閉右手大指孔黄鍾清律以六字應凡吹六字前後各孔俱開吹者以兩手無名指小指托其底輕用氣取聲以和爲佳也

革部

楹鼓 身高六尺六寸設重斗中植一柱上貫方蓋綵以綵繒璧翣凡樂之作必先鼓以聲之連擊三

遍或急或慢每遍十二擊凡三十六擊以當一歲之數三遍既畢又從容三擊而衆樂翕然作矣自後每奏樂一句必三擊之以爲節所謂鼓無當於五聲五聲弗得不和也

應鼓　其時冬其風廣莫其律黃鍾其聲一其音讙冬至之氣也每奏樂一句必趨擊者三使節奏從容也革之爲器去故意也爲羣音首其卦坎其方北

鼗鼓　制如小鼓有柄有耳兩手持而搖之以應鼓節樂

搏拊鼓　形如鼓而長中實以糠以其或搏或拊故名其用每奏樂一句聽楹鼓一擊而郎此一拍以尾之故三擊三拍但初拍用左手次拍用右手三拍則兩手齊作以爲樂之節也

木部

柷一　以桑木爲之上二尺四寸下半之深一尺八寸中虛有底以止擊之柄長一尺有四以梓爲之止俗呼爲椎凡奏樂先以止撞底復擊左右共三聲以起樂

敔一　狀如伏虎背上有二十七鉏鋙刻用竹長二尺四寸破爲十莖其名曰籈櫟其背以止樂八音之外別有麾幡以絳繒爲之長七尺闊一尺一寸上板繪雲下板繪山以相連首尾前面繪升龍後面繪降龍各塗以金及五色彩雲朱竿長八尺五寸末施銅龍首塗金啣其麾下垂樂中麾生執之升龍向外降龍向內舉之則升龍見樂作偃之則降龍見樂止以木爲架朱髹閑則植其上

編鐘

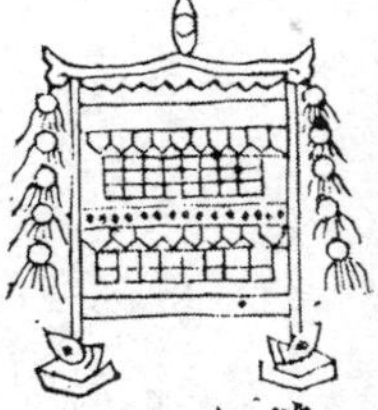

鑄銅爲之形如筒簨虡製同編磬足刻獸形

笙

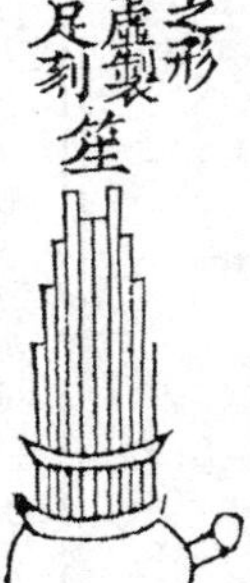

以匏爲母植管其中大者十九簧小者十三簧曰巢笙者象管在匏有巢象

鳳簫

大者二十四管無底小者十六管有底狀如鳳翅其聲鳳聲

琴

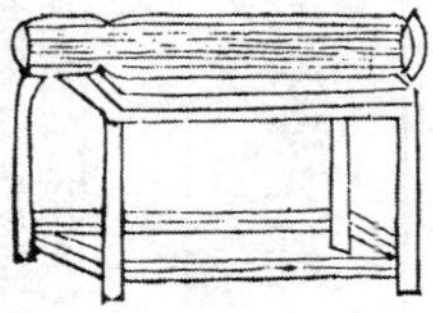

長三尺六寸六分象朞之日廣六寸象六合初五絃象五行文武增二絃

瑟

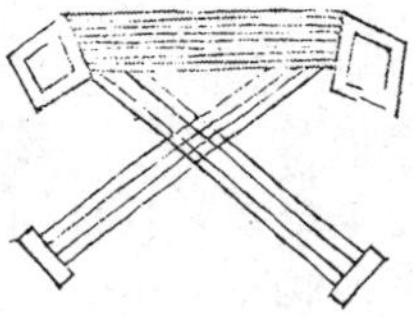

雅瑟長八尺一寸廣一尺八寸三十三絃頌瑟長七尺二分

篪

以竹爲之長一尺四寸圍五寸三分上一大孔徑三分橫而左吹

塤

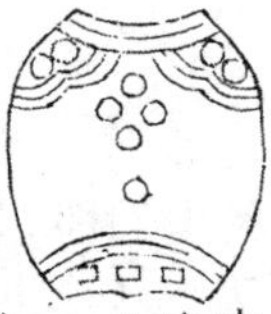

狀如秤錘以土爲之大成樂書云塤篪皆六孔以五取聲其聲相應

管

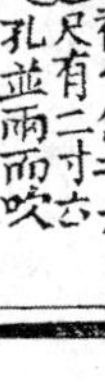

截竹爲之長尺有二寸六孔並兩而吹之

咸寧縣志 學校卷五 樂器圖 五十二

應鼓

以木為身高三尺五寸面闊二尺二寸兩旁四銅環中以柱穿頂方蓋繚以黃羅銷金雲花繪雙簷四角為龍首御九旒蘇下綴絲結刻狻猊四於趺各向外

鼗鼓

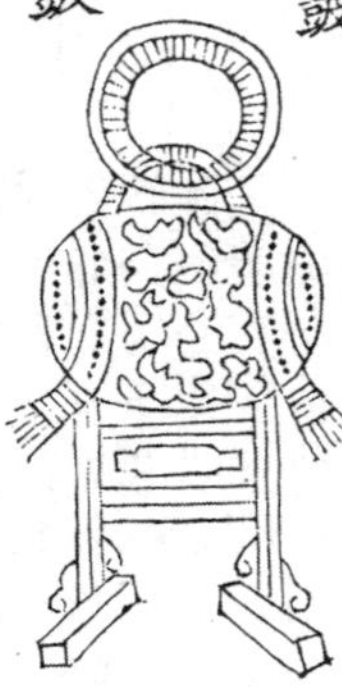

面闊四寸四分高一尺三寸面繪雲彩身繪花上有一環繫以紅絨絛以朱漆架架之

笛

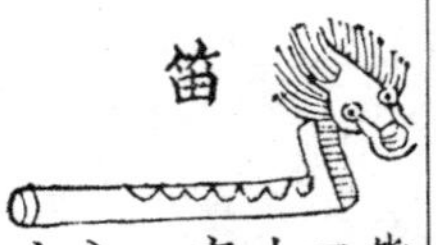

紫竹為之長一尺四寸七孔上一大孔徑三分吹竅也橫而吹之下六孔各徑二分以金飾龍首末垂以紅絨絛結

簫

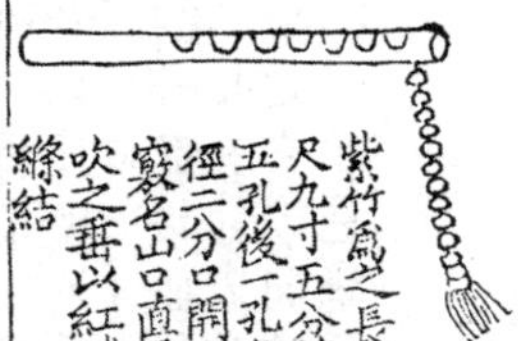

紫竹為之長一尺九寸五分前五孔後一孔各徑二分口闊半竅名山口直而吹之垂以紅絨絛結

搏拊

舊說以革為之中實以糠形如小鼓

敔

木刻為伏虎背刻二十七鉏鋙木戛之成聲

柷

木桶中虛有椎柄動而擊其旁深一尺八寸方二尺四寸

編磬

以石為之數十六八音而倍之也橫簨植上刻如齒形曰崇牙足為鳥形

咸寧縣志 學校卷五 舞器 五十三

舞器並圖

旌節簇紅纓為之加塗金銅雲寶蓋於其上又用綠斜皮刻花為蓋覆纓上其頂處用皮金綠為七層長七尺貫以紅絨絛下綴以結竿長八尺五寸朱髹上安塗金銅龍首口啣寶蓋下垂紅纓

籥古用葦籥今制以竹為之長一尺二寸二竅朱飾爾雅云大樂謂之產其中謂之仲其小謂之箹廣雅云籥七孔毛氏曰籥六孔鄭康成曰籥如笛三孔郭璞曰籥三孔而短明堂位曰土鼓葦籥周禮笙師掌教籥籥師掌教國子舞羽吹樂籥章掌擊土鼓吹豳籥蓋籥三孔舉中聲而上下之律呂於是乎生命之曰籥以黍籥之法在是故也羽舞皆執籥以聲音之本在是故也

翟以木為之柄長一尺四寸其巨細度籥孔足容朱髹之柄端刻龍首長五寸飾以金彩每翟用雉尾三根插龍口中按翟亦曰羽籥即掌教國子舞羽吹籥祭祀則鼓羽籥之舞通義曰以文德之先文樂持羽毛而舞文王世子秋冬學羽籥詩云左手執籥右手秉翟通典曰樂之在目曰容容藏於心難以貌覩故聖人假干戚羽旄以表其容發揚蹈厲以見其意人之動而有節者莫若舞肄舞所以動陽氣而導物也故聲選和則大樂備矣

旌

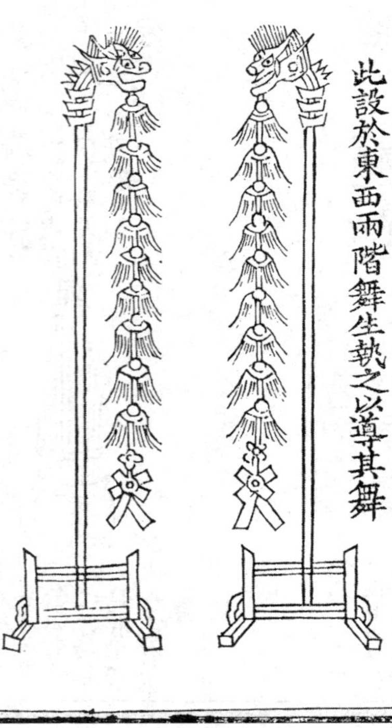

此設於東西兩階舞生執之以導其舞

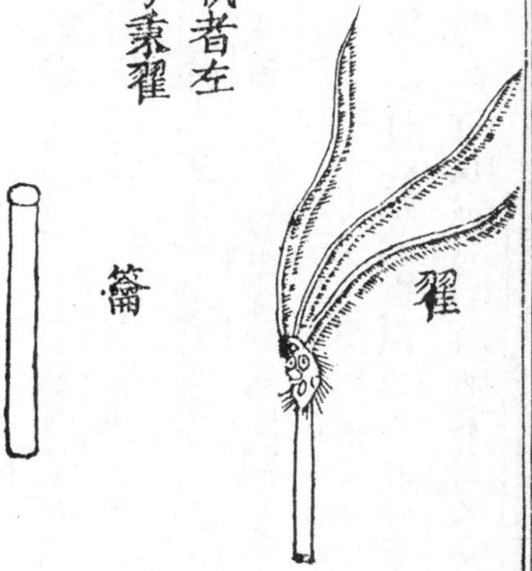

此舞生所執者左手執籥右手秉翟

學制

明倫堂在崇聖祠前大廳一間存左右廂房三間

東齋明景泰五年建後廢康熙九年何廷韓重建復廢道光年間重修正屋兩進連三間　號房一間　廚房一間

西齋咸豐間兵燹廢同治五年重修正屋兩進連三間　號房一間

廚房一間

學規

順治九年題准刊立臥碑置於明倫堂左曉示生員

朝廷建立學校選取生員免其丁糧厚以廩膳設學院學道學官以教之各衙門官以禮相待全要養成賢才以備朝廷之用諸生皆當上報國恩下立人品所有教條開列於後

一生員之家父母賢智者子當受教父母愚魯或有非爲者子既讀書明理當再三懇告使父母不陷於危亡

一生員居心忠厚正直讀書方有實用出仕必作良吏若心術邪刻讀書必無成就爲官必取禍患行害人之事者適以自害其身當宜思省

一生員不可干求官長交結勢要希圖進身若果心善德全上天知之必加以福

一生員當愛身忍性凡有司衙門不可輕入卽有切己之事只許家人代告不許干與他人詞訟他人亦不許牽連生員作證

一爲學當尊敬先生若講說皆須誠心聽受如有未明從容再問毋妄行辯難爲師者亦當盡心教訓勿致怠惰

一軍民一切利病不許生員上書陳言如有一言建白以違制論黜革治罪

一生員不許糾黨多人立盟結社把持官府武斷鄉曲所作文字不許妄行刊刻違者聽提調治罪

康熙四十一年訓飭士子文

國家建立學校原以興行教化作育人才典至渥也朕臨御以來隆師重儒加意庠序近復愼簡學使釐剔弊端務期風教修明賢才蔚起庶幾棫樸作人之意乃比年士習未端儒教罕著雖因內外臣工奉行未能盡善亦由爾諸生積錮已久猝難改易之故也茲特親製訓言再加警飭爾諸生其敬聽之從來學者先立品行次及文學學術事功原委有敘爾諸生幼聞庭訓長列宮墻朝夕誦讀甯無講究必也躬修實踐砥礪廉隅敦孝順以事親秉忠貞以立志窮經考業勿雜荒誕之談取友親師悉化驕淫之氣文章歸於醇雅毋事浮華軌度

式於規繩最防蕩佚子衿佻達自昔所譏苟行止有虧雖讀書何益若夫宅心弗淑行己多愆或蜚語流言脅制官長或隱糧包訟出入公門或唆撥姦猾欺孤陵寡或招呼朋類結社邀盟乃如之人名教不容鄉黨切齒縱倖脫褫扑濫竊章縫返之於衷甯無愧乎況鄉會科名乃掄才大典關係尤重士子果有實學何患困不逢年顧乃標榜虛名暗通聲氣夤緣詭遇罔顧身家又或改竄鄉貫希圖進取囂凌騰沸網利營私種種弊端深可痛恨且夫士子出身之始尤貴以正若茲厥初拜獻便已作姦犯科則異時敗檢踰閑何所不至又安望其秉公持正爲國家宣猷樹績應後先疏附之選哉朕用嘉惠爾等故不禁反復惓惓茲訓言頒到爾等務共體朕心恪遵明訓一切痛加改省爭自濯磨積行勤學以圖上進國家三年登造束帛弓旌不特爾身有榮卽爾祖父亦增光寵矣逢時得志甯俟他求哉若仍視爲具文玩愒勿儆毀方躍冶暴棄自甘則是爾等冥頑無知終不能率教也旣負栽培復干咎戾王章具在朕亦不能爲爾等寬矣自茲以往內而國學外而直省鄉校凡學臣師長皆有師鐸之責者並宜傳集諸生多方董勸以副朕懷否則職業勿修咎亦難逭勿謂朕言之不預

也爾多士尙敬聽之哉

乾隆四年奉

上諭士爲四民之首而太學者教化所先四方於是觀型焉比者聚生徒而敎育之董以師儒擧古人之成法規條亦旣詳備矣獨是科名聲利之習深入人心積重難返士子所以汲汲皇皇者惟是之求而未嘗有志於聖賢之道不知國家以經藝取士由聖賢之言體聖賢之心正欲使之爲聖賢之徒而豈沾沾爲文藝之末哉朱子同安縣諭學者云學以爲己今之世父所以詔其子兄所以勉其弟師所以教其弟子弟子之所以學舍科舉

之業則無爲也使古人之學只於如此則凡可以得志於科舉斯已爾所以汲汲焉愛日不倦以至於死而後已者果何爲而然哉今之士子不知此以爲苟足以應有司之求矣則無事乎汲汲爲也是以至於惰遊而不知返終身不能有志於學而君子以爲非士之罪也使教素明於上而學素講於下則士者固將有以用其力而豈有不勉之患哉諸君子苟能致思於科舉之外而知古人之所以爲學則將有欲罷不能者矣觀朱子此言洵古今通患夫爲己二字乃入聖之門知爲己則所讀之書一一有益於身心而日用事物之間存養省察

闇然自修世俗之紛華靡麗無足動念何患文章聲譽之能奪志哉況即爲科舉亦無礙於聖賢之學朱子云非是科舉累人人累科舉若高見遠識之士讀聖賢之書據吾所見爲文以應之得失置之度外雖日日應科舉亦不累也居今之世雖孔子復生也不免應科舉然豈能累孔子耶此言即是科舉中爲己之學誠能如此則四書五經皆聖賢之精蘊體而行之爲聖賢而有餘不能爲己則雖舉經義治事而督責亦糟粕陳言無裨實用浮僞與時文等耳故學者莫先於辨志志於爲己者聖賢之徒也志於科名者世俗之陋也國家養育人

材將用以致君澤民治國平天下而囿於積習不能奮然求志於聖賢豈不謬哉朕膺君師之任有厚望於諸生適讀朱子書見其言切中士習流弊故親切爲諸生言之俾司教者知所以教而爲學者知所以學欽此

學官

宋有學正學諭直學掌儀學訓五員今無

元有學正學長學諭直學學訓五員今無

明有教諭一員訓導二員崇禎三年裁訓導一員

國朝設教諭一員訓導一員康熙四年裁教諭二十三年（一云十五年）復設見今復設教諭一員訓導一員

學額

宋學無定額崇甯三年以費廣難贍三分汰一

元有大學生小學生樂生十五人其盛也至五十人皆受餼於學、

明洪武十五年定縣學二十人給廩膳仍免差徭二丁

宣德三年增廣生員如正額正統十二年於常額外選軍民子弟願入學肄業者爲附學生

國朝定制州縣廩膳生二十名增廣生二十名歲科試大縣學額取八十五名中縣十二名小縣八名咸係中縣額取進十二名道光三年學政楊懌曾因咸文盛額隘

奏請加廣文額三名武生歲科并試仍舊額十二名咸豐七年湖北通省紳民團練案内加文武學定額各一名同治元年捐輸案内又加文武學定額各三名同治三年湖北通省紳民捐輸案内加文武學定額各四名同治四年闔邑紳民團練捐輸案内加文武學定額各一名文額共二十五名武額共二十二名

歲貢　以廩膳生員挨食餼次序貢大成均府學一年一貢縣學二年一貢如遇

恩詔以正貢作恩貢次貢作歲貢

拔貢　順治十一年令直省於各學廩生內通行考試

經書策論拔取一名着學政將原卷解部本生於布政司起文投部

廷試乾隆七年定十二年一舉行優等以知縣及教職選用四十三年優等得以七品小京官分部學習

優貢生　始雍正十一年遴優生之尤者大省四五人中省二三人小省一二人題送入監

優生　雍正元年奉

上諭士子中居家孝友行止端方才可辦事文亦可觀者一學各舉一人

康熙九年題准生員關係取士大典若有司視同齊民撻責殊非恤士之意今後如果犯事情重地方官先報學政俟黜革後治以應得之罪若詞訟小事發學責懲

乾隆元年奉

上諭任土作貢國有常經無論士民均應輸納至於一切雜色差徭則紳衿例應優免乃各省奉行不善竟有令生員充當總甲圖差之類者殊非國家優恤士子之意嗣後舉貢生員等著概免雜徭俾得專心肄業倘於本戶外別將族人借名濫充仍將本生按律治罪

射圃

康熙二十七年定武生無武學處照例屬文學教官管

理除騎射外教以五經七書百將傳及孝經四書俾知大義提調仍將各學射圃修輯置備弓矢教官率武生較射其中以飭武備

射圃舊在學門東地隘天順元年改於東皋峯之下創觀德亭一間康熙四年知縣何廷韜重建尋復還於北門校廠建觀德亭三間弓架箭架射候備具　今廢

論曰射者六藝之一蓋男子之事有志於四方也鄉飲廢則長幼之序乖大射廢則君臣之義缺去古遠矣明興詔勅天下學校習射師生以朔望羣肄於圃眾耦既同貫弓挾矢張侯去百步之外揖遜務君子

之爭匪曰嬉遊爲樂將少長是序匪曰僥倖爲得將心體是正匪曰致遠爲功將中鵠是善匪勝己是怨反求爲賢匪爾爵是祈辭讓爲恭匪多算爲能進退有度莫於以修盛德遠不省習威儀而適世用蔑不由斯也今邑侯何父公餘親率士民習射於舊圃新觀德之亭而從事焉百年曠禮一旦復舉矍相之觀其在是也哉 伍志王參

鄉飲酒禮

每歲以孟春望日孟冬朔日舉行於儒學前一日執事者於儒學之講堂依圖陳設坐次司正率執事諸生習

儀至日黎明執事者宰牲具饌主人及僚屬司正先詣學遣人速賓僎以下賓至主人率僚屬出迎於庠門之外揖入主居東賓居西三揖三讓而後升堂東西相向立贊兩拜賓坐僎至主人又率僚屬出迎揖讓升堂拜坐如前儀賓僎介至既就位執事者贊司正揚觶引司正由西階升詣堂中北面立執事者贊賓僎以下皆立贊揖司正揖賓僎以下皆揖執事者以觶酌酒授司正司正舉酒曰恭惟

朝廷率由舊章敦崇禮教舉行鄉飲非爲飲食凡我長幼各相勸勉爲臣盡忠爲子盡孝長幼有序兄友弟恭內睦宗族外和鄉里無或廢墜以忝所生讀畢執事者贊司正飲酒飲畢以觶授執事執事者贊揖司正揖賓僎以下皆揖司正復位賓僎以下皆坐贊讀律令執事者舉律令案於堂之中引讀律令者詣案前北面立贊賓僎以下皆立行揖禮如前讀畢復位執事者贊供饌案執事者舉饌案至賓前次僎次介次主三賓以下各以次舉訖執事者贊獻賓主起席北面立執事者酌酒以授主主授爵詣賓前置於席稍退贊兩拜賓答拜訖執事者又酌酒以授主主授爵詣僎前置於席交拜如前儀畢主退復位執事者贊賓酬酒賓起僎從執事者酌

酒授賓賓授爵詣主前置於席稍退贊兩拜賓僎主交拜訖各就位坐執事者分左右立以次酌酒獻三賓衆賓徧賓主以下酒三行供羹執事者以次酌酒飲酒供饌三品畢執事者贊徹饌候徹饌案訖贊賓僎以下皆行禮主僚屬居東賓僎介衆賓居西贊兩拜訖贊送賓以次下堂分東西行仍三揖出庠門而退

律令凡鄉飲酒禮序長幼論賢良別奸頑其坐席間高年有德者居上高年誠篤者次之以次序齒而列其有違條犯法者不許干與良善之席違者罪以違制敢有諠譁失禮者揚觶者以禮責之

鄉飲酒坐次圖

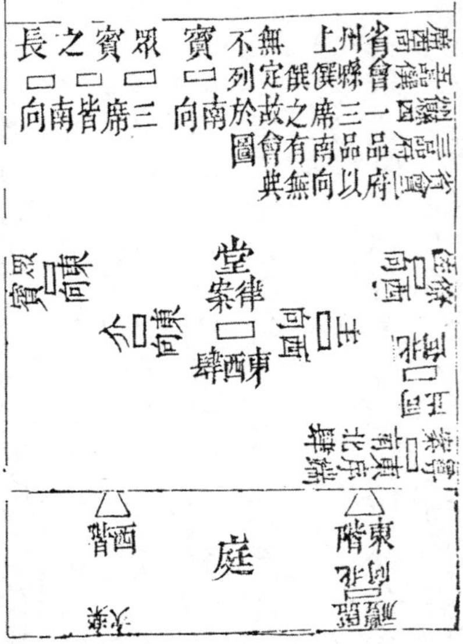

案學政全書禮部則例皆有鄉飲酒坐次圖賓僎介主四席皆斜設與通禮賓南介東主西之向不同又無監禮樂工之次今據會典繪圖以符通禮坐次

學地并塘

學後左右菜園地十畝　學前圓地二十畝

池塘二口在學宮西　魚池二口一在三元祠前一在三元祠西

文廟前後左右餘地界址

儒學頭門左邊墻外餘地橫過五尺直進七丈再進

直均抵城墻

戟門右邊墻外至櫺星門右邊墻外餘地橫過二丈二尺直進一十二丈五尺福神祠在界內

西廡墻外餘地橫過九丈二尺直進後抵城墻節孝祠文忠祠并祠前魚池一口均在界內

禮門義路圍墻外餘地禮門左自趙坊南邊墻外橫過五尺直抵城墻

義路右自三元坊南邊墻外橫過五尺直抵城墻

學田

獻田人戶姓名

生員方選子方昭一十二畝二分

鄉約阮玉武二十八畝五分　劉顯陽七畝

王維垲六畝八分

劉堯三畝三分　萬天朝二畝四分一厘

劉科二畝四分　曾學孔一畝二分

聶大元一十五畝　張問仁四畝

李甯三畝三分五厘　余執二十三畝五分三厘

民婦周氏同男樊鎰芳二十四畝四分七厘

唐芬望六畝二分八厘　黃萬化三畝八分三厘

劉孟高一畝二分八厘　周國玉袁國五二畝五分

余學天五畝八分　程自獻一十七畝三厘

吳尚登一畝五厘　余可宗一畝一分六厘

陳陽春四畝八分　王宋曾一畝八分四厘

劉天岩三畝四分八厘　羅文玉二畝三分二厘

嚴景安四畝六分四厘　程自旺二畝三分二厘

陳大德六畝五分　陳世隆二畝

陳訓一畝三厘　陳上言三畝二分五厘

鄭林二畝四分　陳貴二十一畝七分三厘

謝萬盛三畝九分

經歷曾立夫助田二十三畝七分五厘地一分九厘

以上學田經兵亂之後田荒佃圭士役半不可考（舊志）

書院試院附

相山書院　在相山下與儒學相對明成化間訓導王慶重創有記宏治間都御史韓文遷於學左正德十二年知縣邸魁仍徙建舊址知縣吳驄增置號房（今廢）

三元書院　在縣治左天啟中知縣曹應璐即府官舊址創建聚奎堂後堂左右號房各十間有碑（今廢）

淦川書院（今爲試院）　在南城内文昌閣右乾隆五十七年壬子知縣陳貽青創修未成嘉慶十一年丙寅知縣張際熙修建邑紳盧之疆捐二千金以助道光五年乙酉闔邑紳耆修葺道光十九年己亥知縣夏廷樾勸捐重修道光二十一年辛丑兵燹毀壞二十二年壬寅知縣王本立籌款重修二十九年己酉大水淹塌同治三年甲子知縣羅琳違例陞科捐錢六百串并獻金罰鍰及前次剩費五百串有奇邑紳洪以芳闔禮門監修復之光緒七年知縣陳樹楠增修堂上堂字號舍并堂下右邊號舍一架

至公堂三間　堂左廚房一間　閱卷所三間

堂右堂字號舍一間　堂下左邊號舍兩架　堂下右邊號舍兩架　龍門　左甬道　頭門

小學

淦川社學　一在縣治南（知縣王一介建）一在甫明亭後（正德中知縣邸魁建　今廢）

咸嘉社學　在咸九都嘉四都之間正德中都御史吳廷舉創建以教二縣子弟買田一頃七十五畝租谷爲師束脩并養其子弟之貧者知縣趙選有記（今無考）

論曰泮宮作則采芹之頌興學宮廢則子衿之刺出庠校亦已重矣中國授室羣萃州處令與博士實共之令以簿書治民博士以功令厲士政教一也咸庠諸生恂謹稱最故賢良方正之士炳續方州宏爵博學烜聲藝圃雖山川靈氣使然哉亦賢有司與諸學博有以先之也若乃泛駕之馬躍冶之金間亦有之是在司政教者之時其勸懲而已要之螟蛉之化以祝鶺鴒之化以視古之善化者惟躬行爲兢競詩曰惟其有之是以似之躬行之謂也　王志原

續輯咸甯縣志卷之六

人物 仕籍 選舉 附恩賜 徵辟 保舉 援例 附議敘 吏附 武選 封廕 忠義 附殉難 附節烈 孝友 義行 隱逸 列女

炳鍾山淦水之靈而紫潭白望復渟峙其間以是毓秀鍾奇揚淸匯淑彼丹砂紫芝石英竹箭干尋之名材不能獨當也必有蓄道德能文章偉績豐功篤行礪節者蒸然而蔚起蓋地氣然也前代如次璐選學當世勳名北海淸剛求道忠烈震鑠古今尙已自有明迄

國朝奇材輩出或科目起家或辟舉應選或從軍紀績其以事業文章氣節顯者先後相望於數百年之間嗚呼盛矣若積行君子慕義匹夫泉石幽人閨襜女士植倫常維敎化厚風俗亦閭里所資爲楷模者也夫血氣心知之倫與草木同腐者何限若而人者載之旂常而不朽酬之俎豆而不替質之衾影而不愧勒之珸華而不刊此無他德立名成行芳志潔所樹立者素也今各標其梗概貫郎亦附載焉人可知所以自立矣志人物

壬午續志補

仕籍表

唐仕籍 不分科甲者遠無可考也

李善 祕書郎 有傳

李邕 舉賢良方正 北海太守 有傳

李暄 起居舍人 見子鄘傳

李鄘 平章事 有傳

李拭 舊志作栻府志作柱通志唐書江夏彭志均作栻

祕書監 附父鄘傳

李磎 大中時進士 平章事 有傳

李沇 贈禮部員外郎 附父磎傳

宋仕籍

馮式 一云名商 著作郎一云左侍郎 傳載義行

馮京 三元 叅知政事 有傳

馮椾 南城書院院長 附父京傳

陳偉 府志進士 見求道傳

陳康民 偉兄子 進士 大中大夫 見子求道傳

陳求道 鄧襄隨郢鎮撫使 有傳

王眭 府志本傳作奕 樞密副使 有傳

元仕籍

李鵬翔 進士 翰林學士 有傳

胡可仕 解元 傳載隱逸

王謂 進士 樞密副使

馮艮卿 廣西路安府同知

馮昇之 楚威順王參謀

余秀 大理寺評事

葛仲庸 金城鄉人 明春秋 澧州路學教授

李祥 進士 詳載辟舉

李善以下史及通志載江夏以唐時咸地隸江夏也自立縣後諸公皆籍咸境故收入咸志年遠失考僅登數人如右宋元亦然

選舉表

明

	進士	舉人	五貢
洪武元年戊申			
二年 詔開科取士湖廣中四十名以官少缺多各省連試三年一三二三會試			
五年 詔天下鄉貢舉人罷會試閂文華堂禁中選舉八十七名召見便殿命題賦詩稱旨皆授翰林院編修			
六年 向有富民素行端潔達時務科詔罷之○是年罷科舉專用辟舉各省貢士皆卒業太學以次除用			
十年			李　濂 有傳
十三年 詔舉聰明正直孝弟力田之士			

十四年			葛　素 通志作郭素工科給事中降任安慶懷甯縣主簿有傳
十五年 詔復設科取士			
三年一舉			
十六年 詔府州縣學歲貢生員一人			
十七年 詔科舉薦辟並行			
十八年 詔舉孝廉			
二十年 奉旨建狀元坊　建坊自此始			吳　澄 字志清廣西神電千戶所吏目
二十二年			曾和貴 字雲騰江南清和縣教諭
二十三年庚午		方　嵩 敎授贈御史有傳	
科			
二十四年 春榜狀元陳郊等皆南人帝以時論		鮑　琮 府志作宗敎授贈員外郎有傳	黃友善 工部營繕司郎中四川威州知州伍志載

殿考官劉三吾白信蹈罪之復開夏榜取狀元韓克忠係北籍

二十六年

二十八年

二十九年丙子科

劉忠 字以實南京大理寺評事

張誠傑 通志無傑字雲南司都司斷事

周安義 四川保州知州

王必高 大名府浚縣典史伍志載二十九年貢

三十年

建文元年己卯科

晏允忠 陝西道監察御史

潘奇 字彦器江西永豐縣知縣

三年 詔舉優通文學之士

永樂元年癸未

商振 字伯玉戶部浙江司員外郎

金世雄 字文英通志作雍雄雲南羅騆縣知縣

二年

三年乙酉科

彭敬 字汝敬交趾新

四年丙戌科 朱縉榜

陳智 右都御史有傳

鄭傑 見通志鄉試科分無考按通志乙酉科有鄭傑荊門籍未知即此鄭傑由外籍中式否

安府同知

彭浩 字朝漢福建侯官縣知縣府志通志均無

陳智 進士

秦榮祖 進士

王禎 字伯祥交趾大鑾縣知縣府志作于正

六年戊子科

秦榮祖 知縣有傳

秦范 楚蘭府志作苑

吳仕華 四川嘉定州知州

劉雲

樊謙 字克謀江西上饒縣府志作教諭

七年己丑科 會試後因上北巡未及廷試

吳思政 四川慶符縣知縣伍志載十七年貢

八年 詔行選貢

九年辛卯科 三月補行己丑廷試

鄒郁 字尚文四川達縣教諭府志作達州學正

曾總 交趾縣知縣

十年

十二年甲午科

十三年乙未科馮英榜

馮敏　浙江紹興府知府有傳

馮敏　原姓劉名智安由江西籍中式進士有傳

魯諒　字信之江西大庾縣知縣府志作教諭

萬福　字未壽陝西都司斷事

徐鎧　字邦器四川慶符縣知縣

王敏　字克聰鴻臚寺序班

十五年丁酉科

十七年

李榮　字茂實四川南澗縣訓導府志作甲午科南浦訓導

唐震　字克聲由西安訓導保陞雲南道監察御史勅贈父母如其官妻方氏封孺人以四川按察司僉事致仕

羅中　交阯多翼縣知縣

十八年庚子科

十九年

二十年

二十一年癸卯科

方洙　嵩子第二名進士

陳以忞

任廣　字大用襄陽南漳縣訓導

鮑時　琮子第五名進士

王質　字孟文福建福州府照磨

韓瑜　字楚璞雲南芒部軍民府照磨

陳思恭　蜀府典儀

徐鏌　字伯華典寶官

二十二年甲辰科葉恩榜

鮑時　由禮部儀制司員外郎陞山西布政司參議

洪熙元年　詔會試分南北闈取士

宣德元年丙午科

二年丁未科趙鼎榜

方洙　廣東道監察御史祀鄉賢

鍾振　字大器

魯和　字大道歷山西澤州四川合州州判

六年

八年

九年

正統元年丙辰科四月始設提學兩京御史各員

余峻字孟高陝西甯州州判

張觀字尚賓福建南安縣丞

陳統字公冕通州衛經歷陞莆田縣知縣通志載宣德時貢

張信字以實廣東乳源縣訓導

五年定湖廣中額五十三名

七年

八年

十年

十二年丁卯科

王倫字秉彝府志悞作綸

劉政字養民浙江司都司副斷事

朱芾北京義勇左衛經歷

劉謙字文遜歷福建延平府廣西桂林府推官

周煜雲南臨安府經歷府志煜誤遂伍志誤鐩

十三年

景泰元年庚午科是年增中額二十五名

二年

三年

李九思字一誠榮子四川巫山縣教諭

曹灝字文波經歷

余大蘉梅嶺巡檢

錢貴經歷與大蘉均正統時貢無年分編此

黃綵溪丙寅志補遺載正統時副榜無年分編此

方楷字以正經歷府志主簿

龍斌字大用都事

夏時字宜中主簿

四年癸酉科八月定各省鄉試中額湖廣八十五名

五年

七年

天順元年

三年己卯科

四年

五年

方杲洙子字德輝江西彭澤縣訓導

陳漢亞元字朝宗安慶潛山縣訓導陞四川南溪縣知縣

陳寶都指揮同知震孫字大用知府

熊鑑字克明主簿

商質字尚文知事

李泰字時亨檢校

雷春字孟陽號我泉

劉廷鑑字彥賁

彭信

六年壬午科生令員四十五歲以上均入貢善楷書字亦准貢

俞敏字勉學

陳簡德安府訓導舊志雜列天順間無年分仍編次於此
饒忠知縣
吳政主簿
盧智主簿
葉春
吳舉
嚴敬照磨
李約訓導
李晉
黃金子明子字龍田嵩縣教諭歷鄠鄠縣知縣
裴廣史目
施瓚字元六典寶教授
秦琮
熊正
樊睿白饒忠下十四人邵邑舊

成化元年乙酉科

三年加中額五名

十年甲午科

十八年

二十二年丙午科

宏治元年戊申

王綸河間府督馬通判有傳

金良佐字菊菴廣西桂林府推官祠鄉賢

王子成進士通志漏載

志均列樊綜前而未紀時代故仍編於此
姚志亨查舊志補遺類添載
樊綜字公冕
汪洪經歷
廖元植四川敘州通判
周勝舉字九霄
董志義字汝宜訓導均成化時貢無年分
魯廣訓導
錢忠字艮臣拔貢考選第一授推官
雷譽邵邑志均列周勝之前而未紀時代

五年壬子科

六年癸丑科江俊榜

王子成 廣東瓊州府知府附父鑰傳

方琛 泉子知縣

王天與 榜名禎後更名天與有傳

樊立 字金山江西永新縣知縣

姚鳳書 舊志載宏治時貢無年分

夏瓚 訓導

張誠

李友諒 元翰林鵬翔裔孫任江西瑞州府上高縣知縣

彭校 縣丞

黃璣 開封知府累遷布政司參政見子表傳

咸寧縣志　人物卷六　選舉表　十三

十四年辛酉科

徐馨 知縣通志漏載

錢珊 鶴汀歷四川崇甯縣廣東增城縣知縣有傳

韓淦 縣丞

章顯 主簿

陳春 號配仁拔貢廣東文昌縣知縣

余瓛 經歷

潘冕 甯縣訓導

徐泰 同知

朱禋 訓導

余璪 訓導

余玠

正德元年丙寅

五年庚午科

十一年丙子科

十四年己卯科

余珂 良佐姪四川瀘州直隸州知州

黃表 璣子進士

王廷傑 北闈進士

周嘉慶 進士

唐峴宗 字鍾麟悳安府訓導

自夏瓚下十五人部邑舊志均列嘉靖間貢以前仍照編於此

陳瑛 山東泗水教諭舊志註正德時未載年分

錢珂 號煙竹拔貢山東陽谷縣知縣

方悅 知縣

孫秀

咸寧縣志　人物卷六　選舉表　十四

十五年庚辰科 取中張治等三百五十人會試南京未及更試至明年嘉靖登極始舉之故舊志列黃表於辛巳

十六年辛巳 補行庚辰殿試

周嘉慶 未殿試卒

黃表 主事有傳

王廷傑 號雙洲舊志列入補遺時代舛誤

錢玠 號肅齋有傳

余玘

王廷俊 號鍾南副貢

錢塘 一川知縣調南城兵馬司

余瑚 縣丞

施璜 號槐軒知州

自錢珂下十人舊志雜列嘉靖間未載年分故編次於此

嘉靖元年壬午 始有恩貢選貢亦始此

三年

四年

五年

七年 張璁疏言鄉試照兩京例命京官為主考從之

十一年

十三年甲午科

姚亨 員外郎有傳

王天吉 桐城工部郎中

廖亨睿 字與志

吳福 拔貢

姚亨 號谷山

周亨 字鷗渚

鎮璵 順天宛平縣丞

王廷錄 副榜安陸府教授

十六年丁酉科

何楚鍾 號洪崖陝西平涼府推官調靜甯州知州

余讓 四川瀘州直隸州知州

劉東璧 字南山選衢州府教授母老不就有傳

十八年

王廷恩

十九年庚子科

吳鏜 字在川亞元復姓周四川南江縣知縣

余大經

二十年

施鏞

唐毓 詳子時舉傳

二十一年

徐鐸 號月山

二十二年癸卯

程沂 解元

張霖

二十三年

二十五年丙午科

唐時舉 亞元

唐誥 知縣

二十六年丁未科

唐時舉 大理評有傳

二十七年

黃金璣 字子深陽訓導附兄表傳府志作知州

二十九年

余席 訓導

三十一年

余惠 由經歷累陞江西南昌知府

三十三年

王廷祿 疑與廷錄一人

三十五年

張仁綱

三十七年

車軒 安陸府教授門生北布政周汝登撰墓志

三十九年

周仁

四十年辛酉科

王煥

四十一年

傅皋 蘄武顯水教諭

四十三年

王廷平 訓導

四十五年

鄭一鵬 訓導

余體乾 以貢任雲南澂江府清軍府歷授澂江知府
樊孟芳 字松岑知縣
萬里
魯一隆 德清縣知縣
周瀌 副貢
右五人舊志載嘉靖時貢無年分編次於此
李玉山 號大川歲貢

李繼旺 號晴峯恩貢
右二人據今採報註嘉靖時貢無年分編置於此

隆慶元年丁卯			
二年戊辰科	程沂 戶部主事有傳		
四年庚午科		顧問	

顧春陽 浙江教授以子問貴封刑科給事中
余吉鳴
黃子楷 恩貢縣丞
余吉士
劉止 號艮所

五年辛未科	王煥 府志作渙工部員外郎有傳 顧問 布政使有傳	劉止 北闈	
萬歷元年癸酉			
二年			
四年丙子科		趙邦柱 亞元	
六年			
七年己卯科		趙邦梅 字泰和江西宜黃縣知縣	
八年			
十年壬午科		孟養浩 第五名	
十一年癸未科 李廷機榜	孟養浩 戶部侍郎有傳		
十二年			

熊美才 字子元歷崇仁黃岡教諭按通志才與傳皋下三人顧春陽下五人均列萬歷年間錄存備考
余鰲 一作鼇
王維塏 拔貢兩中副榜官教諭有傳
何良相
程棫

楊瓚 拔貢沛縣教諭歷承天府教授祀鄉賢
錢東顏 字悟軒推官
王維堦 字崇宇拔貢德安府教諭
韓仕明
王維城 字振宇
陳炳

十四年			自炳至王維垣二十二人通志列天啟年間
十五年			陳淑
十六年			劉以任
十七年己酉科	趙邦柱 通政司右參議 有傳		徐琳 字璐吾 元旋中副
十八年			鄭崇儒 字聘菴 號外存
十九年辛卯科		廖學易 有傳	劉之垓 副貢
二十年		劉一標 字錦珪	趙邦楫 字大衡
二十二年甲午科		陰朝陽 字復吾 夷陵州學正	何所尚 字太原 由拔貢任廣東右城縣知縣
二十四年			余希文
二十五年丁酉 部各省鄉試正副考官用京官同考用甲科不倦充數則以教職補之			
二十六年			

二十八年庚子科		趙嗣芳 邦楫子 解元進士	吳簡 字敬齋 光化縣教諭
三十年		余蛟 字潮中 兩中會試明通榜 由四川瀘州直隷州同廣東濂州府知府	周之麒 通志作之麟 字洪野 由西平遂縣縣丞
			黃鉉 學正
三十一年癸卯科		王維叓 知縣 有傳	
		王珍錫 字大丹 北京戶部主事 通志載 判按王氏家乘 官至總漕	
三十二年			闕正觀 字參兩 號春宇 歷四川江南教諭 陞舒城縣知縣
三十三年			唐廷英 字南谷
三十四年			周之黃 字時我 蘄水縣教諭
三十六年			周之龍 字太野 浙江金華府通判
三十七年己酉科		陳所聞 第三名 四川閬中縣知縣	

三十八年是科無館選
四十年壬子科
四十二年
四十四年丙辰科
四十六年戊午科是秋中九十五名
四十八年

趙嗣芳川南憲副有傳

余家昇字景隆黄岡縣教諭通志作應昇
孟應乾第七名有傳

顧九德問子字彰字南
直安慶府通判
阮憲字諫臣蘄水縣教諭
劉擯字命吾南直虹縣長教陞六合縣知縣
孫世輔字中台
王維昌字襄明教諭
王維培字心內煥子考授州倅未仕卒
王南川照舊志補遺錄
廖黄石副貢
劉曜南歲貢
王維坊副貢
王燦號斗垣禮部儒官
王維坤號志元拔貢
劉瞻南東壁子按劉譜

泰昌元年庚申
天啟元年辛酉科
二年
四年甲子科
六年
崇禎元年戊辰

李玉有傳

錄
程鵠號孔堂宜昌府教授照舊志補遺錄自王南川下八人均萬歷時貢而無年分彙編於此
陳元勳字泰常莊浪同知通志註天順時貢
郭翹中
朱賁字吉白金谿縣訓導
鄭廷柱字衡石
施滄字蒼嶼四川達州訓導陞石泉縣知縣朱鄭施三人通志均列崇正間
趙九疇字洪圖副榜
汪帝錫舊志列天崇間未詳年分
李而昌字弼明恩貢吳

三年

五年

六年癸酉科

七年

八年

郭翹中字貞吉有傳通志無

堡縣知縣府志候作季

劉漸字大進副榜

王龍錫字葵發

王欽錫字九賓江陵縣訓導

何京字時當

曹明燮字蘭生拔貢

王明錫字成光拔貢

九年

十年詔會試二三場兼用五經榜後試騎射

十一年

十三年

十五年增中額十名賜特用出身二百六十三名

十七年

周學紘字音八周氏譜

余耀祖舊志補遺載明

白文朋元初攸縣訓導

阮鳴鸞字泰纓

趙嗣蕙字擷茹

陳奇勳字正之道州學正

王禹錫字耐廉拔貢長山縣丞歸輯康熙乙巳志

游文聚竟陵縣教諭

載永樂甲午舉人乙未進士歷任鎮洋崑山等縣舊志列入補遺而通志府志均無之姑錄存攷

庚午舉人而未詳時代附列於此

舊志補遺載崇禎間貢

闕暹字陽全副貢

王維垣副貢教諭右二人舊志綴崇禎末無年分

胡櫛拔貢舊志載

熊宗逵字執儀西安府醴泉縣訓導

廖學禮歲貢

姚民觀號望谷拔貢蘄水縣訓導

姚民親號肖谷羅田教諭右二人照舊志補遺錄

伍常字愛川歲貢選黃岡教諭未任卒

劉了宦歲貢

劉荷塘拔貢

朱朝斌歲貢選教職陞南康府建昌知縣

自胡櫛下九人俱前明貢未詳時代彙附俟考

國朝

進士

舉人

五貢

順治元年甲申

二年

三年 湖南未盡臣服定中額六十五名

四年

五年戊子科 直省始行選拔

六年

八年辛卯科

九年 殿試滿漢分榜詔督學停差御史用內翰林院

十年

十一年甲午科 減中額九名詔督學停差翰林用僉事

舉人：

鄭邦相

五貢：

朱世昌 恩貢當陽縣教諭朱譜係崇陽

張鵬程 廣東長甯知縣

余象賢 潛江縣訓導

張檄。 副榜山東濟南府知府康熙乙巳志協修

余日君 拔貢廣東埠羅縣知縣

沈建昌 昌侯襄陽府教

王晉錫 康侯慈利教諭

陳璧。 長瑜吳堡知縣

劉德健 府恩貢號毅公四川成都府推官

十二年

十四年

十五年戊戌會試

滿漢合榜

十七年庚子科

十八年會試加中額十五名

康熙元年壬寅

年 詔併歲科三年一考罷八股以論策取士停歲貢

進士：

鄭邦相 有傳滁州直隸州

鄭之誥 有傳侍講

舉人：

鄭之誥

五貢：

劉曜 川華恩貢

王命爵 琥在中歲貢常德府教諭

李旭白 東若臨湘教諭

潘標 錦生安仁縣訓導陞直隸東安縣知縣

涂之俊 拔未會考卒以趙拱乾補著有半畝居近集

趙拱乾 拔貢慈利教諭

趙拱範

唐范英。 號耳璜恩貢

闞畢 甯生詳孝友

錢有年 蔡英臨湘訓導

朱永治 據朱譜歲貢羅

七年　詔復以八股取士
八年
十年
十一年壬子　副榜

余希聖　貢例未復舊志註八年貢存疑俟考
廖宰　號鉉子孝感縣教諭
闞日融　號叔夏
朱仲輝　照舊志補遺錄

田教諭按治歿康熙十年則貢當在前而五年至十年貢例已停存疑俟考

始作貢生
十四年　停本省鄉試
十六年　詔減學額
十八年　詔開鴻詞博學科
二十年辛酉　詔復

王命旦　二人俱無年分
錢象儼
劉繼世
郭民瞻　龍陽縣教諭
涂式金　三人俱無年分照舊志
胡鳴鴞
李贊中　序錄
劉文子　拔貢考選州同

學額
二十一年壬戌科

候選直隸州照劉譜錄
朱伯升　照舊志補遺錄
胡登第　府志作悌
唐世臯
彭師沅
夏尚忠　府志作志
廬溪縣教諭
楊扶日
王延璞
徐紹裔

二十六年丁卯科
二十七年
二十九年庚午　定武鄉試照文場事例

王居仁
孟醇　睪山

汪孚
王綬　右胡登第至此九人俱無年分仍照舊志次序編錄
王命清　爾梅
吳宏源　三人均

三十一年
三十二年癸酉
三十四年

胡賓明 無年分仍照舊
唐世第 志編錄
黃龍圖 侯選教諭
陳年 拔貢復姓吳按年選拔同門錄註
闞縉 選荊門州訓導
劉繩東
周鼎鉉
郭壯尊
魏占實

咸甯縣志 人物卷六 選舉表 二十九

三十八年己卯
三十九年
四十年辛巳
四十一年壬午

劉瑜
陳銓
黃裝

右四人俱無年分照舊志編錄
陳奇元
孫瑛
闞縱 恩貢穀城教諭
康熙二十六年訂府志
胡巍 三人照舊志錄
杜一親

四十四年乙酉科 加中額十五名
四十五年丙戌科
黃裝
四十七年戊子
四十八年己丑

石有珩 號上玉拔貢
鄭藻 號秋水子誰
二人無年分
闞綱
劉觀世 按劉譜錄
朱性惟 照舊志補遺錄
魏錫周
胡壽齡

咸甯縣志 人物卷六 選舉表 三十

五十二年癸巳科

孫掄元

余鴻漸 歷任羅田房縣訓導
鄭皞 號遠皋恩貢黃陂教諭著有觀風訓士文
沈瑞
鄭之紱 號端甫
劉家謨
袁眉壽
右魏錫周下八人照舊志錄俱無年分

雍正元年癸卯 大省加中科額三十名

二年甲辰科 湖南北分闈湖北中五十名

四年丙午科 詔五經副榜准作舉人

七年己酉

劉南仲 補遺均載康熙

劉南田 時貢無年分

羅廷彥 恩貢教諭

葉方蔥 歲貢由通判任貴州威甯府知府著有翠山房詩集行世

胡詔 恩貢石首教諭未赴任卒

章華庠 姬儒房縣訓導

鄭國 新都

陳國寶

鄭邦祿

錢存仁 右四人俱無年分照舊志編錄

胡其鑾 拔貢有傳

石師孔 絕軒拔貢已選州判養親不仕

八年庚戌

乾隆元年丙辰 召試鴻博

二年丁巳 補試鴻場

六年辛酉

七年

九年

章華校 姬儒

石之泮 號謙庵

胡鳳喈 照舊志補遺載 右二人雍正時貢俱無年分附錄於此

張廷基

嚴之極

石有斌 號雅林

郭之煜 舊志補煜作煜

右三人俱無年分照舊志編錄

羅光含 拔貢直隸州通判

漆文方 蘭谷

邵永源 百泉

賈必翔 千仞

劉廷彥 恩貢

鄭廓 右三人無年分照舊志錄

十五年庚午
十七年壬申科
十八年癸酉
十九年甲戌
二十一年丙子
二十四年
二十五年庚辰
二十六年辛巳
二十八年
三十五年庚寅
三十六年辛卯
三十七年壬辰

張宗崑有傳

葉體仁四川敘州知府
劉煜
張宗崑解元
葉道治寄江夏籍雲南黑井鹽提舉
楊繼熊
陳兆虎學領
胡章

劉翼漢派雨天門訓導
張成瑞劑珍
樊正儒彬雅
鄭元音恩貢
胡其嶽恩貢
周瓖玉儕訓導
毛宏鑑旦評
萬世擴
徐榛鍾山
葉道明江西九江同知
右四人無年分照舊志錄
陳師維入監報滿教諭
樊正仕登庸
鄭宏儒魯一
張廷珍一作鈐均州教

四十二年丁酉
四十四年己亥
四十五年庚子
四十六年
四十七年
四十九年甲辰
五十一年
五十二年丁未
五十三年戊申
五十四年己酉
五十五年庚戌

王之魂應齋
徐士健亞元
陳樹本
伍柱
石光宇有傳
王俊兩泉

甘煌
右二人無年分照舊志錄
周孔祥均州訓導陞陝西紫陽縣知縣未赴任卒
章國年三松
黃宗佳副榜直隸州判
陳昇階平
胡傑卓亭
鄭方旦長樂縣訓導
黃元驁恩貢應山教諭
劉翼升教諭
石世符號雲章府貢利川縣訓導
方紹昇恩貢有傳
王成勿文竹拔貢當陽教諭
劉世元恩貢有傳

五十七年壬子

張廷基有傳

鄭方昇歲貢選授麻城縣訓導

五十九年甲寅

胡　鏜恩賜

孫燦文訓導

胡文健有傳

余國寶孝感縣學襄陽府學訓導

王肇成柳川副榜選授枝江縣教諭

鄭　極通志註恩貢

朱　儀

六十年乙卯

胡　鏜恩賜檢討加賞緞二疋

曹　基安溪經魁

楊大燦瑞岩江陵教諭

張克猷集圖

徐　守會屏

吳萬清健夫訓導

胡嘉會府貢

黃　鏜清雅照補遺錄

右六人舊志均註乾隆時貢無年分彙載於此

按乾隆六十年恩貢七拔貢二副貢二府貢二歲貢三十五總計僅四十八人此外遺漏不少舊志補遺載貢十五人未註時代彙錄於左以備參考

余及泉歲貢

余　豪歲貢

萬宰中拔貢興安知縣

王梅岩歲貢

施　鏜歲貢任知縣

施溥清貢任知縣

施粱清歲貢

施　鎬號孟一歲貢

施　鈿號槐岐歲貢

徐喬山歲貢

徐授屏歲貢

徐充實歲貢

徐興榮歲貢誥封八品

黃師善初完湘潭教諭

黃師文號純亦副貢

吳基密恩貢

王魯芹

黃元鰲恩賜副榜

葉守仁恩賜副榜

余　譜恩貢

周之楨拔貢

嘉慶元年丙辰

三年戊午

四年

六年辛酉

七年			周廷光 歲貢麻城訓導
九年甲子	艾鳴鳳 恩賜國子監學正	艾鳴鳳 恩賜	周奕梧 歲貢 朱 健 歲貢蘄水訓導 周大贇 歲貢
十一年丙寅			吳功成
十二年戊辰科		明 泮 半水 劉成勳 樹棠加銜中書著壘莊山館文稿	劉高點 魯堂有傳 胡之升
十五年庚午		余尚瓊 贈玖著抱璞堂文集	沈次奎
十六年			朱光瑾 歲貢鄖西訓導 劉 松 拔貢有傳
十八年癸酉		周逢瑛 恩賜	蔡發仁 勿庵著有勿庵文稿四書集講 葛東泰 恩賜副榜 廖希燦 恩賜副榜
二十年			陳朝海
二十一年			鄭承虔 選松滋縣訓導副榜更名鴻
二十三年戊寅		劉成詩 興谷	孫達旨 名鴻

二十四年己卯科		周 禮 官六	任安陸黃州府訓導南漳孝感漢陽雲夢教諭協修金石存佚考著龍正文集 周志奇 恩賜副榜 王 本 道源 余志道 恩貢
道光元年辛巳		嚴世培 植桂經魁 余學性 復堂宜城教諭 王本善 初名本廣濟教 胡宗政 有傳 余 縉 有傳	蔡宗五 恩貢旋卒附補
二年壬午科　學憲楊懌曾以咸文盛額隘奏加學額三名永爲例		余 璟 有傳 張光乙 極鑒選宜恩教諭未任卒 雷一鳴 更名以誠 王正宇 方六 周昌奇 有傳 劉名馨 一山	周振先 恩貢飛泉 嚴昌遜 敏旃歲貢著殘字碑後語 鄭成偉 桐莊副榜
三年癸未	雷以誠 有傳		孫顯猷 麘山訓導
五年乙酉		周滙淙	聶文炳 拔貢 孫宗蕖 樾園

六年	劉成詩 山西即用知縣著有墨莊山館文稿		陳宗岳 五高選京山教未赴任卒
七年			吳功顯
八年戊子科		樊滄沅 竹農選竹山教諭未赴任卒	張應三 更名應樞副榜
			唐之際
九年己丑	周滙淙 有傳		程世仁
十一年辛卯		樊滄潤 更名瑺號玉農有傳	張應樞 北闈副榜
			江春三 恩賜副榜
十二年壬辰		余懷堂 寄陝西籍	胡之驊 副榜
		余振宗 寄江夏籍	萬贇 玉儀恩貢教諭
			蔡發韜 雲門
十四年甲午			張應春 雨初副榜有傳
			聶文炳 虎臣北闈副榜歷任山西長子河津臨縣靜樂孟縣定陽岳陽甯鄉知縣
十五年乙未		劉建侯 樹屏寄襄陽籍安陸府學教授	余丕基 恩貢
			余泰茂 有傳
十七年丁酉		張仁法 寄陝西籍	楊鳴鳳 柴庭拔貢
十八年戊戌	余懷堂 階門歷任授山		劉寅

十九年己亥科	天鎮平陸知縣	陸登林 彝臣石首教諭	余崧 恩賜副榜
		張應樞 有傳	
二十年庚子			劉名鈞 副榜
			呂國琨 副榜有傳
二十一年			曾昌宇 廬谷
			劉名柏 府貢
二十三年癸卯		呂國玫 有傳	洪輝藻 副榜有傳
		涂鳳友 竹巖當陽教諭	周振本 少芝來鳳訓導
二十四年甲辰		陳國正 恩溪天門教諭遷圻州學正前修丙寅志	有傳
		孫煥奎 聚堂鶴峯州南漳縣教諭	張應愔 介農直隸州判丙寅志協修丙子鴻先縣丞銜子慎先丙寅志校閱
		劉名英 偉臣河南虞城舞陽知縣	鄭啟溱 新洲恩貢
			曹浚源 著望益山房稿
		呂國瑄 有傳	
二十六年丙午		董復湘 更名世昌有傳	盧瀚 公安訓導
二十七年			
二十九年己酉		董復汧 更名壽昌著有九一子詩文集	雷衡 原名煥號蓮峯拔貢候補直隸州知州

三十年庚戌
咸豐元年辛亥
二年壬子

劉名馨有傳
張仁法嶽州府知府

黃元善寄鍾祥籍
周曜東聰生歷任陝西城固富縣知縣邠州直隸州官績府

郭之銘恩貢教諭
李大賓
樊希棠芾林副榜山東曹州府知府有傳
張煥廷恩復姓余教諭
夏錫圭
劉杰恩賜副榜
章開第鄖門府貢訓導
雷彬士

三年
五年
六年
八年戊午補乙卯科

劉名鈞竹坡保舉知縣任棗陽縣教諭
劉立照小坡國子監學正學錄
劉立藻采汀枝江教諭
劉立銑劝臣均州訓導歷浙江武康縣知縣

黃河清訓導
劉炳元
胡先燦

九年己未
十一年辛酉
同治元年壬戌補辛酉科

黃元善戶部主事歷員外郎中御史記名道

樊希渠雅農刑部郎中
鍾家彥
葉啟淦蘆泉竹山教諭
陳宗岱海青署公安應城宜都教諭訓導

童文樞副榜號星帆著有寶靈堂詩集行世
鄭承芬恩貢
張成霈監于
劉金吾恩賜副榜
石鏡明晴江拔貢訓導
蔡文偉俊卿副榜
劉炳燮恩貢
李世經拜庚恩貢

二年癸亥
三年甲子
四年乙丑
六年丁卯

鍾家彥國子監學正

王之驥金門教諭
章列侯蘭室訓導著有憩園存稿見修今志
曹浚源恩賜舉人
樊鳳起丹池
余益杞午峯國史館謄錄沔陽州學正見修今志

黃世英
錢光奎少白更號又白訓導見修今志
余益椿壽亭副元
葉啟甲乙亭恩貢教諭著養正錄
陳楚翹少海府貢
方鏡明南湖候選訓導號德門
余逢吉府貢

年	進士	舉人	貢生
九年庚午			余光炳副榜 黃　源優貢涉縣知縣
十年辛未			余國藻號潔庵 楊瑞源葆白
十二年癸酉		陳文鼎蔚卿考取覺羅教習 王汝霖笏農署當陽教諭實授鄖西教諭	雷動優貢 董策豐拔貢更名呉勳教諭 毛鴻儀羽卿恩貢教諭 余作賓恩賜副貢
十三年甲戌	鍾家彥雋丞翰林院編修國史館協修		胡　杰春圃
光緒元年乙亥		吳鳳瑑釆舟鄖縣訓導 楊瑞源葆白 李宗滙禹門恩賜	陳興本培之恩貢選貢鄖訓導未任卒 洪際清璧田訓導
二年丙子	李宗滙恩賜檢討加賞緞二疋	晏安瀾海臣寄陝西籍	董時俊伯和恩貢
三年丁丑	晏安瀾戶部主事		
五年			劉培基韻田
八年			胡登壽雲門恩貢

年	進士	舉人	貢生
			呂安詵覺之 胡春燦敬亭府貢著有柏山房詩集
九年			陳清揚抑之號嫓如
十年			葉國霖雨香號少乙

論曰古者取士由鄉里自選舉變而科目雖聖如孔孟舍是末由進身然考試亦選舉遺意也咸自文簡三冠多士談科第者率豔稱之降而元明掄元奪魁者趾踵相接久矣名耀泥金勳銘竹帛矣方今

朝廷重道崇儒化隆作育鄉會考外試鴻博求經學舉孝廉方正咸沐殊恩道光初增廣學額蓋異數也夫上之待士者厚則士之自待不得或輕必也崇正道勵實行敦品力學菑畬夫經訓泛覽夫子史百家根柢槃深爲國家有用之材匪徒規規於文字間以求合有司繩尺則科第以人重人不以科第重與國家期待之意適相稱也不然上以實求下以名應幸而獲選游躐通華誇鄉里則有餘矣奚足爲倜儻非常之士願學者潛心聖賢居易俟命達則行其所學騰實蜚聲不達亦不失爲經明行修之士功名不來學問在我又何必以科第爲軒輊也哉壬午續志補

仕籍列傳

唐

○李善字次孫後漢會稽太守高陽侯徙江夏遂爲江
夏李氏其後元哲徙廣陵生善復徙居鄂州之永安
即今咸甯縣唐名永安鎮方雅清勁淹貫古今雅擅文辭人號爲
書簏顯慶中累補太子內率府錄事參軍崇賢館直
學士兼沛王侍讀時重昭明文選受其解於隋祕書
學士江都曹憲爲文選注六十卷表上之賜絹一百
二十匹詔藏於祕閣除潞王府記室參軍轉祕書郎
乾封中出爲經城令坐與賀蘭敏之周密配流姚州

會赦還寓居汴鄭間以教授爲業弟子多自遠而至
又撰漢書辨惑三十卷上元初年卒

李邕字泰和善子讀書鍾臺山中早有盛名同時崔
融蘇味道李嶠楊炯諸人皆以文翰顯邕歷加評論
既冠謁特進李嶠願一見祕書嶠曰祕閣萬卷豈時
日能習耶邕固請授以直祕書未幾辭去嶠驚詰問
與篇隱帙了辨如響嶠與張廷珪並薦之拜左拾遺
太常博士李處直議章巨源謚曰昭邕再駁之御史
中丞宋璟奏侍臣張昌宗兄弟言不順請付法后不
應邕進曰璟言事關社稷非爲身謀望可其奏后色
解始允之咸謂邕曰子名位尚卑若不稱旨禍且不
測何遽次如是邕曰不顛不狂其名不彰後術士鄭
普思以妖妄爲中宗所信授祕書監邕復抗疏指斥
詞甚切直邕始以與張柬之善貶富州司戶元宗初
又貶崖州舍城丞旋召還授戶部郎中爲姚崇所嫉
貶括州司馬起陳州刺史邕高文典册尤長碑頌雖
貶職遐遯而中朝衣冠及天下都會名山川寺觀多
齎金帛往求其文饋遺不下鉅萬然性好施拯孤卹
窮亦振手輒盡元宗東封回邕謁見於汴獻詞賦稱
旨頗自矜衒爲張說所惡邕素輕說適爲仇告誣贓

說主其事抵罪許昌布衣孔彰上書救之妻溫氏亦
投匭陳情得減死貶欽州遵化尉流璋嶺南後從楊
思勖討賊嶺南有功轉括淄滑三州刺史上計京師
儒紳慕其才望京洛聚觀以爲古人或傳眉目有異
衣冠望風尋訪中使臨問索爲文章天寶初遷汲郡
北海太守過濟南同杜甫宴歷下亭及從孫員外名
之芳新亭唱和相得在北海甫往來投贈尤多時稱
李北海又號翰林六絶以文章書翰過人杜甫所謂
碑版照四裔是也性磊落豪侈不拘細行而好藏否
人物李林甫忌之會天寶五年柳勣有罪下獄邕嘗

遺績馬吉溫使引邕陰賂林甫甫匿傳以罪詔刑廕
之㴱希奭就郡杖殺之年七十餘初盧藏用謂邕曰
君才如干將莫邪難與爭鋒但虞缺折耳邕不能戒
故及所遺文集七十卷韓公行狀洪州放生池碑批
韋巨源諡議文士推重狄仁傑及張柬之等六君詠
尤奇偉豪氣激發麓山寺碑撰文與書並工人稱二
絕自邕知名長安死天寶初四十年可謂獨步矣代
宗朝贈祕書少監祀鄉賢

李　鄘字建侯邕從孫起居舍人暄之子也性純孝母
黃氏羸老病久數年牀褥涕唾腥穢朝夕躬親曲事

服勤至死孝聞天下肅宗旌之顏其室曰蓼莪初舉
進士以書判高等授祕書正字爲李懷光所辟遷監
察御史懷光叛陷賊中因紿懷光以兄在洛病革母
欲往訣懷光戒其妻無從鄘竟遣俱行懷光詰之謝
曰鄘隸軍籍不得奉母駕奈何不使婦往耶時故相
高郢亦在賊庭遂陰相結密奏賊虛實及攻取勢事
泄懷光囚之懷光敗入爲吏部員外郎徐州張建封
卒兵亂拜鄘宣慰使持節抵其軍召將士諭陳禍福
釋監軍使使復位凶黨不敢犯遷吏部郎中順宗
時轉刑部尚書兼御史大夫諸道鹽鐵轉運使憲宗

五年出爲淮南節度政嚴事理府庫充積及王師征
淮夷鄆寇李師道表裏相援鄘發楚壽等州兵一萬
餘分壓賊境日費不煩有司時帝以兵興國用不足
命鹽鐵副使陳異馳驛江淮諭諸道輸貨助軍鄘籍
府庫留一歲儲餘盡納於朝諸道效之故王師無乏
吐突承璀監淮南軍引爲相徵拜門下侍郎同平章
事鄘恥由宦倖進鬱鬱不自聊及祖帳樂作泣數行
下曰嗟乎宰相豈吾所長哉緩行底京師引疾不領
政事以太子少傅致仕卒諡曰簡祀鄉賢子杙仕歷
宗正卿京兆尹鳳翔節度使以祕書監卒（唐書杙作拭）

李　磎字景望杙之子博學多通文章秀絕大中十三
年進士累遷戶部郎中分司東都內使郝景全不法
磎劾之黃巢陷洛磎挾尚書八印走河陽時留守劉
允章爲賊脅遣人就磎索印拒不與允章悟亦不臣
賊襄王之亂高騈受僞命磎苦諫不納入爲中書舍
人翰林學士解職歸華陰乾甯二年進禮部尚書同
中書門下平章事宰臣崔昭緯素嫉磎諷劉崇魯掠
其麻哭之言磎懷姦不可相翼日下遷太子少傅昭
宗素器磎決意用之李茂貞等深詆其非帝不獲已
又罷爲太子少師於是茂貞及王行瑜韓建擁兵闕

若干卷誤刊爲若一十卷

下列傒罪殺之都亭驛行瑜誅詔復官爵贈司徒謚
曰文傒自在臺省聚書至多手不釋卷世號李書樓
所著文章及詁解書傳之闕疑一百餘卷經亂悉亡
子沇字東濟有俊才事親以至孝稱亦遇害贈禮部
員外郎（唐書藝文志李傒制集四卷表疏一卷佚李沇詩若一十卷全唐詩存六首府志沇作沈）

宋

○馮京字當世居咸甯相山下少儁邁不羣宋仁宗皇
祐元年鄉舉禮部廷試皆爲舉首時年十八姿容秀
美學問該洽嘗與祖無擇學士同舍無擇欲議徐氏
婚徐必欲相其人祖親寢因諭媒妁俟京出給徐曰

此祖學士也徐見而喜遂定婚不知其爲京也時張
堯佐以京未娶負宮掖勢欲娶以女擁至其家束以
金帶曰此上意也頃之宮中持酒殽來出奩具示之
京笑不視力辭後富弼娶以女再娶晏殊女人有言
曰兩娶宰相女三魁天下元先是京秋試於鄉主司
堅欲黜落已而綴之榜末時鄂倅高（一作南宮）誠監試
當折封大不平力主之遂至魁選明年廷試第一除
荆南倅誠遷長沙倅京以詩賀誠（載藝文）還直集賢院
判吏部南曹同修起居注吳充以論溫成皇后追冊
事出知高郵京疏充言是不當黜劉沆請并斥京仁

宗曰京何罪但解其記注旋復之試知制誥避婦父
富弼當國嫌拜龍圖閣待制知揚州改江甯府以翰
林侍讀學士召還糾察刑獄爲翰林學士知開封府
數月不詣丞相府韓琦語弼以京爲傲弼使往見京
曰公爲宰相從官不妄造請乃以爲公重非傲也出
安撫陝西請城古渭通西羌唃氏界木征官以斷夏
人右臂除端明殿學士知太原府神宗立復爲翰林
學士改御史中丞王安石爲政京論其更張失當累
數千百言安石指爲邪說請黜之帝以爲可用擢樞
密副使河東麟府豐三州城械不治官吏皆受譴京

以先率本道上章自劾優詔不聽進參知政事數與
王安石論辨極言保甲養馬不可行又薦劉攽蘇軾
掌外制會選人鄭俠上書言時政薦京可相呂惠卿
譖京與俠通罷知亳州未幾以資政殿學士出知渭
州茂州夷叛徙知成都府番部何丹方寇鷄粽關
京兵至請降議者欲蕩其巢窟京請於朝爲禁侵掠
給稼器餉糧食使歸夷人喜受盟願世爲漢藩惠卿
告安石罪發其私書有曰勿令齊年知齊年謂京也
與安石齊年生帝以安石爲欺復召知樞密院以疾
未至帝中夕呼左右語曰適夢馮京入朝甚慰人意

乃賜京詔有渴想儀型不忘夢寐之語及入見首以所夢告焉頃之以觀文殿學士知河陽哲宗即位拜保寧軍節度使知大名府改彰德范祖禹言京再執政爲安石惠卿所傾中立不倚爲先帝稱且昭陵學士獨京存若付以樞密必允公論時京已老乃以爲中太一宮使兼侍講改宣徽南院使拜太子少師致仕紹聖元年薨年七十四帝臨奠贈司徒謚文簡始京鄉薦受恩高宮誠造貴以郊恩官其子嘗過外兄朱适出侍妾詢知爲同年進士妻亟請而嫁之其爲郡守諸縣公事至即歷究之苟與縣牘合而虛斷麗

守法者呼法吏決罪不以付獄報下捷疾一無羈滯人服其敏所著文集奏議三十卷宋朝進士自鄉試至廷試皆第一者纔三人王曾宋庠爲名宰相京爲名執政可謂不愧科名矣　崇祀鄉賢後另建三元祠專祀後又改三元祠爲文忠祠與孟忠定公合祀　子名稱字耀廷爲南城書院院長

陳求道字得之康民子叔祖名倬字思立有腴田五千畝兄田止一千畝倬愛其兄之賢願同業或曰以五千腴田就其寡不亦愚乎倬曰人生飽食煖衣之外何以多田爲其後兄子康民登進士第官至大中大夫是爲求道之父求道在宋元符間爲鄂州通判有兄弟爭田持卷簿訐訟求道大書勸戒之詩傳誦至今靖康間爲朝請大夫都水監使者金人犯汴大括民間金帛賄和求道力以爲不可不聽欽宗謂康王兵衆求道請以元帥加之緩急可爲聲援遂還蠟書齎者八人皆遇害惟求道所薦劉定致書康王而還金人擅立張邦昌下令京官不赴者死衆懼莫敢枝梧求道獨涕泣曰國亡不能存主辱不能死忍北面事賊乎遂稱疾吐血累日邦昌以開封尹召之竟不能屈嘗以二帝蒙塵爲恥欲自殺救得免高宗即位

陳留河決四十日漕運不通京師大恐留守宗澤命求道治之七日河盡復故道父老懽忭詣府請顯用建炎四年命爲鄧襄隨郢鎮撫使以奏兵食不給待命不報遂歸嘗挈家就食嘉魚值亂乃之蒲圻寓龍堂寺招撫劉忠反數千人掩至驛求道家還嘉魚茗山逆旅具麪食擁逼求道家之湖湘求道正色厲辭逐殺求道妻蔡氏及二子符侄必欲從己求道罵不已賊斫其口拔舌斷之獨符子凱一作顗竄山谷免賊退始得求道尸瘞於蒲之興坡自求道罷官四川賊日熾居民廬舍殘燬無遺追思求道保障之功哭聲

震野曰陳得之若在身使賊寇至此求道嘗著仁說曰仁者天下之公理私欲害之公理亡矣求道之死殺身存仁於戲難矣　崇祀鄉賢後裔居九都湾湖及十都之陳其玉

王　暐字日華宋樞密副使襄敏公韶之子也宋末賊兵犯境衆心危懼暐乃集少壯數千爲結柵以保一邑民賴以安

元

李鵬翔字時起元進士至正初累官至翰林學士世居梓山之下文章德業爲時稱重以疾終於官葬本里黃菝橋墓額尚存　崇祀鄉賢

選舉列傳

明

李　灝廣之子也廣從明太祖平定豫章授江西行中書省參議嘗招袁州路官軍委任宣武劉忠征進有功洪武二年告歸灝字德清洪武十年選貢南京刑部主事伍志載十三年貢

葛　素通志作郭素字叔繪身長八尺音如洪鐘洪武十四年貢授工科給事中丁毋憂服闋赴京時楚府侵斧頭湖爲鳧鴈池校尉橫甚民有觸者立見笞掠素計縛其用事者十人欲與詣闕王恐遣使請和還所侵湖於民咸民至今賴之

方　嵩字中山金城鄉人受學於元解元胡可仕遂春秋之學中明洪武庚午科鄉試第三名舉人任松江上海成都石泉教諭升邵武府學教授丙戌主考浙江得楊復甲午主考江西得陳循皆置第一人服其藻鑑秩滿改江津教諭益以師道自重嚴立教條學優德厚爲時所稱年七十致政以子洙貴封監察御史墓在金山後　崇祀鄉賢

鮑　琮字禮夫本縣三都人弱冠與同里方嵩受學於元解元胡可仕明三傳之旨中明洪武庚午科第八

名舉人任台州瑞州吉安等府教授古心古貌以身率人少師楊文貞公稱其夙夜盡心奬率訓誘故學者知自勵賓興得人多門下士而顯宦尤眾耄年羣弟子留居吉之安福以子時貴贈員外子孫今爲安福人

陳　智字孟機治書經中永樂乙酉科鄉試丙戌登進士歸省成祖賜勅諭褒勉及寶楮爲程途費乘驛歸戊子召赴京授北京道監察御史出按八閩郡有書生張姓者擬辟繫獄獄成智詳審矜疑温言詢之生曰父在家有資產與富隣王姓爲婚約父逝家匱

妻父欲背盟而妻執義遣婢期某夜某處贈金帛爲婚禮以告同舍楊生楊止之再三不果往是夜不知何人將妻婢俱殺之妻父疑而執訟於官某不勝考掠遂成罪智嘆曰生既與妻有親愛情詎忍殺乎殺人者吾得之矣乃擒楊至責曰爾殺友妻而圖其財不招何待楊色變卽伏辜及巡按蘇松修范文正公祠追復義田時文正公參知政事誥忠宣拜相誥皆爲勢力者所得悉追還其子孫在蘇松發姦擿伏有如神明敭歷陝西憲使數年召赴闕奉檄之四川採石青石綠踰年得四萬九千九百餘斤洪熙元年入覲夏官奏以馬給朝廷官照例歲納一駒智時官陝臬上章謂官爲國牧民而令爲戶部孳馬失禮下體非新政所宜仁宗嘉納之宣宗卽位入覲例授本身誥命乃抗疏請封父是秋父卒奔喪歸廬墓三年起陝臬前後十六年節操爲天下憲長第一宣德五年升江西右布政使在任六年庶事雲舉豪猾屏息永豐張子艮亂止戮首惡餘黨悉宥正統元年春陞左布政六月召赴闕陞行在都察院右都御史智性剛急有御史訊囚失實竟笞之四年廷試進士掌讀試卷賜內醞官羊寶鈔二百錠六年誥封祖式銘父原

貞俱資政大夫都察院右都御史祖母張氏母彭氏妻鄧氏繼室嚴氏俱封夫人正統十一年卒行實詳吏部尚書泰和王公所撰神道碑文崇祀鄉賢

秦榮祖字顯宗治書經中永樂乙酉鄉試丙戌登進士第太宗賜勅褒勉及腳力寶鈔俾歸積學六年欽取赴京授安慶府潛山縣知縣三載丁內艱起復調順天府固安縣知縣俱有政教卒於官通志入興國誤

馮　敏初姓劉名智安宋馮文簡公裔孫也曾祖艮卿廣西路同知祖昇之楚威順王參謀元季避紅巾亂遷江西永豐父伯湞幼孤鞠於劉氏因冒其姓洪武

中以通星歷見徵生敏好學能詩儀觀偉然才氣英
邁少從丁季恒受易永樂辛卯領江西鄉薦壬辰復
以易中教官選不就乙未成進士奉命賑饑河南措
置有法人無殍死者擢行在兵部武選主事以親老
求南京理武臣勳籍便迎養丁外艱歸服闋入都會
大舉北伐擇能臣督軍資後期者死敏當往大名給
事與期促敏廷辯詞理俱勝仁宗監國是敏言命更
期事集改北禮部儀制仁宗臨御嘗以奏牘進帝嘉
其儀表遂灑宸翰賜名敏少傅楊溥字以欽訓丁內
艱起復尚書毗陵胡公奏授員外郎得贈其親乃請

復馮姓歸籍咸甯宣德癸丑少保黃公學士王直典
禮部試敏蒞事勤屢以公平勖當事在儀制久熟悉
禮文時建議欲武人子弟就學敏曰是使知忠孝之
大道力贊當路行之又欲輯今所制禮請頒行世未
遂簡任浙江紹興府知府到郡適大旱敏曰民豈有
病於此者躬走羣祀禱焉踰月卒年四十有六以兄
子栻爲後

王　綸中成化乙酉鄉試舉人授河間督馬通判虜寇
犯邊司馬余子俊總督軍務命畿輔各推廉能官督
餉至大同闔府推綸往踰月事竣秩滿將報政郡縣
父老相率詣撫按乞留綸懇辭歸杜門不出族里貧
者推所有周之故舊之家杖屨親造年八十卒逆瑾
用事尤致其罪罰米五百石遂破其家子子成

○王天與榜名祺號一菴中宏治壬子亞元選授知縣正
德十二年冬巡撫王守仁征南贛羣賊天與以甯都
知縣率七哨兵千人自上猶縣白面峪入會橫水破
樟木坑石王黃泥坑大宮灣等巢八處擒斬大賊首
鄧崇泰王孔洪等八名賊從陳榮漢等一百三十九
名俘賊屬奪回被虜男婦二百七十五名燬賊巢房
屋一百六間獲牛馬贓物無算繼攻桶岡賊率所領

兵從鎖匙籠先登乘勝擒斬破員分背水坑等巢屯
兵板嶺防逸賊南竄賊平踏勘上猶大庾南康三縣
適均之橫水崇義里置崇義縣十三年春攻浰頭賊
破芳竹湖黃田坳等巢四處擒斬大賊首黃佐張廷
和王鑾師劉欽等十名賊從黃密等二百六十名俘
賊屬男女八十三口燬賊巢房屋禾倉二百二十二
間奪贓仗牛馬無算十四年六月宸濠反天與統八
哨兵千餘夾攻進賢門留防本門直入鐘樓下屯兵
旁攻夾擊以佐兵勢累功升袁州府同知南昌府知
府終按察司壽八十餘卒詔建坊邑北城著有文稿

三集。

。錢　珊號鶴汀宏治辛酉科舉人任四川崇甯縣知縣蒞任五年執法廉平丁艱歸止取俸銀拾捌兩補廣東增城縣琴堂兩任田不增畝屋未增椽誠古清白吏也

黄　表字一昇華除中輔臣黄子澄之後也子澄諱湜以字行江西分宜人洪武乙丑會元廷對第三累官至太常正卿文皇靖難以子澄爲誅首九宗皆赤株連蔓引分宜一縣幾遍幼子仲貞與義子文富抱其骨葬於蒲之郭家潭潛居咸之灣湖易姓去其爲田

名中直（明史名澄）生達韻韻生秩仁宗登極褒子澄之忠錄用其後秩得復姓黄授陝西苑馬寺少卿生璣字齊軒以明經任邳州同知歷開封知府累遷參政表其子也生而穎異日記千言瓊州太守王子成奇之娶以女丙子舉人辛巳進士授工部主事都下諸公喜子澄之有後且奇表才俟者屢滿世宗即位與費宏張璁等議興獻禮稱旨將大用之以父艱歸上旋馳召抵淮安卒弟金以明經授溧陽教諭生員光燦其裔也

。錢　玠號肅雍貢士任四川高縣知縣潛心理學著有性道錄。

姚　亨字嘉會號谷山嘉靖甲午舉人英敏絶倫目記寸卷家少藏書持金就書賈貸廿一史閲之賈曰史卷累積非經歲不能遍亨期三月未踰時已周學士廖道南推爲八斗才方伯胡一鶚延訓二子皆登進士亨慚青踰於藍辭去鶚德之以千金檄邑令爲築室乃以明經中鄉榜任戶部主事歷員外奉命賞邊還致政歸橐惟圖書數卷餘俸百金而已　崇祀鄉賢　子民親號望谷淹雅有父風而才名益著徵文者履滿日不給秉燭至夜分卧猶就牀褥口授之才

名大著隱居教授甥通政趙邦柱孝廉邦梅與司農孟養浩咸出其門云

唐時舉號省菴父銑明經有子三分產辭與昆季曰汝不藉此也家貧歲除無資僅穀數籮曝階下舉方負暄讀書妻令護之乃俛誦不顧穀爲羣豕食盡妻怒投其書舉徐拾之笑曰奈何爲五石稻棄我千鍾粟乎天下名義果非婦人所知也癸卯鄉試以父艱不與聞程沂撝元驚嘆曰吾爲此揣摩十五年伊乃先鞭咸獨邑能連發乎嘉靖丙午以麟經魁楚丁未會魁除會稽令爲政簡易周恤民隱獎拔寒士首得陶

望齡人服其冰鑑行取大理評左值嚴嵩獄起株連
頗濫寧多所平反未幾卒於官（陶望齡爲作墓銘）
程　沂號春野嘉靖癸卯解元隆慶戊辰進士初任江
西樂平循良有聲行取以卓異賜宴花幣授戶部主
事督餉山西卒於任子應遠太學生
王　煥號鍾白字午槐祖按察使天與事陽明先生爲
所器識以理學聞煥其長孫也公車十載中辛未甲
第承理學緒業性孝友讀書攻苦過寒士筮仕初選
江南嘉定改任江西永豐調高安籍籍有同名王奐
之頌入覲諸大老餞送有公與江流一樣之句臺使

首累薦剡因觸忌勢宦改部。管理夏鎮閘河病告檢
橐有二百金犯足疾叫苦呻吟病霍迫家人投諸河
詫爲累身物也蕭然圖書幾束花石數塊淮撫姜公
素慕風節手書聯贈趙清獻公旦夕所行必告天知
司馬温公平生所爲可對人言可謂相期古人矣公
性樸澹不治生產家居衣褐蔬食田廬屬封君一官
之遺者悉讓昆季不附勢不畏強出江陵之門避臺
省不居初爲令繩倚勢不軌如李膺擊張讓弟人望
之嚙指而退雖所理繁劇而迎刃多暇手編未輟剡
敎家錄攝生正理太上感應諸書。行世嘗辛未初第

之日詩寄封君有賴有雙親庭訓久平生溫飽豈爲
謀云云志操自矢如是惜天奪其略之速遂以病告
卒長男維城弱冠例選遊兩雍累次副榜志不輕仕
仲子坊治麟經有聲丁酉闈以房卷數滿而失寒暑
篝燈罕涉世故三男培澡髮食餼破產讀書與尊川
壽昌漢上諸名人一時旗鼓壇坫刻漢上新言武昌
○十二子王生七問諸義竟沉淪貢監禹其。孫也以明
經官山左歸續緝康熙乙巳志。
顧　問號相山隆慶辛未進士初任三原縣母憂補任
邱縣行取授刑科給事中轉戶科吏科彈劾骨鯁諫

議有聲後歷浙粵藩臬廉憲回籍權居省垣侍養封
翁春陽十數年父年九十問七十斑衣綵舞慶歡極
盡子九德安慶別駕卒於任
○孟養浩字義甫號五岑父機好義樂施歲大祲穀貴減
價以惠貧人復捐租千石煮賑有司議旌以綽楔機
辭曰吾爲義非爲名也浩性孝友早有文名萬歷壬
午秋父制閩督學金公召試之取冠一府士遂以壁
經中第五名癸未成進士授行人擢兵科給事中辛
卯改戶科右時寵妃專政國本幾搖閣臣累請冊立
則諭三王並封交章請豫教復推來歲一時言者率

重譴落籍自是廷臣不敢復諫浩典試閩省首策明
倫以諷諫事竣陞戶科左帝嚴譴李獻可毅然曰此
吾報國時也急具疏諫曰人臣即至狂悖未有敢於
侮君者陛下豈眞以其侮而罪之耶獻可甫躋禮垣
驟議鉅典一字之悞本屬無心乃遽蒙顯斥臣愚以
爲有五不可皇子爲天下根本豫教之請爲根本慮
至深皇上不惟不聽且從而咎之誰復更以此說進
是皇上坐忍皇子失學而敝帚宗社也一不可長幼
定序明旨森嚴天下臣民亦既曉然諒皇上之無他
矣然豫教册立原無兩事既可册立奈何不可豫教

今日既遲疑於豫教來歲又安能慨然於册立是皇
上欲使天下人信而先令天下人疑非所以昭示臣
民也二不可父子之恩根諸天性世豈有父而不愛
其子者愛子則凡人之言無益於其子者杜之有益
於其子者聽之豫教之舉有益皇子甚明而皇上怒
之罪之愛耶非耶非所以敦一體之恩而示曲成之
義也三不可古者引裾折檻之事中主能容之陛下
量侔天地奈何言及宗社大計反震怒而摧折之天
下後世謂陛下爲何如主不可者四李獻可等所論
非一二言官之私實天下臣民之公言也今加罪獻

可是所罪者一人而實失天下人之心不可者五疏
上神宗震怒拔劍立閣中敕內監廷杖一百杖十輒
報報輒劍斫閣柱深寸許浩大呼高皇帝者三遂昏
絕不復省甦而後蘇削籍爲民然東宮自是得册立
矣比歸過采石舟將覆榜人恐且泣浩笑曰高皇不
死吾於杖甯死吾於水乎卧味石介渡淮詩抵家杜
門謝客日與仲季觴咏著景行編見志尤好形家言
問山尋壑不怠士大夫高其名乘傳過咸者競欲得
一見之浩亟引避去家居三十年庚申光宗立起南
少常晉南僉都御史提督操江甫視事遼左失守浩

切晉京根本之慮日簡車蒐卒厲器繕堞不浹旬壁
壘皆變熹宗即位陞南戶部右侍郎未任卒上以浩
有功國本破例廕子應祥入監遣官祭葬墓在茅壇
畈中墓前翁仲見存裔孫住墓旁堂上猶懸讜論回
天額應祥端樸靜默不脩人世機械有懷葛風妻父
司空李若愚稱爲一佛出世孫遵聖學聖俱庠生
崇祀鄉賢後與馮文簡公合祠
○趙邦柱字安甫號觀一年十九以尙書中萬歷己卯鄉
試二名己丑成進士授戶部主事監崇文門稅課九

門鹽法蘭州賞邊秋毫不入私橐改吏部以母病告
歸未至母逝父鶴繼卒哀毀踰禮時閣部不協大學
士張以事憾吏部諸曹郎陽爲處分陰排異已調南
曹十餘年宗伯葉向高深器重之改南司吏部文選
郎中冢宰曾見臺力薦於朝晉光祿寺少卿歷通政
司右參議故事諸中貴指銀臺爲外府所請乞詞訟
以百數動至破產桂痛抑之中貴大窘會上疏至殿
廷瑤環辞語桂持刺詰北寺皆竄去舊轄王密揭詆
臺省桂露章劾之士類韙焉銀臺吏胥舊有指稱劄
換等弊桂懸木牌門屏許受害者自言弊遂絕廷推

右通政未下乞差歸里卒桂丰采凝峻氣度清遠自
通籍至膴仕手不釋卷所著有南遊草。悠然齋尺牘。
納言愚得。行於世墓在九都烈馬山大宗伯郭正域
、有銘子嗣暐廪生廕光祿寺丞　祟祀鄉賢
○趙嗣芳字用韞號存孩通政邦桂從子也父邦禕以明
經高尚芳弱冠掄萬歷庚子第一人丙辰登進士將
館選僉推芳才會沈和同事敗神宗怒罷選授戶部
主事監榷滸墅辛酉典試閩中嘆曰秦文多關氣有
車鄰駟鐵之風國家而無平福也奏其首事矣遷西
安太守不就補山東登萊海防以內艱憂少日解綬

歸先是邑有西河渡孔道要津前令架木爲梁山水
卒衝潰行人病涉芳捐千金甃石爲橋邑人德之號
趙公橋焉癸酉起川南憲副始舉子喜曰吾事畢矣
胡復羈官千里爲乃謝政年六十三卒於家芳美姿
容尚廉隅思以文章名家不樂煩劇故薄官輒歸所
著有百遲齋集雜文三十卷。弟嗣蕙沖澹純粹博雅
多才文無愧元方而數奇一第以明經候銓長安齋
志以卒子拱宸等俱庠生
廖學易號淵石萬歷辛卯科第六名舉人品學清嚴有
爲有守爲諸生時畫粥篝燈母積金剖給諸子而易

讀書不輟母金不以入懷其品識如此
王維受號虛白萬歷癸卯科舉人任江西永新縣知縣
與戶部主事姪珍錫同榜爲人孤介不苟居家亦復
質直吉水鄒南臯先生重之
○孟應乾號伯陽萬歷戊午科第七名舉人年方弱冠文
近蘇韓不競逐風氣性至孝色笑如孩友諸弟怡然
同氣著二閑草僅帙詩深菴四刻。行世早卒子佐盛
增生

國朝
。鄭邦相號又僑順治辛卯舉人戊戌進士初任江西饒
州府鄱陽縣知縣爲政簡易庭無滯獄凡絲布米豆
之類悉准民零折估値輸糧民便之又詳請北運米
就本縣交兌免渡湖覆溺不測抵任省諸雜費鄱湖
積多盜邦相得盜渠令捕盜自贖盡得其主名無脫
者邑爲建得眠亭資治新書載有單騎赴任牌示有
鄱循實紀載鄱邑志陞滁州直隸州知州時地震城
圮於水募善泅者取甓而償以錢城成費減半後丁
祖母艱遂不復起著有芝署詩草。居家十餘年卒崇

祀鄉賢子之謀
鄭之謀字野謀號鑑山封君思華孫州牧公長子也貌
偉才雄智沈度遠祖父皆奇貴之幼授句讀過目成
誦十五補弟子員益奮勵通經史子集詩古文詞順
治庚子舉於鄉年二十四辛丑捷南宮名譟一時丙
午典試陝甘同使者山西閻公翼望有過其家留題
之句甲辰禮闈分房有禮闈題壁之句由檢討入史
院備侍從有詩云封事邊亭急元臣旰食勞幸襄機
密地劇願沛霖膏又云捫蝨談時務鳴珂擁乘輿流
連哀痛詔嘆息旱蝗書國是民瘼經濟蓋素裕也在

館惟馬章民同年往來唱和最多哭馬公云半生遺
稿千尋啖五載交情一寸心其相得可知時同鄉太
保余國柱秉政慕謀名屢致殷勤謀嫌其信任小人
不與通款因三旬自序以見志云池魚籠鳥非無藪
澤之思鱸鱠蓴羹輒有江湖之興遂乞假歸家居十
一年太保敗同鄉株累多謀獨全謀幼失恃依祖母
汪以生丁未戊申祖母及繼母周先後卒謀哀號慘
痛廬墓三載日食饘粥時州牧公亦解組歸謀日侍
側評論詩文講究家政親朋鄰里相酬酢幾不知其
身自館閣來也戊午州牧公敦廹北上晉階左春坊

左贊善無何丁州牧公艱歸又四年丙寅入京師嘗
陞翰林院侍讀參預機務而謀體瘠多病已無功名
之志緣　聖眷優渥不獲辭己巳四月以疾卒於京
年五十三歲崇祀鄉賢子三長藻歲貢生次皡黃陂
縣教諭次建東太學
張宗崑號異峯乾隆壬申　恩科解元生平爲文鎔經
鑄史風發泉湧而掄元之作獨以簡老高渾制勝闈
墨一出士皆欽服今猶膾炙人口甲戌成進士任廣
東普甯縣知縣僅半歲卒年三十三詩古文散佚者
多選錄數篇載入藝文

○胡　章字早立號理齋廩膳生考祥長子生而穎異長以文名乾隆庚辰舉於鄉留都門十年辛卯始成進士選貴州平越縣會裁缺調銅仁署麻哈州升清江兼署古州及施秉縣補台拱同知署平越府初抵清江隸清庠籍者僅文一武一乃建書院集子弟延師勤課親爲口講指畫并捐廉俸助膏火九年中入文庠者三十餘人武庠二十餘人清民爲立生祠於校秋闈五得解元二經魁三所蒞均新闢苗疆人不知書每到一處教養兼施民安其業士澤於文督學洪公亮吉按臨平越贈聯云合郡人民頌王尹一時禮樂繼文翁併爲序以紀其事年七十六解組歸家居十年卒著有理齋文集詩集扶雅集合鯖錄實鑑近說黔略自記諸書行世

徐士健字　下七都人中乾隆戊申恩科亞元幼嗜學寢饋經史子集爲文不染時趨以古文大家爲宗其闈卷亦未嘗尋行數墨也副與試極器重之督學時聘健襄校歸途卒於舟某縣令檢健行篋闕遺文厚賻殮飭紀送歸遂藏其稿

石光宇號荊山乾隆己酉科舉人任安徽甯國府南陵縣知縣以清愼勤爲治及卒崇祀南陵名宦

張廷基字開緒號松軒由歲貢中乾隆甲寅　恩科十六名舉人天姿高邁學力深純教人培植根柢而行文一宗清眞成就人材不可勝紀門下多登賢書成進士者

胡宗政字均典號柳門理齋公孫也嘉慶己卯鄉科舉人初任光化縣教諭以諳練老成通達政體保陞知縣歷任廣東乳源河源西甯茂名等縣化州知州牧民爲政有乃祖風全小汀學士視學粵東贈一聯云下民康濟順如流水琴公憲章穆如清風其邀賞於名公卿如此致仕歸卒年八十有六

○雷以誠榜名鳴字春霆號鶴皋一號藿郊道光辛巳舉人癸未進士由刑部主事歷員外郎中轉山東道監察御史陞禮科給事中在臺省五年奏陳夷務二次河務三次及科場積弊錢法變通甄別流品內密陳緩追賠欵一摺監追各員奉
旨放歸方旱大沛甘霖內廷有雷公雨之稱其餘各奏有大勸懲大關繫語密多留中所知僅此陞內閣侍讀學士補太常少卿轉大理授奉天府丞兼學政
文宗登極
詔求直言有舉賢任能須核名實名爲曲謹

實則固執忌妒一摺又片奏咦夷要務百端宜查懲
從前承辦未善各員以杜希冀復轉太常復
命時髮逆竄據湖北省垣奏劾督撫提鎮及水陸各情形
並保舉提督向榮旋奉
命會同河督巡查黃河渡口陞都察院左副都御史
召見二次問家事甚悉因奏州縣供億繁頗備資斧減騎
從上悅抵清江會勘南河上下千餘里擇駐四要口
並奏裁山東防兵三千以節糜費復請赴徐州高郵
寶應等處查察團練奸細至仙女廟士民道迎偵知
裏下河爲財賦之區請於泰州寶應設局開捐助餉

並練勇三千保衛東路隨陞補刑部右侍郎幫辦軍
務營萬福橋其發給勇糧軍裝器械銅鐵礮三百餘
門皆取給捐輸轉刑部左揚城賊竄瓜洲與琦善陳
金綬同革職留營効力時賊氛棘軍餉尤支絀爲狀
乃仿古抑末法奏抽商賈釐金並推廣各省照辦至
今軍賴之適東鄉及十三里汪土匪□次滋事潰
勇李三閑等聚衆數千踞□□淮均□計擒正調
赴安徽適琦善病故赴桂花莊
命馳赴桂花莊與陳金綬商辦防勦事宜兩獲全勝賞三
品頂戴補江蘇藩司仍幫辦軍務新調將軍托明阿

營西路髮逆伺懈夜襲託軍潰中路俱震誠勇三千
守東路勢難援救托先入告諉過中東兩路陳金綬
氣病死忌者嗾言官交劾故獨西戍誠勦辦軍務不
分畛域前捐釐時接濟琦善及艇師總兵周士法等
並撥解安徽巡撫福濟各餉計共十餘萬兩及由揚
州赴戍一萬五六千里卒不名一錢抵伊犁一年賞
四品頂戴補陝臬隨陞陝藩又改光祿卿至陝聞
鑾輿北狩趨詣灤河
行在召見三次面陳四事俱
嘉納回都兼署刑部右十一年夏

文宗賓天光祿司祭品奔叩
梓宮敬謹將事隨
扈回京奉
太后懿旨拏問載垣等王公大臣九卿科道會擬誠署刑
部與議奏定明正典刑同治元年以議陳孚恩遠謫
次年
京察休致舉朝驚詫周芝臺首輔慰藉謂罷官事太無
因誠先奏陝西宜早籌防並奏就近籌辦糧以補南
糧交部議准及抵保陽已聞陝西告變矣誠爲人忠
鯁質直乃心

君國筮仕四十年位登卿貳歸來依舊書生寒素雖簞瓢屢空而其意泊如惟聞時政軍務與進退人材輒引義慷慨或憤激不自持尤以奏請抽釐旋卽罷官不及兵事肅清親奏裁以蘇民困屢致書當道滉其上聞至今未果與人言及動搖窒自引咎其用心如此著大學聖經貫珠解讀經傳雜記雨香書屋詩古文制藝試帖若干卷主講河東江漢時一以敦品力學文行交修爲敎光緒庚辰重赴鹿鳴宴奉　旨賞還原銜壬午重赴

恩榮宴賞頭品頂戴少卽工書晚年筆尤秀勁見者謂不似老年人所作喜畫梅多詠梅詩

余　縉號崑圃嘉慶己未年　恩貢丁卯科副元道光辛巳　恩科舉人選竹山縣敎諭未之任卒幼不慧父母以兄謙性敏俾就學而使縉牧年十七牧於原爲牛擠墮田水衣盡濡父母扑詈之縉堅欲就讀及入塾取古人制藝一篇糊書案上成誦始滌去再易一藝凡三年出應童子試卽入邑庠旋食餼由恩貢登賢書兄謙竟未成名雷侍郎以誠製贊贈有學問無雙之目

余　璟號蔭堂由廩生中道光辛巳　恩科舉人任松

滋縣訓導敎品力學尤嚴取與道光初元例舉孝廉方正邑侯劉公芑汀夙器重璟面商璟應　詔璟曰廉則差自信顧失怙恃早未得承歡於孝實有歉方正更何敢自許也劉公曰此盛典非君莫當君儒素廕之司費耳吾能代籌也璟曰若然則傷廉殆甚愈不敢以辱公舉再三辭不就是秋中式捷報至劉公曰此眞孝廉也吾賞識豈妄哉璟課徒數十年登賢書者十遊庠食餼者數百經師人師至今推重任訓導數載歸槖蕭然仍不名一錢子四定豫庠生孫益椿副榜益葵廩生

○周昌奇號雲峯道光壬午舉人歷任直隸萍鄉獲鹿無極雄縣知縣勤以撫民而自奉最約出應公務徹車羸馬役從數人不費民間一錢一粟事卒無悞所臨均沐惠政年五十餘卒於官歸櫬蕭然子孫幾無以爲生著有鹿泉詩稿

劉名馨號一山興谷公第三子也道光壬午補諸生第一旋中鄉舉年才弱冠能文章工詩賦律已清介不爲崖岸之行邑人士以馮孟諸先達期之譽亦自負不凡也春闈十數次七膺房薦兩挑謄錄選之二十九年始成進士由刑部主事題補四川司總辦秋審

處　欽差寶源局監督歷陞員外郎中京察記名繁缺知府卒於京

○周滙淙字小滄號靜臣天姿豪邁饒才畧工詩古文詞灑灑千言立就初由廩貢援例訓導歷署黃安安陸黃岡公安雲夢所至解紛難造就人才有聲學校間時邑小試人文盛公集議請准廣額三名永爲例道光乙酉科中式己丑成進士歸班候選辛卯本省水災公條陳救濟十一事上盧厚山制軍概予施行活難民甚衆議敘六品實銜隨帶性尤孝友敦品節篤交游好義急公創設大生堂纂輯關帝全書折衷文

帝桂宮語錄呂帝書鈔及勸善大小各集三百餘卷○復精醫術應手奏效後宰浙江天台安吉二縣興利除弊勤政愛民舉留詩歌盈帙癸卯甲辰科兩充浙省同考旋以病告回籍年七十五卒著有郲城雜著杏春書屋雜著覺善堂雲卧山房時文稿詩稿○兵燹失去未梓行

張應樞原名應三號槐臣承嗣東序邑增生兆縉其本生父也幼聰穎長益奮勵以能文知名道光戊子科以優廩生中南闈副車辛卯中北闈副車己亥始登○正榜充　武英殿校錄官議敘知縣旋卒

張應春號雨初甲午科副榜候選直隸州判與應樞應愔及庠生應芳應培同懷五人並敦孝友攻苦於學同游邑孝廉余璟之門及肄業江漢山長喻公輔尤器之刋其詩文雜作入課藝邑侯劉公芑汀夙重春調署武昌禮春襄校得王家璧卷亟告劉公曰此人當著風節躋卿貳且以文鳴決不以一衿終劉以其父刑胥將乙之春爲力爭得冠軍王果中甲乙科官大理卿以直諫能文名於時子毓枬郡廩生

○呂國玟號舒齋行一道光癸卯經魁覺羅官學教習引見以知縣用聰穎過人博極羣書爲文不蹈時徑嚴

正寡言嫉惡如仇人多憚之性孝友兄弟三仲璧田季鏡如受書後學同硯席互相師友均敦實行及居京師寢食出入刻不能離璧田病沒日夕悲泣竟以積憂成疾卒於京邸年四十九著有棣華吟館文稿○戶部員外郎蘄春黃雲鵠爲之作傳辭繁未載子安華歲貢生

○呂國瑄號璧田道光庚子副榜甲辰　恩科舉人英年秀發與兄舒齋齊名天性孝友嚴毅善詩古文工書法負鼎甲望教習宗室引　見以知縣用年四十二卒於京時論惜之著有棣華吟館文稿○

○洪輝藻字冊廷號潔齋由廩生中道光癸卯科副榜候

選直隸州分州居家孝友性敏嗜學教育後進大半成名著有四書精義待梓

胡其鑾雍正己酉年拔貢任黃梅縣教諭解組後有去思碑其文曰公諱其鑾號殿颺武昌之咸甯人也生而穎異博覽羣書乾隆甲子司梅邑鐸敦名節崇齒讓不作傲岸之態亦不爲苟同之行六年俸滿乞假終養未遂厥志旋以丁艱去梅人士何能忘公哉爰伐石而系以銘銘曰天生有公豈終如斯斯匪用公亦暫羈而公且謀去况遇憂悲公去不復如何不思見石見公過而式之

方紹昇號恒齋乾隆丁未年　恩貢選授黃岡縣教諭未任卒天姿穎異五歲讀書雙行俱下諸子百家靡不淹貫生平力學端品今猶嘖嘖人口

劉世元號象樞乾隆庚戌年　恩貢謙和瀟灑胸無滯礙家乘以讀聖賢書存豪傑志贊之誠非溢美

胡文健號星門乾隆甲寅年貢著有存餘堂詩集二十四卷江左王柳村曾賓谷羣雅集潘箬舟同聲集選刊

劉高點號魯堂嘉慶丙寅年歲貢璞玉渾金不爲絢飾生平無遏言怒色家乘贊之可想見其爲人

周曜東號撫生性誠篤遇事勤敏有文名弱冠失怙事母孝由廩生中壬子鄉科考取景山官學漢教習五赴春闈不售時粵逆犯楚巡撫胡文忠公羅致儲才館勷辦軍務克復德安郡孝感縣城擢知縣戊午丁內艱服闋辦天門等處牙釐潔己奉公輿論翕然制軍官文恭公保加同知銜賞戴藍翎乙丑會試留京辦理北城團防保得缺後以同知直隸州補用戊辰銓授陝西城固知縣勤於聽斷著勸民三字便言刊給曉諭悍俗漸馴修文廟立書院築城垣治堰渠百廢俱興又捐廉倡設膏火暇則親課諸生在任七載

襄校壬戌甲子癸酉乙亥四科闈卷出門下七十餘人徐駿中解元王烈李佩銘館選捷春闈獲部曹牧令者十餘人解任祖席累數十里立長生祿位牌鐫去思碑甲戌計典卓異乙亥調富平渭北旱歉步禱月窟山溫泉等處頃刻大雨倡捐義倉穀五百石設粥廠活災黎甚衆時晉省亦大饑捐廉相助賑奉旨賞換花翎丁丑調咸甯同僚以生咸甯宰咸甯奇之課試詞訟諸務事必躬親辛巳引見賞知府銜壬午調南鄭縣毗連城固赴任日城固紳民百餘迎道左亦異事也甫三月清釐積案數百件現升授邠州

直隸州生平遇事以誠十餘年如一日所涖皆獻牌傘匾額子四長鳳藻自有傳次鳳儀優廩貢生候選訓導三鳳梧附貢生中書科中書四鳳勳本年邑試冠軍孫六人俱業儒

劉松原名濟松號韻濤嘉慶癸酉年拔貢考授正白旗官學教習歷任仙居會稽富陽等縣知縣在仙居時平越人械鬬之風息數年不決之訟年六十丁內艱回籍逾年以疾卒葬東城外燕窩葛山

佘泰芃號笠航道光乙未年歲貢候選訓導經術承先文章啟後及門士有成者多舉修丙寅志以疾不果

年逾七十卒

○周振本號少芝由歲貢任來鳳縣訓導品學純粹士林師表解組後一以詩書自娛耄猶不倦著有五經粹語培德堂文稿愛蓮書屋詩鈔

樊琨字玉農道光十一年應鄉試中試再試禮部不售乃入貲以州判分發四川俄奉母諱歸未幾父亦卒服闋請於吏部注銷原官仍以舉人試禮部又不售會湖北有鍾仁傑之亂因功以知縣用旋選授河南中牟縣知縣是歲爲道光二十三年舉行鄉試公甫至即充同考試官得士九人試畢之中牟中牟蕞邑也南多沙磧北濱大河東西又爲孔道地瘠而民貧役繁而賦重琨始至值河決已而又遇大旱水旱交至民益大困琨請於上官發帑金賑之設粥廠以食餓者日必親至以貧民生子女多不舉創立育嬰

堂全活無算又教民穿渠蓄水爲水旱備民利賴之名曰樊公渠琨治中牟凡五載及調知安陽縣牟人思之爲歌詩以獻者無慮數百篇又以琨嘗出錢五十萬助景恭書院經費刻石院中頌其德焉琨至安陽如治中牟安陽民素刁悍有紅衣而帶刀者曰刀客橫行閭里爲良民害琨名捕其尤悍者數人杖斃之餘皆易服逃去大吏以其治行上聞將擢用之以丁所生母憂去官大吏交章奏留總理軍需局序功以知府用既免喪授河南府知府方是時賊蹤徧兩河墮城殺吏無虛日琨練兵籌餉以戰以守河洛之

間特之以安
詔加鹽運使銜
賜花翎焉咸豐十一年皖賊西犯攻虎牢不克由間道襲鞏
縣琨率師禦之遇於黑石關夾河而軍賊屢以筏渡
河輒擊退之會河水驟長筏無所施賊遂宵遁是役
也非琨督衆力戰則河洛危矣琨不自居功以河水
驟長謂有神助請於
朝加河神封號云琨守河南久負時望咸謂將大用而與
大府有違言讒人又交搆之竟坐免官琨在官時奉
入豨够或勸爲子孫置田產琨曰官錢可爲私計邪

性好士幕中客常以百計資糧扉屨之供必倍於常
以故去官之日手無餘財又以家鄉兵亂不能歸仍
寓居中州終焉琨少時事親孝父之故舊悉以豊禮
款留之俾朝夕共遊讌以博父歡所娶余夫人亦賢
生五子希楠候選道希棠副貢生兵部郎中山東曹
州府知府希棣貴州候補道希材候選同知希集舉
人刑部候補郎中諸子皆材而希棣尤奇偉云
○樊希棠字樹三號芾林河南都守琨仲子幼聰穎嗜讀
尤好韻語咸豐元年辛亥
恩科中副榜三年呈號教職五年報捐郎中比年抵都籤分

工部營繕司行走奉派
田村暫安處押槓八年幫主稿兼黄檔房是時雖在官而
操舉業猶不輟再試北闈皆報罷十年洋夷啖咭唎
亂都城聞警者爭挈家出城避亂曹部爲空棠獨守
職弗去事平台司多其才節遂擢補兵部武庫司郎
中缺十一年
駕幸熱河奉派隨從
凬蹕二年試俸期滿題請實授三年四年兩次奉
諭旨交部從優議敘歷俸期滿經吏部截取引見奉
旨交部照例記名以繁缺知府用歷職兼武選司稽俸廳督

催所漢本房行走核對處總辦則例館提調六年充
丁卯科順天鄉試武闈提調官七年充戊辰科會試
武闈提調官是年六月丁本生父憂服闋十一年赴
部銷假遵吏部新章呈請分發籤掣山東蒙
恩
召對一次
陛見時
皇上問出身官階及父兄官階温語良久始謝
恩出朝十二年到省派司局問案棠悉心覈核屢雪幽滯光
緒元年置鹽運使司濱樂分司運同銜印後仍回局

問案時有殺匪一案逮繫數百人問官已上供狀委棠覆訊定讞棠反覆思維曰此冤也遂繪情上稟未獲允請適湘南陳公僞丞按察山左與棠一見如故棠乃將此案情狀縷述陳公訊之果不誣案乃結二年委辦堤壩各工金堤告竣
旨獎賞加鹽運使銜三年充北運督銷局提調棠兩與鹽政凡陋規一切及不便於商民者婉商僚友悉裁撤之更爲稟請立案甚洽輿情三年題補曹州府知府四年二月履任復札委兼理南岸工程收支諸務霜清安瀾

旨獎着以道員用五年安瀾
旨賞戴花翎六年安瀾着以道員在任遇缺題奏棠自蒞曹以來重葺頹廢書院以陪文教嬰孩困於痘疹設牛痘局爲之點種以保全之凡利於民者無不爲所有經費出自廉俸不以累人又見河工所費不貲乃潔己奉公日駐河干以督役工既堅而帑金亦節無算又於奔衝要害種柳於堤外以禦之凡費千緡皆搜括私囊不耗帑金絲忽也原官休致後以積勞成疾旅寓濟甯州卒焉中年以後詩律益細著有百衲山居行程諸稿行世

徵辟 保舉掾吏附

古者朝廷舉賢謂之徵郡國薦賢謂之辟明揚師錫陶唐開徵辟之途降而商傳岩周渭濱皆千古盛事也夫處三代以下之世必欲得三代以上之人蓋亦難矣保舉卽古之薦辟也其法不始於今日掾吏亦必由保舉而後得躋仕路是國家破格用才之道也然往往因此以得人因類附之以列於表 壬午續志補

徵辟	保舉	掾吏
明	國朝	明
劉維 洪武元年工部尚書有傳	葉存仁 河道總督有傳	周勝宗 浙江湖州府經歷
馮伯涫 文簡公後裔流寓江西永豐冒姓劉洪武間以通星歷徵見子敏傳	錢金書 耀堂 以吏員保任山東穆陵關巡檢	唐騫 直隸太平府經歷
李祥 洪武間四川右布政有傳	楊泉淦 以軍功保任安徽舒城縣知縣傳載忠義	夏貴 浙江金華縣主簿
李廣	周旭東	朱德壽 河南柘城縣典史
		廖信可 山東西涇縣二丞
		朱德豫 直隸鹽山縣主簿
		吳通 雲南楚雄府知事
		鎮珩 福甯州吏目

咸寧縣志 人物卷六 徵辟表 八十五

明洪武間江西行中書省叅議有傳
唐敬昭 以人材舉任大理寺經歷
周英 以人材舉任蘇州昆山縣知縣
周昱 以人材舉任陝西延安倉大使
陳璨 以材能舉任涿州知州有傳
國朝
陳其愫 號慈用 貢生順治二年以邊材咨任雲南建水州知州
王家相 號肖夢 庠生國初從信藩征進由同知任永昌府知府避亂遷四川
謝際清 廩生 雍正元年孝廉方正任漢陽府教授當陽縣教諭有味餘齋時文
劉靜端 庠生

以軍功保任容縣巡檢
樊希楠 候選知府保陞用道鹽運使銜
樊希棣 號萼樓 以軍功累保至貴州督糧道有傳
朱繼芝 香谷 以軍功保任安徽東流縣知縣有傳
汪祖疇 號壽田 湖南候補布理問保陞知州
雷文曜 號毓儕
由監生保候選布理問
雷鳳翥 號儀甫 由廩貢保候選直隸州知州
章列侯 號蘭室 以團練保訓導不論雙單月
梅鳳藻 號子山 由廩生以軍功保訓導
盧定箴 由庠生以軍功保從九候選
丹必達 若泉

曾立大 廣西南丹衛經歷
閔諒 東衛經歷
曹明邦 雲南經歷
上元 四川峨眉典史失姓
熊瑛 浙江布經歷
陳信 潛山稅課大使
繆瑞錫 無爲策縣稅稞大使
劉廷富 雲南長官司吏目
王本 無爲州吏目
郭鑑 徐州衛倉大使
晏子明 廣西鬱林州吏目
沈俊 四川龍橋驛二丞
黃仕旻 四川成都馬坪巡檢
羅桂芳 江西廣昌縣巡檢
楊茂 陝西平凉府經歷
胡忠 雲南曲江巡江巡檢
施廷貴 浙江溫州府知事
晏安 松江府倉大使
潘子富 江西南城五福巡檢
余宗 四川鳳節縣典史

咸寧縣志 人物卷六 徵辟表 八十六

乾隆元年孝廉方正
張元燈 庠生 嘉慶元年孝廉方正
劉莘 庠生 道光元年舉孝廉方正重遊泮水孝子劉從鳳後裔
劉大慧 庠生 咸豐元年孝廉方正傳載忠義
江意揮 號指如 庠生 同治元年孝廉方正
張永鏞 壽山 監生 同治元年孝廉方正
周曜南 蔭亭 庠生 光緒元年孝廉方正
余開第 鴻谷 庠生 由庠生選舉孝廉方正三院會考取二等候選通判
孫福田 心地 庠生 光緒元年孝廉方正候選教職
張庭輝 允圖 庠生 光緒元年孝廉方正

由監生以軍功保從九候選
吳履安 靜山 以軍功保五品藍翎江西候選府經縣丞
王光杰 由監生保候選知縣
鍾家駿 號齊夏 縣丞 由文童保從九實職
朱文輝 以糧臺功保舉同知傳載義行
朱魯松 翠岩 由附生以從戎保知縣歷任湖南平江臨湘等縣知縣加知府銜候陞同知官績附
陳春藻 瘦梅 由監生以團練保從九候選
黃晉城 保以縣丞先補賞戴藍翎
車選三 由童生舉縣丞

王敏 山東曲阜縣丞
劉玉 長蘆稅課局大使
趙英 河南新化縣典史
袁春 池州府青陽縣典史
趙興宗 吏員
嚴諒 吏員
陳成 吏員
祝珪 吏員
張潮祖 吏員
以上二十六人照伍志錄入

鄭啟猷 圃之 庠生 光緒元年孝廉方正

錢玉森 由團練議敘保舉知縣以本班先補用奉旨賞給五品封典見委辦江西廣信浙鹽局務

鍾光濤 海珊 由監生保舉分省縣主簿

黃兆榮

明

劉　維字紀之居本邑金山下從明太祖經營治定洪武元年授工部尚書妻丁氏封夫人

李　祥字從吉元進士洪武元年任中軍都督府斷事轉中書省歷尚寶司少卿復歷浙江按察使洪武六年遷陝西西安府知府丙辰歷四川右布政以病乞歸卒於家祥識度明雅威嚴壯肅上素重之親爲誥詞極加褒美墓在下好橋山麓

李　廣鵬翔子從明太祖平定豫章授江西行中書省參議與參政陶從善招袁州路官軍委任宣武劉忠

雍正止十三年廿二十七年應加乾隆字方合

征進有功洪武二年告歸卒於家墓在黃岡畈子濂字德清治書經洪武十年選貢任南京刑部主事

陳　瑑字石澗嘉靖時以材能選授文選司擢任武城中衛經歷司管糧經歷嘉靖十年敕封徵仕郎晉階大夫授山西遼州燕山衛經歷賞邊到任值歲歉領俸銀盡數助賑是夜風雨大作聞衙內有聲無雨天明視之乃錢也拾起計之恰與俸銀值相當燕民歌曰陳公廉天雨錢從築長城有功擢陞北京涿州知州丁內艱致政有詩云歷官二十四年忙燕冀乘軒過太行守俸布泉慚苟得恤民膏血視如傷北方風味多時閱南國田園大半荒解組投閒何所有一肩行李是歸囊

國朝

葉存仁字心一號墨村寄籍江夏遵營田例議職州同雍正四年受知禮部侍郎王圖炳保舉河工効力由縣歷廳陞江南淮揚道游陞浙江安徽河南廣西藩臬屢著賢聲二十七年擢刑部侍郎與侍郎阿永阿審理四川南部縣案件二十八年補河南巡撫又與侍郎阿定讞本省歸州盜案平允無寃隨授都察院左都御史兵部尚書河東河道總督並蒙

高宗純皇帝御書秉憲額賜之仁居官廿淡泊毫不苟取嘗郄某餽贐詩云月白風清夜半時扁舟相送故遲遲。感君情重還君贈。不畏人知畏己知。其自勵大率類此著有補拙詩集行世

朱繼芝號香谷五品銜賞戴藍翎署安徽東流縣三載紳民屢贈牌匾旗傘并建長生祿位牌於東流考棚

朱魯松號翠岩性樸誠弱冠遊庠鄉試屢薦不售咸豐間粤匪竄楚以從戎遞保知縣分發湖南補用旋丁生父母憂廬墓守制遵遺命設義學以教族子弟乙丑服闋摧稅岳衡等郡體恤商民備至開通河道以

濟舟楫初知平江縣聽訟公允無留牘捐助書院膏火督課殷勤歲荒祈雨平糶平民悅之在任三載口碑載道解組時父老夾道餞送三十里爆聲不絕士紳泐石銘感繼知臨湘縣僅五月查距故籍在五百里內遵例迴避以子廩生定衡英年不祿乞歸

吳希棣字尊樓行三幼隨父琨任讀書中州忼慨有大志兵亂塗梗未得回籍應試捐貲入都循例博一官徧詢於人曰今仕途所畏者何地邪咸曰無逾貴州卽以布政司庫大使指分貴州人皆危之棣至貴州適桐梓亂民鳩眾叛苗夷附之黔中大聳大吏廉知棣才檄署貴定縣知縣縣在省東北九十里乃其門戶也棣下車訓練卒伍激厲士民爲戰守計賊不敢逼每歲春耕秋穫輒以練卒防護農民故四郊多墾而三時無害久之賊勢愈熾鄰邑盡陷貴定獨完賊以不得貴定不能進窺省垣乃合長圍以困之棣晝

夜防維棱止維堞間與士卒同甘苦賊近城則出奇兵擊之大小數十戰殲賊無算賊少卻則率所部收復附近歸化定番廣順諸城大府倚棣爲重而定民戴之尤甚時已由庫大使歷升知縣知州補仁懷直隸同知

賜託哷台巴圖魯勇號　賞戴花翎

詔開缺以知府用矣然猶署貴定如故每以事至省必有數百人從之棣止之城外而從入者數十人每鼓噪於大吏之門曰無奪我好官故棣在省不以縣令冠服視事不敢言已遷官也賊畏其之遷[illegible][illegible]留之一日

棣翹頭呼刀鑷工至見棣色變問之以實告曰賊以
千金賂小人使乘間害公耳棣曰若然汝將害我乎
曰不敢然則汝執汝業不汝罪也棣出行城外突有
人剚刃與中創冠纓去半視其人官兵也執問之賊
所僞爲者從者皆撟舌棣神色自若其後賊賄通飢
卒爲内應探知棣寓城南關廟黑夜詭傳登城攻關
廟而是夜棣適在署聞警從牀上躍起傳令守陴者
毋妄動毋使賊得纔至乃奮身奪賊刃與鬭城中兵
不百人皆死戰自丙夜至戊殺賊殆盡遲明亂定棣
回署衣盡赤解之凡受七創皆深入四五寸城中訛

傳縣官傷重而死棣裹創出行通衢以靖邑人鞫所
俘賊得内應者主名自剮將以下數十人是日入署
賀勝悉誅之後白臺司且請治專戮之罪臺司嘉公
膽識然亦以其傷重不欲其久居危地乃使人代之
俾入省城養傷棣去未幾貴定竟陷於賊省垣震動
强起棣攝貴陽府知府棣力疾視事内安外攘不遑
啓處而大府又以遵義府爲賊覬覦恐爲所得檄棣
往守之未至又以遵義所屬正安州民變命往禁其
事棣單騎至正安撫定其衆亂首不可得一日按簿
呼諸吏役名見一役長鬚而豐頤似素識者乃憶初

至黔時署按察司司獄其人曾來行賕彼時即知其
人非良善也鞫之得實斬其首遂以無事已而粤賊
石達開自蜀回犯遵義與土寇相鉤連連營百餘里
棣由間道出兵乘賊不備擊走之土寇悉平
詔書褒美命以道員記名簡放會有傳習邪教者制軍勞使
棣治其獄棣以脅從者宜赦與勞意不合爭之激勞
怒疏言棣固執己見與臣牴牾吏議撤銷所記名已
而黔撫張公又疏棣性情倔强不善事上官固咎有
應得然其治此獄甚合事理督臣未免偏執且棣在
黔素得民心今處不當罪恐乖衆望於是詔復原銜

久之
奏署糧儲道時賊復據貴定龍里等城巡撫曾公檄棣
督勦復之
賜加布政使銜是時黔中亦略定矣棣在黔垂二十年與兵
事相終始所在有功其名甚著官貴定時從十餘騎
行山谷中遇賊大隊至賊見棣遽曰樊莩樓來矣則
皆走最後勦龍貴之賊望棣旗幟驚曰聞樊莩樓已
死矣得毋誑我乎棣怒馬獨出曰余在此賊皆辟易
麾衆擊之大敗之其爲賊所畏憚如此戊辰歲其父
琨卒於鄖城棣自黔奔喪扶柩歸里服闋入都由吏

部引見蒙
召對命還黔棣雖以將才顯而居官實克舉其職所至興復尚節育嬰諸堂以收養甇獨增益書院膏火興起文教興利除弊不遺徵細性廉好施與凡故舊來投者多厚遺之故歷官守令不名一錢以積勞成疾卒卒之日發篋止白金十餘兩而已年四十有八民幾罷市其喪之歸也黔之士大夫皆素服送之巷哭野祭者相望也言於官請爲立祠格不行黔人至今惜之

應例

科目者朝廷取士之正途士不得志科目懷才欲試亦驤首而登皇路科目不得而限之者也貲郎昉自漢世歷代相沿本朝踵而行之營田豫工籌餉諸例奇杰英偉者流往往奮起其間至銅章末綍榮及頭銜又國家馭富之一道也閭里亦豔稱之因連綴之以次於表志

應例壬午續志補

應例已仕

明

鎮汝恭（號素菴成化時河南鎮平典史陞署江蘇丹陽縣）

王獻箴（號鼓峯貴州安順府同知陞署府事以子煥貴贈主事）

趙鳳（臨朐縣知縣）

王爚（高村四川內江知縣）

王煉（涇陽縣知縣）

余均（祁門縣知縣）

應例候補候選

周熙（鴻臚寺序班）

孟養素（太僕寺丞）

余大川（鴻臚寺序班）

朱福（經歷）

鄭之音（候補同知）

錢舜德（月軒候選布經歷）

張西堂（儒官）

樊國亭（儒官）

應例職銜

國朝

胡克椿（參軍府傳載義行）

石徵廷（布理問）

石磬遠（布理問）

石祿珍（布理問）

黃一匯（布理問）

嚴保三（布理問）

張繼增（州同知）

吳世信（州同知）

咸寧縣志　人物卷六　應例表　二

余榮二　魚臺縣知縣
周吉　由廩貢任文州教諭
施道廣　南京吏部京府
余大吳　京府通判
余大顯　青林任鳳陽府主簿
余昇　巴縣典史
陳官橋　兗州府府尹
周宗岳　南京監部
吳上達　河南儁縣巡檢
國朝

余大詔　千戶所吏目
吳坤
顧九階
閔師孔
程應遠
右四人舊志未詳官階
錢東俊　柏岩浙江候補巡檢
國朝

廖以績　州同知
錢雲檽　星門附生州同知
劉大梅　州同知
楊綸章　州同知
熊永青　州同知
王壽嵩　州同知
何景華　州同知
張樹德　布經歷
朱鎮邦　縣丞掖經歷銜
張濟安　同縣加同知銜

張秀景　福建同安永福知縣
周大年　椿圖由廩貢任黃安訓導
呂行恕　廣西邱北縣知縣
鄭承達　步亭由照磨借補佛岡直隸廳司獄
周于楚　四川知州傳載忠義
李天錫　雲南師宗順甯等縣知縣鎮雄普甯等州知州有傳
胡道驥　由文生署直隸導身縣宜佗通判潞南詩飼鄧州等州知州功

伍暈　文山乾隆間考取供事議敘從九以縣丞候選
方利川　湖南試用縣丞州同銜
方家齊　候選縣丞
余旭臨　幼如附生候選縣同知銜
劉名杰　友石增生候選訓導
劉立恭　兩村河南候補知縣
劉立珽　小石廩貢候選訓導
江祖禧　放齋江西候補縣丞
樊汝霖　河南候補典史

石邦俊　雲南巡檢加同知銜
石光河　布理問
鄧忠芳　縣丞藍翎鹽提舉銜
周疇　由貢加捐縣丞
董文潤　州同
樊竟成　五品銜州同
劉綏祖　縣丞
胡宏英　州同
陸恒生　通判
方大貞　通判

咸寧縣志　人物卷六　應例表　三

家同知補中銜同知
李天培　簡發廣東嘉應州平遠縣署欽州補東莞知縣著有欽江紀事詩集
余鎰　兆亭選江西峽江調河南候補知州歷署淮宿永甯等縣加同知銜
胡先燁　西園任高要縣丞
余光斗　印如由增貢加同知銜補授河南寶豐縣知縣有傳

黃濤　雪荃廩貢湖南候補縣丞
黃杰　照亭候選未入流五品銜
余滙源　潤生候選縣丞
劉立璁　候選鹽太使
劉立銘　心齋候選州判
王化南　試用知縣同知銜
吳廷選　棣生廩貢候選訓導
黃斌　同知銜江西候補縣
黃鐘　廣東候補縣丞
黃天傑　候選布理問

王燁燊　同知
王燦宇　同知
王繼三　同知加府銜
朱盛才　同知
余經濟　同知
黃家鉦　附生翰林院待詔
雷祖培　瑞庭府經歷
胡兆先　翰林待詔加署正銜
程鏡新　布理問加同知銜
雷以誠　中書科中書

梅鳳儀　梅村由附貢任河南鹿邑縣丞加同知銜
朱魯柏　丹崖歷安徽歙縣潛山縣丞代理潛山縣保陞知縣加鹽提舉銜
劉立珣　星亭選授浙江海甯州分州
劉立璠　幼田選授浙江諸暨縣典史
呂鶴齡　由藩經歷補按經歷

黃金籍　考職候選從九
胡仁溥　五品銜候選未入流
胡國興　儘先選用州吏目
胡國鈞　州同銜儘先選用縣主簿
王森林　泮泉河南試用府經
呂國瑩　鏡如由附貢候選訓導議敘分發貴州府通判盧齋季弟著有棣華吟館文稿
呂國琛　達夫附貢試用訓導
黃文藻　桐笙由監考取謄錄議敘

吳寶成　同知
余兆璜　附生同知
吳煥章　州同
王東軒　布經歷
王執中　候選郎中
王秀升　同知
王階平　布經歷
王漢章　翰林院待詔
王效仁　布經歷
艾炳文　翰林院待詔

李世鎣陝西韓城知縣
黃國昌河南保豐典史保用知縣又劉昌帥保用知縣仍留河南補用
黃金策由州同改署窩灣場鹽大使
黃中藩經歷署紹興府水利同知
李世纓署湖南湘陰縣典史
錢若清號壽昌由藩經歷累任泗州天長等縣知縣

鹽知事
劉祚順山西試用巡檢
王之楨河南試用縣丞
顧少山廩貢候選訓導
聶繼烈庠生四川候補府經
黃家傑候選訓導
周匯源蘭泉實錄館議敘湖南試用縣丞
廖逢杰候選巡檢
鎮銘璜號糊臣廩貢分發試用訓

葉佑昌縣丞
陳際亨翰林院待詔
陳務滋縣丞
吳開瑨同知
朱淩瀛布經
朱魯珍庠生中書科中書
朱鎮邦按經
朱壽松州同
張燈廷同知
張輔臣州同隨帶二級

咸甯縣志　人物卷六　應例表　四

樊希春廣東某縣典史
黃耕堂宣化府懷來縣沙城巡司
周鳳藻敘州通判官繼附
宋際會由廩貢署均州襄陽漢川訓導竹溪教諭
胡玉山由附貢任宜都訓導
周國楨號由監生任廣西太平府崇善縣馱盧灣巡檢以功保加同知銜
周鳳梧轂卿由附貢補中書科中

導著有韻學存真
何運珍號聘臣廩貢試用訓導加國子監典籍銜
成璐廣東補用同知
陳玉昆貢生候補衍聖府奎文閣典籍
鄭承桂嶺齋候選縣丞
胡正鼎號建侯由監生候選縣丞
方學易由貢生候選巡檢
周鳳儀號翥卿由廩貢生分缺先

張建勳布理問
張廷勳同知
黃浚縣丞
劉時明同知
劉匯川布理問
黃新德布理問
萬佐廷縣丞
佘德超縣丞
劉綏祖縣丞
伍照晟五品銜布理問

書
吳達章選授衍聖府奎文閣典籍

候選訓導
孫蘊山候選縣丞

布理問
胡春芳五品銜
吳鳳墀布理問
黃日杰號春樵從九保五品頂戴
王寶慈州同
佘榮煜同知
廖文翰同知
廖逢源同知
王海南同知
黃鎮東同知

咸甯縣志　人物卷六　應例表　五

李天錫由俊秀分發雲南歷署師宗順甯等縣知縣鎮雄晉甯等州知州所在俱有循績

余光斗號印如由增貢加同知銜補授河南寶豐縣知縣在任四年循良有聲紳民贈匾額旗傘屏幛不一

協修丙寅志

周鳳藻號介卿少穎異負幹才善丹青兼工題詠光時研究星象地輿之學由貢生分發四川候補通判加鹽提舉銜丙子到省比隨丁制軍葆楨巡閱邊防上控制蠻夷五條深荷賞識題補雷波撫夷通判庚辰委署雅州府首邑雅安時父躍東在西咸甯任同僚

以父子首邑艷稱之甫下車懲猾蠹抑强豪勤於聽斷案無留牘士民公獻除暴安良額頌聲翕然元宵節城內不戒於火延燒數百餘家倡捐廉俸四百貫勸商民助賑以撫恤之去之日邑民祖餞道左於城東青衣橋側建德政坊現任雷波地界西藏控制之策今得驗諸實事矣

武選

國家治平二百餘年矣武偃文修而科目之設則文武並重意蓋不忘武備也咸重文教不競武功前代與武選者寥寥數人而已至本朝鄉科得儁者間亦有之曾場應試者鮮矣咸豐之初粵逆倡亂武臣用命之秋也壯士從軍疆埸効力元戎克敵竹帛銘勳其以事功晉躋通顯者視古武功爵之格奚多讓焉爰類表之以紀於篇志武選

武科

宋失考

元失考

明

陳厚艮　洪武間科中智之堂叔奉旨隨會昌伯征黎利臨行繪象存於祖祠携子志惠去後落籍浙江海甯州孫漢留咸中景泰癸酉科亞元

張公若　進士奉選儀賓

魯象賢　萬歷　科中

王命哲　崇禎丁卯科中任四川重慶府守備歴御前都僉事

武功

宋失考

元

鎮穀玉　二都人順帝二十七年以軍功授廣西柳州協鎮封奉國將軍

明

陳勝伍　洪武時廣西守禦千戶卒於任

廖文　號道昌永樂二年指揮使

萬釗　由武生隨營三定交趾有功題授都指揮

指揮使
國朝
乾隆三十三年戊子科
董定元 兵部差官
黃宗俊 揀選一等任湖北京省提塘陞都閫府兵部奏請召用
乾隆四十五年庚子科
周拱北
乾隆五十一年丙午科
黃永清

艾春芳 正統年以軍功任揚州左衛
艾伯祺 正統時以軍功任徐州參戎府
高煒俊 天啟時指揮
甘淋 字德五侍衛照舊志補遺錄無朝代
國朝
章景隆 通志作龍嘉慶元年任都閫府傳載忠義
周遇春 武生由軍功洊保千總任督標營遊府
黃金式 由備守備游陞山東奉安營參將題陞協鎮
章殿安 景隆孫由武生累保千總咸豐四年在江

黃煥章 候選衛守備
乾隆五十三年戊申科
程萬柏 任興國州富池千戶
乾隆五十七年壬子科
佘學忠 字敦夫候選衛守備
嘉慶六年辛酉科
程世清
嘉慶十五年庚午科
朱蓮仙 濟軒鄉魁任鄖陽鎮梅中營把總調安陸天門縣把總

夏紙坊陣亡傳載忠義
沈鴻賓 記名簡放提督有傳
佘福象 提督銜任陝西漢中鎮總兵有傳
鄧得勝 有傳
楊長林 提督銜有傳
胡瑞清 有傳
王光松 都司
朱慶銘 花翎記名簡放提督
江玉發 隨陝甘營軍功保舉花翎副將銜儘先補用參將

嘉慶十八年癸酉科
周述茂 由守備陞都閫
嘉慶二十一年丙子科
周俊英
鍾廷義 任宜昌鎮標中營把總
嘉慶二十三年戊寅科
萬方英 禮齋鄉魁揀選兵部差務府
嘉慶二十四年己卯科
王萬春
道光十一年辛卯科

李仲祥 有傳載忠義
方開耀 有傳載忠義
戴春華 軍功洊保衛守備加都司銜
余鉷遠 廉丞都司
余懷謙 衛千總
顧鼎鉉 北城巡城兵馬司
游道珊 花翎遊擊
張錦春 花翎都司
周保清 由行伍積功陞任安徽潁州鎮副將賞換花翎記名簡放提督

洪以芳 號聲揚
道光十二年壬辰科
黃河清 花翎都司咸豐癸亥在省殉難
道光十四年甲午科
陳際泰 都司加參將銜隨撫標出城防堵積勞病故奏請優恤蒙恩世襲雲騎尉子安善
咸豐二年壬子科
何雲奏 松亭
同治三年甲子科
劉如璧 玉田鄉魁

黃甲 花翎現任淮安都司
劉敬亭 花翎都司
呂承基 花翎都司
萬福成 花翎都司
鍾朝德 任四川把總
雷逢春 佑山藍翎任浙江衛守備
雷達先 宜昌鎮標前營把總
雷攀龍 鄖陽鎮標前營引廳
戴恒山 軍功洊保副將記名總兵賞戴花翎
楊昌森 號復霆由行伍累功保舉儘先補用守備

光緒二年乙亥科
吳應龍
光緒七年己卯科
郭相臣

加四品銜
廖極寬　五品銜賞戴藍翎辦理荊州滿營軍營旗牌
周國佩　簡放記名提督軍門錦克綽歡巴圖魯銜
萬得勝　由行伍濟保遊擊陣亡議卹贈叅將銜世襲雲騎尉
周文先　由軍功歷任陝甘石空寺堡古水井堡守備現任陝安鎮標中營遊擊
鍾光福　由行伍累保花翎遊擊銜留甘補用都司
鄭茂普　由行伍保授本省撫標先補叅將賞給烈勇巴圖魯勇號副將銜賞戴花翎
陳定武　由行伍濟保花翎遊擊
董上柏　由行伍濟保副將銜賞戴花翎以叅將儘先補用
陳鵬舉　由武童濟保花翎賞給直勇巴圖魯勇號簡放榆鎮總兵旋以提督記名回籍養傷世襲雲騎尉
段大海　由行伍濟保都司加遊擊銜賞戴花翎歷任均光營德安營守備現以督標中營都司候補
錢際春　由武生例選守備加五品銜
鎮竟成　由團練保舉外委六品銜賞戴花翎

武功

佘福象號壽亭咸豐初粤逆擾楚投軍得六品銜并賞
藍翎八年楚軍勦江皖賊戰湖口進克九江及太湖
潛山等城平安慶賊壘多座嗣以三河師潰回援宿
太九年冬攻克石牌僞城時已賞換花翎累保都司
矣十年二月楚軍征皖大破援賊十數萬燬賊壘百
餘座賊棚賊館數百處克復太湖城池保遊擊儘先
推補並賞給績勇巴圖魯名號十一年正月勦懷桐
援賊出力十二年五月勦退安慶援賊連獲大勝遂
以叅將副將保加總兵銜十三年八月追勦安慶援
賊迭勝並分兵克復桐城宿松黃梅蘄州廣濟等州
縣以總兵記名同治元年四月連日移營踏平賊壘
克復廬州府縣城池並追勦竄賊戰功卓著賞加提
督銜二年十一月補授漢中鎮總兵三年正月　覃
恩予　誥封四年春以積勞行間舊傷復發歿於幽
州軍次年二十有七
鄧得勝字捷三城內人幼不羈以貧故投充營勇長不
滿四尺驍勇敢戰先後從都統勝保漕督袁甲三吳
棠軍門李世忠張得勝陳國瑞巡撫喬松年英翰各
大帥轉戰河南山東直隸安徽平髮捻諸逆賊克復

鳳陽廬州兩府天長定遠二縣暨臨淮關剿賊圍始
及淮河南北泗靈長城中村白蓮池雉河宿遷郯城
滁州等處屢立功累保至總鎮提督軍機記名賜花
翎賞奮勇巴圖魯名號旋賞換呼敦錫封三代一品
統安徽撫標凱字左軍並帶先鋒各營前賊踞定遠
時以千總從張提督戰賊城下我兵寡統領陷賊伏
勝隻身衝鋒入重圍拔張出以無繼被擒賊奇其勇
勸降七日不屈怒縛城上高竿徧體受刃仍不屈賊
不欲死勝復釋縶錮密室守以二賊日夜伺懈殺守
賊携馘踰城遁賊聞追逐眼面腿膀又中五矛卒脫

歸獻馘賊憚之呼爲鄧矮子勝恃勇數犯賊鋒亦數
瀕於危泗靈之役左腿鎗傷戰白蓮池刀傷左手及
鼻落門牙二事平全身歸家居數年卒年四十有一

何安祥十二都人同治間從戎累功至守備時新疆既
復戍軍需餉鉅奉烏魯木齊都統恭鏜檄委催河南
山東廣東福建湖北江蘇六省協餉水陸奔馳周而
復始領有成數親護解交烏魯木齊軍次經行嘉峪
關外二萬里荒烟蔓草沙漠窮邊掘坑止渴生脯充
飢歷蒙古草地約萬里五穀不生野無人烟裹糧携
水風飡露宿寒暑星夜往返數四况瘁不辭敘功保
儘先都司花翎遊擊銜現尚轉餉上海云

胡瑞清上七都人弱冠投總督官文營於克復武昌漢
陽案內保五品軍功咸豐八年江西衢嚴鎮饒廷選
調勦廣豐縣賊保藍翎千總四月調解衢州府圍追
賊福建九年二月克徽州婺源縣保守備加都司銜
四月轉浙江隸副將蔣錫光勦池州青州諸賊保都
司十一年春福建江西等處賊下營池者數十萬清
隊甚單行抵竹塘陷賊中陰勸賊降夜携降賊三十
餘人回湖州同治三年至安徽解雉河圍晉欽差團
藩裔部院松年合保遊擊七年四月隨皖撫英翰肅

清東南保參將加副將銜七年又隨英巡撫勦賊直
東保副將加總兵銜并賞花翎同治九年告歸

沈鴻賓字雁鳴一字雁門上十三都人咸豐四年投充
塔忠武公齊布什長忠武卒隨朱鳳山軍門轉戰楚
皖豫三省疊保藍翎千總加守備銜十年充長勝營
哨官復桐城廬江無爲州同治元年攻克巢縣含山
和州三城并奪復桐城開雍家鎮裕溪口西梁山四
要隘保守備加都司銜是年四月攻取金柱關復太
平府收江甯鎮平三汊河直逼金陵保都司加遊擊
銜換花翎二年曾方伯國荃委帶長勝營四月六

軍圍攻金陵援賊猝至賓軍腹背受敵苦守營壘四
十六晝夜迭奏大捷解重圍保叅將二年以金陵一
軍疊克城隘六累保副將加總兵銜督帥時撫浙委
帶長勝副營三年六月克金陵轟開地道賓先登畿
悍賊無算奪僞璽一保提督記名簡放并賞一品封
典及勃勇巴圖魯名號五年督帥移撫鄂委統堅字
全軍同郭軍門子美迎勦天門一帶竄匪郭軍覆賓
營舊口被圍七晝夜潰圍全軍出謁督帥德安稱爲
古名將彭方伯玉麟調攻蘭溪會援賊麕至前軍失
利賊截賓軍在後未能救援督帥奏叅以副將降補

八年春劄軍李鴻章調駐麻城緝私賓認真巡緝辦
有成效因失察勇民交涉褫職光緒元年陜甘協辦
欽差張曜調營効用二年以母老假歸五年閩浙何
督璟調赴台灣飭探後山地勢番情旋帶鎮海營駐
防台城外是年三月逆匪戴萬生漏黨劉叅根滋事
句日衆至五六千人據彰化縣屬柴牛硐半天寮等
處統六營兵勇勦捕四月到地三戰皆捷五月克柴
牛硐賊退守半天寮官軍三路圍撲巢賊高踞山巔
外繞深溝環一刺竹銃樓林立勢逼銃炮莫施賊死
拒槍子礧石雨下賓伺便拔竹奮入重圍拔刀跳蕩

血薄甲裳官軍繼進遂禽逆酋餘匪盡殲因感瘴氣
重以積勞卒於軍何制軍奏准開復原官并照軍營
立功後積勞病故例賜䘏銀二百兩廕一子六品頂
戴送部引見錄用賓幼倜儻有大志微時有相其祖
墓當出武貴者賓曰何知非僕耶及貴恂雅若書生
褫職家居課人墾地藝茶草笠布衣似老農圃及臨
陣決勝謀勇不讓古元戎蓋天授也卒年四十有六
識者惜之

楊長林號羽星城內人咸豐初粵逆竄楚投充營勇得
六品銜以把總用八年欽差大臣副都統勝保奏奬

克復陸安州城賞戴藍翎又隨督辦高寶剿匪總鎮
黃擊退三河衡陽大股逆賊並海沭邳宿等處河防
有功着賞換翎加五品儘先補用十一年四月漕督
吳棠查林帶隊剿賊異常出力賞給千總同治元年
又奬四品頂戴二年隨營攻克素家疃賊圩爭先登
賊著以守備儘先選用又查明肅清海州暨邳宿南
岸攻克郯境長城宿州孫疃賊巢并沂州全境林在
事出力着以都司用五年巡撫閻奏保以游擊用并
賞給策勇巴圖魯名號七年七月山東巡撫丁奏保
勉補本班以參將儘先補用并賞加副將銜又奏保

同治四年至七年省防城防河防并勦捕捻匪案內屢次殺賊厥功甚偉以總兵記名簡放加提督銜隨委統領山東撫標黃運兩河水師兼帶長勝營事務八年報効銀三千兩造礮船隻防守黃運丁又保奏四代一品封典濟甯等處旱飢疫癘盛行林捐貲賑濟送藥茶施棺木刊刻善書民甚德之歲癸酉九月病卒時年三十有八卒前數日傳各營官囑曰余病不起矣我歿後兩月營中始有餉到恐汝等口糧不繼耳出廉銀三千五百兩分給各營覩此而平日之恩撫士卒可想矣宜其致果殺敵所向立功也後各營合建道場修齋四十九

日相向而泣曰小卒隨大人多年愛之如子宜父母報之耳餞祭之夕丁宮保追念其功親臨點主痛哭不已奏准柩迴歸里奉　旨入城時民間受賑惠者餞祭載道哭聲與爆竹聲三十里不絕嗚呼古岳家軍不是過巳子二長天銘仍居城內次天錫流寓江蘇寶應縣均業儒

續輯咸甯縣志卷之六

封廕

古王者之待其臣也亦既寵之以尊位厚之以恒祿矣而又曲體其孝養之心作詩歌以遂其意如四牡所云不遑將父母是也且揣其貽翼之情而推恩加之如周制卿大夫之子則世其官是也封廕之典意猶是耳夫人臣匔竭忠盡職亦由大義之不容已而君恩下逮俾臣之祖父被之臣之子孫又被之情文周浹若此其至則為之臣者進思退思以圖報稱宜何如矣若寵荷顯銜得邀異數以榮先人亦朝廷孝治天下錫類以及之

者也併彙載以次於編志封廕 壬午續志補

封贈	廕襲
唐	
李　邕　贈祕書少監	
李　硤　贈司徒	
李　沆　贈禮部員外郎	
宋	
馮　商　一作式以子京貴贈宣徽南院使太子少師	
馮　京　贈司徒	
明	

劉懋修　維父贈資政大夫　母范氏封夫人
劉維　妻丁氏　封夫人
教授方嵩　洙父贈文林郎廣東道監察御史　母王氏柯氏封宜人
方洙　監察御史陞授文林郎　妻熊氏管氏封孺人
教授鮑琮　時父贈奉直大夫禮部儀制司員外郎晉贈朝議大夫山西布政司參議　母氏封宜人晉贈恭人
陳南卿　智曾祖贈官與智祖同　曾祖妣徐氏封夫人
陳式銘　智祖贈資政大夫都察院右都御史　祖母吳氏張氏封夫人
陳原貞　智父贈官如其祖　母彭氏徐氏俱封夫人
陳智　都察院右都御史陞授資政大夫加贈資德大夫正治上卿　妻鄧

氏嚴氏封夫人
馮伯滔　敏父累贈至中憲大夫　母氏累贈封恭人
馮敏　知府累贈至中議大夫贊治尹　妻氏累授至恭人
唐允恭　震父贈雲南監察御史　母胡氏封孺人
唐震　監察御史陞授文林郎　妻方氏封孺人
鮑時　布政司參議勅授奉直大夫贈協正庶尹陞授朝議大夫晉贈朝
大夫贊治少尹　妻氏封宜人晉贈恭人
貢士趙邦楫　嗣芳父贈按察司副使中議大夫　母余氏封恭人
趙嗣芳　加贈中議大夫贊治尹　妻施氏封恭人
庠生王克明　天與天吉父贈朝議大夫　母柯氏封夫人

王天與　按察司加贈正議大夫資治尹　妻錢氏封贈至淑人
王錢氏　天與妻廷采母煥祖母三封宜人
王獻箴　煥父知府本封朝議大夫以子煥　母余氏封宜人
王煥　主事陞授承德郎　妻錢氏封宜人
王充　維受父贈奉直大夫　母周氏封安人
王維受　北京南城兵馬司封奉直大夫　妻陳氏封安人
教授顧春陽　問父贈刑科給事中封文林郎　母王氏封宜人
顧問　都給事中陞授文林郎　妻祝氏封宜人
程文熙　沂父贈戶部主事封承德郎　母王氏封宜人
程沂　戶部主事陞授承德郎　妻吳氏封宜人

趙魁選　邦柱祖贈通政司右參議封奉直大夫　祖母彭氏封宜人
趙鶴　邦柱父贈吏部考功司員外郎贈奉政大夫通政司右參政　母姚
氏封宜人
趙邦柱　通政司右參政加贈奉政大夫修正庶尹　妻魏氏封宜人　子嗣暐　廩生廕光祿寺丞
孟岐源　養浩曾祖贈中憲大夫　曾祖母氏封恭人
孟斗岩　養浩祖贈中憲大夫　祖母氏封恭人
孟機　養浩父贈中憲大夫　母余氏封淑人
孟養浩　陞授通議大夫加贈正議大夫資治尹　妻呂氏葛氏封恭人　子應祥　廕監生
王賓　維昌父贈文林郎　母趙氏封安人
教諭王維昌　珍錫父贈戶部主事　妻雷氏并以子珍錫兩封宜人

王珍錫 妻熊氏劉氏封宜人
姚顯學 章父贈奉直大夫 母周氏封淑人
余添祥 艮佐父贈承德郎晉奉政大夫 母夏氏封安人晉宜人
余艮佐 妻陳氏封宜人
余惟新 蛟父贈奉直大夫 母温氏封宜人
余 蛟 妻施氏封宜人
余 珂父贈奉直大夫 母 氏封宜人
余 珂 妻 氏封宜人
余大節 讓父贈奉直大夫 母 氏封宜人
余 讓 妻 氏封宜人

周 熙 之龍之騏父贈奉直大夫 母 氏封宜人
陳伯鈞 璨父贈徵仕郎 母鄭氏封孺人
陳 璨 妻方氏封孺人
吳持平 上達父貤贈登仕佐郎 母鎮氏封孺人
錢 鏞 舜德父贈宣德郎 母胡氏贈安人
錢舜德 以子珊貴贈文林郎 妻周氏封安人
錢 珊 封文林郎 妻余氏胡氏贈孺人
錢舜仁 以子玠貴贈文林郎
錢 玠 妻余氏封孺人
錢舜鳳 廩生以子珂貴贈文林郎

錢 珂 妻顧氏封孺人
錢 塘 妻 氏封孺人

國朝

陳 璧 授徵仕郎 妻鄧氏封孺人
張承濂 檄父儒士贈朝議大夫 母李氏封恭人
張 檄 授朝議大夫 妻萬氏封恭人
周 鉉 以子大年貴貤贈修職郎 妻 氏封孺人
周大年 封修職郎 妻 氏封孺人
錢象儀 以子有年貴贈儒林郎 妻 氏封孺人
錢有年 封儒林郎 妻 氏封孺人

鄭 棟 邦相祖贈奉直大夫 祖母張氏封宜人
鄭葵心 邦相父贈奉直大夫 母汪氏封宜人
鄭邦相 之誥父贈奉政大夫 妻楊氏周氏封宜人
鄭之誥 授奉政大夫 妻汪氏趙氏封宜人
葉方蒸 存仁父贈榮祿大夫 母 氏封夫人
葉存仁 道治父贈奉直大夫本封榮祿大夫
母 氏封宜人本封夫人
葉道治 贈奉直大夫 妻 氏封宜人
胡 愈 章祖贈奉政大夫 祖母徐氏封宜人
胡考祥 章父贈奉政大夫 母周氏封宜人

胡章 妻朱氏 封朝議大夫 封恭人
胡學詩 宗政父 母闕氏 贈奉直大夫 封宜人
胡宗政 妻董氏 封奉直大夫 封宜人
劉世元 松祖 妣胡氏 貤贈儒林郎 封安人
劉高點 松父 母邱氏 贈文林郎 封孺人
劉松 妻氏 封承德郎 封孺人
雷南陞 以誠曾祖 曾祖母吳氏 貤贈資政大夫 封夫人
雷萬和 以誠祖 祖母顏氏 贈資政大夫 贈夫人
雷以鑰 以誠伯父 伯母熊氏 貤贈通議大夫 贈淑人
雷會鋐 以誠父 夫母周氏 贈奉直大夫晉光祿大夫 贈宜人晉夫人

章裕泰 以父景隆蔭襲雲騎尉
劉祚嶸 以父大慧蔭襲雲騎尉歸撫標効用 見從年甘禹
萬安善 以父得勝蔭襲雲騎尉分發湖北城守營儘先補用守備

雷會銘 以誠叔父 叔母周氏 貤贈奉直大夫 封宜人
雷昭泳 以誠兄 嫂曹氏 貤贈資政大夫 封宜人
雷昭淀 以誠兄 嫂金氏 貤贈資政大夫 封夫人
雷以誠 封光祿大夫 妻陳氏封夫人 濮氏 封宜人 馮氏 封夫人
劉學韶 名馨祖 祖母氏 贈中憲大夫 封恭人
劉成勳 名馨伯父 伯母周氏 貤贈中憲大夫 封恭人
劉成詩 名馨父 母祝氏 贈中憲大夫 封恭人
劉名鈞 名馨兄 嫂孫氏 貤贈中憲大夫 封恭人
劉名杰 名馨兄 嫂周氏 貤贈中憲大夫 封恭人
劉名馨 授中憲大夫晉朝議大夫 妻楊氏 熊氏 封淑人

董時俊 恩貢生以父世昌難蔭襲雲騎尉
劉承恩 以父于堃蔭襲雲騎尉
王薇勝 以父世臣蔭襲雲騎尉

祝大年 名馨外祖 外祖母江氏 貤贈中憲大夫 封恭人
陳常泰 國正父 母萬氏 封文林郎 封孺人
陳國正 妻王氏 封文林郎 封孺人
佘聖傳 學性父 母王氏 贈文林郎 封孺人
佘學性 妻氏 封文林郎 封孺人
胡先煒 妻成氏 敕授文林郎晉授承德郎 授孺人
孫裕萬 顯猷父 母祝氏 贈修職郎 贈孺人
孫顯猷 授修職郎 妻佘氏 授孺人
孫顯忠 鴻翥父 母吳氏 贈修職郎 贈孺人
孫鴻翥 妻陳氏 授修職郎 授孺人

朱魯松 妻萬氏 授朝議大夫 封恭人
朱文輝 晉封朝議大夫 授奉政大夫以子魯松 妻潘氏 封宜人晉封恭人
朱榮安 文輝父 晉封朝議大夫 贈奉政大夫以孫魯松 妣董氏 封宜人晉封恭人
朱清遠 魯松嗣父 大夫 嗣母張氏 封文林郎晉封朝議 封孺人晉封恭人
朱文炳 以姪魯松 妻董氏 貤封文林郎 貤封孺人
周世耀 呂奇祖 妣余氏 貤贈文林郎晉贈承德郎 贈孺人晉贈安人

周命官 昌奇父 贈文林郎 晉贈承德郎 母余氏 贈孺人 晉贈安人
周昌奇 妻張氏 封中憲大夫 李氏均贈安人
伍宏綱 增生柱父 封文林郎 妻馬氏 封孺人
伍　柱 妻　氏 封文林郎 封孺人
張兆晉 增生應愭父 例贈修職郎 母姚氏 贈孺人
張兆釁 應樞父 贈文林郎 母董氏 贈孺人
張兆芹 應春父 贈修職郎 母伍氏 贈孺人
陸冠山 登林父 贈修職郎 母周氏 贈孺人
陸登林 妻　氏 封文林郎 封孺人
王顯謨 肇成父 庠生 贈文林郎 母錢氏 贈孺人

王肇成 妻　氏 封文林郎 封孺人
王艮存 成芴父 封文林郎 母　氏 封孺人
王成芴 妻　氏 封文林郎 封孺人
孫儀廷 煥奎父 贈修職郎 母張氏 贈孺人
孫煥奎 妻　氏 封文林郎 封孺人
王黃慶 本善父 封文林郎 母朱氏 封孺人
王本善 妻顧氏 封文林郎 封孺人
涂　鈞 廪生鳳友父 贈文林郎 母李氏 贈孺人
涂鳳友 妻　氏 封文林郎 封孺人
周顯俊 孔祥父 封修職郎 母羅氏 曹氏 贈封孺人

錢朝宗 若清父 贈宣德郎 母　氏 封孺人
錢若清 妻　氏 贈宣德郎 封孺人
劉名英 妻王氏 授奉政大夫 封宜人
劉名鈞 妻潘氏 授奉政大夫 封宜人
劉名籛 庠生立銑胞伯 貤贈奉政大夫 妻王氏 封宜人
劉立銑 妻陳氏 授奉政大夫 封宜人
周孟然 于堃祖 贈中憲大夫 祖母萬氏 贈安人
周長青 于堃父 贈中憲大夫 母黃氏 封安人
周于堃 妻馮氏 封中憲大夫 封安人
葉恢宇 啓淦父 贈文林郎 母陳氏 贈孺人

葉啓淦 妻藏氏 封文林郎 封孺人
王玉亭 汝霖父 贈文林郎 母葛氏 贈孺人
王汝霖 妻萬氏 封文林郎 封孺人
余光廷 益杞父 封文林郎 母李氏 贈孺人
余益杞 妻　氏 封文林郎 封孺人
鍾亮泗 監生家彥祖 貤贈奉政大夫 妻洪氏 貤贈宜人
鍾春林 庠生家彥父 敕贈承德郎 誥贈奉政大夫 妻余氏 敕封安人 誥封宜人
鍾文林 家彥胞叔 貤贈奉政大夫 妻吳氏 貤封宜人
鍾濟美 監生家彥胞叔 貤贈奉政大夫 妻洪氏 貤贈宜人

鍾光瀛 以父家駿蔭襲雲騎尉

鍾精一　監生家彥胞兄　妻毛氏　貤贈奉政大夫　貤封宜人

鍾惇五　監生家彥堂兄　妻佘氏　貤封奉政大夫　貤贈宜人

鍾家彥　敕封文林郎　敕封承德郎　誥封奉政大夫　妻陳氏　敕封孺人　敕封安人　誥封宜人

周大賓　曜東祖　贈朝議大夫　晉贈中憲大夫　妣呂氏　贈恭人　晉贈宜人

周懋高　曜東父　贈朝議大夫　晉贈中憲大夫　母盧氏　封淑人

周曜東　封中憲大夫　晉封朝議大夫　妻王氏　封恭人　晉封淑人

朱錦濤　繼芝父　母張氏　封奉直大夫　封宜人

朱煥南　繼芝兄　妻唐氏　貤封奉直大夫　貤封宜人

朱繼芝　妻　氏　封奉直大夫　封宜人

黃巨川　沅曾祖　妣　氏　贈奉直大夫　贈宜人

黃楨菴　沅祖　妣許氏　贈奉直大夫　贈宜人

黃正邦　沅父　母許氏　贈奉直大夫　贈宜人　生母馮氏

黃沅　妻　氏　封奉直大夫　封宜人

樊琨　誥授中憲大夫　妻佘氏　誥封淑人　晉封資政大夫　晉封太夫人

樊希棠　妻劉氏　誥授中議大夫　誥封淑人

樊希渠　妻劉氏　覃恩誥授朝議大夫　覃恩誥封恭人　熊氏

周雁淙　妻　氏　封奉直大夫　封宜人

授例封贈

周對嘉　以弟長青銜　妻唐氏　貤贈儒林郎　贈安人

王廷安　化南曾祖　曾祖母汪氏　祝氏　贈通奉大夫　贈恭人

王慶萬　化南祖　祖母汪氏　雷氏　贈通奉大夫　贈夫人

王步春　化南父　母王氏　蕭氏　贈通奉大夫　贈夫人

王敘堂　化南胞叔　叔母佘氏　任氏　贈通奉大夫　贈夫人

王化南　妻楊氏　盧氏　贈朝議大夫　贈恭人

王東軒　妻郭氏　戴氏　贈儒林郎　贈孺人

王繼三　妻熊氏　贈儒林郎　贈孺人

王金柱　煒然父　母夏氏　贈朝議大夫　贈恭人

王煒然　執中父　母袁氏　黃氏　贈朝議大夫　贈恭人

王執中　妻張氏　贈朝議大夫　贈恭人

袁順昌　執中外祖　妣龔氏　贈奉政大夫　贈宜人

黃守正　執中外祖　妣劉氏　贈奉政大夫　贈宜人

張誠之　執中岳父　妣佘氏　贈奉政大夫　贈宜人

王爰立　以子秀井燦宇貴　贈朝議大夫　妻吳氏　胡氏　均贈恭人

王秀升　妻陳氏　贈朝議大夫　贈恭人

王燦宇　妻朱氏　授朝議大夫　贈恭人

吳高明　寶臣祖　祖母劉氏　贈奉政大夫　贈宜人

吳祝三　寶臣父　母李氏　贈奉政大夫　贈宜人

余名魁 兆璜祖 贈奉政大夫 妣陳氏 贈恭人
余永清 兆璜父 贈奉政大夫 母諦氏 贈恭人
余兆璜 封奉政大夫 妻李氏 封恭人
吳道遠 煥章祖 贈承德郎 妣蔣氏劉氏 贈安人
吳義山 煥章父 贈承德郎 母朱氏 贈安人
熊魁一 永青父 贈儒林郎 母吳氏 贈安人
熊永青 妻朱氏 封安人
張開文 繼增父 贈奉政大夫晉朝議大夫 母雷氏 贈宜人
張繼增 濟安父 贈朝議大夫 母周氏吳氏 贈恭人
張濟安 贈朝議大夫 妻王氏 贈恭人

錢芝山 詠春祖 贈朝議大夫 妣余氏 贈淑人
錢席卿 詠春父 贈朝議大夫 母陳氏 贈淑人
錢詠春 妻余氏 封淑人
王鹿門 進修父 贈奉政大夫 母王氏 贈宜人
王秀山 進修生父 贈奉政大夫 生母鄭氏 贈宜人
王進修 贈奉政大夫 妻 氏 贈宜人
廖琢齋 俊軒祖 贈儒林郎 妣彭氏 贈安人
廖有餘 俊軒父 贈儒林郎 母余氏 贈安人
廖俊軒 贈儒林郎 妻 氏 贈安人
石士倜 以孫光河邦俊贈儒林郎以孫邦傑晉贈奉政大夫 妣李氏 贈孺人 晉安人

石觀遠 邦傑父 贈奉政大夫 母朱氏 贈安人
石光河 贈儒林郎 妻 氏 贈孺人
石邦俊 贈登仕佐郎 妻 氏 贈孺人
石邦傑 贈奉政大夫 妻 氏 贈安人
張希聖 煜廷曾祖 贈奉政大夫 妣 氏 贈宜人
張步高 煜廷祖 贈奉政大夫 妣 氏 贈宜人
張開陽 煜廷父 贈奉政大夫 母王氏 贈宜人
黃雪荃 文藻父 封儒林郎 母駱氏 封孺人
毛一名 有珠祖 贈奉政大夫 妣江氏 贈宜人

毛調菴 有珠父 贈奉政大夫 母殷氏 贈宜人
余輝廷 榮煜祖 贈奉政大夫 妣周氏 贈宜人
余成章 榮煜父 贈奉政大夫 母陳氏 贈宜人
錢牧堂 雲樵祖 贈儒林郎 妣方氏 贈安人
錢用齋 雲樵父 贈儒林郎 母葉氏 贈安人
王忠堂 炳奎祖 贈奉直大夫 妣周氏 贈宜人
王定然 炳奎父 贈奉直大夫 母周氏 贈宜人
王炳奎 封奉直大夫 妻余氏 封宜人
吳振哲 開緒祖 贈奉直大夫 妣劉氏 贈宜人
吳先華 開緒父 贈奉直大夫 母李氏 贈宜人

吳開緒　妻張氏　贈奉直大夫　贈宜人

胡宸音　兆光祖　妣熊氏　贈奉直大夫　贈宜人

胡正清　兆光父　母樊氏　贈奉直大夫　贈宜人

胡兆光　妻　氏　封奉直大夫　封宜人

余錦春　經濟祖　妣傅氏　贈奉政大夫　贈宜人

余敬修　經濟父　母孫氏　贈奉直大夫　贈宜人

馮中和　俊傑父　貤封登仕郎　母李氏生母毛氏均封孺人

董芳玉　文潤祖　妣鄧氏　贈儒林郎　贈安人

董金山　文潤父　母廖氏　贈儒林郎　贈安人

朱文哲　鎮邦父　母辜氏　貤贈修職郎　封孺人

朱長春　壽松祖　妣徐氏　貤封奉直大夫　封宜人

朱韻石　壽松父　母李氏　封奉直大夫　封宜人

朱文華　盛才生父　生母唐氏　貤封奉政大夫　封宜人

朱輔國　盛才嗣父　嗣母賈氏　封奉政大夫　封宜人

李仲彪　號蔚林道光間總藩叅軍府　授儒林郎

周鳳儀　妻王氏　封安人

周鳳梧　妻賀氏　封安人

樊一亭　監生以子竟成封奉直大夫　妻謝氏曹氏均封宜人

王以友　寶慈父　贈儒林郎　嫡母錢氏生母鄭氏均封孺人

劉翼忍　大梅祖　妣黃氏　贈儒林郎　贈安人

劉遠名　大榆父　母李氏彭氏　贈儒林郎　均贈安人

劉大慧　妻王氏　封宜人

劉祚嶸　妻黃氏　封宜人

黃紹伯　一匯祖　妣李氏　貤贈奉直大夫　貤贈宜人

黃爾立　一匯父　母劉氏　貤贈奉直大夫　貤贈宜人

黃新德　家鉦父　母鎮氏　贈修職郎　贈孺人

張致和　以子寶銘銜封朝議大夫　妻胡氏　封恭人

張寶銘　妻楊氏　封朝議大夫　封恭人

何純一　以子景華銜贈文林郎　母樊氏　贈安人

方世選　以子利川銜封奉直大夫　母王氏　封宜人

方東海　以孫家齊銜貤封奉直大夫　妣蔡氏　貤封宜人

方承第　以子家齊銜封奉直大夫　母何氏　封宜人

方姚氏　以子家齊銜贈宜人

宋丹山　以子際會銜贈奉政大夫　母白氏　贈宜人

陸錦川　以孫恆生銜貤贈朝議大夫　妣張氏　貤贈恭人

陸輔廷　以子恆生銜贈朝議大夫　母周氏　贈恭人

石以忠　聲遠祖　敕贈宣德郎　妣鄭氏　贈孺人

石希孟　聲遠父　敕贈宣德郎　晉封奉政大夫　母余氏樊氏晏氏　敕贈孺人　晉贈宜人

石聲遠　妻鄭氏　授奉政大夫　授宜人

胡廷章 克椿祖 妣張氏 贈朝議大夫 贈恭人
胡衍生 克椿父 母陳氏 贈朝議大夫 贈恭人
胡克椿 妻周氏 封朝議大夫 封恭人
李明顯 天錫祖 妣王氏 貤贈承德郎 贈孺人
李如祿 天錫父 母金氏 贈承德郎 贈孺人
李國棟 以姪天錫貴 妣鄒氏 贈儒林郎 封孺人
余旭臨 授奉政大夫 晉封朝議大夫 妻蕭氏封宜人 晉封恭人
呂勝苑 行恕父 母余氏 贈修職郎 贈孺人
汪蘭坡 祖疇父 母殷氏 封奉直大夫 封宜人
毛特立 祖疇岳父 岳母陳氏 貤贈奉直大夫 貤封宜人

余良友 國鎔祖 妣黃氏 贈奉直大夫 贈宜人
余選魁 國鎔父 母劉氏 封奉直大夫 封宜人
石懷芳 敬廷父 母王氏 贈宣德郎 贈安人
石交文 葆珍祖 妣穆氏 貤贈宣德郎 貤贈安人
石乘安 葆珍父 母張氏 封宣德郎 封安人
廖法賢 以續父 母余氏 封儒林郎 封安人
廖以續 妻甘氏 封安人
吳勝爵 世信父 母唐氏 封奉直大夫 封宜人
錢兆平 金書父 母方氏 贈登仕佐郎 贈孺人
黃文華 天佑祖 妣王氏 貤贈奉直大夫 貤贈宜人

黃運恩 天佑父 贈奉直大夫 晉贈朝議大夫 母萬氏 贈宜人 晉贈恭人
黃天佑 授奉直大夫 晉贈朝議大夫 旋以孫全盛補山東泰安營叅將 晉封武顯將軍 妻陳氏 贈宜人 晉恭人 復晉夫人
嚴麟書 保三父 母王氏 贈宣德郎 贈安人
嚴保三 妻王氏 封安人
楊時中 綸章祖 妣任氏 貤贈儒林郎 贈安人
楊茂林 綸章父 母劉氏 贈儒林郎 贈安人
余錦春 經濟祖 母傅氏 貤贈奉政大夫 贈宜人
余敬修 經濟父 母孫氏 贈奉政大夫 封宜人

余國鎔 以子銓銜封奉直大夫 母樊氏呂氏均封宜人
徐安萬 賓選祖 妣謝氏 封奉政大夫 封宜人
徐楚瑞 賓選父 母丹氏 封奉政大夫 封宜人
徐錫昇 以子明世銜封奉政大夫 母嚴氏 封宜氏
劉立珣 妻余氏 勅授登仕郎 封孺人
劉立瑨 妻劉氏 勅授登仕佐郎 封宜人
王文濟 周鳳藻外祖 妣賈氏 貤贈奉直大夫 貤贈宜人
周鳳藻 妻金氏 封奉直大夫 封宜人
余勝輝 光斗祖 妣胡氏 贈奉大夫 贈安人
余衡萬 光斗父 母陳氏 封奉政大夫 封安人

佘光斗　封奉直大夫　妻朱氏　封安人

錢世美　以孫玉森貴馳封奉直大夫　妻唐氏　馳封宜人

錢若儒　以子玉森貴誥贈奉直大夫　妻莊氏　誥封宜人

錢玉森　由團練議敘保舉知縣奉旨賞給五品封典

吳爾宵　逹章祖　贈文林郎　母氏　贈孺人

吳士功　逹章父　封文林郎　母氏　贈孺人

吳逹章　封文林郎　妻氏　封孺人

樊永久　以孫益明貴誥封中憲大夫覃恩馳封中議大夫以曾孫琨貴

妻楊氏　誥封太宜人　馳封太淑人　晉封太恭人

樊傳芳　以子益明貴誥封中憲大夫覃恩晉封中議大夫以孫琨貴

馳封資政大夫以曾孫希棣貴

妻張氏　誥封太恭人　晉封太淑人　馳封太夫人

樊益明　以子琨貴候選知府議敘道銜誥授朝議大夫覃恩誥封中議大夫誥封資政大夫以孫希棣貴

妻陳氏　以子琨貴誥封恭人覃恩晉封太淑人誥封太夫人以孫希棣貴　王氏以子沅貴例封孺人覃恩誥封太宜人以子琨貴　馮氏以子琨貴覃恩誥封太淑人晉封太夫人以孫希棣貴　謝氏以子瑜貴誥封太宜人

樊希楠　誥授中議大夫　妻石氏　誥封淑人

樊希棣　誥授資政大夫　妻盧氏　誥封夫人

樊希材　北河候補同知覃恩馳封朝議大夫

妻朱氏　覃恩馳封恭人　吳氏

樊明熙　五品銜山東候補鹽經歷　誥授奉直大夫

妻汪氏　誥封宜人

黃晉伯　鎮東祖　封奉政大夫　妻鄭氏　封宜人

太學生黃森山　鎮東父　封奉政大夫　妻鄭氏　封宜人

武職封贈

黃象坤　宗俊祖妣張氏李氏　封武功將軍　封夫人

黃嵐秀　宗俊父母劉氏　封武功將軍　封夫人

黃宗俊　妻阮氏　封武功將軍　封夫人

佘天佑　福象曾祖妣黃氏　封振威將軍　封夫人

佘方朝　福象祖妣方氏　封振威將軍　封夫人

佘錫仁　福象父母邱氏　封振威將軍　封夫人

佘福象　妻王氏　封振威將軍　封夫人

朱聖萬　蓮仙父母胡氏　贈武信騎尉　贈孺人

朱有功　蓮仙兄嫂夏氏　貤贈武信騎尉　貤贈孺人

周正綱　迺茂父母　氏　封雲騎尉　贈孺人

周迺茂　妻　氏　封雲騎尉　封孺人

沈朝輝　鴻賓曾祖妣陳氏　加品贈光祿大夫　贈夫人

沈德豐　鴻賓祖妣陳氏　加品贈光祿大夫　贈夫人

沈金林　鴻賓父妣段氏　加品贈光祿大夫　贈夫人

沈肇殷　鴻賓叔妣朱氏　貤封振威將軍　貤封夫人

沈來廷　鴻賓兄嫂劉氏　貤封振威將軍　貤封夫人

沈鴻賓　妻印氏　封振威將軍　封夫人

陳萬清　際泰父母李氏　贈武略騎尉　贈安人

沈大聰蔭　以父鴻賓

陳懋官　際泰兄嫂李氏　贈武略騎尉　贈安人

陳際泰　妻　氏　封武略騎尉　封安人

朱茂功　慶銘祖妣徐氏　贈武顯將軍　贈夫人

朱會友　慶銘父母邱氏　贈武顯將軍　贈夫人

鍾相周　廷義父母孫氏　贈武信騎尉　贈孺人

鍾楚王　廷義伯母胡氏　贈武信騎尉　贈孺人

楊繼禹　長林曾祖妣白氏劉氏　封振威將軍　封夫人

楊慶豐　長林祖妣朱氏　封振威將軍　封夫人

楊哲夫　長林父母葉氏　封振威將軍　封夫人

楊長林　妻吉氏　封振威將軍　封夫人

楊天銘　生員以父長林蔭

黃開昭　金式父贈武都尉晉封武顯將軍母萬氏贈恭人旋加二級晉贈夫人

黃金式　妻陳氏　封昭武都尉　封安人

余相元　鉷達父母王氏　封昭武都尉　贈宜人

余鉷達　妻黃氏　封昭武都尉　封宜人

馮成博　生員以妻姪雷逢春貴貤封武德騎尉　妻雷氏貤封宜人

雷會錕　太學生以孫逢春貴貤封都騎尉　妣陳氏貤宜人

周田官　國佩祖妣胡氏　誥封武功將軍　誥封夫人

周秉剛　國佩父母萬氏　誥封武功將軍　誥封夫人

忠義

宋史立忠義傳明史亦立忠義傳志紀忠義宜也我咸以忠義入通志者在宋有若鎮撫使陳求道明有若諸生陳瑞本朝有若都閫章景龍兵丁黄松此外無聞焉慨自咸豐以來逆賊披猖郡邑淪陷上宫紳下氓庶臨難赴死所者相隨屬也爲國家守土嬰城勿去致命遂志者得二人焉曰周于堃余守鐘投筆從戎臨陣死綏者得五人焉曰章交彪章殿安方開耀曾純青李仲祥結鄉人子弟爲團防捍衛閭里戰賊捐軀者得一人焉曰王世臣義憤激發竭力奉公以死勤事者得九人焉

曰楊淦泉董復洲劉大慧呂調元江開魁錢秀雲錢幹臣王之孚鄭破材而秀雲死尤烈其次奮勇戰死其次擄罵不屈死其次倉卒遇賊沉淵路白刃死甚至洞胸剖腹支解赴湯火死死者不下百數十人嗚呼民生不見兵革久矣猝罹喪亂慷慨捐生賊性虎狠民命草芥可慘也我

朝尊崇義烈至隆且渥

邺賞外復建昭忠祠使毅魄有歸國殤無餒死事諸人想亦欣慰九原矣援其尤者詳事蹟餘則臚列姓名比於宋明史之例云爾殉難女婦錄列女後不贅志忠義

宋

陳求道字得之登進士第建炎四年命爲襄鄧隨郢鎮撫未行寓蒲圻龍堂寺招撫劉忠叛欲奉道爲主道正色厲詞賊怒殺道妻子通道從道罵益厲賊斫其口拔舌斷之賊退得求道屍瘞於興陂宋史忠義傳餘詳本傳

明

陳瑞號五玉初補弟子員旋薄制藝謝去之放跡烟雲狂歌自廢酒酣濡毫揮翰立成數十紙憲副趙嗣芳欽慕之自東萊任所以墊賓聘瑞笑曰山鹿野麋甯就人間羈靮爲徉不顧善雅謔聞者絕倒髮指皆

裂之夫對之亦解頤崇禎間聞江水盡落乃作涸江歎以憂時乙酉賊臨瑞曰吾有從彭咸之故居而已二女孫未字晨起扁舟載之紫潭令先投水徐浩歌一絕自溺焉卓立水中數日不仆葬學堂壩乾隆四十一年

予祀忠義祠今上七都洋湖陳姓其後裔也

國朝

章景隆通志作龍六都人寄籍竹山身長六尺驍勇善射嘉慶元年教匪滋事立功襄鄖之間授都閫府後戰賊失機陣亡

黄　松兵丁陣亡見通志

周于堃號簡齋家故厚讀書志未遂由貢生循例分發四川知州上憲廉其才委署成都縣復以長甯當衝調署其篆堃赴任清奬賞拯民艱民以好官頌之賊旋逼長甯堃修城池募丁勇爲守禦計同治元年正月賊攻數次防守嚴密時出奇計擊之賊大剿退以功陞直隸州軍聲大振五月初十賊衆十餘萬合至兵少無援堃對募曰堃與城存亡耳至十六日城陷率親兵巷戰勢不敵走入署着衣冠北向再拜將自到賊猝至被執脅之不得死誘降奮罵不屈死親丁

周于佐同死妻劉氏城未破先投井死越二日大軍抵長甯賊潰接任者敖立榜覓堃忠骸而櫬殮之面如生事聞奉　旨贈道銜世襲雲騎尉世職子承恩承襲襲次完時給與恩騎尉世襲罔替嗚呼簡齋以一介書生驟膺銜缺始而敷政得民繼而整兵報捷終而取義成仁可謂烈丈夫矣

余守鍾號韻笙貴州龍里縣知縣署篆時實事求是方寇亂團練固守龍里倚爲保障同治三年十一月廿四日賊陷鄰縣貴定鍾竭力修戰守具十二月初二日逼城四面圍攻城陷猶督勇巷戰寡不敵衆練勇潰鍾退至東門開城令紳民逃避紳民亦强鍾出避賊鋒再圖收復鍾曰城亡與亡分也周走而呼曰我係龍里知縣今不能保民何面目立人世賊不必殺我民殺我可也賊云此是好官不可殺鍾見賊不殺即躍入東城內荷花池賊救出又躍入深處遂死賊云這個硬漢子可惜用棺木裝殮停池邊初五日復龍城龍民即將忠骸送省城具述顛末事聞　上諭即於龍里建立專祠春秋享祀

章文彪由武生投營授把總職戰賊陣亡事聞世襲雲騎尉

章殿安六都人景隆孫由軍功授千總咸豐四年粵賊擾鄂省帶勇禦賊紙坊陣亡

方開耀號旭昇由武生任本省督標千總咸豐壬子年禦賊陣亡

曾純青城內人由武生隨林天直戰賊沔陽雲口陣亡

李仲祥號慶麟由軍功五品授守備遇缺儘先即補在浙江金華陽溪縣禦賊陣亡

王世臣號水心邑諸生二都人性嚴毅好讀書爲文不趨時徑鄉闈屢薦未售咸豐甲寅春粵賊陷鄂省蔓延鄉村苦遭荼毒　上諭各州縣行團防法咸之團

練自水心與錢少白王玉亭錢星門始每賊警率勇禦之戰屢捷賊貿異鄉團必欲滅之以立威同安敷控其鋒益怒四月十五夜乘大雨蜂擁至水心少白兩隊當其衝力不支水心被執罵不絕口賊刺其喉猶引手作殺賊勢癸年未及三十是冬省垣克復多郡守以事聞崇祀昭忠祠世襲雲騎尉世職子敬勝承襲

楊泉淦號東皋任安徽舒城縣知縣後奉委出差江西遇賊被戕事聞　世襲雲騎尉

董復湘更名世昌號蘭生道光丙午科第七名舉人父年不永奉母以孝聞年逾五十孺慕猶摯咸豐乙卯粵賊據咸城鄂屬皆賊昌冒險晉省親見青中丞奉札回鄉陰行團練冀圖滅賊機洩被戕事聞獎雲騎尉世職崇祀昭忠祠嗣子時俊邑廩貢生

劉大慧號愚山優增生咸豐元年舉孝廉方正五年奉札團練督勇禦賊陣亡中丞胡奏請優卹　恩錫雲騎尉世職入祀昭忠祠

呂調元號善齋武生咸豐四年奉札團練捐貲助餉爵相官賞給軍功六品六年帶勇禦賊被擒殉難事聞蒙　恩旌表忠烈入祀昭忠祠

江開魁九都人軍功六品在城內團練總局辦公城破被賊戕死

錢秀雲粗知書性急剛正咸豐四年邑二都立同安社殺賊雲私出藏金募壯士社敗賊執之屈使跪大呼曰要殺就殺豈有殺賊人而跪賊者乎遂遇害奉祀昭忠祠

○錢幹臣幼讀書明大義同安社之敗賊益熾幹臣密募壯士為夜攻計事洩被擒乘間赴水死奉祀昭忠祠著有金瘡雜方藥書。監邑主事王柏心為製序

王之孚號煦樓少有文名未遇咸豐甲寅春粵賊犯咸與王世臣等立同安社起義兵勦賊被執不屈赴水死事聞奉祀昭忠祠

生員鄭啟林城內人在總局團練被賊破城戕死奉祀昭忠祠

陣亡

監生葉春生（一都人貿天門充當勇目禦賊打仗死後猶執器械）

劉日新（一都人貿天門充當勇目打仗手執烟刀殺七賊被戕死）

沈春藻（二都人同安社團勇目隨王世臣戰賊陣亡入祀昭忠祠）

錢凌光（二都人同安社團勇目隨王世臣戰賊陣亡入祀昭忠祠）

陸隆泰（二都人同安社團勇打仗陣亡入祀昭忠祠）

熊大壽二都人同安社團勇打仗陣亡入祀昭忠祠
錢若禮二都人同安社團勇打仗陣亡入祀昭忠祠
錢仙錫二都人同安社團勇戰賊被擒戕死入祀昭忠祠
黃正邦號詩臣團練督勇禦賊陣亡恩䘏葬祭
董光懷三都人積善局團勇打仗戕死　孟興譜上五都人長綏局團勇打仗身死
趙正松上五長綏局團勇打仗身死嘉魚人　謝國瑚上五長綏局團勇打仗陣亡大冶人
吳廷泰上七都仁里局團勇打仗身死　袁永銀上七都仁里局團勇打仗身死
張自雄六都保康局團勇打仗身死　熊德昌九都萬全局團勇打仗戕死
江立恒九都萬全局團勇打仗戕死　趙九皋九都萬全局團勇打仗戕死
廖昌貴九都萬全局團勇打仗身死　王緒豐十一都善善團勇打仗殺死

劉應仕十一都善善團勇打仗戕死　金位山十一都善善團勇打仗戕死
周承賢十一都善善團勇打仗戕死　晏長富十二都同德團勇打仗戕死
周志相十一都善善團勇打仗戕死　劉占一上十三都同德團勇打仗身死
馮祖平十二都人省城充官勇打仗陣亡　胡長春上十三都同德團勇打仗戕死
劉光明上十三都同德團勇打仗身死　劉遠福上十三都同德團勇打仗身死
江達興上十三都同德團勇打仗身死　余希榜上十三都同德團勇打仗身死通山人
余繼明上十三都同德團勇打仗身死　胡長金上十三都同德團勇打仗身死
王玉匡上十三都同德團打仗身死湖南人

右陣亡三十四人

殉難

吳聲遠一都城東人因賊竄咸保衛汛主賊執不屈受刃身死
監生周文燦城內人在城團練被賊戕死
文童張應嵩城內人在城團練城破被賊戕死
耆民錢首峯城內人城破罵賊被賊戕死
何廷選城內人六品軍功賊捉至官埠橋殘其肢體而亡
錢成裔城內人賊破城擄掠奮罵不屈賊怒置諸沸鑊而死
夏德蒲圻人在咸充當馬夫遞公文至紙坊遇賊戕死
黃源開三都親睦團偵探遇賊戕死　黃源達三都親睦團偵探遇賊戕死
王德祥上十一都善善團勇目被賊戕死　何榮陞城內人官差至十二都探賊遇之戕死
王玉岡善善局團勇被執戕死　袁盛敏九都萬全團勇被賊戕死

楊宏順上十三都同德團勇賊執戕死　陳文彬城內人向充偵探城破戕死
余一甲城內人西城守門被賊戕死　楊兆裕城內人善善團勇被賊戕死
伍初平城內人充當團勇被賊戕死　章宏詒城內人充當團勇被賊戕死
白一清城內人充當團勇被賊戕死　何植義城內人在局辦公城破被戕死
伍西園城內人在城團練城破被賊戕死　何升朝城內人在城團練被執戕死
吳開元城內人在城團練被賊戕死　黃辰谷八都人團練被賊戕死
周世賢上十一都善善團勇被賊戕死　余作成上十一都人罵賊被執不屈戕死
生員周炳楠十二都人在九都遇賊被害子開甲邑庠生
監生周芳春上十一都人在路遇賊被殺身死
余敦典北洪橋人被賊逼至古塘角罵賊被殺死

劉翼惠 一都人被擄不屈爲賊戕死　陸登鰲 城內人城破被賊戕死
陳正棋 崇陽縣人在城內城破戕死　譚定祥 一都人被擄不屈被賊戕死
楊超敘 西城外人被賊戕死　伍初開 城內人城破被賊戕死
王佐 城內人城破被賊戕死　畢光明 一都人在西城外被戕身死
白傳貞 城內人城破被戕身死　劉大信 城內人城破被戕身死
曾甜廷 城內人城破投水身死　楊全庶 城內人被擄不屈戕死
何廷華 城內人因賊破城投水身死　童子曾永高 城內人被賊趕促赴水身死
吳開泰 江夏縣人在城貿易被戕身死　伍初德 城內人因賊破城被戕身死
吳國彬 通山縣人在城貿易城破投水身死　伍本立 西城外人賊擄不屈戕死
鄭傳有 一都人賊擄不屈被戕身死　甘振先 湖南人在城貿易城破投水身死

晏長松 城內人城破投水身死　童子王恩保 一都人城破投水身死
楊超本 西城外人被賊逼促投水身死　童子鄭宗廊 城內人被擄不屈戕死
胡正名 城內人城破被戕身死　劉遠茂 城內人城破被戕身死
白傳烈 城內人城破被戕身死　白傳謨 城內人城破投水身死
蔡輔成 通山縣人在城貿易城破戕死　劉岐山 城內人城破被戕身死
盧允懋 一都人被賊趕殺并焚屍身　盧允思 一都人被賊趕殺身死
賈其秀 上十三都人因擄不屈戕死　王先富 一都人被賊趕殺身死
陳先勝 一都人因擄不屈被賊戕死　白傳典 城內人因賊破城被戕身死
李勝時 下七都人在本境被賊戕死　余尚珪 下七都人在本境被賊戕死
胡士紳 八都人在本境被賊戕死　胡士度 八都人在本境被賊戕死

余國有 八都人在本境被賊戕死　余尚遲 八都人在本境被賊戕死
余國彩 八都人被擄不從被賊戕死　朱明德 四都人在橫溝橋被戕身死
胡士寬 大冶縣人在橫溝橋被賊戕死　黃緒聘 八都人賊擄不屈被戕身死
楊貽超 武昌縣人在下五都遇賊戕死　梁永進 二都人在本境被賊戕死
朱明義 二都人在本境被賊戕死　熊崇發 麻城縣人在城貿易城破戕死
劉帝乾 三都人在本境遇賊被戕身死　周明遠 六都人因擄不屈投水身死
劉遠璜 三都人在下五都同父遇賊戕死　劉朝剛 三都人在下五都遇賊戕死
顧文頡 十二都人在本境被賊逼自縊身死　張大有 十二都人在本境遇賊戕死
李學忠 十二都人被擄不從戕死　雷煥明 十二都人被擄不屈戕死
黃才甚 十二都人抱病在床賊至戕斃　李六保 十二都人因擄不從被戕身死

李世發 十二都人被擄不從戕死　顧宗江 十二都人因賊逼脅投水身死
劉遠雄 十二都人賊逼不從投水身死　李世璋 十二都人被擄不從戕死
戴明友 四都人在汀泗橋遇賊戕死　袁定準 十二都人脅從不屈被賊戕死
晏長久 十二都人在古田地方遇賊戕死　唐國正 嘉魚縣人在同德團地方被賊戕死
翁啟典 九都人在本境被賊戕死　黃玉林 九都人在本境被賊戕死
余占魁 上十三都人在本境被賊戕死　樊宏三 下五都人在漢口貿易被賊戕死
陳禮芳 一都人遇賊不屈在蒲邑被害　陳宗會 城內人叛勇猝至被擄不屈罵賊殺死
唐宗耀 城內人賊變倉猝罵賊被戕身死
李廣成　李貴保　張正鵬　劉傳益
萬廷士　劉慎三　陳大順　陳道立

王錄古　王承志　徐六保　黃萬致
帥秉權　洪正昌　陳長駒　陳泰封
右十六人隨劉大慧同日殉難均呈報蒙獎入祀昭忠祠

補在縣殉難
江朝海軍功　王炳南　周尚年　余敏新
成正邦　馮兆友　程茂先　賈榮坤
馮泰康　余必清　余必奎　熊南祖
李祖佳　劉國和　晉　明
右十五人均咸豐六年在縣殉難

按湖北節義錄補歷年各省郡縣陣亡殉難諸人
都司王德順咸豐四年陣亡　把總沈鎮江五年圻水陣
把總魏德順三年十一月襄陽王家樓陣亡　把總何升同治元年陝西陣亡
外委張正敖同治三年九月廣濟陣亡　軍功楊大五年漢陽陣亡
朱宏發　陳得貴均安民營勇丁三年廣濟縣陣亡
朱孔旬　施茂元均忠字營勇丁三年廣濟縣陣亡
程金龍　王世清
洪永年　馮德觀均建威營勇丁元年安陸府陣亡
嚴志華勇丁五年天門陣亡　石升祥
吳萬祥　孫德義均崇左右營勇丁三年襄陽陣亡

李世奇護衛營勇丁　蔡安意勝勇營勇丁
易占春壯勇營勇丁均三年襄陽陣亡　周世富精捷全勝營勇丁三年棗陽陣亡
陳祺祥年字營勇丁五年陣亡　陳大貴智營勇丁八年桐城陣亡
施光忠湘中右營勇丁八年三河陣亡　杜得勝勇丁二年陝西陣亡
許得宏河南開化營勇丁四年鄧州陣亡　王永坤勇丁五年沔陽陣亡
劉長春　趙啓桂
陳啓富俱勇丁咸豐四年黃岡縣陣亡　李乾一勇丁五年天門陣亡
金殿芹四年京山陣亡　葉啓開　詹啓雲　詹鳳立
吳文林　夏青雲　劉西芝　劉日新陣亡　葉春生陣亡
以上六人咸豐四年天門殉難陣亡

夏佑德　余卜政　余卜雄　黃學場
孫緒濱　陳國福　陳國材　陳國源
黃學濱
右九人咸豐五年殉難沔陽人祀沔陽昭忠祠
汪雲階文生　王正祥　張文亮　張四保
黃四保　唐二炮　劉仁坤　張大
張明貴　劉海峯　劉坤　萬之交
秦貞祥　李鴻蓮　樊滄玉　李鳳章
黃祥壽　游樹本　游道明
右十九人均咸豐五年漢陽縣殉難

胡進信　黃老五　胡元英　舒再廣
余元福　余元壽　齊萬志　胡進有
右八人均咸豐五年天門縣殉難
張光華　余元林　郭亥保　陳家輝
郭宗瑚　上五人均咸豐四年沔陽州殉難
艾運書　李孔松　黃學易　唐凌雲
上四人咸豐五年沔陽殉難
馬天錫　余光松　張安兆　陳年發
陳惟山　王六保　劉光訓　劉孔明
王宗尚　謝祖福　陳國貴　鎮運順

廖以時　王光宗　徐國謙　唐恩保
徐世杰　胡細保　李昌哲　郭其菊
郭其芳　張國元　施貽淵　施訓太
余榮山　胡儒略　郭傳富　周德潤
李世元　施常俊　楊宗基　黃權星
陶雲景　汪魁元　劉南剛　張煥義
右三十六人均勇丁咸豐七年光化縣陣亡

孝友

少白氏曰孝弟者人之本也論語首言學次即言孝弟聖門以孝友稱者閔子一人而已詎易以之立名耶顧善善從長取其人風之以勵將來者庶幾孝弟之心之油油然生也若不孝如余終身為鮮民已矣壬午續志補

唐

李鄘性純孝父起居舍人暄卒母黃氏羸老久病數年牀褥滌唾腥穢朝夕躬親曲事服勤至死孝聞天下肅宗旌之顏其室曰蓼莪由進士官平章事

李沆宰相磎子鄘曾孫事親以至孝稱見父磎傳

宋

陳倬字思立有腴田五千畝兄田止一千畝倬愛其兄之賢願同業或曰以五千腴田就其寡不亦愚乎倬曰兄弟聚首朝夕言歡此至樂也人生飽食煖衣之外多田何為其後兄子康民登進士第官至大中大夫見陳求道傳

明

楊遇春二都石川畈人以二月生宅桂皆花父早喪事母色養兼至母卒未葬家忽火春迫不能移乃伏棺欲與母俱燼衆扶出泣曰母屍不能全春終不有身

也復投河衆又挽之須臾宅燬母柩獨存題榜亦未
焦邑令聞諸上刻石碑以表之 碑在東高山麓

劉從鳳上五都白水畈人父歿母周氏年僅十八遺腹生鳳分娩之夕夢鳳止其舍因名補邑增生事母至孝母卒與妻饒氏徙居墓側廬墓三年事死如生朝夕哀慕一夕母忽來舍曰吾生矣言語如平時人皆謂劉母復生積十年母忽曰我死魄也感兒媳至孝魂得憑依來此陰陽間隔安得長爲幻惑將從此逝矣遂不見鳳呼號不已母空中語曰兒無過哀其以孝訓子孫耳嘉靖中命與楊遇春同勒石顏曰明二

孝子齊芳 今本宅上首竹園中有墓存焉

陳 撰字春和一都人庠生性至孝母熊氏病劇撰刲股救之爲延壽十年院道共旌其孝天啟中母卒廬墓五年棄青衿不顧忽學道有得乃以黃冠棲常輪山中旦夕登高望母墓哀鳴鄉人爲築望親臺焉

方逢時一都嵩城人方洙裔孫也週年父卒母王氏病瘦垂絕時刲左脇肉以進母見神教之食病立痊復
延壽

國朝

孫廷秀城內人性至孝父病革禱天願以身代病卽愈

年延一紀母病亦如之未痊躬親湯藥衣不解帶者數月母卒廬墓三年父卒亦然每父母忌日必哭奠墓所年逾八十孺慕猶存乾隆二十七年公請題
奏建坊 坊建本宅門首

周又清二都人孝著髫齡居父母喪廬墓六載邑侯吳世賢深慕至孝延教義學詳請旌表乾隆三十六年
奉
旨建坊 坊建周家舖上首路側

生員方槐林四都人幼有至性母鍾氏咸豐三年得痿疾臥床不起者五年其父宇春公亦臥床三年前後八載槐伴臥床邊便溺盥洗必身親朝夕奉養無間

增生陳嘉言一都人母周氏早逝言甫八歲哀痛倍常數日不食父天河歿備極悲戚廬墓三年繼母余氏歿亦廬墓三年

劉濟漣城內人母黃氏病瘋癱臥床十一年湯藥洗滌之類親理之夜常伴榻臥兵燹負母避鄉村未敢刻離母歿辟踊哭泣飲食不進者數日葬後日省墓一次

武生錢光烈二都人武生凌錦次子隨父鄉試歸舟至金口狂風猝起舟覆烈起見父沉溺復入水救父均不起

鄭成松號長青城內人母黄氏得癱疾臥床褥二十三載松伴寢母榻母呼痛則摩呼饑則搔饔飱殘冷親自餐飫便溺汚穢親自浣濯母歿無懈子啟濱啟春業儒

文童張孔繹復姓余十都人恩貢生煥廷次子性純孝咸豐四年賊掠咸煥廷團練賊黎明圍其宅獲煥廷而不識也繹出自認煥廷子而指煥廷爲師賊釋煥廷執繹索其父繹大罵賊殺之焚宅去時年十五

施騰甲廬墓三載蒙　督撫憲批給匾額

王道成廬父母墓各三載蒙　督撫憲批給匾額

吳國英廬祖父墓三載蒙　督撫憲批給匾額

余耀紳年十二隨母徐氏入山拾柴虎撲母於地紳泣以棒擊虎口叫我娘不能咬不若咬我虎遂徐去母子俱全紳歿族人祀木主宗祠　王學憲題贈純孝性成

闕　畢字甯生十五補弟子員文場屢薦不售以明經終性至孝母病祝天願以身代親供湯藥衣不解帶者匝月刲股肉以進事聞　府尊呂公詳請　大憲題仁孝格天建坊於邑之汀泗橋

葉允忠篤行君子也幼失恃繼母舒撫養成立父卒事母色養並至母病刲股療之籲天願以身代與兄允年相友愛怡怡如也事聞奉　旨建坊

生員梁及山乾隆年間人家貧父早喪竭力奉母聞母聲必起立母歿廬墓三年

鄧良恂宿儒旭春子母嚴氏以節稱幼失怙曲體母心愛室後猶依戀母側母病衣不解帶湯藥親嘗母歿水漿不入矢從親地下以伯叔苦勸乃止母葬廬墓三年形家言母墓不利恂謀改扦啟壙見棺木朽蠹號泣擗踊哀感行路葬畢以哀毀卒年三十二

雷重華父耀堂母陳氏孝事父母廬墓六載生子尚賓

國學生

方學海號鰲山邑諸生處己誠樸事親孝父母相繼歿廬墓三年不茹葷酒生平與物無競晚年讀書家塾鼓勵後進尤留心學校邑賓興與有力焉子六邑庠生鳴鳳太學生開瑞世葵其著也

周之京號南野邑庠生之龍之麒其兄也母陳氏通羊御史陳少岳女奉母以孝聞及歿廬墓三載終不忍舍復築臺讀書其上日望母墓里人傳爲望親臺見舊志九龍洞記

鎮錫純父病禱天欲以身代遂割股醫之比愈

胡庭燦一都人生平禮法自守尤敦大節事親扇枕温被親疾必親嘗藥衣不解帶及歿廬墓三年族人贈額祠中曰陶鶴重來教諭龔定豐壽以文曰篤實君子

胡兆運號定時一都人幼有至性長明大義作仁公仲子繼叔光朝爲嗣朝早故運事節母王氏一如禮法母歿廬墓三載親族贈胡考之休合族贈孝義流芳

董定照上十三都長壽村人少業儒因貧服賈事母孝每自外歸必襆被侍寢母側母屢遣始入私室母病衣不解帶者月餘湯藥外雖溷盥溺器必躬親歿後携畚荷鍤日徙倚墓壟或竟露宿歲以爲常

鎮乃愈二都人母病危亟愈刲左臂肉療之獲甦逾年始卒

朱遜賢上十一都人性樸直事親極孝奉父命貿西秦歸父歿哀毀不欲生因母在堂足蹣跚扶持需人遂杜門不出家貧竭力供養至癈產不惜污穢事亦躬親之母九十有七卒賢隨病臨終囑其子曰吾得事親九原志願慰矣人謂其死於孝云

李大亮字晨曦號漢卿下五都人生四月而孤母石氏苦節鞠育稍長勉以學一試未遇遂棄舉業躬耕養親家貧凡可以得母歡者畢致之無靳色雖齒搖髮白猶時作孺子戲以娛親母歿葬近宅大輿山廬墓側號泣哀動行路如是三年地近孔道今來往者猶指目之曰此李孝子守墓處也

孫天鸞字鳳和四都人父岐周貿四川嘉定府城西病歿遂厝焉鸞時十一歲哀號甚慘稍長屢欲迎柩未逮就貿河南劉家口歲入膳母外悉積之二十九歲由貿所賷卜往至山墓塚纍纍莫辨鸞日則徧鄉訪詢夜跪塋哀禱近兩月宛其父以夢示者掘土二尺許內有小石碑字跡甚明棺亦完好遂扶柩歸往來步行近萬里柩歸日母潘氏守節時僅年二十九至是八十五矣憑棺一慟而絕子錦文太學生次修文候選縣丞孫晉林立人膠庠列成均者數人

馮祖勳二都人父流寓武昌省垣爲府卒勳有至性學貿本城先議准日歸省二次始肯往母久病醫藥罔效夜禱神願以身代後勢篤操刀洞脇割肝不得遂刲脇肉調以進病漸瘳時府尊黄昌藩廉知其事諭其父呈報勳阻之曰吾爲母非爲名也見母已延年十載而病大釋

胡龍珊號子璵邑庠生母陳氏歿廬墓三年

錢中山四都人幼服賈常以不獲事親爲恨甫壯遂浩然歸耕田供職定省不離左右母病構一小樓旦夕誦經祈母壽及病篤泣曰吾見輟耕錄有割股刲心以愈親疾者遂刲股療之漸瘳庠生錢虎文爲之立傳載家乘

文童呂國鉾號辛淦性穎慧好讀書能文父調元因團練觸賊怒被擒去鉾知賊必殺父冒刃往向賊跪求以身代賊俱殺之奏蒙題贈忠孝兩全入祀昭忠祠

太學金榮圭號敦介累世業儒縣府試列前矛不遇家居養親真摯若孺子每事先意承志得其歡心親疾

躬侍湯藥扶持不假外人既歿祭葬盡誠哀瘠毀性語言恍惚無非稱道先人所爲逢忌日生辰則躬造禰祠焚香泣奠歲以爲常鄉族間如起賓興修宗祠皆捐金贊成先志其他善行甚夥邑舉人蔡文偉贈有傳載家乘壽七十有一子三次琢周敦品力學郡庠生

葉孔緒一都官埠西鄉人性孝友事父愈篤悉如禮法父歿山東時藁葬焉信聞痛哭欲絶勺飲不入口數日家最貧計迎父骨艱於貲妻余氏紡績以助奔馳二千里往詢葬所果得臼石記負骨歸母氏吳病篤

噎煮藥親嘗偕妻余和羹以進母食則食否則夫婦背母飲泣母歿寢苫食粥合葬父塋日省墓一次忌日墓奠必哀年八十一與妻同歲卒卒之夕沐浴更衣呼家人焚楮云外有肩輿至遂逝子一號崙山監生

任　俊號韻門上七都人父歿廬墓三年

楊全順號魯愚十二都人保舉八品銜有孝行生事父母以禮親歿設靈几事如生日省墓一次至老不懈且體先人志造橋修路備義茶建春秋閣刻善書置田數畝爲永久印送之計焉子南充業儒有父風

周承高上十一都人幼失怙長貿漢皋家貧奉母最極誠敬有古孝子風母病年餘服藥不効高割股以進病漸瘥

王啟銓上十一都人早孤長事母孝根於性母臂患疽期年不愈銓以舌舐之使潤去硬殼吮其膿血始復塗以藥物至爲母梳洗溫清雖不病亦然

章靜安六都人孝行純篤割股療母病譜牒昭然族姪郡增生鍾英贈有傳辭繁不備載

周昌全六都人事親孝母病割肝以療族里咸稱之

義行

聖教漸衰躬行君子不得而見之矣而宅心醇粹慷慨慕義如馬少游所云鄉里稱善人者抑其次也咸鍾淦炳靈世載其英敦龐純固之氣發而爲睦婣任卹之行孰鄭之罕孰宋之樂孰江州之陳孰藍田之呂類多忠厚長者皆足坊表人倫登諸簡册使觀感者莫不興起焉噫末俗之偷薄甚矣不有篤行之風其何以維世志義行

宋

馮　商。一名式字式之本宜州隴水人（今廣西宜山縣）游寓江夏（即咸甯金城鄉）。官著作郎（一云爲左侍禁）壯歲無子將如京妻授以白金數笏曰君未有子以此爲買妾之資至京買一妾立券償錢矣問所自來涕泣不肯言固問之乃曰吾父居官因累逋欠鬻妾以償也商惻然遣還不索錢及歸妻問買妾安在商告以故妻曰君用心如此陰德厚矣何患無子居數月妻有娠將誕里人皆夢鼓吹喧填送狀元至馮家即京也京初就家塾商取書筆之曰荆南節度判官馮京書宋殿元例授是職卒如其言後以子貴累封至宣徽南院使太子少師崇祀鄉賢

明

孟　機侍郎養浩父好義樂施歲大祲穀貴減價以惠貧人復捐租千石煮以賑有司議旌以綽楔辭曰吾爲義非爲名也（見養浩傳）

王維塏字辛暘萬歷九年拔貢兩中副榜任教諭捐學田三十畝入本縣學宮以濟寒士

趙嗣芳與陝西試歸捐廉俸千金甃石爲西河橋邑人號趙公橋亦號千金橋

國朝

。錢肇夏二都人少孤有至性善行不可勝紀康熙間歲旱散穀七千餘石以濟貧邑宰上其事臺司例請題敘不受贈額榜其門（督憲贈氣俠風仁撫憲贈利濟爲懷學憲贈道隆風古藩憲贈風存三古武昌府憲贈樂善不倦縣憲贈善惟楚寶）是時長者之名滿鄉邑著有性善錄。及家訓數則子七有岩有斐有光有華俱生員有昆有岷有崴入太學

萬資治九都人邑庠生家殷實而好施有貧民鬻僨主所苦將鬻其妻治憐償其債并贈貲使買後發蹟計息送還治辭不受每歉歲先濟族戚後給鄉鄰穀價昂必減其半人爲之歌曰忠厚長者萬資治石穀只買三錢二生平懿行多類此子四均入膠庠食廩餼

孫輩半列青衿以明經入成均者世擴允著裔孫邑
庠生方萃武舉兵部差務府方英亦仁厚嘗置義田
一庄爲宗祠養老育士旌節之資族鄰亦歲有分給
梅國耀邑庠生一都西關外人承父櫟進貲產性好施
遇公事輸助無吝族鄰遊匄概從優給其他善舉不
可指數道光己酉年大水斗米錢七八百并艱糴民
飢甚耀煮飯分給三月之間費米六七百石全活甚
衆邑侯饒額賜好善之門自奉則布衣疏食數十年
如一日子三均補弟子員長鳳鳴次鳳藻候選訓導
三鳳儀河南鹿邑縣縣丞孫輩林立遊庠已四人猶

未艾也
陳超太年十八父母及兄俱亡善事寡嫂撫姪雲煥成
立洪宗師取入縣庠煥又早世姪媳孀居又撫姪孫
之溥以養以教與撫姪同宋宗師取入縣庠撫孤二
代同堂三世內外無間始終如一其裔孫遇根太學
生瑞麟邑庠生宗孚議敘五品咸以爲撫孤之報
周 退同居七世和樂一堂有張公藝之風侍郎雷以
誠書孝友傳家以贈
王光世八世同居咸豐九年部院胡奬給齊家極軌額
呂巨材二都石川畈人義士也性公直仗大義力倡善

舉培植學校重道隆師生三子國玫國瑄國瑩以義
方教之均名下士傳家孝友目見四代同堂既歿士
林猶稱道弗衰其仲弟鎮中亦仗義嘗濟人窮乏全
人婚姻皆有實據允捐貲助餉爵閣部堂官文在荆
州時題贈毀家紓難
章 博六都東源人少業儒屢列前矛不售以例監兩
試北闈與伯兄共養老母曲體堂上懽宅居通衢嘗
烹茶湯以濟苦渴道光庚寅歲歉發米數十石以賙
鄰里子兆奎孫應清應蘭均庠生道光七年王學使
霞九以孝友端方奬其廬

盧之鑪八都人藩理問職銜嘉慶十一年捐紋二千兩
助修本邑考棚蒙
旌好善樂施准其建坊至今孫曾玉立由貢生任公安
縣訓導名瀚即其孫也
余艮友號樸庵八都人性仁厚質直嘗晉省偶憩旅邸
拾遺金百兩卽宿邸中以待明日失金者倉猝至詢
確如數還之不受謝亦無德色其他好善樂施不能
備紀子三長士魁次文魁三選魁均能繼志事孝友
一堂爲邑望族選魁之子號琨圃者邑諸生歲試在
省夜與友坐談聞市有哭聲叩其情爲母病危售屋

金十餘兩偶遺徧覓不得故盡傷心琅圓卽解囊過其數予之哭者究問姓名笑而不荅同寓友傳其事皆以爲樸庵有賢孫選魁有令子後子孫列膠庠登仕籍者蔚起可信積善之有報焉

金和聲號韻餘上十一都人例貢生性孝友先業頗饒聲以好施與漸至貧窘然揮霍之態始終如一年饑丐者多借貸賑之尤怡情山水善堪輿南遊海嶽北走幽燕暮年築茅屋山中屏絕紛沓食菲衣粗晏如也年八十三卒卒前一夕召宗族親朋并孫子至前囑身後事晨起沐浴具衣冠云外有肩輿至呼家人

焚紙錢飄然遂逝子五季名聯芳庠生渾厚有父風

萬秉衡字墨卿九都人家素封篋中數千金悉爲兄弟親友急難所罄族黨隹子弟貧不能讀者必善爲招致教誨不倦務期有成而不計脩脯能詩文敦實行以布衣終

黃笠夫名大軒十都人布衣寒素嗜酒工文能刻苦自勵丁亥冬入院場風雪大作笠夫坐檐際試卷損壞不能謄寫鄰號某拾其文稿獲雋酬以百金不受亦不言

劉大鵬號雲軒增生九都人母年九十鵬亦垂老而朝夕侍膝下如孩提親爲母梳櫛澣沐冬則温被毫不委他人教授生徒多成名首重品行不徒以文藝見長子四長達生邑庠生

胡克椿號南嶺叅軍府職積而能散邑校中向無節婦祠椿於道光丙戌年捐貲修建賓興未成之日寒士窘考費椿自乙酉至丁酉皆厚餽卷貲邑人士贈蔭庇儒林額他善行不備錄封朝議大夫子之驊副榜道驥由庠生仕至郡丞

張兆晉字東園邑城內人幼孤伯父正言撫之性敏喜讀書弱冠冠縣軍補弟子員正言卒遂理家政事伯

母以敬撫兩弟如同胞所置田舍未嘗有毫髮私兩弟早世嗣以子創立家塾延師課子姪脩脯必腆待宗族極敦睦念公產無多竭力經營累貲千百增祭產建宗祠邑中有公事如議賑災修文武廟置會館於京都重建古塔俱賴維持道光初咸人文蔚起崇

恩增廣弟子額賓興之費鳩集數千金邑人士推爲首事與孫君樾圃胡君琢亭共會計立章程經理十餘年有嬴無絀鄉閭有危難力爲排解有時解私囊人或未及知也生子五長應樞戊子辛卯兩中副車己亥舉人次應春甲午副榜三應惇甲辰副榜四應芳邑

庠生五應培邑優增生孫十六列縣庠者四人

鍾春林號竹軒邑庠生四都人性孝友樂善不倦倡立育嬰社溺女舊俗一變董大生堂事局設漢陽東城分局設漢口延醫施藥印送善書施草衣路燈義渡水龍拯濟貧困諸善舉知無不爲建祖祠修譜牒置祭產日以義學義莊遺制偕族衆舉行規模已大備矣病訣語不及私諄諄以諸善行勖其後人子二長家義太學生次家彥見官翰林院編修孫曾林立所謂積善之家必有餘慶也

朱文輝號古韻邑城西上十一都人兄弟四伯氏靖齋

名諸生不壽仲氏清遠復早故輝爲孝養計偕季弟淪泉貿沔南以勤儉致富事親撫孤悉有資無憾鄉里推爲長者壬子冬楚氛不靖監利內閣侍讀胡大任奉檄回籍團練就輝決策悉中機宜且設措助餉不遺餘力事平歸里覲家廟摧頹鳩工庀材毅然倡修合族捐貲外墊用貲千餘緡其生平急公任事多類此子四長魯松由茂才保舉任湖南平江臨湘知縣次淩瀛布經歷又次魯珍由庠生加翰林院待詔又次魯柏州同銜任安徽潛山縣丞諸孫亦復林立云

錢光澳號蓀園文生性孝友祖若父爲善於鄉澳率而行之重交遊推誠相與廉隅自飭里黨有爭競貲財以解釋之而人不覺至今猶稱道焉惜年未五十而歿歿之日里中醵金贈額雷翟郊前輩題樂善不倦以榜其閭

車時懋號百揆貢生八都人性仁直饒才略好義急公席舊業寓襄樊太守鄭公敦允廉其能任以河堤工務道光辛卯歲襄水陡漲西敵臺堤勢將潰懋預備粟米數十石簍盛細石百餘具救其險頃刻安然保全生命無算太守愈器重焉太守解組歸襄民建鄭

公祠懋捐五百金爲倡越數載太守弟敦謹巡撫湖北道經襄樊懋已下世巡撫製懋木主入祠配享至今祟祀勿替尤篤族誼歲歉按人數分給錢米減價平糶鄉人稱之居家節儉布衣疏食晏如也卒年八十有三子成儲邑庠生孫選三保舉縣丞

吳兆榮號雲皋附貢生上十一都人性仁厚行敦孝友品粹學優家貧課徒自給以經義造就諸生多所成就學者稱經師焉創立彰德堂賓興春秋會課引掖後進不少足不履公庭公事亦至鄉人偶有爭競一言解之卽釋里中義舉如修李家橋大橋砌古塘角

柘樹嘴石路亦起爲之倡精醫理隨時診濟不受人
謝卒年六十餘子國瑛庠生有父風

胡星燦號朗齋六都人幼孤事母孝生平薄浮名敦實
行凡鼠牙雀角來鳴者靡不力爲排解愛讀書不屑
屑以朱紫係念晚年隱居教子居古稀興武咸多人
公贈一鄉善士額

王厚光貢生性好施與周困乏捐先人祭產均有實事
嘗買一婢詢知爲逼邑夏文繡聘媳子難再娶鼻以
歸之不取買値時厚未有孫子貢生首明年逾六旬
連生三子不絶人後者天亦以有後報之理固然也

唐道江號明洲二都人父早歿事母以孝聞家頗裕失
妻不再娶食指繁同爨者百餘口持家勤儉以禮讓
教子若孫卒年八十有八五代同堂有古雍睦風

黃天秩號庸五貢生二都人祖若父均寓荆沙秩貿其
地年四十以鹽筴起家性慷慨最好施與每年終憐
貧窘者無依給錢米濟之沙市不戒於火延燒恒數
十百家秩羅蓆片按戶予之而有功德於人者尤在
施藥一舉咸豐間偕同志捌立福幼堂而自主其事
內科延醫診之并送種牛痘畢門開病者日不暇給
秩善外科輒奏效有病疽者秩爲吮之故荆沙有黃
善人之目云

○董育麟號仁卿郡庠生少孤篤友于誼廢先世遺產督
二弟育才育秀一肄武一習儒業及析箸廢產派入
己分不以累兩弟學務植品并與學校事不一登長
吏庭嘗有族某以訟故手二百金乞麟一言直之卒
不允門下士多通顯者著紅鶴山莊文集行世子光
璧光國均庠生有雙杏華館詩文合稿待梓

○方利川太學生性慈良人有紛難力排解之嘗曰事不
釋吾寢食不安也鄉里賴以無事者三四十年至里
中育嬰惜字修橋散賑各善舉必醵貲成之傳家孝

友鄉閭頌之著有勸誡俚語醒世歌○行世子咸宜壽
雲俱太學生

黃天秩既歿其孫賓卿子成遵秩遺命捐田七百二斗
六升入興賢堂助閤邑賓興足徵善人之育後也

隱逸

舉世貴通顯獨甘肥遯亦高尚士也可以愧世之慕榮利而事奔競者顧景星云隱有二有樂道而隱者其世可用而不用如嚴光高蘐之儔是也有避世而隱者其心未嘗忘世而世不可爲高蹈遠引如梅福梁鴻之儔是也若道未堪伯仲伊呂而上有堯舜希跡巢由此何以稱焉非充隱以藏拙卽借隱爲捷徑古今人同不同未可知也爰據前志列於篇而後起者亦附載焉志隱逸

元

胡可仕豐樂鄉人世居黄牛山下兄弟三人皆明春秋可仕擢解元陳友諒兵起遁跡不仕教授鄉閭學問該博邑人鮑琮方嵩游其門傳其學確有端緒以洪武二十四年終壽八十餘崇祀鄉賢

明

陳俊九都人性剛直任丹陽稅課大使甫二年告歸與解元王倫教諭楊瓚築梅坡書舍以居鄉鄰有鬭就俊請平有王彥方風丁未旱出積穀以濟饑人存活甚衆棺殮無主者千人鄉鄰葬祭婚嫁或踰禮俊皆約禁之有司舉鄉飲大賓壽九十五終

○孟養蒙號湘巖少司農季弟孝廉應乾父也性清曠喜吟詠遊太學不第慕太史公之遊北走燕趙東探禹穴度石梁觴蘭亭觀海蜃登敬亭尋謝李芳韻躡足熊湘天柱之峯所至品題驚人神宗時伯兄以直諫歸日偕仲季尋訪名勝遇幽巖絕壑輒翛然獨往布衣道髦對樵夫田父怡語經日冠蓋人在座寂如也築冷然館擁書萬卷戊午以子乾掄魁益避囂選秀建門金燈灣參內典繼慕玉鷄峯奇勝結屋數楹其下號方閒老子著有返柯（府志作茗柯）帖方閒堂全集行世詩文晚益奇放嘗自贊其小像曰爾貌何古爾心何空世態縱横眼底烟霞吐納胸中參悟時明心見性方閒處弄月吟風殆出入乎羣仙諸佛誰目爾爲介弟封公

○劉東璧號南山原名如璧臨海蔡學憲更易之者也性醇謹折節讀書五經淹貫入學後遠涉吳會從豫章洗内翰學麟經之旨專治春秋嘉靖丁酉選拔癸卯科洗主楚鄉試得璧麟經文四篇擊節歎賞已中式矣及折號見名東璧疑非其門人置副車及揭曉相見敘蔡更名之故已懊悔無及璧自是絕意科名矣授春秋於夾塥唐時舉中嘉靖丁未科進士先璧以

明經坐南雍屢爲大司成首拔翰林院官至給事中
李丕顯丕承兄弟師事之璧選授浙江衢州府同知
李專函促之行璧以母老爲憂辭不赴任覆以詩云
寄語江南名利客孝親原不讓忠君構亭於宅傍以
供游息題曰可休以明其志又號可休子著有麟經
秘旨詩序新編經解輯要。諸書晚年作家誡一卷。以
訓子孫皆天理人心倫常物理格言已刊刻行世匪
直隱士乃醕儒也卒年七十有三邑進士王渙乃其
姻晚有文祭之載其家乘子瞻南歲貢敦素庠生孫
文子拔貢漸副榜入膠庠者十數人

曹明夔號蘭生崇禎九年拔貢高尚不仕詩酒徜徉其
人如秋水一泓澹蕩明潔
李　玉字琢之號醉白一號他山天啟甲子科舉人有
才識博學强記抗節不仕讀書潛山理學自任布褐
麤糲質而無文倜儻任事州里引重崇禎初峽山賊
熾屢敗官兵守道袁繼咸率游擊劉承允討之受方
畧於玉乃克平焉獻賊陷楚流賊至紫潭湖東玉募
鄉勇三百與血戰殺賊數十人潰敗去僞官與之郄
命僞督施明昌據其宅偵刺之玉避地江右免順治
二年以疾終於家

盧允恭字壽甫一字古漁邑三元里人幼穎悟博學能
文弱冠列郡庠秋闈屢躓不售嘗以經濟自負慕范
文正之爲人咸司牧採輿望歷委建黌宮修武廟改
葺書院再築城垣構西河橋筆花塔前後鳩僝費貲
鉅萬恭以一諸生董其役輒潰於成道光間崇陽鍾
九滋事制軍裕泰駐師咸城耳恭名召襄軍務獻策
多奇中事平敘功保訓導邑侯夏公廷樾允器之其
後甸宣吾楚引居幕府辦善後事宜上書數千言陳
利弊四十餘事皆切中諸大憲奇恭才擬大用之一
夕觀乾象訝曰楚氛甚惡難將作矣謝病去鄂城旋

陷晚年隱墳溪深處日以琴書自娛邑有大事都人
士敦請至再未嘗出山云
。章雲海六都人工書畫詩縣府試屢列前矛後入成均
戰棘闈數次房薦二次復不售遂隱漢皋唱和多名
人逸士羽客緇流著有養拙山房雜著稿馬朗山慧
裕制軍督楚招之不往索和其所作寒夜八樓詩手
書濁醪秋圃閒看菊小艇平湖戲采蓮楹聯以贈晚
年家居有青靄園內傍雙桂樹築樓號桂子樓栽花
種竹之外兼以課孫爲樂子鍾英郡增生孫列侯同
治甲子舉人列雜職及監者五人曾孫兆吳邑庠生

續輯咸甯縣志卷之六

列女

婦女以節烈顯非婦女之幸也然孔子删詩不廢柏舟
變能守其正亦採風者所必及也諸淑媛或節或孝或
烈或貞各因其行之所近以爲之名賢哉嶶爕彤編矣
舊志盡載右族稍失之偏數僅逾十人又失之簡今
各憲仰體
國家風勵之意發潛闡幽博採輿論爲人心風俗計者深且
遠已爰稽通志拾遺增補丙寅志載者依姓苑序次彙
編之今兹採訪則分都臚列以便稽考李習之云賞一

女子而天下知勸斯亦王化之大端也但耳目難周不
無遺佚彼珠沉玉韞有待搜羅參丙寅志

宋

鎮撫使陳求道妻蔡氏爲賊劉忠所刼奮罵不屈併二子殺之茗山一孫名顗逃免

元

無考

明

袁友正妻黃氏友正卒哀毁骨立一日謂家人曰袁子至矣速與我治棺言竟卒通志作蕭氏

陳愚忠妻王氏解元王倫女年二十六生二女而愚忠卒苦節四十年人咸欽之年六十五卒正德中都御史吳廷舉行縣核奏請旌奬

張綱妻劉氏歸張甫七月而綱卒於京遺腹生一女遠近聞其賢淑求配者百計莫能動家甚貧了無愠色年七十五卒正德中都御史吳廷舉行縣奏請旌奬

庠生趙麟妻余氏性貞靜寡言笑麟卒年二十餘以死自誓與一婢共臥起者五十年家人罕見其面年八十餘督學道顏鯨以狀聞奉旨旌其門

庠生鄭鑾妻余氏二十四歲夫故守節四十餘年堅貞不移隆慶中旌子興達邑庠生

王子英妻傅氏夫殁無嗣茹苦守四十餘年隆慶中旌奬

王廷傑妻吳氏通邑吳秋坪女也氏未于歸傑卒聞之痛哭幾死旋奔喪矢志守貞六十二年如一日時姪煥官戸部給事中奏請旌奬建坊墓側

贈中丞孟機妻余氏少司農養浩母也事姑至孝機好施予恒贊助之歲大祲余日此行惠時也盡出穀濟人自餌粟麥機卒嘔血長慟欲以身殉塊處一室人罕見其面後養浩廷杖歸拜

母曰兒幾無以見母矣余曰兒今始可以見母矣直指奏請於朝禮部勘覆奉旨旌表以子貴封恭人

顧九階妻周氏廉憲顧問其翁也階早逝周年少力持門閫性好施予後以爭立家計蕩然末路尤爲苦節院臺旌表年八十餘卒

訓導余象賢母李氏夫卒年二十一賢甫週歲家徒壁立茹荼食貧甘旨奉姑靡不曲至躬紉敎子賢姚敬姜氷操四十餘年萬歷間邑令秦懋觀申聞院道給額旌奬題曰節義裁成

鄱陽縣令鄭邦相妻楊氏翰林鄭之謙母也崇禎十六年叛寇擾咸望屋而噬楊不及避義不受辱遂冐鋒暴死而直氣浩然誠有見危授命之勇

庠生鄭邦遇妻周氏與鄭邦相妻同日遭難投水死一門雙烈久擅芳名

廩生唐之鼒妻胡氏鼒慷慨倜儻以氣節自負其卒也胡求殉不得每慟哭吐血數升蘇孤斬如誓死靡他設夫靈於室中朝夕哀號衰絰二十餘年宛若初喪家無僕婢績紝自給不依伯叔存

活也夫世之守節者或以舅姑或以孤幼或以貲財氏於三者無一而氷蘖自持孤苦零丁尤人所難云

庠生郭翊通志作翃中妻黃氏年未二十翊卒子民瞻始孩黃矢志撫孤庭訓最嚴事堂上人一如東海婦崇禎十六年闖賊流寇執黃於黃泥洞罵賊觸石而死血漬頑石碧色長存後民瞻任龍陽縣敎諭

庠生鎭朝經妻樊氏歸鎭甫週年經卒樊事母以孝廬夫墓側三十餘年

庠生張熤妻余氏適熤數載未有子熤故自縊死

國朝

順治十二年題准各省孝子順孫義夫節婦各該督撫於每年十二月照例確實具奏禮部核實分別題請旌表

康熙三十五年題准節婦自三十歲以內守節至五十歲即行旌表過五十歲者將遲延緣由報部

五十二年覆准民間貞女未婚聞訃矢志守節舅姑堅拒其侍養絕食自盡照例旌表

五十四年覆准孀婦撫子守志因親屬逼嫁投繯原非激烈輕生照五十二年貞女例旌表

雍正元年

恩詔內開一旌表節義乃彰善大典每見直省地方有力之家尚能上達而鄉村貧窶之人則多湮沒無聞深可憫惻著該撫學臣及有司遍加採訪務使苦寒守節之家同沾恩澤至節婦年逾四十而身故計其守節已歷一十五載上者亦應酌量旌奬著該部議奏一旌表節義給銀建坊民間往往視爲具文未曾建立恐日久仍至泯沒不能使民間有所觀感著於地方公所設立祠宇將前後忠孝節義之人俱標姓氏於其中已故者設牌立於祠中祭祀用以闡幽而垂永久又奉

上諭致治之要首在風化移風易俗莫先於鼓勵良善使人人知彝倫天則之爲重忠孝廉節之宜敦古聖王勞來匡直所以納民於軌物者舍是無由也朝廷每遇覃恩詔款內必有旌表孝義貞節之條實係鉅典邇來直省

大吏往往視爲具文並未廣諮遠訪祇將有力之家囑托賂遺者漫憑郡縣監司之申詳即爲題請建坊而山村僻壤貧苦耕織之人或菽水養親天性篤孝或柏舟矢志之死靡他鄉鄰嗟嘆爲可欽而姓氏不傳於城邑幽光湮鬱潛德消沉者何可勝數爾部即行傳諭督撫學政諸臣嗣後務令各屬加意搜羅阻抑勿以富家巨族而濫爲表揚以負朕成俗化民實心彰善至意

乾隆元年覆准將一應例合旌表之節婦並貞女孝子令本家開載實事具呈并飭鄉鄰族長於具呈之日一併據實投遞甘結該州縣該學查得事實確據即行加

結詳報該督撫學政確核存案據實彙題毋庸往返駁詰致滋弊端至給發坊銀之處亦應如該御史所奏務令本家具領當堂驗發不經吏役之手如此則潛德幽光不致湮沒而旌揚盛典無復遺漏矣十五年禮部覆准旌表節孝請令直省督撫飭地方有司實心體訪諸於學校詢於輿論如係夫亡守志舅姑年老無依婦兼子職奉養終身或宗祧所係藐孤煢孑撫育有成以綿嗣續或外逼強暴毀形見志事近捐軀終保貞潔或境處單微甘心荼蓼饑寒并迫秉節愈堅如斯之類孝義兼全阨窮堪憫允宜亟爲表彰具結詳報督撫學臣秉

公確查彙疏題請旌表給銀建坊歿後置主祠內以光俎豆其在荒村僻壤孤苦單寒舉報無力易至湮沒者尤宜搜訪詳報以昭顯微闡幽之義至於尋常守節既經年例相符應令地方官於本家呈報之時核實詳明督撫學臣酌量給匾加獎附疏彙題仍於祠內統建一碑鐫刻姓氏載入本州縣志毋庸特與建坊設位奉祀又禮部覆准尋常節婦給匾

欽定清標彤管四字行文各省一體遵照

嘉慶元年道光元年咸豐元年同治元年光緒元年

皇上登極

恩詔內均勅令旌表節孝貞烈婦女

謹按通志補錄列女二十五名著於左方

劉應瑞妻伍氏　宋朝相妻孫氏

王用敷妻周氏　龔大名妻余氏

葉希召妻姚氏　劉昭德妻吳氏

陳廷村妻余氏　劉貞女

陳光昌妻余氏　鄭尙忠妻張氏

査贊廷妻吳氏　程會一妻李氏

夏招萬妻余氏　黃恒懷妻陳氏

陳定國妻任氏　劉相乾妻闕氏

程鎮高妻梅氏　劉三女乾隆五十三年旌

潘某妻萬氏乾隆五十八年旌　余某妻吳氏

楊運毅妻陳氏嘉慶二年旌　夏某妻余氏

鄭某妻張氏　鄧某妻蘇氏

黃道生妻劉暨媳張氏

謹據丙寅志所載列女依姓苑序次彙紀於篇

庠生趙　葵妻李氏　趙黃氏宏燮之母餘失考

監生錢步雲妻白氏青年苦守節孝可風奉旨建坊入節孝祠子永煥國學生

庠生錢若淵妻余氏年二十七夫故卒年七十九歲守節五十二年嗣子成春監生

錢若烱妻葉氏年二十七夫故歿年七十三歲守節四十六年嗣子成基

儒士錢文軒妻袁氏年二十九夫故歿年七十一守節四十二年子光海職員

儒士錢凌芳妻周氏年二十七夫故歿年八十二守節五十五年子光鎔監生

錢凌都妻潘氏年二十六夫故歿年九十歲學憲奐額獎砥節懷清子光淮光德

錢載文妻張氏年二十九夫故歿年七十二歲守節四十三年嗣子旭明職員

錢光笏妻李氏年二十四夫故現年七十三歲守節四十九年嗣子生明

錢光第妻唐氏年二十八夫故歿年六十六守節三十八年嗣子生玉

錢光策妻方氏年二十九夫故家貧苦守事翁姑至孝歿年七十三歲嗣子生麗

錢若鼒聘妻貞女楊三姑幼識文義明大體未于歸夫故時年十有六聞耗慟幾絕矢志守貞舅姑早逝與寡母相依紡績資生暮年詣錢門爲夫立嗣壽六十六守貞五十年奉旨旌表賜額母節女貞坊建縣東門外經費皆姑所積兵燹後坊圮嗣子監生成紳復建孫鶴皋監生

錢凌漢妻鄭氏守節三十餘年素性溫柔無忝婦道嗣子光泉

錢凌極妻熊氏年十八于歸極病篤旋卽世守節數十年老節婦猶貞女也經營兩世葬祭分處家事劬勞允當賢聲嘖嘖鄉城無間撫姪光藻歿無子抱姪孫監生生魁承嗣建節碑於東門外東高山攏麓教職錢光奎撰文紀其事魁又歿無子撫曾姪孫定海承嗣見年八十五歲

錢世昌聘妻劉一姑邑庠生漢河之室女未婚夫故守貞不字雍正十三年請旌

錢輝廷妻鎮氏二十二歲于歸二十三歲夫故見年六十歲守節三十八年嗣子凌恕

錢光暹妻劉氏庠生劉名箴女夫歿之日痛哭不止遂仰藥死已旌

錢凌秀妻唐氏二十三歲夫故家徒壁立守義撫孤見年五十八歲子光富

錢士才妻陳氏年二十四夫故守節三十九年子凌政

錢鵬飛妻鄭氏嗣子光祥　錢凌英妻余氏嗣子光國

錢光斗妻江氏子生柏　錢聯陞妻王氏子生榮

錢若光妻余氏子彧明　錢成惇妻余氏子夌楠

錢凌德妻鄭氏子光宗　錢天德妻余氏子子珸

孫隆吉妻陳氏年二十五夫故家貧守節晝夜紡績以事舅姑旌表建坊歿年七十八歲

孫燦璉妻郭氏學憲額獎節比松筠嗣子增釪

孫錫貢妻唐氏矢志守節堅貞不移嗣子汝璋

孫樹珍妻鄭氏清苦守節人無間言嗣子燦英

孫燦廷妻盧氏夫故堅志苦守閱三年孝滿聞其家有異志遂自縊以殉

庠生孫達釁妻鄭氏年二十八夫故子緒濬被粵匪戕斃媳郭氏年二十七矢志同守撫一孫紡績度日艱苦備嘗堅貞不易見年六十三歲

孫體乾妻王氏年二十四夫故立志謹嚴持身清潔見年六十八歲子鑑堂監生

監生孫灼三妻張氏年二十三夫故貞操自勵敬事舅姑見年六十五歲子傳蔚

孫萬年妻周氏年二十六夫故家貧苦守事邁姑撫幼子始終如一歿年六十二歲子融和

孫錫齡妻萬氏柏舟矢志撫子成立不以家貧易其操誠苦節也子汝賢監生

武生孫煥廷妻王氏年二十五夫故歿年七十歲守節四十五年子達偉

孫艾氏　孫鄭氏

李端習妻汪氏陳學憲額獎玉潔冰清

李隆昌妻劉氏年二十八夫故矢志苦守子世英

李正暘妻毛氏馮學憲額獎子兩交

李景河妻鄒氏王學憲額獎旌奉旨建坊子艮士監生

李濬川妻劉氏年二十三夫故赤貧無子晝則代人井臼夜則挑燈女工孝養孀姑數十年道光丁亥年王學憲額獎

李傳南妻劉氏年二十一夫故守節見年六十一歲

李才高妻楊氏貞靜端莊不苟言笑家貧守義玉潔冰清遺腹子德先撫養成立

李新周妻陳氏年二十五夫故矢志守節不以家貧易其心

李宏道聘妻程氏聞夫故稟命父母詣李門成服送夫歸窆即奉侍翁姑及翁姑歿葬祭成禮憲咸旌爲夫立嗣既定是夜更衣自縊嗣子宗俊

李秉陽妻陳氏金玉其心冰雪其神超然於塵埃俗輩獨與女中君子爲倫子大本

李秉中妻陳氏年二十八夫故卒年七十八蒙撫憲胡彙案旌表同治八年建碑於宅右路側試用訓導鎮銘璜撰文嗣子登恒

李在位妻孟氏年二十六夫故赤貧無子或勸之改適氏毀盌自誓曰盌有合日我有嫁時盌臨終諭嗣子曰此盌吾寶也垂四十餘年矣死可殉葬歿年七十一守節四十五年嗣子寶爲

李正青妻吳氏年二十五夫故見年六十二歲嗣子和倫

李志國妻鄒氏年二十于歸二十七歲夫故歿年七十歲守節四十三年

李傳遜妻劉氏苦心操持勵志貞潔內外均無間言

李秩五妻陳氏堅貞自矢不苟言笑

李文瑞妻萬氏年二十八夫故家寒苦守撫子成立子士學

李文謨妻佘氏年二十六夫故遺腹生子撫育殷勤家貧苦志族里咸欽子士良

李學文妻周氏年二十八夫故家赤貧紡績養公姑勤勞撫孤子艱苦備嘗終無怨色

李宗俊妻毛氏十七歲于歸二十九夫故見年五十四歲嗣子純武

李大楠妻張氏十八歲于歸二十七歲夫故歿年七十四歲子光進

李量周妻張氏十八歲于歸二十五歲夫故歿年八十四歲守節五十九年

李殿選妻汪氏年十九夫故歿年五十六歲守節三十七年

李金諾妻周氏二十五歲夫故見年五十六歲已守節三十一年

郡庠生李大景妻樊氏年二十一夫故歿年五十一歲計守節三十年子光麟

貞女李周氏周聖節女幼許李未于歸年十八夫故守貞不字歿年九十歲守貞七十三年

李經萬妻周氏十八歲于歸十九歲夫故送夫歸窆捐軀完節

李用權妻萬氏年二十六夫故歿年八十七歲守節六十一年子先立監生

李文敷妻熊氏年二十六夫故歿年七十三子安民

李顯謨妻萬氏年二十七夫故歿年五十七子惠民

李昌琳妻章氏年三十夫故歿年七十三歲守節四十三年

李昌棟妻楊氏年二十六夫故歿年五十二子實之

李金殿妻劉氏十八歲于歸二十六歲夫故養親撫孤備嘗辛苦歿年七十三歲計守節四十七年曾孫開先邑庠生

李廷揚妻陳氏二十歲于歸二十八歲夫故與嫂劉同志苦守孝義兼全歿年六十八歲

李昌順妻盧氏姑老多病奉侍殷勤子傳宏

李善友妻張氏　　李宏謨妻程氏子樂高

李樂高妻張氏嗣子錦鴻　　李德成妻蘇氏

李步東妻朱氏嗣子正聲　　李遂萬妻施氏嗣子名世

李光藻妻周氏　　李開陽妻曹氏子啟紳

李富萬妻熊氏子世明　李昆玉妻胡氏子先蔭
李開東妻周氏　李經品妻劉氏子遂安
李履和妻陳氏嗣子嗣根　李世忠妻楊氏子敬宗
李廣濟妻熊氏嗣子名進　李佐國妻楊氏嗣子治傳
李聖祥妻鄒氏　李升萬妻鄒氏嗣子名康
李鳳羽妻嚴氏子啟智　李顯文妻嚴氏子名勇
李貫玉妻余氏嗣子德孚　李魁廷妻王氏嗣子宗惠
李潤志妻柴氏　李孚朝妻吳氏
李正書妻周氏　李大德妻石氏
李立誠妻陳氏嗣子大瓚　李大雅妻樊氏子兆元

李家成妻楊氏嗣子治華　李聯元妻羅氏
李必照妻謝氏子盛世　李光清妻張氏
李至剛妻吳氏子允升　李開先妻金氏
李學博妻王氏　李翼廷妻曹氏嗣子光遂
李學習妻楊氏
署陝西韓城縣知縣李世鑾妻呂氏嗣子德隆
周文襄妻侯氏年二十六夫故歿年七十六歲守節五十年
周當世妻萬氏年二十六夫故歿年八十一歲飽學憲額獎柏舟勵志子廷英邑庠生
周漢梁妻鄭氏年二十夫故舉趾端方鄉里望重王學憲額獎節凜冰霜子開東孫振基
周應斗妻李氏年二十九夫故霜幃苦節王學憲額獎節孝揚輝子子儀

武監周昌址妻劉氏年十九于歸越三月夫故不食而死杜學憲額獎節烈可風
周小亭妻彭氏貞靜端莊言笑不苟事翁姑孝敬不僻撫兒媳愛勞兼施子鵬程監生
周崙山妻阮氏年十七于歸二十七歲夫故見年五十六歲家極貧勤苦守節子昌銘
周象德妻陳氏年三十夫故歿年六十九歲守節三十九年族鄰欽之生子楚南
周楚南妻陳氏年二十四夫故歿年八十一歲守節五十七年嗣子廷驃
周上聘妻吳氏年三十夫故矢志撫孤孤碧溪旋歿與孀媳余青燈苦守金石同心
周碧溪妻余氏年二十二夫故奉孀姑吳茹蘗全貞紡績苦守嗣子世揚
周肇西妻陳氏年二十九夫故容止端莊冰霜自矢歿年七十二子世海
周開東妻王氏年二十九夫故守節奉姑極敬教子有方子世業監生
周言正妻鎮氏年二十七守節夫鮮兄弟舅姑在堂養老撫孤氏兼任之子世魁

周天德妻高氏二十八歲夫故守節勤儉持家言笑不苟
周雲久聘妻鄭氏未婚夫故聞訃詣周門成服事奉舅姑不歸母家嗣子遠友
周光遠妻盧氏夫歿越三七及夫殯期夜半以巾蔽口懸梁自縊以殉
周世啟妻童氏夫死大哭不食誓從地下家人羅守兩月夜半自縊以殉嗣子命成
周命佑妻陳氏夫故無子殯葬後凡十一載事奉公姑生盡孝歿盡禮撫夫弟妹婚嫁畢迨夫弟生子昌益請憑族戚爲夫立嗣是夜沐浴更衣自經
監生周光谿妻吳氏割股療夫盡孝盡慈夫歿年二十四卒年五十五嗣子得清監生
周昌厚妻盧氏夫歿三日閉戶自經
周昌大妻胡氏夫故水漿不入口七日自經而死
周雅玩妻吳氏年三十夫故歿年七十八歲守節四十八年子梁材監生

周體仁妻李氏年三十夫故歿年七十四歲守節四十四年子尊三職員

周鳳來妻甘氏年二十五夫故歿年四十四歲守節十九年子德厚

周希濂妻程氏年二十一夫故歿年四十二歲守節二十一年子象德

文童周世家妻晏氏家積學未遇卒時氏年二十八竹溪頻揮柏舟自矢事姑盡孝訓子有方壽享八十七載眼觀四代同治間侍郎雷以誠贈節壽齊輝額邑侯凌心垣贈五代同堂額子元吉職員孫作霖卓廷太學生鳳來邑庠生曾元林立椒衍瓜綿

周朝珍妻楊氏年二十四夫故歿年五十九歲守節三十五年子連雲

周鳳波妻黃氏年二十四夫故歿年七十五歲守節五十一年子述昌

周之遙妻黃氏年二十四夫故歿年六十七歲守節四十三年嗣子光久

周述堂妻陳氏年三十夫故歿年七十四歲守節四十四年子定久

周瑞廷妻盧氏年三十夫故歿年七十歲守節四十年子仁久

周渭清妻陳氏年二十夫故歿年四十五歲守節二十五年子月三

周庭幹妻祝氏年三十夫故歿年六十六歲守節三十六年子聖基

周開唐妻鄭氏年三十夫故歿年七十歲守節四十年子蘭溪

周長青妻胡氏年三十夫故歿年七十歲守節四十年

周庭驃妻陳氏年三十夫故歿年五十七歲守節二十七年子遠禮

周遂賢妻陳氏年二十七夫故矢志守節不以貧苦易其操見年七十九歲子世惠

周明高妻萬氏年二十夫故歿年五十五歲節三十五年嗣子翰賓邑庠

周逢翼妻朱氏于歸期年夫即外出杳無音信氏家居勵節孝養翁姑數十年嗣子其翥

周洪元妻喻氏年二十五夫故撫孤成立嚴慈並濟後其子事母晨昏盡禮母節子孝報施不

爽云子如松孫周疇貢生候選縣丞

周文範妻劉氏年二十九夫故孝奉翁姑撫子成立

周逢滿妻王氏年二十一夫故歿年六十一歲

周玉樹妻郭氏年二十夫故孝奉阿姑慈撫猶子見年五十四歲嗣子靜菴

庠生周思艾妻余氏二十七歲夫故子德生

周心傳妻闞氏二十九歲夫故子敬印

周正心妻張氏二十九歲夫故子光煒

生員周開第妻呂氏二十九歲夫故守節奉姑孝敬教子義方子世光

周鳳吉聘妻戴氏宏昌室女年十七夫故聞訃奔喪父母不允縞衣自盡

周兆清妻劉氏年二十四夫故見年七十四歲已守節五十年

周新楨妻劉氏十六歲于歸十九歲夫故矢志撫孤見年六十二歲已守節四十三年

周文林妻陳氏十九歲夫故矢志守節歷久彌堅蒙學憲額獎

庠生周廷達妻王氏二十八歲夫故慟不欲生人以撫孤婉勸之遂矢志靡他績紡佐讀子逢奎監生

周際泰妻黃氏家貧守節孝事孀姑甘旨無缺族黨咸稱頌之

周巨勳妻方氏年二十二夫故矢志堅貞歿年五十四宗族憐其淸節家祠另設祭奠子國仁

周鳴鑾妻何氏年二十四夫故歿年六十三歲子受先

周聲揚妻黃氏家貧矢志紡績度日子義富

周咸正妻余氏年二十八夫故歿年六十二歲王學憲額獎子逢運

周渭載妻姬氏年二十五夫故守節四十年家乘有贊子祥源
周光榮妻梁氏年廿六夫故守節三十三年子宗英
周倫山妻張氏　周揆一妻余氏
周紹文妻唐氏子省三　周光乙妻鄭氏二十九歲夫故
周世慶妻徐氏　生員周炳陽妻張氏嗣子昌祀
周監亦妻余氏子文道　周建瓶妻潘氏嗣子于煥
周炳南妻王氏子文煒　周咸一妻樊氏子命權
周滕九妻胡氏子渭濱　周占魁妻方氏子際奇
周作儀妻劉氏祧子渭濱　周渭濱妻馮氏
周茂官妻金氏子占元　周占元妻鄭氏子一先

周巨占妻吳氏子世郡　周熙年妻陳氏子名雍
周際奇妻郭氏子之銓　周首名妻韓氏
周文習妻楊氏　周樾松妻許氏
周品珍妻胡氏嗣子世傳　周金名妻羅氏子文富
周萬年妻熊氏嗣子海中　周　正妻金氏年二十五夫故
周盛廉妻張氏　周錫元妻趙氏嗣子學富
周鳳鳴妻盧氏子文光　周如心妻李氏
周尚圭妻羅氏　周以勤妻吉氏
周名慶妻楊氏　周盛龍妻高氏嗣子宏銘
周陳氏子明金　周敔成妻方氏

周逢正妻董氏子世華從九　周持萬妻曾氏二十七歲夫故
周兼善妻鄭氏二十四歲夫故子伊　周勝淮妻李氏二十七夫故子昌恭兼祧
吳光宗妻金氏係節婦楊氏媳道光癸卯年姑病氏割股醫之愈子世利
吳耀三妻陳氏青年夫故遺腹生子廷選廩貢候選訓導碑建東關路側訓導胡璧華譔
吳聘臣妻鄭氏夫歿家貧青年矢志白首一心曾無怨言子思恭
吳宏道聘妻毛氏十歲養於吳未婚夫故守貞不反母家孝事翁姑撫嗣子文蔚
武生吳超北妻艾氏年二十八夫故矢志守節孝事阿翁治家有法教子有方見年六十四歲猶勤苦不倦洵女中丈夫也子廷松監生
吳爲國妻鍾氏二十三歲夫故守節奉姑三十餘年亳無倦意撫孫習柏爲嗣見年六十七歲
監生吳勝文妻洪氏歸吳年餘夫歿誓以身殉因翁姑年邁勉强延生奉養不懈撫姪揚文承祧年七十六歲無疾而終

吳天耀妻陳氏二十三歲夫故家雖貧事二老曲盡歡心壬辰歲大疫翁姑瀕於危氏默禱竈前愿以身代遂瘳人稱爲至孝所感云卒年八十一歲守節五十八年嗣子烈顯貢生
吳孟浩妻潘氏年二十夫故歿年八十四歲守節六十四年嗣子定祿
吳秀嶺妻樊氏年二十六夫故撫孤含辛茹苦見年七十有三猶勤紡績爲子婦卒子年滐
吳連城妻王氏年二十八夫故堅矢柏舟撫孤成立見年八十子百元
吳秀林妻杜氏年二十九夫故歿年八十有一苦節艱貞有贊載家乘子光明
吳之相妻黃氏年二十四夫故歿年七十九子立名
吳友三妻萬氏嗣子延福　吳正衡妻余氏子延會
吳搢紳妻方氏子尚時從九　吳敦彝妻賈氏嗣子輝華

六十八歲守節四十二年嗣子啟先郡庠生

生員鄭啟先妻蕭氏年二十于歸二十五夫故深閨恪守杜門紡績事孀姑孝敬無違撫嗣子教養備至歿年六十五歲守節四十年嗣子緒豐

鄭華冬妻鄧氏年二十一夫故孝事舅姑菽水承歡撫子啟鸞殷勤教誨歿年五十二歲

鄭承源妻萬氏二十九歲夫故見年八十歲已守節五十一年生子宗坤故嗣子宗勛

鄭宗烈妻程氏二十歲于歸二十八歲夫故見年六十一歲清苦全節族里咸稱

鄭煥堂妻唐氏十九歲夫故見年六十八歲嗣子永祀

鄭錦堂妻余氏十八歲夫故歿年七十五歲子永鎰

鄭鳳昭妻甘氏二十四歲夫故遺腹生子大振孝以事姑慈以撫子志苦心堅始終如一元孫際清邑庠生

鄭舜五妻熊氏二十歲于歸二十五歲夫故見年六十五歲

鄭命玉妻鄒氏二十四歲夫故遺腹生子成瑛教養成立孝事翁姑族里咸欽頌之

鄭光遠妻余氏年三十夫故甘心守義撫姪承祧歿年五十一歲

鄭艮詰妻成氏玉潔冰清孝慈備至子啟益

鄭啟益妻余氏上事孀姑下撫孤兒清心苦節毫無瑕玷子宗全

鄭濟川妻童氏十九歲于歸二十二歲夫故歿年六十四歲子德順

鄭宗壽妻成氏二十三歲夫故歿年六十六歲子立顯

鄭宗祿妻王氏二十歲夫故見年五十六歲遺腹生子立純貧苦撫孤矢志靡他

鄭敬之妻陳氏年二十七夫故上事姑嫜婦以代子下撫幼稚母實兼師歿年八十二歲王學憲額奬冰霜為心子法堅

貢生吳奇良妻陳氏子品題　吳品題妻孫氏遺腹子先庚監生

吳觀濤妻陳氏子仁美　吳正儀妻戴氏

吳永清妻夏氏　吳宗榮妻陳氏

吳昭然妻謝氏子宏炳　吳烈周妻王氏

吳南英妻王氏嗣子高第　吳之相妻黃氏子立名

吳舉一妻王氏子高第　吳舉一祧妻王氏

吳昇山妻楊氏子光宗　吳玉書妻熊氏

鄭乾四妻毛氏二十八歲夫故苦志守節封股以療病翁和九以教孤子種種懿行詳載家乘子壽山庠生已蒙王學憲額奬

鄭文炳妻郭氏嗣子之良監生王學憲額奬

庠生鄭承炳妻胡氏道光八年王學憲額奬節孝可風

鄭啟春妻張氏青年守節孝奉翁姑貞順自矢歷久益堅嗣子緒雲

鄭啟鏕妻劉氏夫故家赤貧事翁姑曲盡孝養撫遺腹子緒宣慈嚴兼用血祀賴延

增生鄭宗錦妻白氏青年矢志歷久不渝子寶臣職員

鄭志大聘妻李氏未婚夫故奔喪成服家貧紡績翁姑夫叔孀喪葬皆氏肩任嗣子廷用

鄭秀廷聘妻周氏未于歸聞夫訃音大慟不食者三日泣求父母送至鄭門哀尉哭奠拜翁姑畢居漆室夫葬日扶柩歸窆是夜三更自縊翁姑悲慟不已合葬夫塋嗣子啟林邑庠生

鄭孟鄰妻錢氏夫故後孝事翁姑愈加誠篤矢志全貞和九佐讀子啟鏕

鄭自南妻陳氏事翁姑以孝聞撫孤子以成立冰霜為心常如一日子啟昌

鄭滋九妻辛氏年二十一于歸二十五夫故事舅姑至孝生歿盡禮教子極嚴繼續書香歿年

鄭定山妻盧氏二十二歲夫故孝事翁姑慈撫孤子歿年五十七子天祿

鄭步青妻王氏夫故時年二十五守節三十九年嗣子昌盛

鄭遠蔭妻余氏夫故泣不欲生夫叔監生懷許以立嗣夫叔又故氏無依哭告夫靈自經以殉

鄭天一妻谷氏鄖陽府人年二十歲夫故貿所千里扶柩歸里矢志撫孤始終如一歿年七十三歲苦節五十三年子宗英

鄭法守妻陳氏舉人國正女

鄭際盛妻吳氏　鄭光廷妻余氏

鄭儲文妻余氏子必耀　鄭對時妻余氏嗣子廷班

鄭全萬妻熊氏子傳鈞　鄭舜舉妻余氏子宗益

鄭承寶妻白氏　鄭憲邦妻汪氏子宗錦

鄭宗穀妻朱氏子商珍　鄭致中妻程氏遺腹子法定

鄭啟晉妻葉氏嗣子緒鵬　鄭芳服妻王氏嗣子成寶

鄭式安妻余氏子光宇　鄭安世妻唐氏嗣子宗蔭

鄭遐昌妻葉氏子廷楷　鄭惟楚妻吳氏嗣子奇元

鄭榮照妻顧氏子用和　庠生鄭天民妻劉氏嗣子宗炳

鄭與秩妻李氏　鄭克恭妻劉氏

鄭懋昭妻胡氏子法欽　監生鄭俊英妻熊氏子寶齡

優廩生王錫極妻周氏乾隆八年奉旨旌表坊建門首入節孝祠子乾天監生

王　璐妻闞氏夫卒遺孤數歲翁老侍奉惟謹及卒遺命葬祖墓側氏扶柩往舉族尼之氏日夜啼泣勺水不入口乃許之氏負土成墳氏歿之歲夜見月中有四字謂家人日我死非四日即四月也越十二旬無疾而終意者蟾宮之召歟子士通援例入太學雍正八年旌表建坊西城後有屋一所屋基前抵宮街後抵馬道左與賈姓毗連右與萬姓毗連現光緒壬午續志局設於此

王遜極妻周氏年十九夫故僅生一女節堅柏舟上慰舅姑撫姪玉崗爲嗣

王皇建妻嚴氏江學憲獎額節孝流芳子德貞監生

王德鑑妻鄭氏二十二歲守節見年八十歲嗣子文淮

王開源妻余氏二十六歲守節見年六十二歲嗣子永久

王文江妻詹氏二十七歲守節見年七十一歲子明綱

王攀一妻袁氏二十八歲夫故事翁姑及繼姑均極孝敬嗣子光漢鞠於嗣息爲買妾生子今孫枝秀發孺人力也歿年七十二歲守節四十四年

王世先聘妻朱氏三歲童養於王至十四歲未婚夫故家貧僅磽地一塊破屋半間氏勤苦異常冬積麥夏種豆奉養阿姑及姑歿即質房屋以置阿姑衣棺真可矜憫嗣子敬松

王道均聘妻錢一姑幼字均均膺廢疾氏聞私禱竈神前願減算以瘳夫疾越十六年均卒時尚未于歸也訃音達錢遂投環以殉檢其笥則麻髻素鞋悉具鳴呼氏固知均之必死而早誓一死殉之志歟夫兄貢生惟楚以次子世基承祧建坊宅右路側主事劉名馨撰文紀其事

王以功聘妻劉氏十三歲養於王十七歲未婚夫故家貧翁老氏則含苦茹辛侍奉阿翁生歿均竭誠敬嗣子敬道

王業隆聘妻劉氏未于歸聞夫故即縞衣詣王門敬執婦道告於舅姑以此自終數十日後撫夫兄武舉萬春之次子光鼎承嗣

王正址妻石氏夫故殮棺設靈畢自經以殉嗣子遠釗

王巨朗妻唐氏年二十一夫故生子岐安僅歲有二月教養成立歿年七十三其後子孫昌盛

王序班妻李氏二十四歲夫故恪循婦職孝事舅姑見年七十八歲子遠東

王世謙妻金氏年二十四夫故歿年七十二歲守節四十八年子敬義

王萬照妻余氏熙卒年二十有九生一子旋殤氏仍苦守毫無瑕玷族有無賴某利其嫁貲蓦准婚吳姓漏三嚴氏閉戶就寢矣無賴破門入督吳强舁之去入吳門氏罵不絕口吳屬婦女甘言計誘氏慮不免紿曰無賴賣我汝家非徒利嫁貲也知子有窖鏹耳速令我往掘來願爲汝家婦吳喜從之氏歸下髮叫族衆鳴之官時邑宰劉詐孫拘責無賴追貲給吳而大賞氏賢此道光某年月日事也咸豐間合族思氏之賢立碑以表之教職錢光奎撰文紀其事

王曙東妻蘇氏年二十三夫故閱三月生遺腹子世承氏矢志撫孤教之成立援例明經孫道傳邑庠生氏歿年八十有二守節五十九年

王雅言妻唐氏二十二歲夫故矢志守節閱十九年卒嗣子世元

王宗錦妻姬氏二十歲夫故守節家貧無子苦志不移

王盛攜聘妻唐氏許王未婚聞夫訃音卽詣王門矢志守貞艱苦備嘗事翁姑孝敬不懈撫嗣子勞愛兼施歿年七十六歲道光年間方學憲額奬砥節懷清子永泮

王簡齋聘妻周有姑幼許字王未婚簡歿誓志守義父母欲奪其志仰藥而死

王世椿妻鄭氏夫歿年二十三見年五十九歲蒙旌建坊嗣子敬元

王世雄妻徐氏年二十四夫抱沉疴家故寒素氏脫簪珥百計求治及卒幾不欲生旣念門衰祚薄爲禋祀計勵氷霜勤紡績歷久不懈鄉里咸欽見年五十九歲以從堂兄子業學嗣

王辟遠妻周氏子蔭南監生　王道均妻顧氏子樂笙職員

王炳章妻周氏　王義高妻郝氏嗣子清東

王文元妻彭氏子明良　王懋懷妻吳氏

王傑一妻廖氏子林縉　王正域妻李氏以夫弟生員霖子嗣

王利仁妻金氏　王逢金妻方氏子恢梧

王邦彥妻袁氏子敬泰　王國壽妻祝氏

王士斑妻胡氏子太清　王在澗妻嚴氏子恢金

王宗愷妻洪氏　王光信妻洪氏嗣子宗繩

王世茂妻陸氏子敬品　王東利妻施氏嗣子清卜

王逢時妻佘氏嗣子恢正　王懷仁妻黃氏嗣子一敏

王用安妻余氏　王智信妻喻氏

王常恭妻劉氏子世璉　王金五妻錢氏子德昂

王遠恭妻張氏子其明　王紹澍妻謝氏子啟政

王稽聖妻施氏子家良　王時亨妻廖氏子清文

王及峯妻余氏子恢錦　庠生王鼎桂妻鎮氏

王展軨妻葛氏嗣子遠立　庠生王之桂妻閔氏

王業桓妻艾氏嗣子光顯　監生王恢緒妻張氏

王業周妻鄭氏嗣子光先　王正達妻胡氏子世啟

王步升妻尹氏　王楠遠妻何氏

王自衡妻周氏　王養性妻胡氏

王煥文妻陸氏子世開　王金波妻李氏

王煥章妻熊氏嗣子敬緒　王定疆妻楊氏

王定經妻曾氏　王卓立妻劉氏嗣子世楫

王義和妻施氏子清東　王上達妻李氏子世立

王獻珍妻周氏子家福　王大呂妻黃氏子世傳
王劉氏王作新母
馮鼎臣妻張氏二十九歲夫故矢志守節奉親撫孤辛苦備嘗歿年六十九歲子泰峯監生
馮定書妻朱氏二十一歲夫故矢志苦守撐持家政撫猶子成立年七十一歲無疾而終王學
憲額獎清節揚嶶子世舜
馮文華妻朱氏夫歿年二十一日夜哀號勺飲不入口者數日待安厝事畢是夜即自縊紳者
慕其賢烈貲束芻者不可勝計倘所謂節烈兼全者耶學憲王額獎節烈兼全嗣子學彬
馮天培妻王氏年十七夫故守節五十一年見年六十八歲嗣子錫承
馮祖章妻唐氏年二十六夫故歿年六十五歲守節三十九年撫憲胡賜額守身爲大嗣子錫
鋕

馮祖傳妻韓氏　馮世經妻董氏
庠生陳宗蓮妻雲氏通志已載但未詳庠生
陳耀商妻余氏二十四歲夫故守節五十三年卒生子萬柏道光三年奉　旨建坊蒙賜節孝
維風額
陳　瓆妻李氏紈一秉性淑慎其身年二十一而賦鳳飛方期眉齊鴻案越八春而歌鵠寡頓
傷鏡破鸞臺柏勁松堅勵清操者二十九載形端表正著芳蹤者五十七年子丙甲奉　旨建坊
陳盛周妻石氏二十五歲夫故家貧食素撫孤成立苦節三十五年朱學憲題嶶嬈懷清
陳方豫妻劉氏豫積學未遇年二十一卒氏柏舟矢志苦守一子步履端莊言笑不苟王學憲
額獎苦節可貞歿年八十六歲至今螽斯蟄蟄人以爲苦節之報云子漢震
陳燕五妻王氏二十九歲夫故守節三十七年子均邑庠生

庠生陳　均妻余氏庠生光樞母年二十六夫故守節四十五年卒同孀姑王氏苦志勵
節後同報學憲王蒙獎額兩世清操
陳丙山妻白氏二十七歲夫故歿年四十三歲學憲王額獎節孝揚嶶子名達名鰲
陳步岡妻孔氏二十六歲夫故道光七年學憲王獎額節壽延鼇子開文
陳經畬妻孟氏冰霜勵志針黹度生學憲許題贈松柏節操子德均
陳浙潮妻張氏年二十八夫故矢志守節事姑至孝教子成名歿年七十四歲道光間奉　旨
建坊子應時孫敬修俱庠生曾孫聯陞廩貢
陳寸五妻周氏年二十三夫病篤割股延數月及歿矢志守節三十九年蒙學憲賈額獎節孝
兩全
陳兆正妻胡氏二十二歲守節現年七十二歲嗣子隆名

陳龍章妻劉氏十七歲于歸十九歲夫故歿年七十五有歲言笑不苟紡績營生嗣子紹儀
陳復初妻姚氏二十九歲夫故守節四十八年子昌槐咸豐間蒙獎額德備貞純
陳福全妻李氏矢志守節清操自勵子潤生監生
陳光前妻楊氏適陳四十日夫病故哭泣不食是夜自經以殉嗣子德儉蒙恩旌表
陳命泰妻胡氏二十一歲夫故時翁病篤忍延數月翁卒營葬畢立姪爲嗣引繩自縊學憲王
題贈節烈可風子勱先
陳懷義妻楊氏幼字義義有廢疾又家貧不能迎娶守貞以待父與翁商議別嫁女即自縊
陳倬雲妻羅氏二十二歲夫故守節五十餘年事姑撫子均盡其道壽歷古稀至終如始邑侯
學師題贈巾幗完人子星乙
陳大醕妻胡氏十九歲于歸二十二歲夫故孝養阿姑始終如一遺腹生子教養成人見年六

十一歲已守節三十九年子清杰
東門外五里界路側建有碑坊
陳省三妻余氏年二十四夫故見年八十六歲苦節可
貞邑侯李學師題贈守身爲大子榮安
陳定富妻艾氏年二十六夫故家極貧志節堅貞艱辛
備歷撫二十日之孤子教養成人事七
旬餘之舅姑生歿盡禮歿年七十五
生子世彬蒙胡撫憲額獎操勵松筠
陳學池妻石氏年二十四夫故歿年七十四
咸豐間蒙恩旌表嗣子永旃
陳耀昆妻范氏年二十七夫故歿年
七十八歲子開榜
陳開榜妻余氏年二十五夫故現年六十
八歲兩代節孝備極艱苦
陳榮慶妻楊氏年二十四夫故歿年七十三歲已守節
四十九年蒙恩旌表學憲王獎額節孝
可風傳載家
乘子德忠
陳魯瞻妻曹氏未婚守志方學憲
額獎嗣子潤生

庠生陳相時妻毛氏年二十六夫故歿年七十六歲
茹苦食辛傳載家乘嗣子定光
陳贊元妻張氏年二十九夫故歿年
七十一歲子德建
陳步嘉妻周氏年二十八歲夫故歿年六十
八王學憲獎額節孝可風
陳東木妻余氏年二十八歲夫故守節見
年八十四歲子春第
陳有周妻劉氏年二十一歲夫故守節見
年六十一歲子文濶
陳儒英妻楊氏年二十五歲夫故守節四十七
年歿七十二歲嗣子恕之
陳浚川妻李氏年二十六歲夫故見年五十
六歲守節三十年子希椿
陳文國妻鍾氏年二十一夫故清苦自勵績紡奉姑
節無愧而孝尤可嘉歿年五十二
陳庭訓妻丁氏年二十五歲夫故清貧撫孤不畏艱
辛宗族咸欽重之歿年七十一
陳宗方妻程氏年二十六歲夫故姑年七十
八奉養不懈嗣子孔訓

陳正都妻劉氏年二十八歲夫故飲氷茹蘗事舅姑
盡禮見年五十八歲嗣子國達
陳英甫妻胡氏年二十八歲夫故事舅姑無違禮教
子以義方見年七十九歲子炳南
陳爲盛妻李氏年二十七夫故柏舟自誓順事
舅姑生歿葬祭盡禮子正益
生員陳國謙妻王氏年二十九守節嫡姑已逝庶姑在
堂氏曲體翁意善事左右及翁歿
喪葬盡禮庶姑年二十四持身惟謹感王氏之
節孝因之並勵臧學憲額獎節峻如山子廷椿
陳佩之妻李氏年二十一夫故上奉舅姑孝養無違
下撫繼嗣慈愛備至歿年六十六歲
陳輔世妻施氏年二十八夫故家貧僅薄田三畝清苦
自勵奉姑惟謹歿年八十三歲子一
陳學生妻夏氏家貧夫故矢志靡他以紡績奉公姑二
十餘年撫姪爲子繼嗣後旋卒氏痛哭
喪明族
鄰矜憫
陳緑緗妻周氏年二十七夫故歿年
六十五歲子禩敏

陳禩厚妻梅氏年二十八夫故歿年
五十九歲嗣子昌謙
陳德雋妻章氏家貧苦守
撫子成立
陳繡衣妻胡氏年十八于歸未過歲而夫逝事公
姑至孝數十年不懈嗣孫宗垠
陳貽慶妻章氏年二十歲夫故清苦自守歿
年七十五歲嗣子宗祁
陳榮光妻胡氏夫故家貧事邁姑而
撫幼子孝慈兼盡
陳聯科妻謝氏年二十三歲夫故堅貞自守
孝事翁姑苦節三十餘年
陳維懷妻吳氏年二十二夫故柏舟矢志織紡營生事
祖姑以孝著朱學憲額獎恒其德貞
陳德型妻方氏年十九歲于歸二十一歲夫歿
於河南氏聞訃絕粒而死
陳清晏妻成氏年二十夫故家徒壁立矢
志靡他見年六十有餘
陳裕隆妻李氏年十七歲夫故遺腹生子家貧苦守事舅
姑以孝撫遺孤以慈見年五十九歲

陳天章妻余氏子書紳庠生
陳敬五妻伍氏
陳千一妻吳氏
陳輝玉妻李氏子哲謀
陳萬茂妻宋氏子禩隆
陳鳴球妻黃氏
生員陳紹舉妻雲氏子鰲監生
陳隆先妻葛氏子宗福
陳廷書妻賈氏子松略
陳文龍妻何氏
陳治相妻徐氏子國順
陳席儒妻張氏子德惺
陳禩綱妻王氏嗣子昌惠
陳朝監妻劉氏子定乾
陳佩雯妻余氏
陳懷典妻嚴氏嗣子明灼
陳恢文妻吳氏嗣子貽惠
生員陳　勳妻廖氏子國璽
陳宗煜妻施氏子國舉
陳文智妻胡氏子名有

陳顯周妻姜氏嗣子崇讓
陳崇讓妻楊氏子敉興
陳永相妻程氏
陳宗廷妻何氏嗣子貽松
陳璜正妻張氏子心齋
陳德煌妻李氏嗣子方興
陳庭桂通志作柱妻余氏
陳東萬妻劉氏子席儒
陳廷舉妻馬氏子明祥
陳彥方妻盧氏
陳永松妻葛氏
陳　暉妻張氏
陳德孚妻張氏嗣子萬春
陳鼎山妻盛氏子昌英
陳煥京妻胡氏嗣子育杕
陳啟萬妻傅氏
陳青雲妻賈氏子國學
陳萬順妻董氏子治禮
陳定陞妻王氏子國柱
陳汝清妻余氏嗣子昌灝

陳履廷妻范氏
陳耀堂妻徐氏嗣子開彬
陳國弼妻李氏嗣子保之
陳善治妻李氏子貽銳
陳丹毓妻毛氏嗣子道接
陳茂桂妻彭氏子景容
陳衢亨妻張氏嗣子德祁
陳丹五妻方氏子玫玟
陳燦周妻劉氏子命建
陳濟川妻蔡氏子萬鼎
陳耀高妻余氏子萬相
陳禩柏妻闞氏
陳正常妻王氏
陳步容妻盧氏
陳昌大妻戴氏子隆元
庠生陳鳴珂妻黃氏
陳定初妻程氏嗣子錫銀
陳東洋妻樊氏子定忠
陳多聞妻余氏
陳體忠妻祝氏嗣子明煒

陳國逵妻王氏嗣子定煌
蔣萬遂妻江氏子文元
沈中立妻呂氏儒士又興之女其母節孝兼全氏又青年夫故操勵冰霜一如其母源之清者流必潔斯言信不謬也子道儀六品銜
沈世樾聘妻鎮氏氏名素貞樾病故貞聞訃音自縊死鄉人為立碑墓側後圮壞戴相門募貲重建氏宗人教職銘璜前署貴州糧道樊希棣為之傳石刻猶存
從九楊　鍹妻陳氏乾隆五十九年奉　旨建坊子邦喆監生
楊彩浴妻陳氏年十八適楊甫半月夫殞父憐其無依言語間微露再醮之意氏援刀斷指誓死靡他撫弱姪承宗祧旦夕織紡居積痛翁姑早逝未及孝養置祀田培墳墓是不僅為一身著冰霜之節并為公姑謀血食之資嗚呼可謂孝矣除學憲額獎霜筠勵節

楊盛楠妻吳氏年二十二夫歿見年五十二歲守節三十年子家厚

楊全身妻鄭氏堅貞守節勤苦持家事翁姑曲盡孝養撫嗣子兼備嚴慈嗣子盛繼

楊宗傳妻袁氏夫歿年二十九卒年四十五歲守節十六年家極貧自食其力子慶灼

楊世城妻葉氏青年夫故矢志靡他見年七十有三以子長林貴誥封

楊英華妻熊氏年二十五夫故甘心守義節凜氷霜霜教子嚴事姑孝歿年六十一歲

楊全倫妻黃氏侍奉阿翁孝行純篤堂上繼母能得歡心盡婦職以持家茹茶飲蘗擇義方而教子書荻和丸子盛青監生

楊仕謀妻陳氏二十二歲夫故撫孤成立賢而且孝見年七十六歲子前亮

貞女楊三姑字江未于歸聞夫訃音哭詣江門守貞不字舉動悉中禮法

楊慶黼妻劉氏二十歲夫故憂鬱成病病革立嗣旋卒年二十一嗣子全恕孫斯盛俱庠生

楊開玉妻陳氏嗣子際雍學憲茹額獎

楊西平妻葉氏嗣子開玉學憲茹額獎

楊盛榛妻張氏子家福　楊盛煊妻吳氏嗣子家讓

楊全勷妻劉氏子盛忠　楊起槐妻趙氏子德謙

楊輝祖妻金氏　楊文楚妻鍾氏

楊名爵妻饒氏子邦松　楊肇遠妻吳氏子前鑒

楊兆春妻姚氏子名時　楊闞氏失考

楊鳳美妻廖氏　楊周德妻郭氏

楊肇成妻盛氏　楊運穀妻陳氏子國彥奉旨建坊

楊榮吉妻周氏子奎廷　楊陳氏失考

朱孔武妻劉氏二十三歲夫故歿年五十二歲守節二十九年嗣子其戊

朱調元妻沈氏二十五歲夫故歿年七十歲守節四十五年子其紳

朱調五妻陳氏二十九歲夫故歿年五十四歲守節二十六年子其甲

朱和萬妻程氏子綬一學憲王額獎節孝可風

朱明甲妻何氏子聖萬敕封武信騎尉

朱天鐸妻劉氏十七歲歸朱二十九歲夫故家貧守義以女工度日豐潔養姑自食藜藿歷三十餘年清操凜凜始終不渝嗣子朝先

朱聯城妻章氏夫故匝月殯葬乍畢是夕身穿孝服跪床上投繯以殉

朱宗時妻雷氏二十歲于歸家極貧僅山地二塊氏鋤種以供衣食夫外貿客死柩歸時氏年二十九歲誓不欲生迴憶呱呱在抱遂矢志柏舟飲氷茹蘗撫孤成立卒五十歲子耀全

朱文栗妻甘氏二十九歲夫故歿年八十一守節五十二年學憲孫額獎寒林獨秀嗣子明龍

朱文光聘妻梁氏年十五適朱未婚夫故痛翁姑無子誓不再適飲氷茹蘗事翁姑以孝聞學憲孫額獎氷雪為心見年六十五歲嗣子明鏞

朱懷清妻龍氏二十八歲夫故撫孤子典三成立守節三十二年卒

朱源壁妻章氏二十三歲夫故以身殉

朱占一妻余氏年二十七夫故歿年五十四歲守節二十七年

朱兆山妻劉氏年二十八夫故歿年四十三歲守節十五年

朱光易妻伍氏夫歿勺飲不入口者三日人以老姑在堂勸之始食嗣子宗繼已請入節孝祠

朱俊英妻黃氏　朱錫璉妻梅氏

朱孟然妻魯氏子蔭祥　朱遠明妻沈氏

朱含章妻黃氏　朱瑞先妻余氏子光地

朱洪理妻章氏　朱師睿妻張氏

朱綬一妻黃氏

秦國瑞妻鄭氏十八歲于歸十九歲夫故矢志守義翁姑曲得歡心翁姑歿泣涕幾死因無繼嗣出紡績貲助夫兄國麒娶妻生子正壽即抱養承嗣至今族里稱頌不衰

許　妻楊氏年二十一夫故壽八十而終守節四十九年

許建善妻闞氏

何北臨妻黃氏邑明經胡文健贈坊記云節孝黃孺人者年十八而賦于歸四載失配子弱齡而撫成立五夜耐寒孝養無虧婦以代子詩書有後母更兼師五十四齡之氷霜履而能泰七十五秩之壽算歿也長榮子二燧燦

何像臣妻方氏貞靜自矢孝事翁姑訓子成立風纔九熊子澧庠生

何士林聘妻李氏夫棄世時氏年十六聞耗泣血請母同詣何門哭拜靈前孝服終喪敬事舅姑後以長齋歿世嗣子拱北太學生

何秀甲妻董氏年二十三夫故紡風績月孝順翁姑子大志

何大鰲妻方氏十八歲于歸二十八歲夫故見年七十九歲守節五十二年嗣子廷錫

何廷魁妻顧氏年二十四夫故守節四十年歷艱辛不易其操子安貴

何文烈妻朱氏子秀三武生　何理廷妻鄧氏子大武

呂懷玉妻章氏二十八夫故歿年八十八歲撫憲額獎氷雪貞操嗣孫澍臣貢生

呂繼伯妻鄭氏子國新

施學聖妻袁氏十九歲夫故矢志守節歿年八十一歲守節六十二年

施顯聲妻徐氏孫貽楠職員曾孫以高武生

施璜玉妻余氏子貽托監生宥五庠生

施訓恭聘妻胡氏氏十歲童養於施十八歲未婚夫故安貧守志數十年紡績奉姑姑年至八十餘生有三子均故乏嗣零丁孤苦氏以媳道而兼子道養生送死情實堪憐

施訓芳聘妻李氏氏十二歲養於施十七歲未婚夫故誓死守節謹執婦道初伴姑一室寢處姑歿又伴祖姑相依為命晚年子媳俱無僅存氏身紡績勤劬養生送死嗣子常桂

施曆祥妻曹氏夫歿兩年餘母家憐其貧勸其改適氏聞之悲甚即轉夫家自經死後以夫弟子某承嗣

施周樹妻王氏子雲谷　施燕五妻黃氏子貽蘭

施昌海妻鄧氏嗣子貽璋　施容萬妻陳氏子訓壽

施壽山妻徐氏嗣子訓炳　施允恭妻朱氏子常意

施貽方妻方氏子訓坤　施象平妻黃氏子訓茂

施德昭妻王氏子常基　施秦五妻盧氏嗣孫訓業

施貽傑妻余氏

張兆釁妻董氏道光二十三年詳報司批看語賦性幽閑持躬淑慎悲黃鵠之早寡誓欲身殉念白髮之無依勉承孝養事姑嫜而供甘旨教兒孫以紹書香嗣子應樞已亥舉人候選知縣

張兆泮妻丁氏道光二十三年詳報司批看語秉性端嚴持躬淑慎正相莊夫鴻按忽抱痛於鸞分事親則孝養無虧教子則義方是訓守節四十八年見年七十五歲子應齡國學生

張兆甡妻吳氏道光二十三年詳報司批看語持躬淑慎賦性堅貞夫歿姑哀封髮矢靡他之志子繩孫墊貞心啟繼序之傳嗣子應禎

張大恩妻陳氏年二十五夫故貞節自守歷久益堅

張輝宇妻佘氏學憲額獎節孝純篤

張景園諱成春妻周氏十九歲于歸二十歲夫故見年七十六歲守節五十六年旣節且孝更賢而慈學憲方額獎嗣子肇舉貢生

張　倫妻吳氏氏結縭後夫郎往貿所閱八月凶耗至氏慟哭幾絕家人急持之遺腹生子咸德又不永年氏命安不猶雖貧不自存惟藉女工爲資生計年八十餘飲冰茹蘗晏如也邑人士廉其行呈請學憲沈飴原先生旌其門曰貞壽延徽鳴呼足以風矣

張庚世妻葉氏十七歲于歸二十三歲夫故見年七十三歲學憲朱額獎節烈堪欽

張縉先妻萬氏青年苦節堅貞不移越十有五年積憂成疾卒嗣子達均

張應禎妻胡氏矢志守節孝奉孀姑撫姪承祧教育成名嗣子嗣先庠生

張應楷妻胡氏苦節可貞賢聲聿著撫姪孫達銘爲嗣

張殿先妻佘氏孝廉璟之孫女儒童卜梁次女也于歸三月即失所天晝夜哭泣屢欲自盡家人防守之洎七七既終佯釋戚容告姑乞假歸甯母勸慰之惟首頷而已適値雨夜乘間潛起寘履屋後門内啟而出直赴水死鳴呼如氏者可不謂舍生取義者歟嗣子達衢

張安邦妻毛氏年二十夫故自縊以殉

張國士妻陳氏年二十二夫故奉姑以孝姑病常侍左右湯藥不假人手卒年四十三歲嗣子爲馥

張體明妻胡氏二十二歲夫故歿年六十一歲嗣子正立

張春華妻樊氏年二十六夫故歿年八十二歲計守節五十六年子遐年

庠生張振聲妻呂氏年二十九夫故歿年八十四歲嗣子肇秉孫兆先庠生

張肇煥妻汪氏年二十六夫故歿年六十歲子開第二十五歲卒媳鎮氏同志苦守

張成舉妻陸氏年二十四夫故歿年七十四歲守節五十年嗣子福田邑庠生孫鑑明庠生

張春芳妻李氏二十一歲守節養姑立嗣綽有賢聲歿年五十八歲

張兼吾妻劉氏二十五歲夫故孝事舅姑撫子成立見年五十五歲子挹清

張亶城妻劉氏二十二歲夫故歿年五十六歲守節三十四年

張光宗妻黃氏學憲王額獎節孝可風子大福

張開泰妻殷氏二十歲于歸三十歲夫故歿年六十六歲子之剛監生孫德元象吉均武生

張斐然妻王氏十九歲于歸二十八歲夫故勤績紡習女紅以供衣食見年七十五嗣子肇謙

張成名妻郭氏年二十六夫故歿年六十五歲嗣子肇敦監生

張　伸妻王氏夫故家貧苦志守義撫子兆智嚴慈兼盡

張德廣妻佘氏年十八歸張夫幼瞽目家極貧佘事上孝待夫敬撫子慈惟藉女紅作生活計閱七年而夫卒時氏年二十五矢志守節族里無不欽敬見年七十二歲子春明

張開泰妻劉氏素嫻內則頗識之無于歸二年夫染病篤乃自作表禱天願以身代及卒柏舟矢志歷數十寒暑有如一日子友松職員

張定意妻佘氏年二十七夫故恪守婦道姑染瘋症數載言動失常氏奉湯藥誠孝肫摯撫姪承祧恩勤倍至見年五十一歲

張兆鳳妻侯氏氏山東曹縣人翁達川向貿是邑因爲鳳媒聘焉年十六于歸二十三歲夫故痛上有衰翁下無弱息隻身扶夫櫬歸里葬畢翁亦卒於山左甫聞訃音即匍匐奔喪迎翁柩於二千里外跋山涉水勞瘁不堪其他懿行俱稱是君子是以多其節而又嘉其孝也子應亨

張承基妻李氏年二十一夫故歿年七十五歲守節五十四年嗣子國掌

張希賢妻劉氏年二十八夫故歿年七十六歲守節四十八年
張用孚妻黃氏年二十四夫故見年七十九歲已守節五十五年子邦煜
張元漢妻鍾氏夫故守節杜門不出貞靜之德內外無間嗣子正芳貢生
儒士張象之妻李氏年三十夫故家貧守節卒年六十二歲子成憲歲貢候選訓導
張克揆妻鄭氏二十歲于歸二十六歲夫故歿年七十九歲嗣子成連
張克泮妻胡氏二十歲于歸二十六歲夫故見年七十九歲子成賢
張首一妻劉氏二十六歲夫故家赤貧茹苦完貞歿年八十六歲計守節六十年嗣子應魁
張占魁妻劉氏二十四歲夫故矢志不貳歿年五十九歲守節三十五年
張際時妻黃氏二十四歲夫故養孀姑立嗣子孝義兼盡見年六十六歲
張魯城妻孟氏二十八歲夫故孝義兼全見年五十九歲已守節三十一年

張魁賢妻胡氏年二十九夫故姑老子幼苦志勵節孝上慈下族里咸稱卒年八十八歲
張胡氏生員張達祖之母
張哲先妻鄭氏二十歲于歸咸豐壬子冬粵匪過境痛夫被擄積憂成疾越三月嘔血死
張希顔妻何氏青年守義玉潔持身壽登八秩節過五旬子士林
張士艮妻周氏十九歲夫故家貧僅地二塊親鋤度日矢志柏舟嗣子文龍
張旣鎔妻黃氏二十八歲夫故歿年六十五歲守節三十七年
優增生張應培妻闞氏孝事翁姑慈撫孤子清苦自守歷久彌堅子覺先邑庠生
張應禱妻楊氏溫柔成性勤苦持家子法先
張景福妻樊氏年二十八夫故歿年四十三歲守節十五年子緋一
張鉅源妻陳氏年二十三夫故守節見年七十二歲子君式

張敬之妻廖氏子道政　張大勳妻白氏
張孔喜妻陳氏嗣子孟象　張京緒妻吳氏嗣子秀昆
張宗林妻鄧氏嗣孫儒品　張岐山妻侯氏
張滕文妻石氏嗣子玉舟　張兆景妻庹氏嗣子應傑
張連春妻鄭氏子斯墉　張鳴鳳妻華氏
張應瑞妻黃氏　張學達妻章氏
張巨川妻王氏嗣子儒蔭　張毓錕妻劉氏子抱清
張毓鈖妻胡氏嗣子樹清　張秀葂妻李氏嗣子寶初
張鼎和妻胡氏嗣子舜臣　張昌基妻余氏
張大珍妻雷氏子光泰　張華廷妻王氏子世德

張卓爾妻鍾氏子文福　張成美妻周氏子廷楝
張席文妻阮氏　張從先妻蘇氏子茂亭
張壽岷妻周氏　張文禮妻陳氏子世經
張開泰妻彭氏子世富　張天純妻劉氏子廣應
張明時妻董氏子文彬
孔京耀妻陳氏年二十夫客死他鄉氏聞訃音誓志孀守績紡自供杜門不出計守節五十餘年族里咸欽之
曹慶堂妻李氏學憲額獎節孝可風子必文
曹充實妻周氏二十八歲夫故歿年八十三歲守節五十七年子某二裔孫輩入膠庠貢成均列賢書者不一其人足徵善報

曹復華妻余氏嗣子必純庠生　曹魁士妻施氏子寅恭
曹聖書妻章氏子邦超　曹寶元妻熊氏嗣子江承
曹茂才妻佘氏嗣子必琳　曹萬鎰妻施氏嗣子必翔
曹治玉妻施氏嗣子必宣　曹俊功妻丹氏子福益
曹秉功妻施氏子娩美
嚴梅友妻余氏懷清履潔孝而能慈嗣子翰元監生
嚴國明妻陳氏十九歲于歸越三載夫故貞靜自守氷雪爲心事翁姑以繼夫志撫孤子以承
宗祧道光八年呈報學憲王額奬節孝可風子新景
嚴新紀妻黃氏夫歿時哭泣盡哀一俟殮訖卽閉門自縊以殉
嚴鼎臣妻余氏柏舟矢志孝敬無虧子元郅監生

嚴啟宇妻熊氏子名怡　嚴鳳舞妻熊氏嗣子元彬
嚴敦遠妻曹氏子元遜　嚴元遜妻朱氏嗣子會詩
嚴爲山妻余氏嗣子元義　嚴用賓妻黃氏嗣子新繼
金世亭妻魏氏子洪源學憲朱額奬節孝可風
金崇志妻田氏清苦守節初終不移孝慈曲盡可爲女師子慶澤
金建亭妻段氏二十七歲夫故遺一子慶淵針黹撫養不愧所天
金臣五妻劉氏十九歲于歸二十五歲夫故見年六十歲巳守節三十五年孝養翁姑熊九訓
子松柏之操鄰里共式子春甫
金汝礪妻劉氏二十九歲夫故守節二十七年卒子藎臣
金應斗妻艮氏子純忠　金耀堂妻夏氏

魏篤三妻涂氏二十五歲夫故卒年八十巳旌撫院胡額奬節孝可風嗣子鵬
魏維周妻陳氏年二十二夫故卒年八十一巳旌學憲王額奬守身爲大子邦炳
廩生謝登魁妻余氏年二十八夫故歿年六十八歲矢志守節撫姪承祧教之成立嗣子
日烜
謝英恒妻胡氏二十歲夫故矢志氷操四十年如一日
謝正德妻孫氏年二十四夫故守節歿年六十歲嗣子登相
謝登堂妻涂氏年二十七夫故守節歿年七十歲嗣子日成
謝日章妻汪氏年二十八夫故守節歿年五十八歲嗣子名琮
謝禮豐妻李氏
鄒世光妻張氏年十八于歸未二載光往西蜀五通橋尋父旋歿氏矢志守節事姑孝歿年六

十八歲合族贈額氷雪雙清嗣子盛錫
鄒萬年妻萬氏年三十夫故見年七十八歲守節四十八年合族贈額甲庚懷清子宗仁
章六雅妻竇氏年二十四夫故家極貧晝則採薪夜則紡績上奉老姑下撫繼嗣孝敬無違仁
慈亦著
章顯達妻陳氏學憲王額奬砥節懷清嗣子啟椿
章啟松妻高氏學憲王額奬節孝可風嗣子宏英
章品烈妻孔氏十七歲于歸二十八歲夫故冡婦盡子職始終不衰子廳清廳蘭俱庠生
章南岡妻陳氏十九歲于歸二十三歲夫故苦志勵節教子成人見年七十二歲子惟江
章用九妻胡氏年二十四夫故子一名振武娶媳陳氏僅三載而振歿以族姪承之又卒旋擇
而繼之姑媳氷霜矢志金石同心節婦中最苦亦節婦中最難者也

章仲端妻楊氏敎職章開第曾祖母舉人章列侯太高祖母也好善樂施純孝無虧姑病嘗糞
賢母之遺
章應錦妻胡氏子在陽　章瑞五妻佘氏嗣子普因監生
章芳春妻石氏家貧守節　章裕泰妻魏氏苦志撫孤
雲　某妻白氏學憲王額獎節孝可風子宗伊
蘇惠疇妻張氏年二十四夫故歿年六十八歲守節四十四年道光壬午春奉　旨建坊嗣子
萬年武生
蘇萬欽妻劉氏年二十七夫故歿年七十二歲家貧苦守計四十五年
蘇宏祚妻胡氏嗣子遠蔭
潘達四妻劉氏二十六歲夫故歿年七十五歲守節四十九年子世芳

潘必達妻劉氏年二十七夫故守節三十五年學憲王額獎節孝可風子世傑
潘在泮妻黃氏年二十五夫故歿年七十歲守節四十五年子應枞
潘可箴妻佘氏年二十四夫故守節見年七十五歲子應熙
庠生潘拔桂妻董氏年二十九夫故歿年七十三歲守節四十四年子世琪
潘宜仁妻李氏年二十五夫故歿年六十八歲守節四十三年嗣子世琇
潘昇陽妻曹氏年二十七夫故歿年七十七歲守節五十年子應節
潘長春妻陳氏年二十九夫故見年七十九歲已守節五十年子應芳監生
潘彬如妻胡氏年二十六夫故歿年五十四歲守節二十八年
潘曦華妻孫氏年二十六夫故歿年七十四歲守節四十八年
潘祥雲妻錢氏年二十九夫故守節歿年七十六歲子邃文職員

潘重夏妻李氏　潘昌壇妻程氏
潘必傑妻閻氏嗣子世璧　潘必偉妻李氏嗣子世秀
潘成名妻譚氏
葛勝宗妻邸氏年二十四夫故遺腹生子賢俊歿年六十三歲學憲王額獎砥節懷清
文廟齋奏廳葛毓秀妻徐氏年二十八夫故矢志守節事翁姑生養死葬均盡禮
撫姪效梁爲嗣視如己出歿年六十歲守節三十二年
葛海晏妻周氏庠生葛天民之母年二十守節茹荼飲蘗憑女紅送子讀書歿年七十歲咸豐
八年胡中丞彙案請獎奉　旨建坊
葛會佳妻高氏年二十三夫故守節現年七十歲子世坤
葛金山妻鄢氏嗣子開祥

范燦章妻張氏年二十八夫故見年六十歲已守節三十二年
范席元妻李氏嗣孫名怡　范映山妻陳氏
范秀章妻黃氏嗣子年康　范貞謨妻陳氏
彭會林妻周氏年二十夫故苦節自守言笑不苟事舅姑曲盡孝道見年五十七歲子安敦
孝女彭榮姑光庭之女兄弟俱亡姪幼女誓不嫁終養父母已旌
彭至嘉妻周氏　彭慎修妻孫氏
彭運齊妻佘氏　彭登雲妻王氏
彭鶴鳴妻馬氏
方典章妻余氏年二十四夫故苦志守節撫子華庵以養以敎俾至成立道光十年邑紳臚列
節孝各事蹟聯名請獎奉　旨旌表邑進士周滙宗題貞吉二字額贈之

方承第妻何氏于歸五載生子一僅四月而夫亡氏欲泣幾絕誓死以殉轉念姑老子幼遂稱未亡人采訪贊云古井無波瑤池積雪敬姜之勤共姜之節烏鳥輸情熊丸佐讀巾幗流徽式型戚族子家齊候選縣丞

方官德妻王氏年二十三夫故家貧紡績爲生茹荼飲蘗歿年八十七歲計守節六十四年嗣子承榜

方道充妻周氏年二十七夫故遺孤承譜旋殀撫夫弟孫念祖承嗣氏歿年七十七歲

方耀遠妻汪氏年二十八夫故以夫兄子道鳴爾祧承嗣守節三十六年田無升合食蓼茹荼氷玉同清一行不苟

方遜習妻許氏十九歲于歸廿五歲夫故家貧苦守紡績營生杜門不出言詞不苟歿年六十三歲子掄升

方錫六妻汪氏十八歲于歸二十四歲夫故生一子早殀歿年六十八歲端莊淑慎清潔如氷嗣子道立

方彩瀾妻劉氏十九歲于歸二十三歲夫故終舅姑之天年道克全子撫嬰兒以成立教則兼夫見年五十歲守節已三十六年子開雲職員

方正傳妻王氏年十九夫故見年七十一歲清苦自守人無間言嗣子道高

方首明妻劉氏年二十于歸二十九歲夫故卒年八十歲學憲王額奬貞徽壽世

方清溪妻錢氏卒年五十四歲守節三十年同治間學憲張奬以匾額子承魁

方道隆妻余氏年十五于歸數月夫遠出杳無音信時姑歿翁存勤紡績供養無缺及翁下世殯葬盡禮宗族稱孝見年六十三歲貞信自守始終不渝可謂難矣嗣子承瑞

方紹庭妻向氏二十八歲夫故青年守志白首不渝壽屆七旬族里贈以勁節長春額歿年七十三歲守節四十五年子亡厚

方道該妻萬氏　方惟哲妻庹氏嗣子大禮

方宏運妻潘氏子鍾亮　方兩一妻王氏嗣子成全

方以和妻曹氏嗣子道模　方春茂妻廿氏嗣子成春

方道榮妻楊氏嗣子承文　方玉峯妻楊氏

方瑞珍妻余氏子朝君　方佳城妻徐氏子元春

方道剛妻陳氏子承洋

廩生袁思樂妻劉氏年二十九夫故矢志靡他卒年八十四歲守節五十五年嗣子光銓

袁東軒妻顧氏夫歿年二十一卒年九十一歲守節七十年學憲王額奬節比松筠姪孫庠生定海有贊子清漣職員孫定河庠生

袁光鏡妻童氏夫歿年二十七卒年四十三歲守節十六年矢志撫孤阨窮堪憫撫憲胡額奬操勵松筠子定漢

袁異堅妻胡氏年二十四夫故卒年六十五歲守節四十一年勵志撫孤始終如一子光鈺

袁方伯妻王氏夫歿年二十五卒年五十四歲守節二十九年姪孫庠生定海有贊嗣子光祿

袁起漢妻鄭氏夫歿年二十九卒年九十六歲守節六十七年矢志撫孤孝養不缺子騰九

袁光華妻周氏年二十九夫故卒年七十三歲安貧苦守教子有方撫憲胡額奬氷清玉潔子定宣

袁光峯妻錢氏年二十九夫故卒年六十九歲女紅自給阨窮不怨子定霖

袁光鎮妻鄭氏年二十九夫故現年七十二歲柏舟矢志氷雪爲心撫院胡額奬守身爲大嗣子定藻

袁光海妻甦氏年二十五夫故守節孝事翁姑慈撫嗣子歿年七十二歲子定法

袁光文妻匡氏年二十六夫故守節孝養翁姑紡績自給卒年五十六歲子定福

袁光松妻陳氏二十二歲夫故勤儉治家紡績度日見年七十三歲子定祿

袁定濟妻劉氏庠生立鈫胞姊夫亡之夕觸棺就死家人救免明日服毒死撫憲趙表之云心同鐵石志比氷霜當時深痛夫亡撫膺嘔血越日不愛人勸服毒捐軀夫弟郡庠生定河贊曰氏志何堅氏心何苦義至一身名留千古我知其雖死猶生不與草木同腐時年二十有七道光二十五年冬月奉旨旌表

袁壽康妻徐氏子宗慶

鄧位東妻毛氏

唐道遠妻辜氏年二十八夫故歿年五十六歲守節二十八年

唐漢武妻黃氏二十六歲夫故閱兩月遺腹生子事邁病繼姑貧而能孝姑歿躬營窀穸葬之道光二十年學憲方題贈砥節懷清同治四年蒙撫憲胡彙報奉旨建坊卒年八十九歲子晃英監生孫維宇監生有才庠生唐相職員曾孫林立食報不爽也

唐隆瑚妻馮氏嗣子煥章職員

唐隆文妻祝氏子宗蔭

唐中元妻劉氏子心全

唐展萬妻賈氏嗣子勝魏

雷昭湛妻王氏三十歲夫故家貧苦節子煥亭

雷煥亭妻徐氏二十二歲夫故守節子動點

雷動點妻黃氏十七歲于歸閱兩月夫故柏舟矢志氷雪盟心事孀姑克全孝敬累世清節族里咸欽重之

雷文煜妻朱氏二十八歲夫故家貧立志撫孤旋殤積憂成疾卒年六十九歲

雷世傑妻胡氏青年夫故清苦守節孝事阿姑人咸欽之

雷國屏妻顧氏二十歲于歸閱二載夫故家貧苦守歷三十年如一日

雷文魁妻李氏二十二歲夫故無子自經以殉

雷魁士妻彭氏

雷煥錦妻袁氏

雷騰蛟妻李氏

雷從先妻董氏嗣子祖錫

雷光國妻汪氏子昭壽

雷萬儒妻喻氏

殷禮元妻李氏年十八于歸二十二歲夫故見年六十三歲嗣子世煥

殷心田妻張氏年十九于歸二十六歲夫故歿年六十一歲以嗣子世煥兩祧

殷甘霖妻徐氏

羅名彝妻施氏

羅名標妻施氏子文韜

羅文斗妻江氏子世讓

羅揩遠妻楊氏

羅源遠妻熊氏子文樸

羅學連妻程氏子開明

羅開明妻朱氏子新祥

郝景陽妻鄭氏

郝正鰲妻陳氏子松茂

郝逑桂妻余氏子成坤

伍壽廷妻陳氏奉旨旌表入節孝祠嗣子照遙

伍慶廷妻袁氏年二十五夫故生一子家貧屢欲自經家人勸止勤苦守義人無間言

伍春山妻余氏

余席東妻黃氏鮑學憲頒獎子志道貢生

監生余班圖妻饒氏松筠勵節氷雪爲心子準齊監生

余瓊圃妻劉氏柏舟矢志孝養無虧子覺軒監生

余祥輝妻涂氏二十二歲夫故茹蘗飲冰翁姑祖姑並在堂朝夕奉養皆得歡心子光起議叙承德郎孫緒忠邑庠生

余卜相妻蔡氏二十五歲夫故守節見年六十一歲

余明譜妻郭氏貢生余黌之母于歸三載夫故上事六旬舅姑下撫八月孤兒貞順不移歷數十年如一日孫卜昇太學生卜藻庠生

余紫園妻樊氏痛夫病故自縊以殉子光華監生

余協興妻曾氏夫故守義以撫遺孤越年餘孤殤遂閉門不食死

余大崑妻汪氏崑家貧遠貿僅山地數畝氏勤勞紡績徹夜不寐嘉慶七年歲大祲氏鬻簪珥易米粟奉翁姑自食糟糠日不得一飽翁歿喪葬盡禮姑苦目疾氏以舌舐目漸愈姑又患瘋癱服事扶

持浣濯污穢無難色歷七年如一日子三先模先楚先棠

余懷晏聘妻楊氏氏未于歸聞夫身故奔喪守義竭力事姑生養死葬均盡禮焉

余梯雲妻劉氏年二十四夫故矢志苦守二十餘年未嘗見齒每祭祀必有哀慘之容見年六十七歲嗣子文恭

余淦英妻甘氏二十六歲夫故孝事翁姑節操不移子鶴齡太學生

余雲峯妻李氏二十八歲夫故歿年七十九歲清節爲秋白首不改子一儀

余懷遙妻章氏年十九夫故家貧苦守族人憫之每歲給公穀四石守節五十餘年

余卜潤妻闕氏三十歲夫故守節蒙恩旌表子一壎

余敘炳妻車氏年二十九守節九十七歲卒子喬松已旌

余溶川妻易氏年二十二守節七十七歲卒嗣子國鐸已旌

余見賓妻黃氏年二十五守節七十二歲卒子尙選已旌

余東美妻陳氏年二十五守節七十二歲卒嗣子國秋

余鳳翔妻劉氏年二十六守節六十三歲卒子尙孚已旌

余濟川妻郭氏年二十八守節七十八歲卒子尙平已旌

余國壽妻秦氏年二十七守節六十七歲卒子明昭監生

余元本聘妻張氏未婚夫故聞訃奔喪矢志守貞歷數十年如一日歿年五十二歲

余一桂妻陳氏年二十六故家事窘廹氏矢志靡他以女紅孝奉翁姑翁姑歿變服飾爲葬貲族里賢之已守節三十七年

余將仕妻李氏二十七歲夫故守節卒年七十歲子一芳

余光先妻羅氏二十七歲夫故守節卒年七十三子一敬

余宣綍妻茹氏年三十守節五十七歲卒子明昭監生

余教之妻孫氏年二十四夫故清貞自守歷七十年如一日子里讚

余兗書妻李氏茹苦食辛冰清玉潔子經利

余藝亭妻唐氏夫歿子幼家無長物氏冰雪爲心事舅姑益虔勤紡績奉盤匜十數年苦而彌貞姑歿慟哭幾絕葬祭盡禮厥後子孫繁衍鄉里以爲節孝之報子翔谷孫國聘貢生

余開瑤妻鄧氏年二十夫故家徒四壁矢志靡他耐勤苦勤紡績終堂上之養撫遺孤以有成閭里稱其賢年六十卜贈額表之

余定豪妻周氏夫故家極貧舅姑又早即世氏零丁孤苦惟恃紡績以供衣食撫孤子并夫幼弟俾至成立見年八十歲子二長占元次春暹監生

余文煥妻施氏家極貧苦堅守不移撫姪經練爲嗣視如己出教養曾無懈意

余宏聲妻饒氏孝慈兼至苦節可貞子卜秀監生
余理臣妻陳氏上庠生陳貢墀女歸余兩載生子不育夫病故號泣莫解誓與同穴族人勸之曰姑寡年邁定省乏人汝舍而去於心安乎氏於是稱未亡人與姑相依爲命擇夫堂弟子承志嗣其後節孝誠有不容沒者
余呈瑞妻胡氏年二十六夫故守節見年七十歲子一清
余陽照妻鄭氏夫故子旋歿與媳侍奉邁姑姑卧病在床醫藥罔效氏夜禱竈前割股以進姑病愈壽至九十而終葬祭盡禮族里均稱其孝誠巾幗中丈夫云
庠生余階平娶李氏于歸後舅歿姑存克體夫孝敬之心左右就養二十餘年凡瑣屑事階平所未及知不使爲者氏皆先意承志隨時隨地奉事咸宜今雖歿世宗族鄉黨猶稱道勿衰云子二冰銜燭東俱邑庠生

余肇周妻陳氏年二十八夫故無嗣撫姪一忠兩祧承嗣撫憲胡題贈節比松筠額
余拱安妻呂氏　余有容妻孫氏
余大煜妻涂氏　余克明妻吳氏子一鬨
余伯祥妻方氏子一進　余均治妻甘氏嗣子卜芝
余朝轅妻柴氏　余首才妻殷氏撫姪孫承嗣
余明德妻羅氏撫姪孫爲嗣　余春園妻曹氏
余振鈞妻劉氏嗣子明德監生　余繼壽妻張氏子光儉
余繼椿妻劉氏嗣子光藻　余爾加妻劉氏嗣子懷喜
余步遷妻章氏　余洪安妻呂氏子光昱
余武賢妻張氏子顯棟　余丹幹妻唐氏子國亭

余振緒妻李氏　余光達妻洪氏子雲章
余聖典妻茹氏子光含　余尚保妻郭氏
余大勳妻洪氏子明珠　余炳光妻董氏子紫品
余振一妻顧氏子景春監生　余紫園妻秦氏子文淙
余光廷妻施氏子大龍　余德新妻汪氏嗣子志梅
余經遠妻李氏　余繼椿妻熊氏嗣子元藻
余啟明妻黃氏子一經　余集南妻胡氏子里祥
余極茂妻戴氏　余文鏡妻鄭氏子學淶
余斑文妻陸氏　余泮泉妻毛氏嗣子兩含
余卜珠妻陳氏　余文彩妻孟氏子學仁

余尚坤妻饒氏嗣子文成　余蒞中妻鄧氏子緒元
余會雲妻楊氏子光廷　余輔章妻萬氏嗣子聖言
余桂林妻葉氏子一暹　余粹生妻萬氏子承典
余日新妻陳氏　余顯爵妻姚氏
余錫如妻鄭氏　余懋修妻劉氏子光藻
余開泰妻劉氏子國剛　余鹿一妻鄭氏子超斯議敘八品
余鵬飛妻程氏元孫懷恕貢生　余東明妻孔氏子運惠
余文新妻袁氏子學志　余泮元妻毛氏嗣子學潤
余蟥北妻饒氏嗣子文啟　余志盛妻謝氏子大典
余超士妻萬氏嗣子承先　余先達妻盧氏子德宣

余成章妻馮氏子榮育監生
余茂融妻彭氏
余常都妻涂氏
余欽安妻黃氏
余尚茂妻徐氏子歲畧
余文獻妻洪氏
余盛唐妻洪氏子明照
余寶廷妻陳氏青年守節見五十六歲子經壽
顧采芹妻王氏節苦志堅孝慈兼盡子世景
顧相國妻劉氏子連
顧朝冠妻吳氏子世宏
顧承泮妻王氏子州當
顧承明妻吳氏
孟良康妻余氏
孟相材妻何氏子常青
孟常青妻嚴氏子時翥
黃憲萬妻王氏夫遠貿姑患痿痺氏負行哺食朝夕梳洗二十年不衰

黃承八妻陳氏二十七歲夫故遺腹生子境況艱難撫孤成立辛苦備嘗卒年七十一歲守節四十四年子烺甲庠生
黃以平妻李氏二十九歲夫歿卒年六十九歲守節四十年
黃道待妻劉氏三十歲夫故歿年五十九歲守節二十九年
黃可亭妻劉氏二十五歲夫故歿年六十一歲守節三十六年
黃福凝妻游氏二十八歲夫故歿年七十九歲守節五十一年
黃福基妻董氏二十七歲夫故見年六十八歲已守節四十一年
黃鯤浴妻劉氏二十八歲夫故歿年四十七歲守節四十七年
黃瑞建妻周氏二十五歲夫故歿年七十二歲守節四十七年
黃中林妻李氏二十六歲夫故見年七十二歲已守節四十六年

黃顯揚妻周氏二十九歲夫故歿年六十九歲守節四十年
黃殷士妻張氏二十六歲夫故歿年六十一歲守節三十五年
黃卓成妻陳氏二十五歲夫故歿年六十七歲守節四十二年
黃聖衡妻李氏二十六歲夫故歿年八十七歲守節六十一年
黃玉柱妻劉氏二十八歲夫故歿年七十三歲守節四十五歲
黃恒盛妻萬氏二十二歲夫故歿年七十四歲守節五十二年
黃時美妻陳氏三十歲夫故歿年五十二歲守節二十二年
黃蔭林聘妻陳氏蔭林年二十親迎有日驟病卒氏聞訃慟絕而復甦泣稟父母守貞於黃撫夫兄子國昌爲嗣見年七十歲昌補河南寶豐典史由寶豐縣學申報請旌奉旨建坊
黃宏仁妻劉氏年二十四夫故守節見年六十一歲子勝景

黃士春妻周氏年二十夫故守節歿年七十歲嗣子明松
黃重致妻劉氏學憲方題贈冰霜永勵
黃希賢妻陳氏三十歲夫故歿年六十五歲守節三十五年學憲洪額獎貞懿垂風
黃雲珂妻孫氏道光丙戌年學憲王額獎
黃用和妻周氏道光乙巳年學憲朱額獎
黃一金聘妻萬氏幼字黃未笄夫故父母早逝誓不他適與叔嬸相依歿年七十四歲守貞五十四年學憲王額獎守貞至孝
黃寶希妻周氏年十八于歸二十歲夫故見年六十一歲事姑至孝姑歿依母守志子萬佑
黃南楷妻李氏年二十九夫故歿年八十一歲守節五十三年
黃肇春妻胡氏年二十四夫故歿年七十五歲守節五十一年

黃一淦妻周氏二十一歲夫故歿年六十一歲守節四十年道光乙巳年奉旨建坊名公均有題贈子萬杰貢生

黃天韜妻楊氏二十一歲守節卒年七十二歲無子學憲江題贈翠柏凌霜額

黃天信妻高氏青年守節白首不渝子庭訓庭爵俱庠生

黃開萬妻吳氏年二十五夫故歿年七十二歲守節四十七年子國祥

黃自文妻雷氏年二十六夫故無子守節五十六年學憲王題贈節操松筠額

黃紹楹妻廖氏年二十一夫故茹荼自苦矢志靡他事阿姑孝敬姑歿悲傷號泣葬祭盡禮里黨皆欽慕焉卒年六十六歲

黃愈一妻段氏年二十二夫故家貧苦守撫孤成立嚴慈兼施

黃河圖妻廖氏年二十二夫故家貧守義孝事翁姑撫子成立

黃世壽妻龍氏年十八于歸二十六歲夫故見年五十歲子承教

黃及時妻董氏年二十三守節歿年七十五歲侍郎雷以誠題贈節壽恒春額子錦門太學生

黃天極妻艾氏年二十五夫故遺孤子庭賢不幸又殞撫孫成立辛苦備嘗

黃庭文妻王氏夫歿守節三十餘年子繼蔚

黃觀仁妻熊氏年十九于歸二十一歲夫故矢志守節善事舅姑內外無間言撫夫兄子懋和

黃慎安妻鄭氏二十一歲夫故歿年七十守節四十九年學憲俞額獎操勵松筠子承德爲嗣愛如己出歿年四十九歲守節二十八年

黃錦湘妻王氏　黃魁廷妻祝氏嗣子名榜

黃殿臣妻江氏嗣子雅詠　黃從仁妻鍾氏

黃一淇妻張氏嗣子萬來　黃金典妻余氏

黃光瑍妻李氏　黃敦典妻孫氏嗣子以文

黃珊洲妻王氏子河彬　黃宗彝妻張氏嗣子麗生

黃智慧妻江氏　黃誠忠妻汪氏子華封

黃文高妻施氏　黃龍文妻王氏子公衡

黃文珍妻王氏　黃占鰲妻萬氏遺腹生子

黃萬春妻徐氏子海晏　黃希聖妻郭氏嗣子之駿

黃先祥妻張氏嗣子紹鈞　黃恒儒妻陳氏

黃玉生妻孫氏　黃式善妻石氏

黃韞輝妻鄒氏子懋璧　黃承甲妻闞氏子榮山

黃華玉妻曹氏　黃作棟妻饒氏

黃達從妻朱氏　黃忠艮妻余氏

黃自賜妻劉氏　黃以臨妻殷氏

蕭懷慎妻劉氏咸豐二年夫故見年六十二歲子其宏

姚唐英妻饒氏年二十六夫故家貧苦守卒年八十九歲學憲王額獎節孝可風子清芝

姚光宏妻胡氏年二十三夫故守節撫夫弟光泌子天秀爲嗣

姚光沾妻高氏年十八于歸二十五歲夫故見年五十三歲已守節二十九年

姚光沾祧妻方氏年二十三夫故見年五十一歲已守節二十七年

姚光溢妻林氏年十七于歸二十六歲夫故見年七十二歲守節四十六年子天錫

姚德彬妻鄒氏子傳燮　姚天毓妻徐氏嗣子德昭

姚天貴妻陳氏　姚德敷妻胡氏

邵祚巖妻錢氏年二十七夫故卒年五十六歲貧苦守節二十九年嗣子自信

汪祖傑妻余氏庠生余尚靖女夫故年二十五歲遺腹生子訓子氏矢志撫孤課讀維嚴奉侍祖姑並翁姑極盡孝養始終不倦現年六十三歲守節三十八年

汪祖蔭妻余氏　汪定謀妻胡氏子宗繩

汪祖孚妻李氏　汪紹志妻余氏

汪紹準妻李氏　汪大瑚妻杜氏嗣子浨華

汪敦學妻金氏子志仁

毛茂林妻江氏青年矢志教子成名節孝可風巾幗完人子鳳喈庠生

毛思剛妻余氏學憲王額奬節孝可風嗣子恢鳶

毛思孟妻程氏夫故守義節孝兼全學憲王額奬勁節榮春

毛帝書妻盧氏學憲吳額奬節孝可風子宗修

毛廷爵妻盧氏學憲王額奬彤管流芳子宗慶

毛重九妻余氏夫故無子矢志守節嗣子瑞麟庠生

毛恢烈妻余氏年二十五夫故歿年五十六歲守節三十一年詳請旌表子宗恩

毛恢瑛妻李氏年二十八夫故見年七十三歲守節四十五年詳請旌表嗣子宗庚

毛雨亭妻劉氏年三十夫故歿年六十八歲守節三十八年詳請旌表子品堅

毛聯甲妻陳氏年二十四夫故家貧苦守撫孤成立歿年六十一歲撫憲胡題奏蒙恩旌表家乘有傳賛子宗燦太學生

毛榮光妻陳氏二十四歲夫故家貧守義撫孤成立見年七十歲子宗霖

毛思輔妻鄧氏子恢顏　毛常藻妻鎭氏子思格

毛垂青妻夏氏子宗成　毛鳳侶妻施氏子宗芝

毛恢鸞妻周氏嗣子宗朋　毛思鐸妻余氏

毛恢元妻李氏嗣子宗禮　毛恢安妻張氏子宗仁

毛在興妻施氏子宗講　毛懷裕妻陳氏子耀有

毛恢穀妻甘氏嗣子宗相

成輝鸞妻葉氏子明謙

戴天錫妻汪氏年二十二夫故歿年七十三歲守節五十一年嗣子序輝

戴掄一妻余氏年二十一夫故歿年六十四歲守節四十三年嗣子方盛

戴開虎妻洪氏年二十八夫故苦節四十九年卒年七十七歲子功超

戴雲程妻范氏及笄于歸夫抱病氏毁形救之出於天性年二十六夫卒苦節自守不以家貧

易其志歿年六十三歲守節三十七年子奇勳

戴宗宏聘妻錢氏未婚宏卒氏聞訃泣稟父母奔喪成服夫殯葬後侍奉阿姑勤紡績以歿世嗣子傳湘

戴名登妻錢氏年二十八夫故誓志守節事姑曲體敬心姑非氏食不甘姑歿殯葬氏獨力經營守節四十二年子功鈺承母教立品端方孫春暉監生曾孫正五邑庠生

戴名友妻廖氏　戴樹時妻吳氏

戴廷光妻李氏子樹杰　戴葱達妻王氏子勝彬

戴啓賓妻唐氏嗣子淵源　戴存仁妻余氏子炳源

戴偉賓妻周氏子思庠生　戴光達妻龍氏

戴炳源妻余氏　戴企和妻陳氏

戴裕本妻雷氏　戴克勤妻萬氏
宋紹之母孫氏按通志載有宋朝相妻孫氏疑是一人蓋一係於夫一係於子也
熊聯芳妻甘氏夫故守節性至孝封股療姑傳載家乘嗣子敬先
熊立忠妻佘氏嗣子以瑄從九監生熊秀先妻陳氏嗣子德周
熊世魁妻陳氏嗣子德强　熊榮慶妻徐氏子文謨
熊百福妻胡氏　熊朝名妻毛氏子國文
熊朝恭妻李氏嗣子國盛　熊燦章妻耿氏
熊艮璧妻施氏　熊名標妻丁氏子綏之從九
董文燦妻萬氏年二十八夫故矢志柏舟清操勵俗歿年六十三歲子鴻逵軍功議敘
董開基妻陳氏年二十二夫故事姑孝生養死葬盡禮見年五十三歲

董巨卿妻李氏年二十八夫故守節歿年七十四歲
董大夔妻黃氏年二十二夫故守節歿年八十四歲子炳暘
武生董正謨妻章氏年二十七夫故守節歿年七十八歲子復禮復義
董正鳴妻吳氏年二十七夫故守節歿年七十歲嗣子復炳郡庠生
董帝都妻王氏遺腹子儒坎　董大賢妻朱氏
董復奎妻張氏子上福　儒士董序初妻陳氏子三英
梁待八妻楊氏子孟敬
阮秀書妻胡氏年三十夫故刻志勵節歿年九十歲子儀聲
阮儀聲妻周氏年三十夫故矢志守節事孀姑以孝聞歿年八十歲子國珩
阮國珩妻石氏年二十九夫故永淵自持孝養孀姑撫遺孤以承宗祧年七十餘歿累世清操

族里賢之子至周
阮正宇妻劉氏年二十二夫故守節見年七十歲學憲朱額獎節烈堪欽
阮耀宗妻黃氏年二十七夫故歿年八十餘歲守節五十餘年
阮淩雲妻黃氏三十歲夫故侍奉孀姑孝敬無違見年五十九歲守節已二十九年
阮遠珊妻熊氏
賈忠林妻鄒氏年二十九夫故守節四十六歲卒子其昭
賈松美妻張氏年二十八夫故守節三十三年六十一歲卒子昌利已蒙旌表
庠生賈子茂妻戴氏年二十六夫故事六旬之二老撫兩歲之孤兒辛苦茹荼數十年如一日卒年六十七歲子定文職員
賈卜豐妻陳氏年二十夫故守節三十二年卒年五十二歲已蒙旌表子其材

賈稀周妻陳氏年二十五夫故守節五十年嗣子世芬　賈義山妻郭氏子世方
賈廷松妻周氏
賈定義妻尹氏子學醋
監生江宗軾妻章氏年二十四夫病卒於鄂渚櫬歸撫棺慟哭勺飲不入口者三日投繯以殉當報縣邑侯詳請旌表學憲方額獎
江廷舉妻饒氏年二十六夫故歿年六十八歲守節四十二年
江展才妻夏氏年二十八夫故歿年八十一歲守節五十四年子守譜
江立香妻黃氏年二十三夫故見年六十八歲已守節四十五年嗣子守曜
江務先妻黃氏　江彝山妻饒氏
武生江殿元妻艾氏子士清　江利賓妻任氏子世純

江世純妻李氏子求杰　江以人妻章氏子名照

江開蜀妻饒氏嗣子光曾

童慶雲妻沈氏年二十六而寡守節五十年七十六歲而卒嗣子其明孫光吟

儒士童西園妻梁氏年二十四夫故家貧翁病酒濕倚奉惟謹訓子從師課讀束脩薪米均出紡績子文樞舉於鄉事聞奉旨旌表建坊孫衡亦入縣庠卒年七十四歲

童陞見妻石氏　童星一妻張氏子錫祿

童堯會妻唐氏　童廷弼妻孫氏

顏國選妻雲氏學憲王額獎節孝可風子兆忠庠生

顏純璧妻郭氏子賢敏　顏肇六妻彭氏嗣子賢懋

顏賢貴妻伍氏子有森　顏錫三妻佘氏

咸甯縣志　人物卷六　列女　五十七

郭純英妻佘氏年二十六夫故無子家徒壁立紡績營生矢志苦節以終其身

郭維周聘妻黃氏未于歸夫故哭踊三日絕粒不食隨詣郭門成服自是恪守清閨誓志立節奉事翁姑不懈嗣子正詩

郭　義妻佘氏幼許字義義年十三外貿杳無音信氏守母家誓不他適五十八歲身故龐眉未擀鶴髮猶封

郭宗遂妻章氏年二十七夫故家貧苦守歷三十年五十七歲而卒子傳煌

郭萬茂妻徐氏年二十二夫故歿年七十二歲子正書

郭萬科妻項氏年二十二夫故清操苦節始終不渝撫姪正訓承祀

郭傳亨妻胡氏年二十八夫歿家亦貧茹苦五十五載清操凜然殊栱矜憫嗣子光立

郭光璜妻鄭氏十八歲于歸二十九歲夫故卒年八十歲嗣子天文

郭天煥妻劉氏年十八適郭二十九而寡孝姑教子卒年五十歲生子元柏

郭元覲妻毛氏年二十夫故苦志守節堅貞無玷

郭光瑞妻涂氏年二十六夫故守節二十八年歿額獎冰雪爲心嗣子天眷

郭正芳妻王氏子共昌　郭宗團妻周氏子序隆

郭源洋妻周氏嗣子光承　郭萬稀妻鎮氏子正望

郭萬箱妻鎮氏子正書　郭中臣妻佘氏嗣子大祿

郭源旺妻周氏　郭明達妻邱氏

郭雲彩妻楊氏　郭少白妻周氏

梅奐川妻李氏子兆松　梅穎達妻尹氏子萬象

梅如玉妻詹氏嗣子光中

咸甯縣志　人物卷六　列女　五十六

盛耀彩妻章氏嗣子達禮　盛長德妻劉氏嗣子紹桂監生

鍾明峻妻徐氏年二十九夫故事衰老之舅姑撫四齡之弱子辛苦備嘗志節亦貞歿年六十歲守節三十一年子家連

鍾國義妻陳氏年三十夫故撫嗣子家瑜氏歿年七十六歲守節四十六年冰霜比潔金石同堅勤苦度日紡績經年茹荼食蘗節孝兩全撫姪承祧血食求延

鍾朝佐妻范氏青年矢志八十六歲而卒子廷皇監生

鍾廷皇妻洪氏即范氏之媳夫故守節年九十一而終子國祥監生邑副榜鄭承煒合傳云以孀居之姑教孀居之媳其禮法固自不違以孀居之媳事孀居之姑其孝順固當無違所難者一室相對景況凄涼非同心不可共嘗也

監生鍾俍源妻汪氏年二十七夫故歿年八十三歲守節五十六年子宏德

鍾國貞妻王氏夫故三日後旋於卧室床第閒自縊以殉嗣子信之

鍾國春妻周氏　鍾丹臨妻張氏子家生

鍾愔興妻洪氏嗣子家亨　鍾朝淦妻甘氏子廷湞

鍾定勝妻董氏嗣子明昭　鍾盛材妻周氏嗣子國成

徐超萬妻余氏學憲朱額獎孝德貞徽子壽松

徐良棟妻王氏年二十五夫故見年六十八歲守節四十三年嗣子士朋

徐義淇妻劉氏年十九夫故歿年八十歲計守節五十九年

徐文英妻李氏年二十一夫故持身淑慎善事翁姑弗逆弗怠家計維艱操紡車以供甘旨教子勤儉歿年五十八歲守節三十七年子昂林

徐勝緒妻劉氏嗣子義節　徐近清妻劉氏子有喜

徐漢傑妻涂氏子世惠　徐相武妻施氏子士基

徐常青妻張氏嗣子家全　徐家懷妻楊氏

徐以貞妻李氏子家祥　徐獻廷妻余氏子家祥

徐尼山妻謝氏子成貴　徐位廷妻嚴氏子家達

徐立誠妻張氏嗣子言忠　徐先達妻盧氏子德宣

徐安湘妻黄氏嗣子尚茂

高象珍妻周氏

夏步青妻吳氏乾隆五十七年學憲張額獎節高松筠

夏文安妻劉氏子自敏　夏炬東妻陳氏子定倫

夏兆明妻余氏子清漢　夏清漢妻葉氏子植桂

夏植桂妻彭氏　夏春達妻金氏子盛美

夏備元妻彭氏　夏建崑妻余氏

蔡勝明妻郭氏學憲龍額獎節孝可風子孔全

蔡達階妻楊氏二十八歲夫故守節見年六十一歲

蔡國興妻黄氏家貧姑老夫業儒未就不能糊口氏紡績以養姑姑瞽目十餘年飲食必親進之毫不假手於人誠孝婦也

蔡時敏妻程氏子貽勝　蔡殷盤妻董氏子貽普

蔡協邦妻陳氏子宗輔　蔡春一妻呂氏子翼恭

蔡廷爵妻朱氏

庠生樊　棟妻孟氏二十八歲守節見年六十七歲子鍾奇庠生

庠生樊孝懋妻晏氏夫故守節始終不移

樊圓楷妻石氏十九歲于歸三十歲夫故見年七十歲

樊希兆妻葛氏二十一歲于歸二十一歲夫故見年五十七歲

樊倍丁妻徐氏嗣子可舉　樊明綸妻陳氏子哲侶

樊燦廷妻李氏嗣子哲性　樊明暹妻石氏嗣子哲傳

樊孝成妻陳氏子儀三　樊明珍妻鄒氏嗣子哲揚

樊具三妻陳氏　樊明音妻徐氏

職員樊楚璧妻陳氏嗣子希坤

庠生胡其中妻陳氏夫故剪髮毀容撫藐孤續祧孤成之矢靡他紡績度日積有嬴餘爲夫祭產至今有其中公祭學憲朱額獎清操彤管

胡燦然妻陳氏夫歿氏年二十四卒年六十餘歲學憲方額獎子育萬

胡師曾妻萬氏夫歿氏年二十七卒年六十七歲學憲王額獎蒲草流芳嗣子正北

胡萬泰妻劉氏十九歲夫故守節歿年七十六歲學憲王額獎志貞從一嗣子達賢

胡宗鍘妻吳氏二十七歲守節見年五十三歲撫夫兄庠生宗鏞次子承祧

胡偕蒼妻甘氏年二十一夫故遺腹子元尊妙齡失志苦節可貞歿年八十三歲孫枝秀發

胡希文妻余氏二十八歲夫故矢志冰清性靜而婉延師訓子早歲成名子涵邑庠生

胡琇輝妻章氏夫歿茹苦食辛事姑以孝教子以嚴鄉里咸欽重之子馨議敘六品

胡輔臣妻葉氏十八歲于歸二十一歲夫故歿年七十五歲守節五十四年學憲王額獎節孝揚嶽子方錦孫文翰廩生

庠生胡會文妻甘氏二十一歲夫故守節六十餘年學憲王額獎翠挹松筠子瓊玉

胡圖南妻陳氏年二十四夫故孝養公姑慈育孤兒和九課讀歷久不衰子次錞邑庠生

胡啟將妻陳氏年二十二夫故閉門紡績孝順姑嫜撫孤勵節人無間言

胡懷玉妻盧氏年二十四夫故守節茹茶飲蘖不出戶庭

胡大任妻陳氏年二十五夫故撫孤守節矢志靡他歿年六十一歲

胡啟湘妻曾氏十八歲于歸二十九歲夫故歿七十六歲穀請旌獎子長順

胡順剛妻李氏年二十五夫故歿年七十八歲守節五十三年

胡亨甲妻石氏二十三歲夫故歿年六十一歲守節三十八年

胡志敏妻張氏二十四歲夫故歿年六十七歲守節四十三年

胡安遠妻陳氏二十四歲夫故歿年七十二歲守節四十八年

胡國幹妻李氏二十六歲夫故歿年七十六歲守節五十年

胡玉華妻陳氏二十五歲夫故歿年七十三歲守節四十八年

胡官正妻陳氏二十三歲夫故歿年五十三歲守節三十三年

胡啟之妻周氏二十八歲夫故見年五十八歲子節三十年

胡有朋妻劉氏二十六歲夫故見年五十二歲守節二十六年

胡國鳳妻章氏二十八歲夫故見年五十八歲已守節三十年

胡尊一妻陳氏年二十六夫故歿年六十四歲守節三十八年子純臣

胡翼然妻陳氏二十五歲夫故歿年八十五歲守節六十年子國清

胡致高妻李氏二十九歲夫故卒年五十三歲家貧苦守倍極艱辛已請旌獎子長亨

胡道一聘妻雲氏未婚聞訃痛哭不已投繯三次父母寄防救之至夫厝時孝服詣胡葬畢執婦道敬奉翁姑以終其身嗣子光清

胡宗殁聘妻吳氏未于歸聞訃請父母命送至胡門痛泣欲絕衰麻盡禮上事翁姑不懈嗣子先煌先燾

胡嗣周妻周氏年二十五夫故卒年六十五守節四十年已入節孝祠

胡溢中妻穆氏　胡學福妻劉氏

胡徽典妻周氏　胡先榮妻萬氏子正東

胡振玉妻熊氏嗣子正倫　胡哲夫妻石氏子承敦

胡彙卿妻孫氏子燭庠生　胡勝楠妻詹氏

胡光裕妻陳氏子承德　胡旭邦妻張氏子承昀

胡壽一妻周氏嗣子正章　胡承志妻余氏嗣子國綸

胡心田妻周氏　胡序官妻陳氏子經畧

胡正江妻徐氏子道成　胡善志妻李氏

胡執民妻陳氏　胡純修妻饒氏子士林

胡　棟妻鄭氏子先甯　生員胡　梁妻鄭氏嗣子先馨

胡正柱妻張氏子道宏　胡守貞妻胡氏

胡宗傑妻周氏嗣孫正華　胡輯五妻孟氏嗣子方達

胡敦教妻彭氏嗣子恢先　胡恢先妻陳氏嗣子美章

胡　鑾妻陳氏子垂治　胡開緒妻方氏子方英職員

胡光朝妻王氏嗣子定時　胡宗錦妻蘇氏嗣孫正文

胡上彬妻周氏子宗傑　胡榮椿妻孟氏

胡宗錫妻楊氏子先純　胡宗慎妻周氏

萬光拱妻劉氏年二十一夫故卒年六十二歲守節四十一年乾隆四十六年奉旨建坊子耀達邑庠生

萬青雲妻潘氏年二十二夫故家赤貧矢志守節翁姑欲强嫁之遂自縊乾隆五十九年巳請旌表建坊

萬步南妻周氏年二十五夫故卒年六十六守節四十一年學憲王額奬節孝流芳嗣子鳴閏

萬敦禮妻胡氏年十九夫故卒年六十二歲守節四十三年學憲王額奬砥節懷清嗣子耀典

萬曾性妻范氏年二十三夫故卒年七十三守節五十年學憲王額奬

萬曉邦妻舒氏年二十六夫故卒年八十一守節五十五年學憲王額奬生子鳴兆

萬鳳來妻張氏年十九夫故卒年六十一守節四十二年學憲王額奬

萬建臺妻陳氏年二十三夫故守節三十三年學憲王額奬子二鳴日鳴專

萬耐久妻陳氏夫歿年二十卒年六十二歲守節四十二年學憲王額奬

萬鸞世妻鎮氏夫歿年二十五卒年五十二歲守節二十七年學憲王額奬嗣子名恪

萬配六妻孟氏二十六歲夫故守節二十八年學憲王額奬子鳴標

萬惟康妻李氏年二十六夫故卒年六十一歲守節三十五年學憲王額奬

萬謙六妻陳氏年二十七夫故卒年六十三歲守節三十六年學憲王額奬

萬勝芳妻程氏二十六歲夫故卒年六十歲守節三十四年學憲王額奬

萬肇夏妻周氏年二十夫故卒年七十三歲學憲王額奬嗣子家鵬

萬崑泉妻周氏年二十六夫故卒年七十五歲守節四十九年嗣子其棫

萬相茂妻張氏年二十三夫故卒年七十八歲守節五十六年

萬豐穀妻盧氏年二十二夫故卒年四十一歲守節十九年子家鎣夫歿時僅彌月氏决意殉

夫姑慰之曰汝執匹婦之諒遺以呱呱者將誰畀耶翻然以撫孤爲重鎣未冠而歿氏仍秉悃自縊

萬游陞妻黃氏年二十五夫故見年六十八歲守節四十三年子家馨

萬秉彝妻陳氏年二十九夫歿卒年七十五歲守節四十六年子聲驊聲騏

萬幹卿妻黃氏年二十七夫故見年六十七歲守節四十年子家煥家衍

萬受之妻劉氏年二十五夫歿卒年五十五歲守節三十年嗣子聲告

萬天元聘妻程氏幼許字元于歸有期元出無耗聞訃元歿請門守貞事奉翁姑自甘淡泊卒年七十六歲守貞五十六年學憲王額奬守貞全孝

萬純一妻謝氏十九歲夫故歿年六十二歲守節四十三年

萬大全妻鍾氏二十八歲夫故見年七十一歲巳守節四十三年子玉山

萬炳焜妻陳氏二十歲于歸未一年夫遠出歿於異鄉氏含辛茹苦守節五十八年

萬雲吞妻周氏二十一歲夫故截髮盟心績紡度日歿年三十九歲
萬鳴鎰聘妻李氏李建茂室女幼字未婚夫遠貿不歸氏隨母度日年十九聞夫故貿所捐軀以節
萬拱北妻朱氏二十四歲夫故歿年七十四歲子安榮
儒士萬多藝妻吳氏年二十四夫故現年七十六歲撫姪孫定相承嗣
萬竟成妻何氏年二十六夫故守節歿年八十歲嗣子逢藻
萬逢訓妻范氏年二十三夫故守節歿年六十八歲子安益
萬大猷妻王氏年二十四夫故守節見年七十八歲子安寮
萬爾美妻施氏　萬惟志妻程氏
萬允昌妻雷氏子敦士　萬爾駿妻潘氏嗣子昇寬

萬文運妻雷氏子敦齡　萬含章妻黃氏嗣子本崧
萬壽天妻劉氏　萬象賢妻劉氏
萬克承妻張氏子昇銳　萬禩揚妻董氏
萬廷英妻何氏子萬鍾　萬慶玉妻鄧氏子敦梅
萬品珍妻周氏子鳴相
柯遐齡妻駱氏年二十六夫故家貧苦守撫子成立年七十一而終
盧朝楫妻謝氏青年夫故矢志守節已奉旨建坊
盧朝樞妻張氏夫故孀居苦節自守已奉旨建坊
盧華國妻朱氏年三十五夫故家貧撫孤守節三十七年子有恒
盧寶善妻余氏年二十五夫故守節歿年六十九歲子瑞昌

盧金聲妻程氏年二十四夫故歿年六十九歲守節四十五年子光懿
盧國璧妻張氏夫隨翁外貿姑病瘋癱氏服勞奉養汚穢事必躬親之件姑寢處至歿日十有三載
盧允志妻楊氏夫故朝夕哭泣葬事甫畢是夜投繯家人救免由此僵臥床蓐淚流十晝夜不食而死嗣子明玉
盧際亨妻曹氏　盧毛氏失考
盧朝楨妻施氏嗣子大本
鄧恒康妻張氏夫故守節歷久不渝治家有法教子有方子家福
鄧正文聘妻周氏名要姑幼許字文外貿不歸姑依寡母而處養母以終餘年族鄰罕見其面年至八十而終

鄧明謙妻袁氏子秉然　鄧秉然妻施氏子臣芬
鄧會萬妻熊氏子傳鈞　鄧煥墀妻嚴氏子良恂
鄧行可妻鄭氏子希章　鄧君弼妻毛氏子載元監生
洪琢玉妻鍾氏年二十八夫故矢志守節事翁姑並祖姑均能盡道夫幼弟二待之極厚教子課讀殷勤歿年七十八歲子洛邑庠生
洪登觀妻鍾氏二十歲夫故無子誓不欲生既念祖姑並翁姑在堂遂矢志守節阿姑疾篤侍奉湯藥衣不解帶者數月後撫夫弟子承祧旋因抑鬱成疾而卒
洪正宇妻吳氏
石榮齊妻邱氏年二十二夫故矢志守節杜門不出遺子光宗不祿撫姪孫傳薪承嗣
石玉峯妻樊氏年二十六夫故歿年七十三歲守節四十九年子必坦

石光瑚妻鄭氏年二十一夫故見年七十六歲已守節五十五年嗣子傳銀
石光惠妻鄭氏年二十夫故見年七十歲守節五十年嗣子傳亮
石震海妻張氏十八歲于歸閏八月夫故遺腹生子光裕時阿姑在堂仰事俯畜苦志全節歿年六十五歲守節四十七年
石兆平妻朱氏嗣子光鐸　石光升妻鄭氏嗣子懷瑜
石璩珩妻潘氏嗣子樸齒　石懷瑾妻樊氏嗣子必儉
石之傑妻屈氏嗣子光洋　石其吉妻林氏嗣子權璘
石希孟妻余氏子聲遠布政理問銜　石玉峯妻鄭氏子溪生
石占魁妻盧氏　石選士妻李氏
龔良柱妻余氏　龔宏友妻黃氏嗣子濟福

程鳳祥妻周氏年二十八夫故苦心勞力孝養翁姑見年六十二歲子祚庚
程明武妻陳氏年二十四夫故歿年七十一歲守節四十七年子萬順
程永芳妻陳氏年十九夫故歿年七十三歲守節五十四年子世清辛酉科武舉
程巨河妻余氏年二十三夫故歿年六十歲守節三十七年子其生
程利貞妻黃氏年十九夫故歿年六十八歲守節四十九年嗣子世瑜
程令德妻謝氏年二十九夫故歿年五十七歲苦節二十九年子世椿
程祥亨妻張氏年十八夫故歿年八十一歲守節六十三年子世盛
程士先妻胡氏年二十三夫故見年五十五歲守節三十二年子學韶
程　桂妻梅氏年二十八夫故歿年五十八歲守節三十年子遂芳
程師富妻章氏子文蔚　程體邦妻陳氏子開祥

程登海妻萬氏嗣子其支　程文獻妻吳氏
程錦江妻胡氏　程龍登妻余氏子春茂
程制萬妻鄭氏子尚聰　程世盛妻潘氏子宗壽
庠生陸登朝妻顏氏青年夫故矢志柏舟事翁姑以孝敬媳兼子職教嗣子以義方毋若師嚴嗣子寶文邑增生
陸登翰妻楊氏嗣子寶田　陸登贊妻胡氏祧子寶田
陸垂謀妻王氏
段爍廷妻金氏年二十九夫故夫在日久以孝聞歿孝光篤氷心在抱玉骨珊珊子粹涵
甘宗輝妻孫氏年二十六夫故守節四十四年領獎操勵松筠嗣子海庭
儒士甘必懋妻黃氏年二十四夫故家貧勤績紡事祖翁姑及病姑並孝敬喪葬盡禮撫

遺孤情殷課讀苦節四十四年歿年六十八歲學憲杜額獎柏翠蘭芳撫憲胡額獎節孝可風子光前孫乘均邑庠生
甘鳳德妻柴氏年二十八夫故守節三十二年歿年六十歲撫憲胡額獎
甘粹如妻余氏年二十九夫故絕粒不食而死子大猷業儒
甘世林妻楊氏年二十歸甘林病癡迷口啞足跛雙手拘攣不仁楊服事殷勤毫無怨言後夫病故家極貧辛苦備嘗矢志靡他年至七十猶處女也嗣子錫榮
甘榮曜妻孫氏嗣子光裕　甘希周妻盛氏子世虎
甘懷本妻陳氏子明炳
劉貽德妻吳氏子龔昇生員按通志載有劉昭德妻吳氏疑昭與貽字之訛誤或是一人
劉順仁妻吳氏二十五歲夫故乾隆戊子年奉　旨建坊子龔昇歲貢與前貽德子同名又係

庠內順仁疑貽德字或是一人

劉世學妻闞氏夫故俯仰無依苦節之貞口無怨言學憲李額獎翠柏長春

劉濟惠妻晏氏夫故堅貞矢志淑慎持身撫姪時熙承嗣視如已出學憲朱額獎砥節懷清孫之堂武庠

劉秉禮妻余氏年二十四夫故遺子聖傳僅八月家赤貧紡織度日上事阿姑下撫孤兒盡孝盡慈數十年如一日歿年七十八歲學憲朱額獎節孝可風

劉容光妻留氏年二十四夫故歿年八十二歲守節五十八年學憲朱額獎志堅金石進士余懷堂爲之傳詞繁未載

劉名增妻顧氏年二十四夫故撫猶子以成立矢志守節四十六年嗣舒立敎

監生劉翼源妻胡氏年二十夫故歿年四十五歲守節二十年嗣子遠馨貢生

劉寅春妻艾氏年二十四夫故守節五十六年卒年八十歲嗣子遠蘭監生

劉時煥妻戴氏玉質常昭冰心夙抱勤勞紡績孝順姑嫜持家有法訓子有方子霖林庠生

劉時煜妻邱氏瓊山望族祿閣家聲望夫不見氷雪爲心學憲額獎彤管流芳嗣子兆翼庠生

劉戒羹妻夏氏年二十四夫故學憲朱額獎茹蘗完貞子裕榮

劉朝泰妻焦氏年十七于歸二十七夫故歿年六十九歲紡績自食阨窮可憫嗣子翼仕

劉璘玉妻鄭氏年二十四夫故守節撫姪光愛承祧歿年八十三歲已請旌表

劉敦純妻唐氏年二十一夫故守節撫姪光祚爲嗣歿年七十八歲已請旌表

劉宏茂妻龍氏學憲朱額獎節凜堅貞子文泰

劉世德妻呂氏義士呂巨材女其母吳氏素以閫範敎之年二十五夫故氏勵氷操勤鍼黹以養舅姑和熊丸以敎幼子嗣子興典

劉明萬妻汪氏年二十八夫故清操矢志氷雪盟心孝翁姑而不懈撫孤子以有成子尙德

劉惟書妻王氏年二十八夫故守節見年六十七歲子映文

劉宏度妻周氏年二十七夫故歿年五十九歲守節三十二年

劉東圃妻李氏年二十六夫故歿年五十六歲守節三十年

劉廷魁妻邱氏年二十七夫故歿年四十七守節二十年

劉聘英妻張氏年二十七夫故歿年八十六歲守節五十九年

劉景涵妻唐氏年二十夫故矢志守節二十餘年

劉秉機妻柳氏年二十七夫故歿年七十四歲守節四十七年

劉聘之妻李氏年二十六夫故見年七十四歲守節四十八年

劉鍾崑妻洪氏年二十七夫故見年七十歲已守節四十三年

劉維新妻李氏二十六歲夫故歿年八十八歲守節六十二年

劉泰封妻樊氏年二十五夫故苦節堅貞歿年六十四歲守節三十九年

劉靜潭妻夏氏二十歲于歸越一年夫逝柏舟矢志奉舅姑孝敬無違族里咸欽重焉學憲王額獎節孝可風子兆基太學生

劉萬吉妻張氏年十八于歸越半載夫故柏舟矢志非氷盟心孟笄承歡柳丸課讀內能兼外孝而且勤歿年八十四學憲王額獎子豐齋恩騎尉孫如璧武舉

劉永春妻袁氏年十九于歸念四齡夫逝柏舟矢志茹蘗完貞事翁盡孝養子克家歿年五十一歲嗣子應泰

劉士明妻曾氏年二十九夫故守節見年五十九歲子方興

劉經緯聘妻顧氏字劉未婚聞夫訃音詣劉門矢志守節堅貞不移孝順翁姑四十餘年如

一日嗣子應嗣

劉起鳳聘妻戴氏年二十夫故日夜號泣誓以身殉因翁在堂勉强偷生翁卽世葬祭盡禮旋撫夫兄子達本爲嗣比卽自經

劉炳坤妻王氏年二十六夫故守節二十四年嗣子應旺監生

劉恒吉妻王氏年二十八夫故守節二十九年撫憲額獎清操彤管嗣子祚潢

劉應垂妻王氏年三十夫故守節二十五年歿年五十五歲嗣子克晉

劉友言妻徐氏年二十夫故貧而守義愈苦愈堅歿年七十二歲子大裔

劉宏德妻吳氏撫憲胡額獎操勵松筠嗣子祚禮

劉祚清妻沈氏年二十一夫故守節四十八年如太尊獎給苦節可風額嗣子應珩

劉遣乾妻余氏年二十九夫故撫憲胡額獎節孝維風

劉宗輝妻留氏年二十六夫故守節三十五年子萬曙

劉名耀妻姚氏年二十九夫故守節三十二年學憲王額獎節孝可風

劉重祿妻章氏年二十五夫故卒年七十五歲守節五十年赤貧可憫苦節可貞子驗遠

劉德明妻胡氏嗣子應宿　劉華耀妻徐氏子克讓

劉慶大妻韓氏　劉遠柏妻王氏嗣子大祿

劉乾初妻李氏子祚清　劉高魁妻楊氏子濟軒

劉萬林妻鄧氏子時和　劉徽瑞妻陳氏

劉致昭妻李氏　劉樹堂妻姚氏嗣子之藻

劉鳳書妻陳氏　劉如鋼妻賈氏子大寬

劉以權妻賈氏子文憲　劉杏堂妻吳氏嗣子輝遠

劉大元妻洪氏　劉大枝妻李氏

劉立瀛妻李氏嗣子樹典　劉立全妻留氏

劉源滋妻盛氏嗣子明繼　劉程萬妻楊氏子時勤

劉正國妻熊氏　劉鳳昭妻賴氏

劉大敏妻李氏子祚淦　劉成怡妻陳氏孫定貴

龍占魁妻胡氏嗣子道恕　龍道恕妻吳氏嗣子德生

龍開科妻胡氏子盛志　龍盛志妻吳氏子德生

葉方爽妻姚氏前明戶部員外郎姚亨之元孫女父母之嗣氏以女兼子道生事葬祭極盡誠孝人稱淑女及適葉生一子夫病禱神願以身代夫亡絕粒誓不復生翁姑勸導勉强延生終身茹苦事翁姑倍極孝敬勤紡績撫孤成立訓以義方苦節三十餘年子同仁孫道忠均列邑庠按通志載有葉希

召妻姚氏方爽疑召之字或是一人

葉詩祚妻胡氏夫故失志柏舟撫姪啟瑞承嗣爲曾祖母建坊撑吉鳩工經營悉當年至五十有餘族里均稱其有丈夫志云

葉益昌妻廖氏夫故遺孤僅三歲氏泣告夫弟候選縣丞佑昌代事公姑撫養孤子閱九日不食至八月初十日自縊以殉蒙學憲王額獎志烈秋霜後孤子韻蘭以府試冠軍入邑庠

葉啟旺妻羅氏年十九夫故見年七十二歲已守節五十三年嗣子光昌

葉啟高妻余氏年二十夫故歿年六十一歲嗣子葆昌

葉知和妻吳氏子志昌　葉啟經妻鄭氏嗣子瑄昌

葉林祚妻胡氏嗣子啟寻　葉厚祚妻胡氏嗣子啟生

葉高祚妻周氏子啟貴　葉廣祚妻余氏子啟知

葉志仁妻羅氏

葉道接妻陳氏子陞旂

生員葉啟豐妻戴氏子煦監生

葉命昌妻胡氏子隆全

葉用賓妻陳氏嗣子大昌

葉文德妻萬氏嗣子本昌

葉啟綿妻陳氏嗣子亨昌

幸必魁妻楊氏學憲額奬節孝可風子振鐸

幸文華妻葛氏二十一歲夫故守節歿年七十五歲子嘉會庠生

監生白傳豐妻陳氏夫故家無檐石氏心凜氷雪志矢柏舟孝養翁姑勤勞紡績洽所謂苦節之貞歟嗣子一智

白秩三妻吳氏學憲額奬節孝可風子正霖

白傳賡妻董氏年二十八夫故見年五十四歲守節二十六年子一儒

白黃初妻陳氏子正本

陰廷亨妻王氏

桂成林妻鎮氏

監生晏如義妻陳氏

晏遵先妻周氏

晏勝殷妻吳氏

艾步鑾妻劉氏年二十五夫故守節三十三年子良才

艾錦文妻姚氏年三十夫故守節四十二年嗣子鳴鳳丁卯科恩賜舉人授國子監學正

艾勝華妻成氏年二十六夫故守節四十年卒嗣子昭明

艾順之妻喻氏嗣子德開

艾用洛妻周氏嗣子尙盛

廖法琮妻殷氏夫故守節七十四年卒年九十七歲

廖法貢妻周氏年二十一夫故守節學憲朱額奬節孝允昭子以潛

廖霞九妻張氏年十九夫故見年六十四歲守節三十九年

廖宏錫妻戴氏年二十夫故家徒壁立倚十指以養姑歿年六十八嗣子文衍早歿嗣孫光儀

廖方衡妻佘氏年二十五夫故守節撫孤子匡惠成立孫以庠以序以兆並貢成均

武庠廖逢時妻李氏年二十六夫故守節子文錦

廖法亨妻殷氏亨積學早逝氏年二十三矢志守節事翁姑孝行弗衰翁病氏割股療之漸愈子璉金

廖會江妻陳氏年二十五夫故守節子銘朱

庠生廖常超妻謝氏年二十七夫故守節歷久不渝子法上

廖昌慧妻雷氏年二十九夫故守節歿年七十九歲孀居五十年子朝貴

廖希文妻曾氏年二十夫故守節見年六十歲嗣子宗書

廖期文妻萬氏年二十三夫故僅生一女柏舟矢志茹蘖完貞上奉翁姑下撫猶子女適監生張鴻先嗣子大鋑教之成立

廖次玉妻陳氏

廖逢鸞妻佘氏

廖濟和妻劉氏子文家

廖昌湖妻胡氏

廖學高妻佘氏

冷選元妻周氏子續逵

闞炳先妻程氏學憲賀額奬節孝可風嗣子增貴

闞論世妻商氏苦志守節堅貞不移事翁姑以孝聞撫孫男而慈摯族里咸稱婦儀足式

闞增策聘妻陳氏氏幼字策聞策訃音求父母攜上闞門泣血成服自此不返母家侍奉老

姑朝侍食夜伴寢嗣子錦祚
闞馭遠妻喻氏年十九夫故遺腹生子苦志守節撫子成立歿年七十六歲守節五十五年
闞炳殿妻張氏夫故矢志貧苦守義人無間言子增雲增源
闞炳祥聘妻裴氏年十七未婚夫外貿歿於他鄉家貧守貞不字灌園食力歿年八十有三
闞增選妻伍氏子錦春　闞增昱妻白氏子錦和
闞其蘇妻朱氏子瀾庠生
饒國英妻施氏子名錫　饒光遠妻王氏子錦秀庠生
饒邦彥妻佘氏　饒敬一妻佘氏
饒魁選妻孟氏　饒盛珩妻車氏遺腹生子
饒芳修妻王氏

晉廣意妻范氏年二十五夫故守節二十五年卒年五十歲撫憲胡額奬操勵松筠子昭權太學生孫鳳文庠生
晉昭明妻陳氏年二十四夫故守節四十六年卒年七十撫憲胡額奬節比松筠子蕊瑞監生
晉魁元妻王氏年二十五夫故無子清苦自守事奉瞽目孀姑誠敬不懈節全孝至族里稱之
晉資光妻陳氏嗣子百齡　晉際盛妻王氏
庠生游　勳妻黄氏年二十七夫故守節代夫盡孝學憲王額奬歿年八十五嗣孫德輝
游開賢妻張氏年二十四夫故家貧無依撫子成立守節四十四年子黄接
游道正妻黄氏幼字正正歿詣門哭奠閩戶自經
游　聘妻黄氏黄道行室女幼許字游年二十一未嫁聞夫故從容沐浴入室自經
游天祿妻賈氏　游尚謀妻顧氏子天順

涂生高妻嚴氏子賢茂　涂輔墉妻嚴氏
涂極高妻王氏　涂成章妻鄭氏夫故家貧苦守嗣子萬金
商世祿妻徐氏夫故守節孝事公姑阨窮不怨
鄢方達妻陳氏嗣子開成貢生
辜敬泰妻李氏年二十二夫故歿年九十六歲守節七十四年子志忠
辜永言妻張氏子志炳
佘思點妻陳氏學憲王額奬砥節懷清
佘茂賞妻龍氏二十八歲守節歿年六十九歲子天本天臣孫曾林立元孫光斗寶豐縣知縣
佘顯承妻王氏年二十六夫故苦節永貞克著賢聲和九五夜機斷三更歿年五十七歲子英奇清奇

佘榮卿妻周氏年二十八夫故見年七十三歲撫憲胡額奬玉骨凝香子光枝
佘錫鵬妻郭氏年二十四夫故學憲龍額奬砥節懷清子榮達
佘錫曖妻董氏曖號炳光氏年二十五曖歿矢志苦守始終不渝撫憲胡額奬巾幗完人子二榮品榮周
佘祖佑妻潘氏年二十夫故守節四十六年氷雪盟心歿年六十六歲子遞唐
佘祖應妻駱氏年二十八夫故辛苦備嘗撫孤成立見年五十八歲守節三十年子遞斌
佘榮品妻戴氏嗣子光鼎　佘開邵妻錢氏嗣子泰坤
佘耀彩妻周氏　佘思桂妻廖氏子學鳳
佘長善妻鎮氏嗣子家獅
鎮治漢妻蕭氏年二十四夫故遺子運釗旋歿撫姪之子乃恭為孫守節四十六年而終

鎮治泮妻錢氏年二十四夫故守志無子以夫兄治泰次子運謨承祧歿年五十八歲守節三十四年

鎮曉陵妻陳氏年二十八夫故見年六十六歲守節三十八年

鎮天敘妻錢氏夫故時年二十一守節六十一年子運清

鎮超賢妻徐氏夫故守節撫孤成立子治義

但開祥妻顧氏年二十八夫故歿年六十一歲撫憲胡彙請旌奬贈額操勵氷霜子傳印

度文祥聘妻雷氏未于歸聞夫病故詣度門成服時姑老家貧勤紡績以供甘旨

度希文妻華氏子文盛

殉難烈女婦附

烈女

陸先姑　陸先姑錢有姑均貞烈女也先姑係太學生陸希園之室女許字太學生劉遠惠之長子大忻有姑係從九錢東浦之室女許字太學生陸履齋之三子寶惠同治四年四月初七日霆營勇叛犇至咸城入錢宅掠有姑有姑紿賊至陸家

錢有姑　心蓋欲一見翁姑而死也適他賊掠先姑至先姑罵不停聲有姑知有同志亦罵賊威脅以刃先姑嚙髮咬牙引頸受刃有姑罵益厲遂同遇害貞烈萃於一門邑人士多爲詩以哀之

吳順姑　年二十五歲係監生吳金礪之室女父歿痛父無嗣葬祭時披麻經登堂行拜跪禮數年來持齋誦經有議聘者泣辭之意欲承父血祀雖曰愚孝亦閨繡中邈焉寡儔者也同治四年霆營勇變至咸城恐被賊污聞風即投井殞命

范一姑　年十七許字彭廷逵遇賊恐污投井而斃

烈婦

宋姚氏　宋位珍之妻同治四年霆營勇叛至咸城夫被擄氏恐賊逼投井身死

吳李氏　年六十六歲議敘六品銜已故吳廷逢之妻叛勇據城掠其宅大罵不休當被殺死

黃朱氏　庠生朱式銘女職員黃河達妻也性貞淑族黨稱孝同治四年夏叛勇竄咸氏偵知賊無狀以長兒屬其夫曰君善相保足延君祧次子方歲餘呱呱者不以累君倘遇變義不可苟全死生當與兒共之越日賊掠其家氏恐賊辱抱子赴西荷塘死庠生錢雲儒立傳紀其事詞繁未載

盧江氏　年三十六歲盧裕成之妻在家孀守被叛勇殺傷奮罵投水身死

胡幸氏　年二十五歲胡正裕之妻被叛勇威逼大罵投井身死

錢楊氏　年二十五歲錢生筠之妻被擄不屈自縊身死

歷年殉難烈婦

白馮氏　城內人城破被殺身死

畢陳氏　一都人因賊逼畏污投水身死

方黃氏　下七都人被賊逼畏污投水身死

金王氏　十二都人因賊燒屋被火燒死

鄭胡氏　鄭序爵之妻一都人因賊擾境懼賊逼污乃溺死

黃李氏　十都人被賊逼畏污投水身死

熊駱氏　八都人因探親至柏墩遇賊殺死

錢黃氏　十二都人被賊強逼畏污投水身死

黃李氏　黃學仕之妻年十九歲于歸咸豐丙辰賊兵據城越數日出城擄掠女適鋤草湖畔見賊無狀恐爲所污遂投河死

壬午續採各都列女

一都城內列女 庠生伍兆霖幸嘉會劉德馨張達琛採訪

節婦三十一 伍兆霖報

庠生王韡世妻鎮氏少年夫故矢志守節邑侯陳煥世獎以聯云貨等圭璋至性分留天地操嚴冰雪完行並峙古今道光七年詳請旌表入節孝祠

孫樹都妻鄭氏年十六夫病篤奉父命歸夫家當廟見之期正夫彌留之候躬親湯藥衣不解帶纔四十餘日即為未亡人至七十年依然處子撫夫兄子為嗣晚年鍼黹自繕晷無怨言卒年八十九苦節之貞至斯極矣嗣子煥英

余尚德妻闞氏二十九歲夫故歿年八十一守節五十二年已蒙旌表子懷珠

黃金祺妻顧氏守節三十三年見年五十三子洵連

劉濟雲妻胡氏學憲額獎勁蕙彌茂嗣子時煥

劉時炯妻潘氏年二十七夫故矢志守義勤紡績以奉翁姑為夫置祭田數畝現年五十三守節二十六年藏學憲額獎冰心千古嗣孫英鍼

方家璧妻鄧氏年二十七夫故見年五十一撫遺腹子成立持齋茹素安貧守節子學祖

殉難白傳貞妻朱氏年二十八夫故見年五十八守節三十年子一任

文童鄭緒鴻妻劉氏孝事舅姑敬奉夫靈畢生茹素恪守深閨嗣子世後

文童胡學麟妻吳氏婚數月夫隨翁應募去傾絕音耗氏年纔十九紡績養姑撫夫弟子為嗣卒年八十二紡車掌握處痕深爾指至今猶存

鄭廷欽妻劉氏年二十六夫故守節勤紡績以養翁姑孝敬不懈挑葬燈以課孤子勞愛兼施見年五十二守節二十六年子必閎

艾逢時妻魏氏時赤貧傭工養母氏紡績佐之舉一子髮匪倡亂時應募去久不歸氏年二十四子殤姑悼孫慨切益念遊子氏撫夫堂兄子道訓為嗣以安姑心姑歿為嗣子娶媳孫生數歲矣計以婦道兼子道者十有五年苦節三十三載見年五十七歲孫名立鈞

文童伍本廉妻萬氏十九歲夫故茹荼矢志事祖姑極孝足不踰戶外嗣子承志

劉之堃妻何氏年二十三夫故恪守閨範人無間言見年五十守節二十七年子英銓

黃自榮妻胡氏年二十二夫故茹荼飲泣節孝可風子天瑞

鄭宗相妻劉氏年二十五夫病封股啖之不效夫故撫三歲孤兒艱苦備嘗子法祥

晏慶揚妻江氏學憲額獎節孝可風子若愚

晏若愚妻唐氏學憲朱額獎玉潔冰清嗣子玉階監生

伍照忠妻余氏學憲額獎冰雪為心嗣子祁煜

儒士鄭啟燦妻楊氏嗣孫世祉　鄭啟源妻李氏嗣子緒蔭

陳炳章妻胡氏子守溁　何矜式妻劉氏嗣孫建勳

何紹典妻彭氏子安吉　陳德三妻蔡氏

劉祚雲妻張氏嗣子應元　鄭寶齡妻劉氏子維楨監生

庠生方家珩妻伍氏遺腹學慶　錢光淮妻夏氏子生鈺

周聖表妻劉氏嗣子之濂　江兆臨妻黃氏

烈婦三 伍兆霖報

文童白一品妻曾氏曾永年之女職員白靜遠次媳志本淑貞性尤孝順十九齡方賦禂結廿四歲遘痛斂飛雁弋申勤無違夫子雞鳴戒警善事舅姑誠哉內則素嫻婦儀無忝矣乃夫也床帷臥病氏則湯藥虔誠方期橘井分甕沈痾頓起詎料槐柯一去大夢不回痛失所天情甘誓死但覺髮髢

可念冀相會於黃泉不辭滅頂羅凶甘自投於白水如斯大節求爲鄉里所欽崇景彼芳型宜受朝廷之褒獎已入節孝祠待旌坊表

劉英銳妻李氏于歸一年夫故氏親視斂含諏吉殯葬畢飲毒以殉時年二十五嗣子輔漢

文章張達康妻王氏性貞淑識字能明大義于歸時夫已患足疾服藥除穢順事無違數月失所天稱未亡人者以有遺腹故也生後旋殤急請立嗣時夫兄僅一子格於例咸慰緩之茹素誦佛十年而嗣子道凝生郎請於翁立繼字遍向家人曰此子耳大面方異日必光大門閭我無憾矣仰藥死

孝義婦生員余定豫妻劉氏云病危封臂肉和藥追遂瘳尤孝事衰翁子益椿副榜益蔡廩生

貞女一　伍兆霖報

劉好姑庠生劉文燦幼女庠生劉培棻胞妹幼識文義許字儒童吳開奎年十七病故姊臥床月餘求死不得遂請吳門守義自製輓聯云闗計幾何時垂死者三誰知縊不死毒不死餓不死可恨我母我兄

咸甯縣志　人物卷六　壬午志一都列女　八十一

苦苦勸留人世奔喪從此日守貞勿二自討始能貞中能貞卒能貞庶幾目明目且念念可答英魂奔喪後二日大兄生次子緒璜郎立以承嗣以養以教漸至成立上事舅姑敬執婦道持素誦經不出戶庭歷今十六年如一日

一都城外列女庠生艾尚昇廩生葉國霖孫天錫採訪

節婦三十六艾尚昇報

艾錦元妻張氏年二十五夫故守節四十七年卒子宏達

王文滔妻鄭氏年二十八夫故守節五十一年卒蒙額獎節苦飴甘遺腹子明德

王文源妻彭氏年二十三夫故守節五十五年卒蒙額獎節孝流芳嗣子文淮

劉乘翹妻桂氏年二十二夫故守節以終嗣子翼淦

劉沖泗妻萬氏年二十九夫故守義全節嗣子金榜

畢慶雲妻羅氏年三十夫故守節二十六年卒嗣子明柏

葉方興妻陳氏年二十三夫故守節見年五十五歲嗣子賢志已報請旌表

陳隆明妻胡氏年二十四夫故守節歿年五十嗣子宗林

賈叶周妻陳氏年三十夫故守節見年七十子宗文

鄭維綱妻查氏年二十七夫故遺腹生子相繼撫孤成立苦節三十六年卒

方鵬翥妻余氏年二十七夫故守節見年五十七子端文

方古香妻李氏年二十八夫故守節見年六十二子開榮

熊玉峯妻余氏年二十一夫故守節見年六十歲子家有

余壽堂妻黃氏年二十四夫故守節見年五十一子光林

李潤志妻柴氏年二十夫故守節五十八年卒嗣子世乾

咸甯縣志　人物卷六　壬午志一都列女　八十二

監生孫壽愷妻戴氏年二十七夫故守節見年五十嗣子道陽

張松茂妻鄧氏年二十八夫故守節子騰飛業儒

張騰飛妻葛氏年二十九夫故守節見年六十八子貢三業儒

李啟祥妻葛氏年二十八夫故守節見年八十四子潤明

吳行立妻范氏年二十七夫故守節見年五十八子先登

吳樾高妻王氏年二十九夫故守節見年五十六子開福

章守一妻白氏年二十二夫故守節五十年見七十二歲嗣子家松

葛尊三妻庹氏年二十九夫故守節三十三年見六十二歲子開乾

譚順章妻胡氏年二十四夫故守節見年五十六子傳昭

譚靜軒妻潘氏年二十九夫故守節歿年六十三子傳湘

譚立本妻陳氏年二十五夫故守節見年六十六子家齊

萬在邦妻丁氏年二十六夫故守節歿年七十四子安邑

萬廷英妻施氏年二十七夫故守節歿年六十三子兆性

商裕年妻余氏年三十夫故守節歿年八十歲子盛德

吳世麟妻熊氏年二十四夫故守節歿年四十六子恩耀

胡佐廷妻陳氏年二十八夫故家貧苦守見年五十歲生子年信

陳松燊妻方氏年二十七夫故守節見年五十一已報請旌奬子隆慶

胡席豐妻余氏年二十五夫故守節見年五十嗣子年阜

鄭尚忠妻張氏年二十三夫故守節卒年六十八乾隆間學憲李額奬節比松筠子奇岳

汪繹山妻王氏年二十八夫故守節見年六十歲事姑撫子孝慈兼盡子煜侯

姚光沂妻楊氏嗣子天相　鄭萬里妻錢氏夫亡守節嗣子大樞

烈婦二　艾尚昇報

劉用六妻吳氏年十三童養於劉用六貿漢沔年二十完婚次年六仍貿沔九月身故氏日夜號泣對家人曰見夫柩即以身殉冬月夫柩歸里果於蠟月初一夜沐浴更衣自縊死

程爲美妻鄭氏夫故即欲身殉以遺腹勸止積勞胎墮又欲死或曰現雜病死誰能白爾苦衷比愈值歲暮多故不忍貽姑與父母憂咸俗正月十六迎女出行氏慮防之過密破涕爲笑自言明日歸甯防偶懈乘間自縊先命以姪正章爲嗣

二都列女　庠生錢平元歲貢呂安詵衡王龍光採訪

節婦十七　錢平元報

庠生錢永瀚妻王氏監生王協一女年二十九夫故歿年五十三守節二十四年以夫弟永洋子世聰承嗣乾隆間縣憲歐額奬冰節可風

劉聖懷妻黃氏年二十五夫故守節卒年八十學憲涂額奬石貞山壽嗣子冀序

黃敬事妻劉氏年二十四夫故五十七歲卒守節三十三年子天保敬事幼遊京都娶氏轉遊粵東生子再遇敬事歿家人不之知也氏勵節撫孤艱苦備嘗越二十八年壬午孝子携孫扶櫬歸里舉家駭然節婦出地里鄉貫冊載有祖父名以示始悉顛末此蓋敬事臨終時書與節婦珍藏爲驗者也可不謂賢乎時族里競相傳頌云

儒士錢幹臣妻王氏年二十八夫圍練殉難遺孤僅三月氏飲泣絕粒誓不欲生轉念遺孤在抱稱未亡人撫之成立見年五十九守節三十一年已報請旌表俞允建坊子凌貞業儒

武生錢光烈妻袁氏烈應武闈下第隨父買舟歸里舟覆出水復入水救父不起報蒙旌表明經進士時氏年二十四見年六十四子生韻又歿妻桂氏遵孀姑家法亦勵清操辛苦相依一門氷霜見年四十九

錢成經妻胡氏年二十六夫故無子號泣不已誓以身殉翁姑勸止之矢志義守事堂上極孝撫膝下亦慈見年六十一守節三十五年嗣子淩鵬

錢淩鵬妻陸氏年二十六夫故矢志靡他與孀姑共勵清操撫孤成立見年五十五子光松

錢淩澂妻鄭氏年二十七夫故遺孤一翁姑繼逝遺夫弟幼家貧勵志資女紅以生活撫孤併夫弟咀酸吮辛毫無怨言見年五十七守節三十年子光耀

黃行健妻胡氏于歸三閱月行健出貿不歸氏代夫職孝養翁姑歷久不渝卒年六十三守節四十二年增生錢華贈以貞孝節傳載於家乘

周文高妻賈氏年二十六夫故守節翁姑衰老孤僅四齡仰事俯畜備極艱辛卒年六十六守節四十年子命光

王文彩妻錢氏年二十七夫故見年八十二茹苦含辛守節五十五年子萬里

錢生玉妻潘氏年二十八夫故見年五十一家貧勵節事孀祖姑備極孝敬嗣子定坤

庠生錢光鈖妻胡氏年三十夫故無子撫姪承嗣堅貞勵節澹泊持家嗣子生明

儒士錢光來妻唐氏年二十九夫故家貧矢志靡他歿年五十九子生白

庠生錢光銘妻劉氏年三十夫故無子撫夫弟庠生光鏜子生珊兼祧承嗣

錢允臣妻方氏年三十夫故無子以夫兄右臣子生杞為嗣時僅數月氏撫養成立且健持門戶備嘗艱苦見年五十六歲守節二十六年

錢生金妻周氏祧子定坤

烈婦三　錢平元報

馮贏餘妻王氏餘歿樊城氏年三十一無子翁姑早逝比廢產迎柩歸擇賢立繼致齋致祭必
敬必誠歸窆前一夕沐浴更衣飲毒復投繯慷慨
赴死從容就義兩得之矣舉人王本善呈報學師陳
公曉陵任東道贈之以傳後報
學憲賀賜額完貞嗣子祖金

黃渭川妻萬氏渭歿樊城氏年十九時同治戊辰正月十三日也二月中旬訃聞當欲自盡家
人環守之始於念三日伺隙投繯教職錢光奎贈以
聯云羞殺世間二心者真為天下一等人是秋主事
黃元善在京呈報
蒙恩旨坊表

蘇承德妻周氏年二十一夫歿監利氏聞耗投繯自盡

烈女一　錢平元報

張四姑儒士克敏女字蘇萬銑銑貿蚌湖被水淹歿姑未嫁在張聞信投繯以殉增生錢華報縣請獎
奉旨旌表學憲賀額贈貞烈凜然後銑柩歸里迎
姑合葬監生李田贈以詩有兩地赤心盟萬古一堆
黃土蓋雙墳之句

貞女一　錢平元報

唐福桂姑立朝之女幼字錢光福福蕩遊無耗姑守貞不字父歿代弟管理家務井井有法族人咸
敬重之見年四十一與
母相依為命齋不茹葷

節婦十六　呂安詵報

熊聯芳妻甘氏年二十夫故歿年五十六守節三十六年嗣子啟先

朱文質妻但氏于歸未一月夫故痛翁姑無依氏立志守節學憲張額獎節孝揚徽嗣子明珍

彭德麒妻蔣氏年二十四夫故悴以身殉舅姑苦止撫嗣子祖培為嗣培入學呈報學憲張額
獎鵠清熊苦年六十而終守節三十六年

熊家椿妻方氏年二十六夫歿誓志苦守孝養舅姑撫憲胡額獎苦節養親歿年七十守節四
十四年嗣子聲熾

熊彩臣妻梁氏年二十八夫故茹苦含辛撫孤成立卒年七十四守節四十六年子立達

熊際昌妻周氏年二十九夫故矢志柏舟卒年七十九族鄰贈額玉潔冰清子遜之監生

熊春芳妻梁氏年二十九夫故守節孝養翁姑不苟言笑卒年七十三子聲維

楊國棟妻陳氏年二十八夫故家赤貧織紡度日苦節自勵事姑以孝聞見年七十三

監生呂國瑨妻朱氏年二十六夫故守節奉姑族黨無間言見年五十子安坤

文童鎮萬齡妻郭氏年三十夫亡矢志守節撫孫成立見年六十五子運致業儒

沈鉶妻李氏年二十三夫故守節四十九年以夫兄次子永光承嗣

佘泰敏妻沈氏年三十夫故遺孤運鳳僅九齡家貧甚立志苦守歿年五十二

佘開虎妻熊氏年二十八夫故家甚貧生子春榜僅十一歲苦守五十年

佘開德妻熊氏年二十二夫故遺孤泰英三歲氏誓志苦守歿年六十七

朱廷相妻梁氏年二十二夫故將以身殉既念夫無嗣勉稱未亡人以姪文桂承祀苦志撫養以慰夫靈歿年五十七歲梁得病二十餘年桂冬溫夏凊奉湯藥不離膝下數十年無難色無倦容毋節子孝可以風矣

鎮增發妻錢氏年二十八夫故刻苦撫孤言笑不苟卒年五十八子醻英

烈婦四呂安詵報

庠生呂國璠妻汪氏年二十五夫故守制三年服闋日飲鴆自盡與夫合葬嗣子安蔭

贈道銜四川長寧知縣周于莁繼配劉氏同治元年五月十六日粤賊陷長寧氏投署井殉節

文童呂安濂妻劉氏年二十五夫故守制三年服甫闋七日不食死子邦達

文童呂國璪妻方氏氏濮川人年二十一夫故將自盡姑兄阻止後歸與母訣卒自經死

節婦十四童一衡報

吳向日妻周氏年二十八夫故矢志義守孝事翁姑苦節五十九年八十七歲卒子先茂

吳聯芳妻伍氏年二十七夫故孝事翁姑守節四十九年卒年七十六子先經

周綏邦妻陳氏年二十八夫故苦節四十四年七十二歲卒子名經

童廷翥妻樊氏年二十六夫故守節已二十五年見五十一歲子其鄉

童景春妻錢氏年二十五夫故守節已二十七年見五十二歲子其善

儒士梁加可妻楊氏年二十六夫故苦節五十三年七十九歲卒遺腹子孟散雍正時人

梁建立妻熊氏年二十八夫故無子撫夫兄昌茂次子大文爲嗣見年六十一

陳緒文妻童氏年十九夫故苦節五十一年卒事翁姑卒年七十嗣子殿一

陳殿一妻錢氏年二十九夫故守節事孀姑童氏以孝聞見年六十七子於詩

陳於詩妻鍾氏年三十夫故守節與孀姑錢氏同志苦守見年五十歲三代清操克昌厥後族里咸欽重之子穀元

儒士方清遠妻張氏年二十四夫故見年七十四守節五十年學憲張額獎子登榜

儒士方家成妻徐氏年二十六夫故卒年六十六守節四十年子象香

鄭步青妻王氏年二十完婚僅四月夫故家貧無子矢志靡他勤紡績以事翁姑卒年六十五苦節四十五年以夫堂兄子昌盛爲嗣

鄭振聲妻戴氏年二十六夫故室如懸磬矢志守義孝養翁姑六十四歲卒子昌英

節婦一王龍光報

儒士樊新宇妻鍾氏年二十二夫故柏舟矢志井水盟心見年六十七嗣子哲漢

孝婦一王龍光報

王光國妻鄭氏姑石氏病篤氏刲股療之遂愈子世珍

三都列女庠生周煥文庠生周繼濂監生朱小浦庠生但濤華採訪

節婦二十六周煥文周繼濂合報

劉維翰妻章氏年二十一夫故歿年七十八守節五十七年嗣子攀榮

程潤州妻黃氏年二十六夫故歿年六十七守節四十一年嗣子昌庭

周志壂妻劉氏年二十三夫故見年六十一守節三十八年子傳炳

陳定松妻余氏年二十夫故見年五十守節三十年嗣子錫文

余明亮妻曹氏年二十九夫故見年八十七守節五十八年子忠才

余繼文妻張氏年二十九夫故歿年七十守節四十一年學憲洪額獎竹帛流芳

余純臣妻樊氏年二十五夫故歿年五十一守節二十六年嗣子艮泉

劉萬青妻張氏年十八夫故歿年八十四守節六十六年子豐齋

王薇惠妻吳氏年二十五夫故撫蓋胡額獎砥潔懷清子德寬

李永春妻周氏年二十三夫故歿年六十一守節三十九年子傳炳

張映斗妻李氏年二十八夫故歿年五十七守節二十九年子遠和

游高舉妻孫氏年二十九夫故見年五十六守節已二十七年子昌桂

劉培基妻王氏年二十八夫故見年六十九已守節四十一年

劉繼公妻王氏年十九夫故見年五十一已守節三十二年嗣子在田

劉廷英妻朱氏年三十夫故歿年七十九守節四十九年子錫堂監生

劉繼堂妻游氏年二十八夫故見六十一已守節三十三年子瀚臣

劉嘉懋妻章氏年二十四夫故歿年六十八守節四十四年子應桂

劉繼緒妻黃氏年十七夫故歿年七十八守節六十一年子孔壁

黃品篪妻夏氏年二十七夫故見年六十五已守節三十八年

陳志和妻鍾氏年二十九夫故歿年七十守節四十一年子春華

黃肇一妻廖氏年二十七夫故歿年七十二守節四十五年學憲馮額獎履潔懷清子源逢

黃玉牒妻蔡氏監生坦齋胞姊年二十八夫故歿年七十四學師顏贈額節苦堪貞子茹春

宋秋圃妻張氏年二十八夫故見年六十一已守節三十三年嗣子啟衛

吳思義妻余氏年二十九夫故歿年七十一守節四十二年子廷慧

張某　妻李氏書屋橋張姓夫亡苦節歿年七十

孫萬年妻周氏年三十夫故守節二十年子錫春

節婦二十四朱小浦報

戴輝淦妻王氏年二十七夫故矢志撫孤守節五十年歿年八十有三嗣子試滕

朱繼瑤妻王氏年三十夫故矢志苦守撫孤成立歿年五十二學憲杜額獎巾幗完人子緒祥

朱緒宏妻黃氏年二十五夫故家貧矢志歿年四十歲守節十五年子永豪

郭其鋒妻程氏年二十八夫故矢志守義歿年六十六學憲賀贈額節媲曹令子宗溥

郭宗燦妻鄭氏年二十九夫故家貧苦守見年六十八子傳福

郭傳楨妻周氏年二十四夫故見年五十九守節三十五年子光曉

郭傳芬妻唐氏于歸未三月夫故時年十八苦志義守見年五十一歲嗣子光續

郭宗梓妻阮氏年二十七夫故矢志守節見年五十四已苦節二十七年子傳爵

郭萬春妻董氏年二十四夫故歿年八十六學憲李額獎節孝延釐子正定

郭其煥妻程氏年二十五夫故撫孤成立守節三十六年歿年六十一子宗棣

郭宗云妻張氏年二十二夫故家貧苦守卒年六十三子傳鐸

郭正芳妻王氏年十八夫故歿年五十九守節四十一年子其昌

郭傳樞妻劉氏年二十二夫故守節三十二年見年五十有四子光奎

余錫和妻周氏年二十六夫故見年六十一已守節三十五年學憲臧額獎松筠比節子光森

余榮幹妻王氏年十九夫故見年五十九已守節四十年學憲王額獎守潔懷清子光怡

文童周安亭妻劉氏年二十五夫故堅志守節凜若冰霜撫胞弟生員兩如子昌壽爲嗣見年五十一已守節二十六年

郭傳洋妻周氏年二十七夫故苦志耐貧守節四十六年嗣子光承

郭傳文妻余氏年二十八夫故守節撫孤歿年四十九嗣子光杰

郭宗珩妻周氏年二十七夫故見年七十九已守節五十一年學憲張額獎砥節懷清子傳敭

黃鳳翔妻周氏年二十五夫故姑老家貧紡績孝養姑歿捐妝奩以營葬撫夫弟子祥餘爲嗣教養兼盡守節三十四年見年五十九學憲臧額獎淑德可風

王薇豪妻朱氏年二十五夫故守節三十六年歿年六十一子德逵

阮大鼎妻徐氏年二十七夫故歿年六十二守節三十五年

阮遠金妻李氏年三十夫故苦志守節七十四歲卒

董聲揚妻夏氏年二十五夫故守節二十八年見年五十三子賢珍

貞女一朱小浦報

郭正寶妻龔氏夫家貧遠貿歿於河南氏年十七未婚孝服奔喪往負夫靈確守閨範以終其身學憲王額獎志堅金石卒年七十有八

四都列女

歲貢方鏡明孝廉余開第廩生石廷玉庠生方瑞山採訪

節婦十八方鏡明報

庠生方際昌妻周氏年二十八夫故時姑年暮移櫬作姑服勞奉養不懈殮喪遺腹生子及笄課讀嚴後以縣案第一入泮學成名立皆母教也性慈惠好義樂施宅後半里許有水病涉獨出藏鏹建石橋歲祖出減價平糶斛滿不去尖每年終族中貧苦者必以米肉分餉之匪獨節孝且賢媛也歿年五十八學憲王額獎淑節誠孝孫道盛武庠鏡明歲貢候選訓導曾元林立蓋節孝之報云

方用九妻王氏年二十二夫故矢志守節以禮法自閑平居謹言笑無故不出戶庭卒年六十一守節三十九年嗣子承燧

方承本妻陳氏年二十六夫故見年五十六已守節三十年嗣子家丞

方克咸妻萬氏年二十一夫故死而復蘇者屢翁勸以代夫職立子嗣爲大節涕泣受命姑早逝事翁曲盡禮意歷數十年不衰夫弟生子甫數月卽撫爲嗣劬勞備至家貧紡績自給不受非禮之食

歿年六十七苦節四十六年學憲王額獎節孝維風嗣子承秀監生

方利試妻熊氏年二十九夫故貞靜自守險夷不渝歿年七十二歲撫夫弟之子承浩爲嗣

鄭士尊妻李氏年二十五夫故歿年八十九苦節六十四年氏性堅貞事舅姑婉誠盡禮教子嚴明不稍姑息學憲茹額獎德著青編子方國

程其純妻范氏年二十九夫故家徒壁立矢志撫孤歿年六十三苦節三十四年子昌旭

方承典妻錢氏年二十三夫故矢志守節撫夫弟子家英爲嗣課讀殷勤教養兼至見年五十三守節三十一年學憲梁額獎荻丸媲美

熊佳士妻闕氏年二十二夫故貞節苦守性純孝姑病瘓伴臥牀蓐飲食起居一切委瑣事悉身任之毫不少懈歿年七十五學憲臧額獎美節貞松嗣子承德

程萬柳妻毛氏年二十四夫故矢志撫孤誓不他適歿年五十有六子世恭

方道宏妻程氏年二十八夫故家無擔石紡績營生歿年八十苦節五十二年子承鋁

張慶如妻陳氏年二十九夫故門衰祚薄苦志不移見年六十二嗣子大利

熊文煥妻程氏年二十六夫故翁姑已老子女俱幼家徒壁立憑十指以供口食苦何如之歿年六十四守節三十八年子聲祥

方懋德妻鍾氏年二十九夫故矢志撫孤茹荼飲蘗歿年五十九守節三十年學憲張額獎勁節幽光子承桂監生

余占元妻戴氏年二十一夫故家赤貧矢志撫孤見年六十六子顯意

楊尚鎰妻錢氏年十八夫故苦節可貞年七十無病而卒未有嗣繼人咸惜之

程利貞妻余氏年二十五夫故家徒壁立紡績營生事翁姑以孝聞歿年六十二子應明

周遠復妻陳氏年二十九夫故見年五十八已守節二十九年子鳳林郡庠生

烈婦二方鏡明報

程世臨妻楊氏年二十六夫故誓以身殉因子幼勉稱未亡後族人謀奪其志自經死子其珍

熊志俊妻方氏年三十夫故葬畢議定嗣子是夜沐浴更衣自經以殉嗣子立仁

節婦二十六余開第報

陳銘萬妻施氏年二十九夫故守節四十八年歿年七十八子方經

陳立久妻帥氏年二十六夫故家貧撫孤茹荼集蓼紡績辨勤族里稱頌卒年五十子宏炯

孫琢成妻鍾氏年二十四夫故歿年五十九守節三十五年子達敏

吳明哲妻劉氏年二十六夫故守節四十一年卒年六十七嗣子德松

徐作孚妻萬氏年十八于歸十九歲夫故守節五十五年七十四歲卒嗣子家典監生

徐以先妻陳氏年二十三夫故遺子女各一家貧姑老人所難堪氏勤紡績孝事邁姑教育子

女俾至成立守節二十九年族里賢之

潘昌茂妻駱氏年二十一夫故家赤貧勤苦撫孤守節四十五年卒年六十六子繼春

監生吳勝文妻洪氏歸吳僅逾一載夫故誓以身殉因翁姑年邁勉强延生撫姪承祧年七十六無疾而終嗣子揚聞一

吳爲國妻鍾氏年二十三夫故矢志守節奉姑三十餘載無倦意見年八十四嗣子立亭監生

吳先春妻余氏年二十七夫故守節四十五年見年七十二嗣孫廷榜

余輝祖妻施氏四歲養於余二十九歲夫故事孀姑撫弱女紡績度活歿年五十六嗣子開利

孫譽章妻周氏年三十夫故家貧勤織紝孝事衰姑奉養無缺家乘有傳歿年八十嗣子士圻

孫士謨妻鍾氏年二十三夫故家貧勵節淑慎持身歿年六十六傳載家乘嗣子天達

孫宜銳妻毛氏年二十六夫故家貧勵節歷久不渝見年五十八嗣子志旭

孫傑萬妻余氏年二十七夫故家貧無依母家欲奪其志終身不入母家之門飲冰茹蘗禮法自閑至老彌篤傳載家乘歿年八十有五嗣子天盛

附貢孫日壽妻潘氏年二十九夫故勵節孝事姑嫜歿年五十一嗣子宏桂

監生孫志裕妻鍾氏年二十六夫故守節冰雪盟心義方教子見年五十子宏林

周兆祥妻謝氏年廿一夫故家貧守義苦勵清操族嘉其節額表於祠見年六十一嗣子昌亮

周遠裕妻謝氏年十九于歸二十歲夫故矢志守節事翁姑維謹翁姑相繼歿盡哀盡禮宗族贈額於祠見年五十四嗣子宏政

鍾廷雄妻方氏年廿九夫故生子國瑞歿年六十一矢志守節義方教子清操足式嘖嘖稱賢

鍾家祿妻周氏年二十二夫故撫嗣子光亭成立見年五十七守節三十六年

鍾家璧妻劉氏年二十六夫故生子光志姑老兒幼孤苦零丁常勤紡績備歷艱辛見年六十

光志娶婦亦亡其婦誓志同守遺腹子前節近年例未符姑識之

鍾國英妻余氏年二十六夫故撫嗣子家盛氏歿年四十九守節二十四年

鍾亮海妻萬氏二十九歲夫故家貧子幼茹苦含辛守節三十四年子國光

鍾國珮妻徐氏年二十九夫故遺子家連守節全孝撫孤恩勤畢生勞苦歿年五十九

徐顯文妻李氏二十六歲夫故守節二十九年年六十五卒子國裕

烈婦二余開第報

孫國聘妻鍾氏夫歿荊州柩歸扶棺大慟三晝夜水漿不入口葬畢自經以殉嗣子志湜

孫岐周妻潘氏孝子鳳和之母也年二十九夫歿四川嘉定勵志撫孤稍長即以父骨可囑子體母志及壯往反萬里迎父櫬歸母扶柩一慟遂卒懿行詳家乘歿年五十三節烈兩全孫錦文監生修文侯選縣丞曾孫日壽志傑俱附貢生志裕監生節母之報誠不爽也

節婦三十二方瑞山報

方茂林妻熊氏年二十六夫故歿年五十四以節終子象彔

鄭孔皆妻胡氏年二十八夫故歿年七十六以節終子法坦

鄭介眉妻胡氏二十一歲夫故歿年八十一敦慎端莊族里咸欽以胞兄子法坦兼祧

鄭席正妻余氏年二十八夫故見年七十二嗣子遠蔭

周經山妻陳氏年二十八夫故歿年六十八以節終子似仕

周魁五妻廖氏年二十九夫故歿年五十有九子堯章

周序東妻潘氏二十八歲夫故歿年六十守節三十二年子正鵠

儒士周賓之妻彭氏二十五歲夫故歿年六十四守節三十九年嗣子國仁兼祧

周步青妻李氏二十九歲夫故歿年六十一歲子敬瑚

壬午志四都列女

臧希聖妻鍾氏年二十七夫故歿年六十一子方隆

臧首發妻嚴氏年二十七夫故見年五十六子方松

臧士超妻吳氏年二十六夫故見年五十八嗣子方信

潘定邦妻祁氏年二十四夫故歿年五十四守節三十年嗣子繼德

李貴玉妻余氏年三十四夫故歿年五十一守節二十七年嗣子李浩庠生

鍾利貞妻余氏年二十八夫故歿年六十九子家禮

鄭方亭妻周氏年二十三夫故歿年五十七學憲茹額獎飲冰矢志

鄭法祖妻劉氏年二十八夫故見年五十二子遠琇

鍾國超妻劉氏十八歲夫故見年六十五守節四十五年嗣子家林

鍾家愷妻洪氏年二十五夫故見年五十二子光璧

鍾定騰妻董氏年二十夫故歿年七十七守節五十七年咸族贈額節孝流芳後被同祿堂構俱燬而額獨存嗣子士孟

鍾茂青妻周氏年二十二夫故歿年六十一守節三十九年撫憲胡題贈巾幗完人嗣子家勝

鄭法墀妻戴氏年二十八夫故見年五十一守節二十三年子遠蓉

余致和妻曹氏年二十七夫故見年六十六守節三十九年子家懷

余東明妻孔氏年二十七夫故歿年七十七守節五十年子運惠

華定盛妻江氏年二十九夫故歿年六十九守節四十年子朝譁

戴偉英妻張氏年二十九夫故歿年八十三守節五十四年子文周

戴運乾妻陳氏年十八夫故歿年八十三守節六十五年嗣子青蓮

儒士李際盛妻鍾氏年二十六夫故歿年四十六守節二十年子先知

壬午志四都列女

儒士陳茂青妻汪氏年二十八夫故歿年八十守節五十二年嗣孫聖薇

徐定邦妻萬氏十九歲夫故歿年七十歲勵志守節五十一年嗣子東垣監生

徐俊華妻毛氏年二十五夫故見年五十五守節已三十年子世典

熊雲芳妻鍾氏年二十八夫故苦守事祖姑及阿姑至孝族鄰稱之歿年八十七子文安

節婦三十七石廷玉報

徐步雲妻鍾氏年二十一夫故苦節堅貞歿年五十九

徐鎮玉妻鍾氏年二十四夫故守節三十九年

范貞謨妻陳氏年二十四夫故守節四十年見年六十四學憲額獎節勵冰堅嗣子錫祿

彭會林妻周氏年二十夫故言笑不苟事公姑曲盡婦道卒年六十五子安敦

朱正鰲妻戴氏年十九夫故苦節四十年卒年七十

戴開芹妻鍾氏　年二十七夫故苦節四十一年卒年六十八

張朝英妻艾氏　年二十五夫故撫二子一出繼一承嗣家貧矢志灌園紡績以養衰姑

錢凌翅妻范氏　年二十二夫故見年五十六事姑以孝聞

鄭發輝妻吳氏　年十八夫故見年五十五守節三十五年嗣子遠茂

洪守一妻聶氏　年二十六夫故見年五十五已守節二十九年

石連三妻邱氏　年二十二夫故杜門不出母儀克嫺生子光宗年十五卒撫姪孫權薪爲嗣歿年七十七守節五十有五年學憲胡額獎

石煥亭妻方氏　年二十七夫故見年五十七已守節三十年嗣子權桂

石文昭妻江氏　年二十五夫故見年六十一嗣子權炳

石東會妻徐氏　年二十八夫故閱四月遺腹生子權鳴甫弱冠卒撫夫堂弟子權茂爲嗣

戴開生妻徐氏　年二十八夫故苦節四十二年卒年七十歲

鎮日聖妻徐氏　年二十二夫故歿年八十有二守節六十年子治義孫運鴻職員

洪金堂妻彭氏　年二十二夫故守節三十二年年以夫弟寶善子登蓮爲嗣

洪居仁妻張氏　年三十五夫故守節三十三年以夫堂弟潤之子翰鼎爲嗣

范秀章妻黃氏　年二十三夫故歿年七十七守節五十三年學憲王額獎勁節幽光

洪端青妻趙氏　年二十五夫故見年六十七已守節四十二年子登煜

戴震之妻陳氏　年二十七夫故見年五十七已守節三十年嗣子玉疇

彭定國妻程氏　年二十三夫故苦節堅守事姑曲盡孝道歿年五十三子安武

余正元妻戴氏　年二十一夫故見年六十八嗣子顯意

熊立祥妻查氏　年二十七夫故歿年六十二子家全

熊立仁妻戴氏　年二十八夫故歿年五十九守節三十一年嗣子家貴

查世章妻劉氏　年十九夫故歿年六十三嗣子世維

查德一妻黃氏　年二十八夫故歿年七十三子致和

喻耀晉妻周氏　勵志守節三十五年

艾天衢妻劉氏　年二十九夫故家赤貧紡織營生矢志苦守歿年六十歲子鳳翔

鍾廷壽妻吳氏　年二十八夫故歿年七十七計守節四十九年子國美

錢光立妻鍾氏　年二十二夫故歿年五十八歲嗣子生福禮部題請旌表建坊給清標彤管額

鍾家芳妻劉氏　年二十二夫故守節見年五十嗣子光晉

徐開秀妻戴氏　年二十七夫故守節五十七年孫以友

徐正剛妻熊氏　年三十夫故矢志守節盡孝事姑族無間言

黃從仁妻鍾氏　年二十五夫故守節四十四年

戴秀彰妻周氏　年二十四夫故歿年六十子之成

戴會一妻唐氏　年二十一夫故見年六十五子序松

戴潁濱妻汪氏　年二十一夫故見年五十嗣子承祚

貞烈女一　石廷玉報

范方德聘妻喻喜姑　敬齋息女幼字范于歸有日方德遽卒凶問至女服哀絰投繯自盡

奉旨建坊

入祀節孝祠

貞女一　石廷玉報

石耀先聘妻祁氏　年十四童養於石十九歲尚未完婚夫故誓死守貞事孀姑以孝聞見年六十四嗣子權薪

烈婦三石廷玉報

徐家亮妻萬氏年二十二夫故七七期滿薙經以殉嗣子以培

徐家魁妻洪氏夫歿後日夜號泣憂鬱成疾不二月死

董道咸妻朱氏夫歿氏送葬歸即服毒自盡里黨羣稱其節烈

節婦七歲貢洪際清附報

洪爲仁妻鍾氏年二十二夫故見年五十六已守節三十四年子翰易

余大勳妻洪氏年二十三夫故歿年六十五守節四十二年子萬國

萬竟成妻何氏年二十六夫故歿年七十有四守節四十八年嗣子逢藻

萬安滙妻胡氏年二十二夫故見年六十已守節三十八年嗣子定英

錢俊英妻張氏年二十八夫故見年六十一八已守節四十年子生炳

錢光掄妻劉氏年二十六夫故見年六十八守節四十二年子生旺

錢光第妻王氏年二十四夫故歿年七十學憲賈題贈巾幗完人

上五都列女教職陳楚翹附生黃家鈺庠生吳愼徽監生陳經畬採訪

節婦五十陳楚翹報

張品施妻王氏年二十九夫故見年六十二守節三十三年子昆圃

吳昌松妻余氏年二十五夫故紡績撫孤冰霜自矢見年五十三子定邦

劉遠松妻樊氏年二十五夫故冰霜自勵族鄰咸欽歿年七十有四贊載家乘子大經

陳永模妻楊氏年十八于歸閱一月而外貿身故家赤貧燈苦守從一而終歿年七十四

陳正松妻張氏年二十九夫故歿年八十八守節四十九年學憲沈額獎歷久彌堅子家財

吳德華妻賀氏年二十一夫故子宏昇生甫三月家貧苦節艱貞終身姑庶姑三喪撫一綫成立見年七十六

吳廷英妻范氏年二十二夫故矢志完貞終祖翁及翁姑三喪歿年六十有九

吳大年妻陳氏年二十六夫故堅志厲節家貧最苦撫遺腹子成立歿年四十有八

吳清遠妻陳氏年二十五夫歿異地貧難歸葬飲泣撫孤歷盡艱苦子伯玉稍長携往外地檢負夫骨歸葬鄉里賢之撫憲胡額獎節孝揚徽彙報旌表後伯玉卒以庠生愼徽子世龍兼祧歿年六十

陳永椿妻謝氏年二十七夫故歿年七十九守節五十二年嗣子明煊

陳朝海妻樊氏年二十夫外貿身故矢志守節歿年七十九嗣子德光

陳榮魁妻石氏年二十五夫故家赤貧紡績養衰姑歿葬盡禮見年六十八學師額獎堅苦完貞子德福

生員陳裕昆妻張氏年二十九夫故歿年五十七艱苦備嘗傳載家乘子安善

張聖華妻程氏年二十八夫故守志三十七年歿子秀譴

陳維懷妻吳氏年二十二夫故守節事祖姑以孝歿年五十七學憲朱額獎恆其德貞子安祀

毛履中妻周氏年二十九夫故紡風續月養葬翁姑七旬親族贈貞節古稀嗣曾孫耀蘭

張聖陶妻章氏年二十七夫故家貧苦節撫孤事舅姑以孝著歿年七十有六子大維

張緒安妻石氏年二十五夫故見年六十六守節四十一年子大奎

周命春妻劉氏年十八于歸甫五月夫故孝事阿姑勤苦堅貞歿年六十九嗣子昌裕

張茂雅妻萬氏年二十五夫故守節四十一年歿嗣子秀枝

周世强妻張氏年二十八夫故苦節自甘見年七十有五

周承心妻陳氏年二十五夫故見年五十二子元富

周豫茂妻樊氏年二十九夫故見年六十二嗣子元金

儒士王伯珍妻石氏年十九夫故守節事姑盡道族里以節孝稱見年五十嗣子其楠

胡哲夫妻石氏年二十六夫故堅貞勵節無間始終歿年四十八撫憲胡額獎節比松筠彙奏旌表家乘有贊予厚民

毛懋修妻陳氏年二十四夫故織紡度日苦節五十五載歿學憲村額獎節孝可風子羅賜

儒士毛玉山妻陳氏年二十五夫故苦持介節孝事翁姑同治十三年旌表見年六十四子宗琳太學生

陳邦彥妻毛氏年二十五夫故歿年七十八子東海

陳協恭妻樊氏年二十夫故歿年八十九子炳煜

陳開國妻吳氏年二十夫故歿年六十二嗣子廷玉

陳及峯妻范氏年二十九夫故遺一子矢志完貞子殤幾不欲生念堂上姑老强起苟活以養過姑見年六十四嗣子傳典

吳聖洋妻陳氏年二十二夫故歿年五十七守節三十五年子光弼

陳善堂副室滿氏年二十六夫故歿年七十子可珍

張星海妻陳氏年二十七夫故歿年八十有五子秀庚

周命芳妻吳氏年十八子歸甫月餘夫外貿身故苦守數十年如一日見年六十九嗣子昌成

張德明妻周氏年二十八夫故守節五十歲卒學憲王彙奏旌表贈節孝揚徽額子振五

陳永松妻葛氏年二十九夫故淸苦畢生人無閒言歿年八十四咸豐十年旌表子明珍

周新楨妻劉氏年十六于歸十九夫故矢志柏舟撫嗣子世遠成立見年七十九

周世遠妻張氏年二十九夫故隨孀姑劉同志守節荼蓼共嘗見年六十二

邵應瑞妻羅氏年二十四夫故歿年六十五嗣孫家禮

陳位三妻樊氏年二十六夫故歿年六十五子志仁

陳鳳翔妻劉氏年二十六夫故歿年七十五嗣子明鸞兼祧

陳明詩妻楊氏年二十九夫故家貧苦志撫孤歿年七十有七

陳永榮妻樊氏年二十七夫故歿年七十有二子明志

陳永相妻程氏年二十三夫故歿年七十四蒙恩旌表傳載家乘

王達祥妻張氏年二十五夫故矢志柏舟見年五十嗣子其想

陳慶貴妻劉氏年二十六夫故憂鬱成疾歿年四十五嗣子朝唐

監生陳南英妻張氏年二十一夫故欲以身殉諸母勸以養老撫孤始强起視事奉阿翁繼姑養葬俱如禮惠以待下和以接物於宗族之貧者尤恩意有加洵守節盡孝終溫且惠者也歿年五十八解元張宗崑撰節孝傳載在家乘嗣子家乾

陳家乾妻張氏年二十七夫故節孝溫惠一如阿姑歿年五十一學憲額獎貞萃一門子學孟

陳孟伯妻熊氏氏三十夫故守節見年八十四嗣子明鸞兼祧

陳正修妻成氏年三十夫故節孝溫惠一如姒張氏學憲額獎貞萃一門氏亦其一歿年七十一子家坤

陳正道妻胡氏年三十夫故與姒張氏成氏同志守節貞萃一門氏又其一歿年六十有八子家從仁孝性成學憲朱額獎孝思維則孫正昌邑增生

貞女一　陳楚翹報

張毓明聘妻周氏未婚夫故守貞不字

貞烈婦一　陳楚翹報

陳安禧聘妻李氏幼養於陳未婚夫歿其父給歸欲改聘之議已定女知難以口舌爭遂

雉經死時年十八聞者莫不悲其志而欽其烈贊載家乘嗣子傳海

節婦十三黃家鈺報

李浩園妻龔氏年二十五夫故見年八十七守節六十二年

李彥章妻黃氏年二十二夫故歿年三十七守節十五年

黃正邦妻李氏咸豐乙卯年夫督勇禦賊陣亡氏年三十堅志守節養親撫孤見年五十八子國璡監生

黃希元妻劉氏年二十九夫故歿年五十三守節二十四年

黃之江妻劉氏年二十六夫故歿年七十五守節四十九年

黃共軒妻張氏年二十五夫故歿年四十三歲守節十八年

黃永恭妻王氏年三十夫故歿年八十七守節五十七年

黃重珍妻袁氏年二十四夫故歿年五十一守節二十七年

黃洪達妻佘氏年二十九夫故歿年六十九守節已四十年

萬文林妻黃氏年二十二夫故見年五十四守節三十二年嗣子家聞

劉省初妻胡氏年二十四夫故見年五十二已守節二十八年

劉敦成妻李氏年二十四夫故歿年五十守節二十六年

劉金如妻留氏年二十八夫故見年六十二已守節三十四年

貞女一黃家鈺報

黃一鰲聘妻萬氏未婚鰲外出無耗氏矢志不二守貞母家歿年五十二學憲王題贈旌獎

貞孝女一黃家鈺報

萬一姑鑾宜女父卒因母廢疾無依孝養終身守貞不字見居江西省生歿未詳

下五都列女舉人樊鳳起歲貢毛鴻儀拔貢石鏡明監生陳定煒採訪

節婦二十一樊鳳起報

儒士樊蓮山妻萬氏年二十四夫故歿年五十三光緒八年報請旌表嗣子交仁

儒士樊鼎新妻黃氏年二十四夫故見年五十七學憲臧額獎荻丸繼美子若霖庠生

樊維四妻劉氏年二十六夫故見年六十一學憲臧額獎姜孟遺徽子孝經監生

監生陳盛周妻劉氏年二十二夫故歿年六十二學憲臧額獎心清似水子國謙庠生

樊致中妻劉氏年二十一夫故歿年七十一嗣子希元

樊貞起妻舒氏年十九夫故歿年七十三子純松

樊明瑶妻祝氏年十九夫故歿年七十嗣子哲楹

樊貞昇妻陳氏年十九夫故歿年七十三子純儒

樊貞星妻陳氏年十九夫故歿年七十三子純舉

樊希鳳妻程氏年十八夫故歿年六十八子思明

樊純煒妻閔氏年二十二夫故歿年八十七子希文

李承乾妻石氏年二十九夫故歿年六十八子大亮

孟皇佐妻吳氏年二十六夫故歿年六十一子臨萬

孟志高妻周氏年二十夫故見年八十三嗣子遐周

孟壽山妻嚴氏年二十九夫故見年五十五子貽讓

孟俊傑妻徐氏年二十三夫故歿年六十六子光斗

監生樊書升妻李氏年二十七夫故見年六十六子克誠庠生

樊燦庭妻李氏年二十五夫故歿年六十六子有恒

樊其山妻陳氏年十八于歸甫三月夫故歿年六十有九子哲濟

樊燦玉妻孟氏年二十五夫故歿年七十有五子耀廷

毛宗器妻陳氏年二十六夫故見年六十子耀宣

節婦八毛鴻儀報

毛榮光妻陳氏年二十五夫故歿年七十四守節四十九年已請旌表子宗霖

李光耀妻毛氏年二十夫故茹苦含辛日光玉潔事翁姑養生送死盡道學師額奬完貞二字

嗣子宗培

毛光燦妻樊氏二十七歲夫故歿年八十四守節五十七年子芹宫

石衡玉妻樊氏年二十四夫故見年五十七守節三十三年

石慶雲妻謝氏年二十八夫故見年五十四守節二十四年嗣子光禮

饒咸亨妻王氏年二十五夫故歿年五十八守節三十三年嗣子欽詰

石光鼎妻鄭氏年二十五夫故歿年八十五守節六十年已請旌表嗣子權瑜

樊貞祥妻陳氏年二十一夫故歿年七十九守節五十八年子純德

毛宗惠妻陳氏年二十六故歿年六十四守節四十年嗣子耀清

節婦二石鏡明報

石象東副室黄氏年二十八夫故苦節四十二年晚年以膳田佐諸孫讀第三孫廩生曾斗得培植力歿年七十

石豫亨妻鄭氏年二十六夫故歿年五十守節二十四年嗣子權慶

節婦五陳定煌報

陳秉剛妻施氏年二十四夫故見年五十九守節三十五年子安俊

陳孔才妻萬氏年二十七夫故歿年七十四守節四十六年子定祿

陳鴻文妻盧氏年二十八夫故歿年七十守節四十三年嗣孫錫盛

陳雄瑞妻袁氏年二十四夫故見年五十九已守節三十五年嗣孫邦前

童堅之妻鄭氏年二十七夫故見年六十五已守節三十八年子繼生

六都列女廩生陳丹書庠生周際虞章兆吳胡玉琳採訪

節婦二十六陳丹書章兆吳合報

章芳春妻石氏三十歲夫故苦節五十三年傳載家乘子曾玉

章文聲妻周氏年二十七夫故見年六十一族人贈冰霜勵節額傳載家乘嗣子復儁

章玉書妻王氏年三十夫故見年五十事老姑撫孤子孝慈兼盡婦德無虧子復泉

周世現妻陳氏年二十四夫故見年七十一茹荼守貞勤紡度日事姑教子族鄰咸頌鄖西縣

程光第有贊載鄖西志子命若

陳耀廷妻黄氏性端嚴事翁姑以孝稱年二十八夫故遺孤早殤誓以身殉復甦者再撫夫弟德選次子代廣爲嗣歿年八十傳載家乘孫振綱振紀俱監生丹書廩生今志採訪人

儒士陳玉山妻俞氏氏與夫家均寄籍沮陽于歸時翁姑俱歿惟祖姑在堂年二十七夫故家貧子幼母家欲奪其志誓不他適祖姑歿葬後携子歸里依夫親弟振綱績紡營生殷勤課子見年六十一已守節三十四年子天監

陳伯玉妻程氏年二十五夫故歿年六十八有贊載家乘子禮耕

黄紹銑妻王氏年二十九夫故見年五十子芳澂

陳攀一妻黄氏年三十夫故歿年七十九以義方教子以紡績養翁姑子相淋孫天璃天受監生曾孫鴻邑庠生

陳品貫妻袁氏節婦陳黃氏媳年二十九夫故見年七十六守節四十七年子天垦

陳巽權妻張氏年二十九夫故見年六十五守節三十六年子相瓛

陳道遠妻蔡氏年二十二夫故見年八十已守節六十年嗣子代院

監生周召蔭妻賀氏年二十九夫故見年五十二子盛賢

陳斐然妻黃氏年三十夫故歿年七十九子敦厚

章曾綸妻黃氏年二十六夫故見年五十七贊載家乘子元樹監生

陳位賢妻周氏年二十七夫故家貧苦守歿年八十七嗣子永泮

陳乾大妻孔氏年二十九夫故清苦勵志之死靡他無子

程萬勷妻劉氏年二十一夫故歿年七十三尊載家乘子新一

周命珩妻章氏年二十五夫故家貧矢志養姑撫子惟貧紡績子昌年

石學廣妻陳氏年二十六夫故歿年七十八子文大

石漢廣妻朱氏年二十七夫故撫夫兄次子卓然爲嗣歿年七十二

周命璉妻鄭氏年二十一夫故家貧織紡撫孤成立見年五十三子昌松

董宏堅妻陳氏年二十二夫故見年六十七傳載家乘嗣子紹祚

陳容光妻胡氏年二十二夫故歿年七十八贊載家乘嗣孫代象

章惟嶽妻石氏婚後嶽即遠貿撫子復宗氏茹苦含辛教之成立族里咸欽

周獻[illegible]妻蔡氏年二十七夫故歿年八十歲子以德邑增生周際虞傳載家乘

程萬調妻賀氏年二十夫故歿年七十一守節五十一年傳載家乘

烈婦一陳丹書章兆吳合報

周成正妻童氏年二十一夫故無子自縊以殉傳載家乘

貞女一陳丹書章兆吳合報

張洪盛聘妻周氏周希孟室女五齡養於張十五未婚盛故守貞全孝數十年如一日年六十紳耆醵錢勒碑以表之贈額贈詩者甚夥縣尊周世棻亦贈碑聯舉人章列侯譔文

孝婦二陳丹書章兆吳合報

監生周之楨妻王氏氏樸而勤性淑慎事姑以孝閒姑故嚴齊慄之誠卒臻允若姑病篤虔禱於神割左股臠切以進姑立愈子震一庠生克承先志繼母陳病亦割股療之

黃立志妻陳氏事翁至孝翁病危氏焚香祝天割股療之遂愈

節婦一周際虞報

儒士周樹堂妻章氏年十九于歸舅姑均歿越兩載夫故遺孤在抱四壁蕭條年年爲人作嫁日得升米撫孤卒年六十八守節四十九年

節婦八胡玉麟報

胡聖文妻石氏年二十九夫故清苦勵節人無間言見年五十子世勳

胡周儀妻賀氏年十七歸胡月餘夫故矢志靡他撫姪承祧見年六十嗣子明禮

胡定芳妻周氏年二十八夫故家亦貧憑十指力作事俯蓄孝養兼盡見年六十四子明沃

章品然妻孔氏年二十八夫故以冢婦代子職始終不移子應蘭應清俱庠生

陳應春妻劉氏年二十八夫故守節撫子成立恭監生

賀啟运妻陳氏年二十五夫故歿年六十四學憲賀額獎節儆松筠傳載家乘嗣子永言

賀大鵬妻胡氏年二十一夫故歿年七十六贊傳載家乘學憲朱額獎清操彤管子宗裕

賀克成妻陳氏年二十八夫故歿年七十六贊傳載家乘學憲洗額獎履潔懷清子立茂

上七都列女恩貢胡登壽歲貢陳清揚庠生陳余谷職員毛有珠庠生羅名湘周宗源採訪

節婦十六胡登壽報

陳睿明妻胡氏年二十四夫故歿年七十五守節五十一年子得三

汪定有妻李氏年二十四夫故卒年五十三歲守節二十九年

汪懋德妻余氏年二十五夫故卒年六十三守節三十八年

汪克成妻余氏年二十六夫故卒年八十七守節六十一年

汪心志妻李氏年二十四夫故卒年六十三守節三十九年

汪翟聲妻羅氏年二十三夫故見年五十五已守節三十二年

胡海屏妻鄭氏年二十六夫故見年五十六守節三十年嗣子文簡

李德尊妻關氏年二十七夫故見年八十二守節五十五年子遂慈

李德象妻危氏年三十夫故歿年七十三子遂願

李忠永妻聶氏年十九夫故歿年七十一守節五十二年孫永元

鄧德彰妻李氏年二十夫故歿年五十七守節三十七年嗣子賓門

鄧文運妻余氏年二十九夫故歿年六十七守節三十八年子輝光

鄧正烈妻陳氏年二十四夫故守節四十九歿年七十三嗣子以功

周經權妻聶氏年二十九夫故歿年八十二守節五十三年學憲杜額獎冰節永芬嗣子光威

周玉麟妻熊氏年二十八夫故歿年七十九守節五十一年學憲杜額獎義堅恒菱嗣子際泰

周萬年妻熊氏年二十四夫故歿年五十九守節三十五年學憲杜額獎冰霜勵節嗣子海元

節婦四十四陳濤揚報

余禪猷妻陳氏年二十八夫故守節事公姑以孝撫一子經池成立見年七十歲

陳名川妻余氏年二十六夫故守節三十四年子本原監生

陳顯南妻李氏年二十八夫故守節四十年撫嗣子宗綸兼祧

陳玉峰妻周氏年三十夫故守節五十三年子以仁

陳國珊妻張氏年二十八夫故守節四十年學憲王額獎節孝可風子展萬

陳粹堂妻胡氏年二十八夫故遺腹生子炳南撫孤勵節四十八年節碑立東門外五里界

陳國泰妻楊氏年十八夫故家貧苦守四十六年無嗣

李兩交妻郭氏年二十五夫故撫孤成立苦節四十五年學憲杜額獎柏節松操子傳南

李傳南妻劉氏年二十二夫故無子矢志立節苦守四十九年學憲額獎冰清玉潔嗣子榮封

陳彬雅妻夏氏十九歲夫故無子撫姪宗恒爲嗣恒文歿後以姪宗禮承祧守節五十五年

張輔仁妻黃氏十九歲于歸閱四年夫故勵節撫孤學憲臧額獎志矢柏舟子運淦

張恢宇妻陳氏年二十九夫故姑病癱孝事二十餘年曾無懈志見年五十有九

張翠華妻陳氏年二十八夫故僅遺三女撫姪大敬爲嗣見年五十六

陳宗方妻程氏年二十六夫故姑老邁奉養不衰嗣子孔訓

陳正常妻余氏年二十八夫故家貧事翁姑以孝著翁病劇割股療之愈撫子清遙早逝見年六十一撫姪清蓮爲嗣

張義成妻陳氏夫故守節數十載撫姪運梓承嗣前經侍郎雷以誠報請旌表

張賡廷妻陳氏年二十八夫故遺一子一女家貧紡績自給見年五十一子大勳

孫春田妻李氏夫幼病跛氏夫婦毫無嫌意年二十七夫故守節見年六十嗣子傳均

李光藻妻周氏歲貢周鑲孫女年二十四夫故守節五十七年學憲王額獎砥節懷清恩賜翰林李宗滙其長孫也

李周新妻陳氏早歲夫故守節靡他子嘉運

李傳賢妻劉氏年二十六夫故守節四十九年撫姪永嘉承祧

陳衢亭妻張氏年二十九夫故無子撫嫡姪爲嗣早殤撫堂姪清祁承嗣歿年六十二

陳國弼妻李氏年二十一夫故無子撫姪大允承嗣歿年七十八

陳可象妻吳氏年二十八夫故謹守深閨足不踰閾紡績養姑義方訓子歿年八十二子大江

陳明才妻程氏年二十一夫故家貧撫孤井波不起比部劉名馨題贈懷清二字子崇殷

夏秉然妻黃氏夫遠貿無耗家貧養姑雖饔飧不繼誓志靡他嗣子世法

張德廣妻余氏年十八歸張夫聱家極貧事上孝待夫敬撫子蕊藉鍼黹作生活計夫卒氏年二十五矢志守節八十歲卒子春明

周元曉妻王氏年十八夫外出無音遺腹生子克贊矢志撫孤歿年八十二孫佐榮

余鴻緒妻陳氏年二十九夫故與妾關氏氷霜共礪矢志靡他撫姪經璜承祠守節四十年

副榜余益椿妻劉氏年三十夫故守節二十年子經融

陳大梁妻程氏于歸兩載夫貿不歸姑憐其無依勸令改志氏堅不允晝則代人井臼夜則挑燈紡績健戶持門勝一丈夫撫嗣子清儒

陳懷山妻黃氏年廿九夫故無子家赤貧矢志守節晝夜紡績以事舅姑撫姪有材承嗣家計漸裕族鄰有急出貲助之亦不吝惜見年七十有二

陳克諧妻李氏年二十四夫故家頗裕儉約自守孤子宗崙殤撫姪宗崑承祧

陳懋敬妻余氏年三十夫故立志守節潔清自好撫姪國政承嗣歿年九十八

龔河清妻朱氏年二十八夫故家赤貧矢志撫孤紡績度日艱苦備嘗見年七十歲子亨州

李旭亭妻鄔氏年二十七夫故家極貧遺二女傭工撫養嫁之守節五十年子守貞

陳俊傑妻李氏年三十夫故遺一子晝夜紡績事翁姑謹執婦道子旋歿偕媳撫孫一門貞節內外無間子本仁孫啟淦

周占魁妻嚴氏年二十七夫故守節四十九年荊州府教授科楷題贈清心映玉

周輔國妻陳氏年二十夫故遺孤僅六月紡績撫養以至成立苦節五十三年子家祥

周正性妻張氏年二十六夫故守節三十八年子佐明

周煥彩妻陳氏年二十夫故苦節四十三年恩賜翰林胡鍏題贈節孝流芳

周輝升妻張氏年二十九夫故守節四十五年進士胡章題贈節孝雙高

周秀方妻李氏年十九夫故守節四十二年

周子鸞妻陳氏年二十夫故守節五十二年學憲李額獎節孝延齡

李俊才妻劉氏矢志守節始終不渝子士模

烈婦一陳清揚報

張運選妻趙氏庠生敬銘胞姊青年夫故守節無子人謀奪其志遂自縊

貞女三陳清揚報

陳宗夏聘妻孟氏八歲養於陳十一歲陳故守貞不字撫姪孫清忠承祀卒年六十八學憲朱額獎貞節流芳

黃姑幼字周文翰未婚翰故守貞母家數十年邑侯陳題贈貞幹遠榮

孫蓮姑明試之女幼字劉文耀子未婚被虜不歸父母勸其改志姑堅不從伴寡母紡績度日外人罕見其面見年四十

節婦十六陳金谷報

陳慶遠妻程氏年二十九夫故守節三十八年嗣子孔訓

祝銘三妻童氏庠生萬春孫女年三十夫故守節五十五年學憲王額獎節孝可風子亨德

鄭東木妻余氏年二十六夫故守節五十四年

吳錦春妻楊氏年二十九夫故見年五十八子宗雄

陳習六妻張氏年二十四夫故見年五十六子鳳翔業儒

任殿賢妻陳氏年二十八夫故守節四十五年孫立鼎

郭艮文妻李氏年三十夫故矢志撫孤守節四十六年孫受益

錢生廉妻胡氏監生胡永芬姊年二十三夫故貧苦矢志百折不回已守節二十五年

任茂春妻余氏年二十六夫故守節三十八年子盡心

余嘉德妻胡氏年二十九夫故貞靜自守家徒壁立丐以養姑能竭其力子益金

郭昌遂妻顏氏年三十夫故苦守四十餘餘年堅貞不移子祚福

郭逑秋妻毛氏年二十夫故誓志守節歷久不渝蒙恩旌表

儒士余吟菴妻葉氏子正南　余尚綬妻鄭氏

余懷樹妻鄭氏　余臨芳妻陳氏

貞女一　陳金谷報

吳七姑幼字鄭未婚夫故貞潔自守誓不他適見年七十有二

節婦十六　毛有珠羅名湘周宗源合報

儒士羅虛齋妻施氏年二十三夫故守節事翁孝撫子慈勤儉可風見年五十嗣子交銓

庠生施貽儀妻徐氏年二十七夫故見年五十一子訓聚

施貽仁妻陳氏年二十五夫故見年五十嗣子訓聚兼祧

施鑑堂妻張氏年三十夫故見年六十二嗣子常基

余錦章妻陳氏年二十八夫故見年五十四嗣子龍湖

余建功妻張氏年二十七夫故見年五十九嗣子光瑩

余以詩妻陳氏年二十八夫故見年五十子光兆

袁國序妻譚氏年二十一夫故守節二十九年卒子秦麒

甘錫仁妻熊氏年二十八夫故見年五十嗣子明倫

余學蛟妻萬氏年二十一夫故守節五十四卒嗣子光琨

李仲池妻陳氏年二十四夫故見年五十一子基仁

周光壽妻杜氏年二十九夫故守節二十四年卒子宗麒

施以勤妻余氏年二十八夫故守節四十二年卒子訓靖

施兼六妻黃氏年三十夫故見年五十八子常盈

施岐周妻陳氏年二十八夫故守節四十七年卒嗣子訓維

盛長德妻劉氏年二十四夫故誓不欲生夫兄弟三相繼逝僅夫弟仁一子紹桂未週歲弟婦又亡因撫以承祧氏性仁慈世寓江淩稱貸多不責償鄰災量力濟之卒年七十九守節五十五年九孫林立守節之報不爽

施葆初妻萬氏嗣孫訓鳳

烈婦一　毛有珠等合報

施長青妻周氏年二十九夫故葬後自縊以殉

下七都列女庠生余兆昺職員余燮堂監生陳耀東庠生廖朗山採訪

節婦十　余兆昺報

余尚讓妻夏氏年二十八夫故遺子懷基撫之成立歿年六十二

余尚謨妻陳氏年二十七夫故遺子懷庶僅週齡苦守八十一歲卒

余懷庠妻陳氏年二十四夫故歿年七十三嗣子卜熙
李仕望妻冷氏年二十夫故歿年七十三守節五十三年嗣子邦仁
陳炳春妻夏氏年二十八夫故卒年六十五守節三十七年子貽閔
羅章璧妻彭氏年二十二夫故以夫弟子家齊承嗣旋殤氏憂憤自縊時年四十九
吳玉成妻陳氏年二十六夫故見年五十
吳運亨妻陳氏年二十四夫故生子錫敏撫之成立見年六十四
余尚學妻曹氏年二十七夫故守節見年六十一子懷龍
甘士心妻饒氏年二十七夫故守節四十年歿年六十七子文彬
節婦四余爕堂報
余卜德妻吳氏年二十八夫故卒年八十二子一綱

余鵬程妻張氏年二十八夫故守節三十三年見年六十一嗣子經選
余次農妻孫氏年二十八夫故守節二十三年見年五十一子傳鐸
余既明妻胡氏年二十五夫故生子傳城僅三月見年五十一
烈婦一余爕堂報
庠生余鴻翰妻羅氏翁姑早歿夫旋故哭泣不已殯殮甫畢自經以殉子二傳甲傳庚
節婦十陳耀東報
監生黄子振妻施氏年二十九夫故見年五十已守節二十一年子俊臣
王步青妻彭氏年二十八夫故見年六十四已守節三十六年
王錫三妻余氏年三十夫故見年六十五已守節三十五年嗣子學基兼祧
江爲謨妻胡氏年十九夫故遺子生僅數日矢志勵節撫養成立

陳利貞妻涂氏年二十一夫故閲四月遺腹生子兆玉教之成立見年五十三歲
王汝封妻楊氏年二十五夫故無子撫姪承嗣見年五十四嗣子聖誠
陳啟常妻王氏年二十五夫故苦節二十五年歿子兆金
陳美玉妻祝氏年二十夫遠貿不歸卒於異地氏守志勵節歿年五十八
汪光榮妻王氏年三十三夫故見年五十一已守節二十八年
烈婦一陳耀東報
王恢文妻施氏年二十于歸僅一月餘夫故送葬畢自縊以殉
節婦七廖朗山報
余宏開妻王氏年十九夫故歿年六十一嗣子傳衣
余德昭妻王氏年二十八夫故見年七十一子敦五監生

黄艮貴妻李氏年二十四夫故守節撫憲胡額奬操勵松筠子相卿
黄相卿妻李氏年二十八夫故隨孀姑苦守節操如一子紹恒
丹佐廷妻王氏年二十四夫故見年五十二
廖聲宏妻余氏年二十七夫故見年七十四嗣子文孚
廖玉池妻李氏年二十五夫故見年六十秉性堅貞立身清潔同治十三年學憲王額奬歲寒清操
貞女一廖朗山報
余姑幼許字王繼典長子林樾及笄未嫁樾被擄守義不改伴嫂母家二十餘年績紡度日禮法不愆見年四十有六
烈女一廖朗山報

朱姑幼許字廖文栁及笄未嫁聞姑病篤詣廖奉侍姑病瘳歸不數月栁暴病卒姑自縊以殉

八都列女庠生余文品余性芳舉人吳鳳璪監生鄒綬之採訪

節婦十一余文品報

萬天生妻熊氏年十七于歸十八歲夫故見年六十有五守節四十七年嗣子傳信

黃錫倫妻劉氏年二十二夫故見年五十七守節三十年遺腹子懋賞

黃奏功妻孟氏年二十八夫故見年六十七守節三十九年嗣子緒賓

謝仁經妻鄧氏年二十五夫故四十九歲卒守節二十四年嗣子世順

余翰如妻曹氏年二十一歲夫故見年五十七守節三十七年嗣子學瑍候選典史

余筆臣妻楊氏年二十五夫故見年五十守節二十五年子學古

曹孔鎰妻施氏年二十二夫故守節三十七年學憲俞額獎咸豐十年奉旨旌表嗣子必渊

黃邈修妻余氏年二十四夫故見年五十一守節二十八年嗣子緒煥

黃華九妻羅氏年二十九夫故守節四十五年歿年七十六嗣子錦堂

余陝門妻陳氏年二十四夫故四十三歲歿守節二十年嗣子學福

監生余妙國妻楊氏年二十九夫故歿年五十一守節二十二年嗣子承培

烈婦一余文品報

黃柱廷妻嚴氏夫故三日哭泣盡哀投繯以殉時年二十三

節婦八余性芳報

黃龍文妻王氏年二十九夫故七十二歲卒守節四十三年子公衡監生

余海林妻嚴氏年二十九夫故六十三歲卒守節三十四年子士喆

余品重妻江氏年二十四夫故守節二十八年五十二歲卒子尚茂

胡萬春妻嚴氏年二十六夫故見年七十八守節五十二年無子

喻夢卜妻嚴氏年二十九夫故六十九歲卒守節四十年子顯芳

喻步雲妻胡氏年二十八夫故五十六歲卒守節二十八年嗣子國璧

廖榮禮妻嚴氏年三十夫故見年八十一守節五十一年子逢春

廖德萱妻吳氏年二十四夫故八十八歲卒守節六十四年遺腹子春山

節婦四吳鳳璪報

吳建玉妻葛氏年二十九夫故矢志守節年例相符子立字卒嗣子立功

吳獻功妻盛氏年二十五夫故青年勵節孝慈兼盡子性初

盛利川妻余氏年二十一夫故安貧守節始終不易見年七十八人無閒言子國文

盛國文妻汪氏年十九夫故與孀姑同勵苦節潔清自守嗣子定敬

節婦十三鄒綬之報

鄒孝犨妻石氏年二十夫故矢志撫孤孤歿以憂鬱成疾卒時年四十一歲嗣子盛林

朱席珍妻鄒氏年二十八夫故姊素終身歿年五十二族人額贈清齋節孝嗣子光德

朱煥然妻嚴氏年二十八夫故見年六十四守節三十五年嗣子光珽

朱泉源妻王氏年二十四夫故撫姪爲子視如己出歿年五十四嗣子先運

朱攀元妻曹氏年二十九夫故見年五十守節二十二年嗣子繼猛

黃偉文妻曹氏年二十三夫故見年五十四守節三十一年

江儀章妻鄒氏年二十三夫故歿年六十九守節四十六年子守邦

江述志妻熊氏年二十三夫故貧苦矢志歿年六十八守節四十五年子則順

江鳴盛妻余氏年二十八夫故七十歲卒守節四十二年子守紀

程祥瑞妻余氏年三十夫故歿年五十六守節二十六年子爲亡
涂藻山妻劉氏年二十三夫故家極貧艱苦矢志歿年七十一
楊揆文妻曾氏年二十三夫故歿年七十守節四十五年嗣子於元
曹比彭妻饒氏年十九夫故見年六十一守節四十二年學憲淑額獎志比氷清

貞女一鄒綏之報

李彩文姑幼字楊及笄夫故誓不欲生母勸止終守母家歿年七十有五守貞六十年族鄰贈貞孝維風額

烈女一鄒綏之報

李盛信聘妻盧氏姑童養於李未婚信歿誓志守貞聞母家有另聘意即投繯以殉

九都列女孝廉江意撣職員黃濤庠生萬壽山採訪

節婦六江意撣報

余河清妻章氏夫故守節教子成名子華柏廩膳生
江容高妻成氏青年夫故勵節撫孤子貞明監生孫玉澤庠生用卿監生
儒士江名炎妻張氏年二十四夫故守節孝事孀姑撫子立中成立見年五十八
雷煥名妻商氏二十八歲夫故遺一子盛桂甫四齡撫養成立卒年七十守節四十二年學憲洪額獎懷清履潔
萬凌雲妻辜氏年二十九夫故遺孤方恭八歲事邁姑撫幼子守節四十三年七十二歲卒學憲朱額獎氷清玉潔
蕭爾駿妻潘氏年二十五夫故遺孤昇寬甫三歲撫養成人六十五歲卒守節四十年學憲朱額獎松柏節操

節婦十一黃濤報

增生許德潤妻　氏年二十三夫故遺子炳奎僅四齡家貧守志撫孤成立勤紡績積累小康歿年七十九族黨均稱賢能
黃源貴妻許氏夫故年二十一無出抱姪孫承祧家貧苦守以紡績供衣食歿年七十九歲
戴培元妻雷氏夫故年二十八家貧苦節不苟言笑見年五十九事父母翁姑至敬盡禮鄉人稱道勿衰
余思桂妻廖氏年二十八夫故守節四十五年歿年七十三
周萬春妻朱氏年二十一夫故無子守志七十一卒學憲王題贈節孝可風
余祖佺妻周氏年二十三夫故氷霜白矢見年六十遺腹子述周
雷起照妻闞氏年二十三夫故家貧勵節六十三歲卒子世曠

雷世曠妻張氏年三十夫故繼姑立志兩世清操歿年七十三
雷世萬妻黃氏年二十八夫故家貧守節歿年八十子文亮孫枝蕃衍
張以德妻闞氏年二十四夫故孝事孀姑撫孫成立見年六十子顯廷
雷德成妻萬氏年二十二夫故遺子一矢志撫孤見年五十五

節婦五萬壽山報

廖國祥妻萬氏年十九夫故茹苦守節見年五十三
萬豫和妻周氏年二十二夫故守節見年五十一
葉金門妻黃氏年二十五夫故見年五十嗣子隆璋
朱耀文妻潘氏年二十二夫故矢志撫孤節堅心苦歿年四十七守節二十五年
孫開位妻辜氏早歲夫歿矢志不二撫子盛緒教之成立

十都列女廪生雷煥奎監生潘麗生庠生廖桐階張濟川採訪

節婦十一雷煥奎潘麗生合報

朱和萬妻程氏二十二歲夫故歿年七十一守節四十九年學憲王題贈節孝可風

胡秉兌妻朱氏夫故守節教子成名子明楷庠生學憲茹題贈蒼松翠柏

李宏遠妻陳氏靑年守志始終勿渝子宗葉學憲王額奬節孝可風

王世班妻胡氏年三十夫故守節三十七年同治甲子縣憲題贈冰清玉潔子太清即舊志載之王士班添傳

潘應綱妻張氏年二十六夫故家貧矢志養姑撫子見年五十一子昌禪

唐接三妻潘氏年二十五夫故僅生一女誓欲殉夫三日水漿不入口氏母教以守節大義遂忍死强起矢志苦守見年五十二嗣子緒楷

張榮東妻黃氏年二十六夫故家貧苦志歿年八十一守節五十五年子孟岧

程開科妻張氏年二十七夫故家貧艱苦矢志守節見年五十五

潘國華妻萬氏年二十八夫故家亦貧矢志守節見年五十五子應恭

郭致中妻劉氏年二十二夫故歿年八十守節五十八年縣憲溫題贈節永年芳子方富

孫天祿妻謝氏年二十四夫故矢志守節節孝可風無子撫姪宗元承祧歿年七十四

烈婦二雷煥奎潘麗生合報

雷勳青妻馮氏年二十五夫故哭泣不止誓不欲生至服闋前一夕向夫靈焚香泣告自經以殉學憲王額奬節凜冰霜子金琇

徐慶輝妻龍氏年二十二夫故家貧矢志守節夫兄欲奪其志氏覺自經

孝婦一雷煥奎潘麗生合報

李登洲妻王氏姑病危割股療之愈縣憲王親驗嘉賞氏仍齋戒誦經為姑請命

烈女一雷煥奎潘麗生合報

吳某聘妻郭氏年二十二將嫁夫故氏聞訃密將粧奩盡毀父復為氏擇配自縊以殉

節婦三廖桐階報

廖心一妻何氏夫故守節五十年子永恩

廖永恩妻李氏夫故守節四十六年子東海孫相楷庠生

廖[illegible]賢妻孫氏夫故守節四十九年七十六歲卒

節婦二李文忠附報

李萬元妻鍾氏二十一歲夫故見年五十七守節三十六年嗣子明銀

胡之海妻陳氏二十三歲夫故歿年五十九守節三十六年嗣子昌明

上十一都列女庠生金琢周吳國琛胡春昇吳殿琛採訪

節婦三十四金琢周採訪三人全報

蕭秉鈞妻龍氏年廿七夫故見年五十九守節三十二年子致堅

周岐山妻王氏年三十夫故守節四十七年子魁元

周度貞妻金氏年二十一夫故守節五十年嗣子繼久

周以觀妻姬氏年十九夫故守節四十五年家乘有贊子述桂

蔡以楨妻袁氏年三十夫故守節五十六年子渭濱

吳定坤妻張氏十九歲于歸合巹一月夫貿歿於蜀守節五十年無子而歿

吳利川妻董氏年二十九夫故見年七十八子緒纘

汪敦學妻金氏年二十四夫故家道貧苦撫遺孤成立六十八歲卒子志仁

胡郁亭妻雷氏年二十六夫故見年五十一嗣子錫類

胡慧軒妻王氏年二十五夫故見年五十一子錫齡

程孔原妻段氏年二十五夫故計守節四十三年子宏遠

趙步升妻周氏年二十七夫故守節四十六年嗣子大安

曾景明妻周氏二十五歲夫故守節四十年

曾金榜妻張氏年二十六夫故守節五十二年子美運

王茂全妻金氏年二十九夫故見年六十子承畬

王宗錦妻姬氏年二十一夫故家貧無子苦志厲節

王鹿門妻王氏年二十九夫故歿年六十嗣子進修

王德安妻淩氏年二十七夫故歿年四十八

王光卿妻李氏年二十八夫故見年七十五子啟相

金勝任妻沈氏年二十七夫故見年六十二嗣子登步

吳奉宣妻曾氏年二十三夫故見年五十一子先祜

監生王南池妻李氏年二十三夫故學憲額奬茹蘗堅貞子煥章

余學芹妻江氏年二十三夫卒年四十七節行詳載家乘嗣子先丙

余德光妻李氏年二十四夫故守節撫孤嗣子先和

余佳攀妻馬氏年二十夫故守節撫孤子先義

余復初妻何氏年二十八夫故守節嗣子奇美

汪慶仁妻周氏年十九夫故苦節撫孤甫婚而殀殊堪憫惻子名傳緒

文童龍清潤妻陳氏年二十二夫故歿年六十七守節四十五年子定鰲

張光宗妻黃氏學憲王額奬節孝可風子大福

朱善成妻潘氏二十五歲夫故撫伯子益榮兼祧守節三十四年卒

朱善高妻陳氏二十二歲夫故撫孤子益福成立守節已三十年

朱善達妻張氏二十四歲夫故以伯子益明承祧守節已二十九年

周元定妻李氏年二十夫故守節八十歲卒子極海

王定經妻曾氏

孝婦一金琢周報

周極海妻王氏事姑素以孝稱姑卒葬後憂傷七日而歿

烈婦二金琢周報

余元圭妻江氏年二十三夫故生子甫月餘氏哭僵於地衵間血漬淋漓視之乃知割左股以

療夫比甦急欲自殉奈呱呱者無託忍死綏之未幾子殤是夕投繯自盡時光緒七年七月十五日也貢生胡春燦等呈請坊表孝旌江意揮爲之傳并贈以詩

程茂桂妻王氏年二十一夫故殯葬禮畢是夕沐浴自經

義婦二金琢周報

周言川妻陶氏夫病危篤刲股療夫

附貢中書科中書周鳳梧妻賀氏夫病危氏刲股療愈有傳載藝文

十二都列女庠生王炳春何煥南魏子奇廩生何光廬採訪

節婦二十王炳春報

雷華國妻吳氏年二十九夫故見年六十八子賢尊

雷首魁妻顧氏年二十九夫故見年八十八孫金光

雷朝秀妻李氏年二十九夫故歿年七十二子騰輝

李德坤妻黃氏年二十六夫故見年五十八子克有

李世俊妻楊氏年二十夫故卒年八十一生子一撫憲胡題贈操勵松筠

王肇基妻余氏年二十八夫故歿年五十七子世魁

王利仁妻金氏年二十六夫故七十三歲卒撫憲胡題贈操勵冰清

王邦彥妻袁氏年二十七夫故五十六歲卒撫憲胡額贈嗣子敬泰

王續照妻沈氏年二十九夫故歿年七十六子世馨

王星燦妻陳氏年二十九夫故七十七歲卒嗣子世馨

王慈祥妻吳氏年二十三夫故見年五十三嗣子敬祥

王艮臣妻劉氏年二十四夫故見年五十二嗣子敬宗

咸甯縣志　人物卷六　壬午志十三都列女　百廿五

王方言妻熊氏庠生待詔孫女年二十八夫故六十五歲卒撫憲胡額奬雲鶴修潔彙奏旌表氏舅父知廣東化州胡宗政為作傳贊祧子首明貢生

儒士王才高妻周氏性至孝侍翁姑奉養曲至夫故欲殉地下因孤僅週歲撫孤全義家貧女紅自給禮法不愆年七十族黨額贈節壽俱稀有以也次孫炳春庠生

袁定詳妻李氏年二十九夫故守節三十三年歿年六十二嗣子祖李

馮延壽妻劉氏年二十五夫故守節三十二年見年五十八嗣子長順

馮采芹妻王氏年二十二夫故守節三十六年歿年五十八子世景

王炳青妻周氏年二十四夫故見年六十九赤貧守志人無間言子馨宜監生

庠生王正己妻胡氏庠生步雲女年二十九夫故歿年七十四子豐庠生

文童王愜儒妻鄭氏庠生宏敏之女年二十四夫故歿年六十歲子臣庠生

烈婦一王炳春報

王懋修妻楊氏庠生遠含女年二十歸修甫閱月修病故哭不絕聲誓欲捐生人勸之止迨修葬畢閉戶自經事聞縣憲李比遣人致奠贈以烈骨含香額今猶膾炙人口云

貞女一王炳春報

余銀姑職員余周亭室女庠生光照胞姊幼字教職李世經子德恒恒被擄無耗姑誓志守貞後經夫婦年邁姑素服詣李奉事舅姑貞而且孝吁可以風矣嗣子克涵

節婦十一何煥庠報

顧貴品妻王氏年二十六夫故茹蘖全貞事姑極孝八十七歲卒子崇雄監生

邵文翥妻陳氏年二十八夫故歿年七十六守節四十八年子國琮

李光輝妻魏氏性温和動必循禮年二十八夫故家赤貧時采野菜佐食殊堪矜憫見年五十

咸甯縣志　人物卷六　壬午志十三都列女　百廿六

周輝玉妻王氏年二十九夫故歿年六十八子登高監生

周文輝妻何氏年二十六夫故誓以身殉轉念孤兒無依撫之成立見年八十守節五十四年侍郎雷以誠題贈巾幗完人子世杰孫鳳池武生

王德經妻何氏年二十八夫故見年五十子輔聖

文童周卓犖妻陳氏夫故守節歷久不移子聲揚孫金貴監生

文童胡光國妻黃氏年二十六夫故見年五十九歲守節三十四年嗣子泰階職員

秦定元繼配汪氏年十七從元夫故年二十六見年五十一撫嗣子如自己出勤儉持家貞節苦守族里咸稱賢之

何安明妻曹氏年二十七夫故矢志守節紡績嘗生見年五十四嗣子建仁

何安富妻雷氏年十九夫故守志紡績惟勤苦節三十一年嗣子建生

顧光先妻夏氏平日克盡婦道年廿八夫故號泣不已後夫葬事畢閉戶自經族人爲之立嗣

節婦十九魏子奇報

武庠張濟川妻鄭氏夫歿年二十五卒年四十五守節二十年嗣子開雲

劉廣大妻韓氏年二十八夫故守節五十二年

劉才俊妻李氏年二十六夫故守節五十四年

劉應綽妻何氏年二十五夫故見年六十二

劉炳文妻王氏年二十八夫故守節六十年

劉應美妻羅氏年二十五夫故見年七十

曹開問妻劉氏年二十夫故見年六十八

儒士李儉齊妻雷氏年二十八夫故卒年五十四守節二十六年力持家政苦撫孤兒子德淇監生

陳文秀妻朱氏年二十六夫故卒年七十五守節四十九年啜菽飲水艱苦異常子國垒

王璞亭妻沈氏年二十五夫故卒年七十守節四十五年子茂宗

李端連妻朱氏年二十六夫故見年七十八守節五十二年舉止端莊性真專一撫憲胡額奬巾幗完人嗣子正陞

王復禮妻張氏年二十二夫故志矢柏舟孝事萱幃二十餘年如一日見年五十嗣子敬達

李正駿妻朱氏年十九夫故見年六十六守節四十七年紡績勤劬至老不倦子賢嵩

程文獻妻吳氏年二十四夫故卒年七十二守節四十八年家貧如洗苦不堪言撫憲胡額奬操勵氷霜子正順

王金五妻錢氏夫歿氏年三十卒年六十一守節三十一年子德申

儒士王序星妻李氏年二十八夫故見年六十八守節四十年嗣子德選

王成堂妻胡氏年二十四夫故六十八歲卒守節四十四年子敬錫

王艮存妻張氏年三十夫故卒年七十一守節四十一年嗣子世雄

沈　妻金氏年廿六夫故卒年七十七守節五十一年子榮發

烈婦一魏子奇報

陳命壽妻周氏夫病奉侍惟謹及歿服毒以殉遺命與夫合葬

烈女一魏子奇報

陸雲姑陸寶桂女桂携眷貿寓西蜀生姑許字王玉光姑幼讀女誡內則諸書識大義以賢聞年二十一已訂婚期光歿於家訃聞姑日夜南向而哭誓以死殉父母屢勸止之後密受某家聘姑不知也某亦

貿於蜀星期定紿姑至戚家及至見廳堂結彩爆竹聲喧始知墮父計欲使爲兩姓婦也比剪髮嘔血昏絕於地踰時始甦送歸不敢犯姑見父母泣恨曰天乎親何忍陷兒於不義也若容我苟活聽女而行不然甯作刀下鬼時袖自刃母强奪之方釋嗣是不敢再談婚事年二十八病卒

上十三都列女庠生董鳴盛賈序鏞教職劉立廷劉玉昆採訪

節婦二十九董鳴盛賈序鏞報

劉徽典妻賈氏年二十七夫故守節三十八年卒年六十五已蒙旌表子文獻

夏旭東妻陳氏年二十八夫故守節四十五年七十三歲卒子定倫

賈泰林妻鄒氏年二十九夫故守節五十五年卒年八十四子其魁

夏立綱妻張氏年二十四夫故守節三十年見年五十四子啟光

夏定春妻賈氏年二十八夫故守節三十二年見年六十四嗣孫本立

陳重天妻祝氏于歸一載夫故遺一子氏深明大義守節撫孤見年五十九

甘華志妻劉氏年二十八夫故守節歿年七十三子澍霖

儒士甘澍霖妻董氏夫病割股療之不效夫卒時年二十六見年七十八歲嗣子佳生

監生戴松林妻甘氏年三十夫故守節見年五十五子賢哲

戴培元妻雷氏年二十三夫故守節見年五十八

陳錦瑞妻王氏年十九夫故守節歿年八十五

唐中元妻劉氏年二十三夫故守節見年七十八

董朝班妻熊氏年二十六夫故守節歿年六十五

董常懋妻戴氏年三十夫故守節歿年六十六

董榮殿妻章氏年二十五夫故守節七十餘歲卒

董書山妻吳氏年三十夫故守節歿年四十九

董名傑妻鄧氏年二十六夫故守節六十餘歲卒

董文茂妻萬氏年二十夫故守節歿年八十五

董錦章妻張氏年三十夫故守節歿年八十

董正榮妻陳氏年二十二夫故守節卒年四十一

董瑞麟妻陳氏年二十八夫故守節六十餘歲卒

董開元妻劉氏年三十六歲守節五十六歲卒

董英才妻廖氏年二十二夫故守節見年五十一子策頤

黃國輔妻艾氏年二十五夫故守節八十五歲卒學憲朱額奬節壽凝祥

黃靜庵妻劉氏年二十八夫故守節見年五十七子隆墀

黃傳勳妻譚氏年三十夫故守節見年五十二子隆輝

儒士黃小坡妻朱氏平江縣知縣朱魯松女年二十一守節三十七歲卒

陳炳林妻萬氏年二十九夫故守節見年五十八子世禮

烈婦一董鳴盛賈序鏞合報

董定臣妻劉氏年二十夫故自經以殉已呈報請旌子傳第

貞女一董鳴盛賈序鏞合報

董貞姑董正誼女幼字汪未婚壻亡姑矢志守貞年七十一卒

節婦十二劉立廷劉玉昆合報

孫汝爲妻胡氏年二十六夫故紡績養姑勤儉訓子卒年六十子大本

陳育林妻胡氏年二十八夫故見年六十二家計窘迫克勤克儉恪守閨範稱無間言子世守

陳達猷妻萬氏年二十九夫故見年五十六秉性貞靜備歷艱辛撫孤成立族黨咸欽子世祥

余繼仁妻劉氏年二十六夫故守節五十年

余光甲妻黃氏年二十五夫故見年五十子輝玉

劉立瑄妻鄭氏年二十八夫故見年五十子述鎧

劉立錡妻王氏年二十八夫故見年五十一幽閒貞靜足不踰閾子述濂

劉立寅妻李氏年二十六夫故守節三十年茹荼含蓼苦節可貞子述典

劉高利妻徐氏年二十六夫故守節四十年家計赤貧懷淸履潔子濟馨

韓加璧妻余氏年二十六夫故守節四十年子以洋

余光洪妻李氏年二十五夫故見年五十子輝鳳

呂定翰妻李氏年二十五夫故歿年五十三子國渭

烈婦三劉立廷報

張義正妻劉氏年二十二夫故比欲殉念八以有遺腹勸止生子後至夫殯葬自經死

呂定元妻胡氏年二十五夫故無子欲殉夫兄比以子圖利承嗣撫養完婚旋卒氏沐浴拈香叩夫靈前是夕吞金死

監生劉立鎔妻孫氏邑增生孫璉權女庠生錫圭胞妹幼嫻內則于歸敬執婦道夫病湯藥親嘗及歿哭泣盡哀殯殮畢僵臥床褥不食淚流十口夜而死嗣子兆鰲

貞女一劉立廷報

劉元姑依母守貞見年五十

下十三都列女孝廉張廷輝庠生胡藻稟生楊友三庠生胡漢臣採訪

節婦七張廷輝報

李宗晃妻余氏年二十二夫故見年六十守節三十八年子純武

胡長青妻朱氏年二十七夫故見年七十五守節四十八年子興名

張成選妻余氏年二十八夫故歿年七十守節四十二年子肇文

張擘灼妻劉氏年二十六夫故見年五十守節二十四年嗣子開哲

張開先妻陳氏年二十八夫故見年五十三守節二十五年嗣子文邵

張開第妻鎮氏年二十一夫故見年五十守節二十九年嗣子文通

張擘青妻余氏年二十五夫故見年五十守節二十五年子開鳳

節婦五胡藻報

胡朝遂妻沈氏年二十八夫故見年五十四守節二十六年子永春

胡朝富妻李氏年二十九夫故遺一子甫八月撫孤養姑苦守三十四年見年六十三子長棟

余常燮妻陳氏陳漢翔女年二十八夫故歿年六十六守節三十九年子承蔭

顧之賓妻劉氏年二十九夫故守節卒年七十八子連

顧朝冠妻吳氏年二十四夫故守節七十八歲卒子世宏

烈婦一胡藻報

胡興文妻李氏年二十四夫故哭不甚哀日倚夫靈床依依不舍迨期前三日抱夫兄子兆清承嗣哭告夫靈是夜投繯自盡同日歸窆

節婦二十楊友三胡藻合報

楊中原妻俞氏年二十六夫故守節五十三年其女三姑守錢未婚夫故守貞嘉慶二十二年呈報奉旨旌表賜額母節女貞建坊東門外五里界嗣子援錦

楊兆堂妻胡氏年二十八夫故見年七十五守節四十七年咸豐十年旌表嗣子世楷

增生楊振先妻胡氏年二十八夫故卒年八十四咸豐十年旌表嗣孫世璟貢生

楊占元妻周氏年二十九夫故七十二歲卒咸豐十年旌表嗣子世森職員

楊功英妻夏氏年二十六夫故見年五十守節二十四年嗣孫遂淦

劉大林妻鄧氏年二十八夫故見年八十一子時和

監生劉友蘭妻黃氏年二十一夫故歿年四十一子英恭

劉世賓妻余氏年二十八夫故見年五十四守節二十六年

李年棟妻鄒氏年二十七夫故守節二十五年歿年五十二

李上琨妻楊氏年二十六夫故見年五十守節二十四年嗣子國炳

張方梓妻胡氏年二十二夫故卒年七十二守節五十年嗣孫昌運

張明德妻王氏年二十二夫故卒年五十九守節二十七年嗣孫長南

張青一妻郭氏年二十六夫故守節三十四年卒年六十嗣孫昌榮

張義方妻沈氏年二十九夫故見年五十六已守節二十七年子昌教

潘正椿妻聶氏年二十三夫故見年五十已守節二十七年嗣子時晋

姚德惠妻桂氏年二十一夫故見年五十已守節二十九年子傳明

姚永元妻徐氏年二十一夫故歿年九十守節六十九年嗣子德釗

胡海山妻劉氏年二十七夫故卒年七十二守節四十二年子孔傑

胡傳林妻張氏年二十九夫故見年六十二已守節三十三年子應蘭

雷益宗妻胡氏年二十六夫故卒年八十六守節六十年嗣子宗順

論曰丈夫附近權勢趨承爽節之醜不減室女踰墻鑽穴之羞流俗滔滔恬不爲怪直不諳列女若矣夫女之守義猶士之勵行昔范蔚宗以士德二三有能爲岸異嶄絶之行作獨行傳褒之以振激頹風女也士行何獨不然故既弁小序於簡端而復推論之如此俾世知植節秉義巾幗中有完人偉然丈夫愼毋貽妾婦笑也壬午續志補

續列女

一都

胡正倫妻何氏年二十夫故上事祖姑下撫遺腹含辛茹苦節操愈堅見年五十六子道立

江世智妻陳氏年二十八夫故持齋茹素誓死靡他見年五十六嗣子永惠

監生沈道裕妻胡氏年二十八夫故誓死從地下屢勸乃止矢志勵節孝事邁姑撫孤成立見年五十歲子定超

葉觀光妻陳氏年二十夫故遺腹生子蘋昌孝事翁姑教子以義方歿年五十九

楊盛柏妻徐氏柏性敏好學未遇早卒氏于歸纔五載矢志守節以夫弟斯盛次子承嗣

楊全縉妻鄭氏夫故年二十六見年五十五守節二十九年子盛培

二都

張應祖妻郭氏年二十六夫遠貿不歸氏苦志守義二十六見年五十二歲嗣子庚先

周於敬妻胡氏年二十七夫故家最貧事姑撫子苦節可貞見年五十有四子文銓

唐昌厚妻張氏年二十三夫故遺腹子隆福家貧姑病日種地夜紡績以佐孝養闔族敬之

唐隆瑚妻馮氏年廿五夫故屢以死殉不獲矢志守節孝事舅姑子鴻陔學憲額獎節孝可風

唐隆文妻祝氏年十九夫故遺一子登洲矢志撫孤言笑不苟咸豐十一年學憲額獎

錢光霽妻彭氏年三十夫故矢志守節禮法自持室有不潔婦慮其污已避歸母家三十餘載人無間言卒年六十七子生寅

余武正妻彭氏夫歿氏年二十三見年五十子顯春

三都

五品頂戴縣丞銜朱鳴謙妻余氏光緒己卯年姑唐氏染病沉痾夫不家藥醫罔效齋戒沐浴禱告神祇三月二十五日夜割股療之姑病若失士林作詩歌以紀其事

四都

鍾家芳妻劉氏年二十二夫故見年五十守節二十八年嗣子光晋

唐尊三妻鄭氏夫故三日殯殮畢仰藥殉死

洪登禮妻余氏年三十夫故赤貧無子見年五十一夫弟監生仲由憐其苦節以子兼祧承嗣

上五都

陳定忠妻鄭氏年二十七夫故見年六十二守節三十六年子錫光

萬炳焜妻陳氏夫歿年二十一卒年七十九守節五十八年

萬雲香妻周氏夫歿氏年二十歲卒年三十九守節十八年

萬鳴益聘妻李氏李建茂室女幼字未婚夫遠貿隨母度日年十九夫故貿所捐軀以殉

張兼鋙妻劉氏夫故年二十五見年七十二守節四十七年子秀渭

張璞存妻胡氏夫故年二十一見年六十二守節四十一年子秀滋

張春芳妻李氏夫故年十九卒年五十八守節三十九年嗣子廣全

下五都

李咸康妻石氏年二十四夫故守節歿年七十三子應棠

監生盧東美妻王氏年二十九夫故誓志守節見年五十五歲嗣子朝詩監生

儒士鄭汝彥妻徐氏年二十四夫故矢志不二見年五十九以夫弟監生常華子爲嗣

樊會川妻石氏年二十七夫故歿年七十一子明楨

樊湘泉妻李氏年二十九夫故歿年六十一守節三十二年子哲開哲

樊輪奐妻陳氏年二十二夫故歿年六十三守節四十一年子希篤

李純忠妻王氏年三十夫故比服毒以殉嗣子植福

樊鳳祥妻陳氏年二十六夫故歿年七十子庭書

張聖治妻葛氏年二十七夫故見年七十二子大松

六都

周滙川妻章氏年二十夫故家貧守節憑十指力以孝養姑嫜寡色笑終日不聞一言金石守貞洵巾幗丈夫云蒙學憲王頒獎節徵松筠見年五十嗣子世祚

上七都

余杰之妻張氏年三十夫故矢志撫孤言笑不苟族黨賢之見年五十八子經緯

下七都

余經醅妻何氏年二十三夫故苦節二十七年見年五十嗣子傳萬

黃森林妻朱氏年二十八夫故見年六十子象勳

廖晴波妻施氏年三十夫故見年六十四子瓊洲業儒

汪光榮妻王氏年二十三夫故見年五十一已守節二十八年

八都

余嘉會妻黃氏年十九于歸二十五歲夫故歿年五十五歲子福山

謝士鎔妻陳氏年二十八夫故見年五十三守節二十五年嗣孫傳有

盧海瀾妻曾氏年二十八夫故見年五十二守節二十四年子文鎔

王慎光妻廖氏年二十四夫故見年五十四守節三十年子邦盛

九都

陳東木妻余氏二十九歲夫故矢志撫孤之死靡慝族里額贈節壽延釐歿年七十六孫起發

陳錦如妻成氏年二十八夫故見年五十九嗣子源麟

陳文星妻曾氏年二十八夫故守節見年五十一子超甲

陳聲宏妻田氏年三十夫故矢志守節撫孤課讀見年五十八子文藻業儒

陳瑞泰妻吳氏年二十二夫故家貧無子依堂姪彬杰苦守卒年五十三

余建侯妻　氏年二十二夫故見年五十三已守節三十一年嗣子德增生

上十一都

金雲軒妻許氏年未笄歸金十九歲合巹甫一載夫故殯殮甫畢比夜投繯家人救護半月勸以立嗣大義不容輕死遂抑哀强起矢志守節性莊嚴人莫敢犯操女紅代子職孝事威姑姑疾侍湯藥惟謹衣不解帶者數月姑歿撫夫幼弟及小姑婚嫁如禮卒年四十五歲已守節二十五年嗣子元厚

十二都

夏昌明妻張氏年二十六夫故守節撫孤見年五十五歲子永懷

王敬祖妻楊氏年二十七夫故堅操自厲刻苦成家見年五十四子德淸

王世農妻董氏年二十九夫故歿年七十八子敬箴庠生孫德新縣丞

王敦五繼妻姬氏年十九夫故見年五十四嗣子世溢

王子明妻何氏年二十四夫故歿年七十六歲子世隆

王純一妻劉氏年二十九夫故家貧守節堅貞不移歿年八十二學憲王額奬節孝可風族人亦以氷雪爲心贈之子輝煌

王輝煌妻黃氏年二十七夫故歿年七十八學憲額奬巾幗完人子世國

王之楨妻顧氏夫故守節年例已符子敬廉

上十三都

甘彩雲妻曾氏年二十八夫故守節六十九歲卒子定鎰

戴學海妻龍氏年二十八夫故守節見年六十有二

才媛

錢梅窗孝廉錢珊妹也七歲能詩名與兄齊所至輒題詠盈帙歸光山孝廉李宗乾有謁比干墓贈節婦七律二章載藝文

壽媛

王趙氏年百有三歲儒官王賓之妻賓年九十五趙百歲外童顏黑髮行不杖夜不藉燈火雙眸遠能見物驛傳道張公同江夏大司馬熊公蹐堂稱觴手勒坤貞人瑞碑子惟昌廣文年八十五歲孫庠生發錫年九十餘三壽作朋亦盛事也

余劉氏素嫻內則共號女宗柔順事姑歡承堂北慈祥御下秀苗陔南鶴算綿綿屆百齡而已近螽斯蟄蟄視四代而猶存見年九十七歲舉步康强口能穿針分論家政毫不糊塗生子四長振鈞次咸宜貢生三莘廷四光廷監生孫十餘人光蘭光馨光甲並列成均光太光珍俱業儒

周王氏一儒士周旭齋之妻太學生開楚之母也壽百有一歲前任浙江天台縣知縣周淮淙孝廉張光乙呈稟縣詞云玠璜比德幼即奉爲女師蘭茝齊芳長無煩乎姆教佐夫子以成家逮尊嫜而起孝秉鍾郝之禮法思在古人紹桓孟之風巖身通大義而且茹熊佐讀祚衍詩書續月課勤人敦耕織至於恩能

逮下倚賴者著功强近之親德可照鄰洽比者任卹睦婣之惠是以太和元氣溢於門庭耐老精神强於暮齒芝蘭馥郁堂前列四代之孫綵舞斑斕膝下繞八旬之子人皆孝友祚衍亨嘉青之史冊繪景象於太平樹作準繩表瀰摩於風俗知縣劉貽孫贈女宗人瑞額榜其廬

錢劉氏孝廉方正劉靜端之淑女太學上舍錢佑蒼之德配幼凜女箴長執婦道母族夫家均沾詩書之澤內和外理無慚鍾郝之風相夫助成名士教子盡屬佳兒樂在天倫鍾爲人瑞福既厚集厥躬壽亦多歷年所遐齡九十又六無病而終文孫二九之多方興未艾

朱李氏乾隆五十四年生迄今癸未年九十五歲勤儉持家孫曾疊出服見四代亦人瑞也

賢媛

孟吳氏太僕丞孟養素之妻婦節母儀里有同聲素壯歲艱嗣吳爲廣置姬妾晚乃舉子應衡吳撫若胎成未幾素卒吳撫恤諸姬嚴飭臧獲幹家不替於昔開塾教子卒補庠員明邑令劉表以孟母重光云

節孝補遺

上七 王業顯妻夏氏 咸豐初年完婚未一月夫貿湖南半途舟覆被淹氏知縣產奔喪歸葬畢自縊

鄭大賡妻余氏 年二十六夫故守節見年七十歲子運鼎

六都 鎮曉明妻陳氏 年二十八夫故歿年六十六歲子

六都 張壽民妻周氏 年二十四夫故撫孤子自希及遺腹女成人後子中年歿媳劉氏亦繼姑志日食甚艱姪自遂自墉承養至八十六歲終近仲孫春林列成均

六都 張自臺妻俞氏 年二十八夫故越三月生子賡亭苦志撫養後亭成立家漸裕及長孫麗生皆納粟成均前張學憲獎荻九繼美額年七十六歲無病終

六都 石玉霞妻金氏 年二十夫故守節歿年八十四歲子開廣

六都 張壽龍妻俞氏 年三十夫故守節歿年七十九歲子二自春自蛟

上七 毛國耀妻耿氏 年 十 夫故守節嗣子祖恩

十都 章應登妻雷氏 嘉慶戊午年守節道光辛巳年歿子一宏孝

十都 章宏孝妻張氏 道光戊子年守節同治丙寅年歿子一成甲

十都 章曾易妻闞氏 年三十夫故節孝雙全年八十一歲卒子二長元定業儒次元簡業醫塔軍門保舉六品頂戴

壽媛補遺

六都 章魁士妻張氏 壽九十一歲孫曾繁昌列舉貢生監雜職者今已十七人

上五 黃魯濱妻周氏 壽九十二歲子萬棣邑庠生

六都 陳廣泰妻黃氏 壽九十一歲無病終并節而賢有傳載家乘子開元邑庠生

重補節孝壽媛共十四人

何馮氏 氏邑城中何君純一淑配也世居荆州沙津及笄于歸隨純僑寓郝穴貿所後不幸純謝世維時喆嗣蓮峯甫七齡氏攜子扶櫬歸梓治葬祭事既畢復外出居郝工紡織維紀店務機宜悉中由是家道亦漸漸豐饒生平好施與鄰里有困乏必濟之值歲終用布囊貯錢米多寡稱人分贈較平時益周且備間嘗製膏丸備棺木以救卹生死道光辛卯壬辰兩歲荆地馮夷肆虐民居蕩析者大半人飢甚氏買衣服菽粟以施得存活者無算即癸未遭火災亦如之同市有負賭債至鬻妻者氏知之出金代償全其夫婦後竟生子延祀咸豐辛亥因年邁謀歸郝中士女老幼艤舟餞送牽衣涕泣者以數百計且五六十里之遙爆竹聲絡繹不絕盱觀乎此即求之鬚眉中恒不數數覯況出自巾幗者乎宜其壽逾八旬目覩五代也氏以子景華號蓮峯貴勅封安人華候選州同例封儒林郎孫運金附貢生運琳業儒運珖監生運珍候選訓導曾元林立其興起正未有艾照丙寅志錄

續輯咸甯縣志卷之七

藝文

方志收藝文通例也而與史家不同史紀書目而已志則兼錄篇章垂爲典據體各有當也舊志藝文附載多雜今愼採擇一以體要爲宗首制詔尊宸翰也次表疏重嘉謨也次記序次碑文雜著資考證也殿以賦與詩章萃英華也倘於本邑無涉與風教無關雖鉅製鴻篇概從割愛示矜愼也若先正李馮諸公文以人重士君子網羅散佚雖吉光片羽允宜珍藏不在此例志藝文

壬午續志補

制

唐憲宗授李鄘門下侍郎平章事制

凝成庶政必屬於長材經制四方是資於碩望況叅酌治本燮和化源苟非傑賢孰允斯任爰立舊德將諧具瞻淮南節度副大使知節度使管內度支營田觀察處置等使銀青光祿大夫檢校尚書左僕射兼揚州大都督府長史御史大夫上柱國江夏縣開國侯食邑一千戶李鄘性惟直方器本宏固沖敏足以成務通明可以質神懷匡主之忠規蘊經邦之遠略歷居雄鎮累服大寮臺閣藩方勳庸成式資爲重望綽有餘材必能翼宣鴻猷導迎嘉祉用是徵拜陟於黃樞端爾訏謨司我號令法期畫一俗俾康甯寅亮庶工屬在良弼可守門下侍郎同中書門下平章事散官勳賜如故

表部

上文選註表　唐李善　邑人

竊以道光九野縟景緯以照臨德載八埏麗山川以錯峙垂象之文斯著含章之義聿宣協人靈以取則基化成而自遠故羲繩之前飛葛天之浩唱媯簀之後掞叢雲之奥詞步驟分途星躔殊建球鍾愈暢舞詠方滋楚國詞人御蘭芬於絕代漢朝才子綜鞶帨於遙年虛元流正始之音氣質馳建安之體長離北度騰雅詠於圭陰化龍東騖煽風流於江左爰逮有梁宏材彌劭昭明太子業膺守器譽貞問寢居肅成而講藝開博望以招

賢寮中葉之詞林酌前修之筆海周巡綿嶠品盈尺之珍楚望長瀾搜徑寸之寶故撰斯一集名曰文選後進英髦咸資準的伏惟陛下經緯成德文思垂風則大居尊耀三辰之珠璧希聲應物宣六代之雲英孰可撮壤崇山導涓宗海臣蓬衡蕞品樗散陋姿汾河委筴夙非成誦嵩山墜簡未議澄心握玩斯文載移涼燠有欣永日實昧通津故勉十舍之勞寄三餘之暇弋釣書部願言注緝合成六十卷殺青甫就輕用上聞享帚自珍緘石知謬敢有塵於廣內庶無遺於小說謹詣闕奉進伏願鴻慈曲垂照覽謹言顯慶三年九月日上表

為夫請戍邊自贖表　温氏

妾温氏言邕劾職不謹狀涉貪狠逼迫囹圄獲罪以聞誠宜不待刑書便當殞滅然有所隱忍恐負明時天聞夐遠號訴不敢倉卒之際分從嚴誅豈謂天鑒仁明邕得生竄荒外再造之幸上答何階死罪死罪邕少習文章薄窺時譽疾惡如讐往任拾遺奏張昌宗之黨後參憲府劾武三思之罪坐此為累不容於衆秉邪佞者切齒攻文章者側目由是頻謫遠郡削跡朝端不見闕庭何啻十載歲時凝戀聞者傷懷屬國家有事東嶽大禮告成法駕西旋路邐近境邕奉牛酒之獻各展臣子之

心不意天澤曲垂恩私屢沐邕當再躍何以為心怨至夙誠冀遂申効妾聞正直見用邪佞生憂邕之禍端自此為始且邕比任外官竟無一議天顏暫顧罪則旋生諺云士無賢不肖入朝見嫉伏惟陛下明察此言妾之微軀萬死無恨死罪死罪邕初蒙掛當即便禁身水不入口向逾五日孤直援寡邪黨相趨窘急至深實不堪忍氣微息奄惟命是聽遺邕手書事生吏口貸百姓蠶種抑稱枉法市羅以進命作贓私吏以為能守此加罪當時匭使朝堂潛皆守挺號天訴地誰肯為聞嚴命將行恭往奔逐泣血去國沒骨炎荒長任欽州示以無用

妾願充邕一卒之用効力明時膏塗朔邊骨糞沙壤使得身死王事成邕夙心妾則碎首粉身萬死爲足妾夫婦義重當見其志不避罪責冒死上聞儻天光垂照郎當殞滅妾之榮幸實荷再生奉表投進恩匭

河陽謝上表　　宋　馮　京

久塵右地無補聖明坐竊强藩尚寬罪戾恩私溢望愧灼兼懷伏念臣才不逮中智非經遠特逢盛際再列近司擢之於尋常之中振之於顛危之下便蕃異數究極寵光齟齬備員僅能寡過碌碌成事無足論功徒肩許國之誠靡講衛生之術羸嬰疾疹殆至膏肓雖賴上醫

迄存餘喘然而氣血潛耗智慮早衰筋力乏於步趨耳目乖於聽覽勉從職事仍歷歲時覆餗之譏已騰衆口乞麾之請遽惻上心矧惟右輔名都三城重鎮水陸皆便决舍非遙食物是宜堂皇尤峻使傳罕經於館候訟牒希至於庭除加以時雨旣優宿麥滋茂盜賊屏息閭里阜安不煩施爲有便頤養此蓋伏遇皇帝陛下天地容覆日月照臨私臣以不報之恩諒臣有可矜之理終始眷遇進退保全顧何心顏敢愛軀命惟願稍加藥餌益近方書朝露未晞倘復還於舊觀烱火不息誓更竭於精神

疏

救李邕下獄疏　　聖裔　孔　彰

臣彰上言竊惟明主御宇捨過取能擧材棄朽烈士抗節勇不避死見危致命晉用林父豈念過乎漢用陳平豈念行乎禽息殞身豈惜生乎北郭碎首豈愛死乎向若林父死陳平棄百里奚不用晏嬰見逐則晉無赤狄之利漢無皇極之尊秦不兼西戎齊不霸東海矣臣伏見陳州刺史李邕學成師範文堪經國剛毅忠烈難不苟免往者張氏弄權人畏其口而邕折其角韋氏恃勢言出禍應而邕挫其鋒雖身受謫屈終姦謀中損然則

邕大有造於國家也前宋璟每厚遇者豈徒以才重抑嘉其忠於國矣今聞坐贓醜敗厥行且斯人所能者拯孤恤窮救乏賙患積而能散家無私聚陛下下吏訊之聞諸道路執法者將極加之以刑噫天之將喪斯文死在朝夕求辭聖代臣聞生無益於國不若殺身以明賢臣顧朽材輪轅無取徒歔視禽息雖生何爲況賢爲國家之寶社稷之衛若喪國家之寶失社稷之衛哲人云亡國將若之何是臣痛惜深矣臣願以六尺之軀甘受膏斧以代邕死臣之死所謂落一毛邕之生有見照千里然臣與邕生平不款臣知有邕邕不知有臣是臣不

遠邕明矣夫知賢而舉仁也代人任患義也臣獲二善而死死亦不朽則又何憾陛下若以臣之賤不足以贖邕雁門縫掖有足劾矣伏惟陛下寬邕之生遠臣之死令邕率德改行至林父之功使臣得瞑目黃泉附北郭之跡臣之大願畢矣陛下若以陽和之始難於用釜鉞俟天成命敢忘伏劍豈煩大刑然後歸死皇天后土實鑒臣心昔吳楚七國叛周亞父得劇孟以為寇不足憂矣夫以一賢之能能敵七國之衆伏惟陛下寬含垢之道存棄瑕之義遠思劇孟近取李邕豈惟廣愷悌之澤實以副天下之望臣先君孔子曰鄉人皆惡之未可也況大禮之後天地更新捨之弗論人誰無罪惟明主深思之臣聞士為知己者死且臣不為死者所知而甘於死者豈獨為惜邕之賢亦以成陛下矜能之德惟明主圖之照淵鑑古文本

代養浩請卹典疏　監察御史陸師贄

奏為忠諫有功國本勞績茂著江防乞賜破格卹錄以慰先帝之心以勵致身之節事竊聞忠無不報人臣委質事主丹衷無愧職業克修者均之可以言忠至有不憚捐軀以維大本不惜性命以勤綢繆者此非常之忠也在臣子有非常之忠而朝廷無非常之報亦非所以風有位已若今新陞南京戶部右侍郎孟養浩者臣等之舊堂官坐院僉都御史也忠義天植戇直性生所稱社稷之忠臣非耶慨昔寵妃亂政先帝以承祧主鬯之長子請冊立則並封三王有議請豫教則屢推來歲舉行至以冊立豫教請者幾同仗馬一鳴則斥於時朝陽希聲國本幾危養浩憂之適由大行選給諫曰此報國時也主試閩中策以五倫諷諫不悟乃焚香草疏甘為龍比臚列五不可疏上皇祖怒甚杖一百為民曠棄其身而三王並封之議頓止預教冊立之典次第舉行夫養浩以一身生死為商山羽翼天地祖宗實式憑之比歸唯閉戶讀書雖鄉人罕覯其面三十年如一日也先帝繼離出震即起太常少卿改陞操江巡撫下車以來以察吏安民為兢兢一聞遼變寢食不遑念根本重地東南半壁視此以為安危日簡營軍而操練之汰老弱募勇敢修舟楫備戰具數月拮据勞苦備極至二豎為災猶然力疾視政故地卿之命曾不數日枕未伏而箕尾乘矣勞忘其勞以致於死檢橐洗如衣棺之費幾無所出留都吏民無不泣下沾衣臣等看得孟養浩才雄三楚氣塞兩間彩筆掞天蚤傳臚於青瑣宏詞倒海遂專對而皇華晉秩掖垣諫草幾篇直動鬼神之泣典試

閩省倫理一策嘿唫父子之情念青宮立德之時乃宗社靈長之寄遲久未立猜疑橫生於是矢捐七尺之軀以行四皓之策疏成聖怒不測旨下廷杖爲民梧垣之籍削矣而東宮之座稍安養浩之身去矣而皇祖之心漸轉故雖蓄不軌之陰計難搖有主之宸衷卒正大名以安國本居然定策國老偉矣夾日虞淵去國只半榻琴書無復承明之夢居家唯一簾風月不聞長樂之鐘杜門謝客恥投刺以干人漱石枕流懶求田而問舍豹隱已深雀羅弗啓邇者先帝登極詔書首須亟錄社稷之功隨下賜環之詔一晉常少再擢中丞節鉞建鐘山

之臯吏肅民懷鎖鑰嚴天塹之防波平浪靜當兵戈久弛之日値遼陽失守之警手不停披身不貼席問江之要害遍設斥堠察地之險夷愼固封守蒐車練卒日無一刻之閒置器築城時廢三飧之節旌旗動色壁壘改觀原因被杖血氣枯而不榮一値憂勞膏肓伏而不治家徒歎四壁幾無易簀之資檢點只空囊猶須麥舟之助蹇蹇孤忠允符死勤王事之謚迢迢旅櫬洵爲鞠躬盡瘁之臣三品以上例有祭葬贈廕如養浩者例外加厚可也至於易名之典常人待查待訪如養浩者不止以忠諫安國本以匪躬固豐鎬自大行以至今官由鄉許以至朝議終始不變窮達如一粹然無議者恐於今不多見焉給之以謚誰曰不宜大臣卹典多係子孫自行陳乞養浩二男未及舞象雙寡俱在壯年待其自陳必至廢而不舉臣等山斗之仰向已得之風聞茲且親炙其休光目擊其行事屹然山凝嶽峙藹然霽月光風言不激而行不隨澄不清而撓不濁可勝泰山梁木之感爲之流涕而嘆息也用是合詞上請伏乞勅下該部查爲題覆議祭議葬議贈議廕議謚毋稽盛典近來恩予太濫臣等方欲裁抑以絕倖竇而養浩輒欲破例優恤所謂臣子有非常之忠不可無非常之報者此也旌

忠貞而報幽魂端有望於朝廷之特典矣臣等無任顒
天祈祝之至齋捧謹奏聞伏候勅旨

籌款善後疏　　國朝　雷以誠

奏爲暎夷就撫須預爲籌款及善後地步敬陳管見仰祈
聖鑒事竊暎夷滋擾沿海已及年餘我
皇上軫念黎民塗炭
俯允該將軍大臣所請不惜款項准令該夷就撫許以口岸通商此暫時罷兵恤民之計非謂從此永遠安靖可以高枕無虞也臣念此時有宜合盤籌算者有通前後計算者蓋籌款之術稅務爲急查暎夷各國所需中國貨

物第一茶葉其次湖絲大黃計每歲購買約費洋銀五六千萬圓其所以屢次滋擾者非必妄生覬覦實欲據其利權犬羊性本貪婪不得已餕之以食計其稍安惟糜款至二千餘萬論中國見在情勢即竭大捐輸將之力不足以酬此項則講求稅務尤不可無術但不知許給口岸准其通商各關稅務究竟如何著落若官既徵收彼復抽稅商民不勝其苦若彼既收稅官不得復徵則彼且日益富而我日益貧若彼肯稅於官其或給洋銀或給烟土狡詐固未可知偷漏亦復可慮夫以㖈夷各國所必需中國之貨而中國不能操其權此正有不

能不早籌議者今請於茶葉大黃湖絲出產地方及經過各關口並聚頓各牙行此三處實力稽查分別酌加稅銀我自取於商民而有餘而商民之轉賣者亦各取於該夷而非不足行之日久計可以積年陸續所加稅務之項抵歸所償該夷之項此所謂合盤籌算以與爲取即以取爲與而彼皆在我計中也向來該夷通商僅廣東澳門一處茲既增給口岸不知將來地方如何整頓兵將如何設備夫以口岸視口岸彼此似可相安若口岸即係要隘則彼既據我腹心一舉動而彼即知一畫謀而彼先覺誠恐設備無時整頓無地而善後亦終

難有妙策矣聞得該將軍大臣有將福州府許給通商之說不知有成議否查閩省各府均產茶葉武彝山爲最歲可出數萬觔福州省會環山五虎門天塹足資捍禦使聽該夷往來據極險而權大利勢將不可復退該將軍等若非確有把握度不遽然輕許臣愚以爲夷情難信地利宜保譬若對棋勝負止爭一著此又通前後計算而慮我之受制於彼也或有謂加稅恐肇衅端臣聞該夷從前曾有不經牙行自向商人購買茶葉載回本國盡屬假造者則夷人以牙行爲憑我即向牙行徵稅實爲甚便至出產地方與經過關口夷人不能遍到

祇須令該商民曉然於加稅之項均可取償夷人則不以爲累也惟通商口岸不在要隘則籌款尚易若在要隘即善後亦難耳相應請

旨密飭各將軍大臣等遠慮深謀熟思詳計毋得草率目前使將來接辦者無可措手遺患後人總期於議撫之中預爲籌款及善後地步以副我

皇上綏靖海疆之至意焉

爲地重入疏　雷以誠

奏爲夷情叵測宜爲地重入以勵忠義而資整頓恭摺

奏祈

聖鑒事竊嘆夷滋擾沿海已及年餘我

皇上軫念民生准令該夷就撫以示寬大然臣竊謂嘆夷情雖猖獗心實畏葸其狡黠之謀有可乘機設防使之自行困敝者夷人慣習風濤於素未經歷各要口慮有沙礁每扮商船試探此其疑懼於未進之先也迨其據定鎮至甯波入江口幾有難制之勢何遽忽就撫議蓋其所恃者僅船砲轡螺蜓負殼而行不能偶離故迹似鴟

張究難再入重地誠虞離船太遠爲我所困此其畏葸於既進之後樂以就撫爲便者也又該夷所在肆志猖必恣意要求獨三至臺灣屢被擒剿宜若積恨深而報怨急乃在浙蘇用兵之際竟似無意臺灣及甘心就撫亦未議及臺灣之事臣方疑其俟各夷船退出將悉向臺灣報復也今聞該夷赴閩遞呈有稱臺灣鎮道妄殺冒功等情狡哉逆夷殆不欲以力攻而思以計取查臺灣產米最多閩省仰給且遠隔重洋海表雄勝固該夷所旦夕垂涎欲踞爲巢穴而不可得者非比沿海地方但求口岸通商已也顧其地有鹿耳門險要守臺者果能內絕奸萌嚴防隘口自無罅隙可乘故夷船三至臺灣扮商試探俱爲該鎮道俘虜該夷知終不可爭乃用反閒之計固爲我

皇上燭照無遺然臣竊慮該大臣等恐壞議撫之局或欲罷斥該鎮道以安夷心夫該鎮道之才略吏事不能悉知迹其在臺多年久獲安靖上年奸匪甫經扇動卽時撲滅又能連次殄獲夷船安內攘外頗著忠勤宜

皇上之恩賞異數度不致爲所搖動也議者或謂不罷二人則該夷必復肆擾沿海計將安出臣竊有說焉該夷如果眞心就撫不欲窺伺臺灣則當議撫時應將在臺被

屆等情預行申訴茲撫議已成乃復追其既往是撫局自彼先壞曲在該夷若因一言遽將該鎮道罷斥儻該夷內結奸匪計取臺灣因而颺帆內擾仍恐弭兵無策也與其去二人以誤臺灣適墮夷計撫局終難曲全何如舉臺灣以委二人整頓海疆軍威可以大振古之用兵者類多激勵士著量度形勢撫衆設險以人和而兼地利戰守可以自由故力不勞而成功易從前沿海富民安土重遷自風鶴頻驚紛紛逃徙今所留者盡屬沿海貧民若責成疆臣遴選賢能文武剴切曉諭將瀕海民房折爲空地趁南風未起勸令富者出財貧者効力

使之高壘深溝錯綜曲折斯防守有方捍禦有藉也聞廣東沿海莊民於要隘地方或刨築溝塹或伏埋竅鑱蓋習知夷人長足直僵不慣崎嶇一有蹶跌即起立爲難該莊民鎗砲器械俱備家自爲戰人自爲守該夷不敢侵擾此其明驗盍仿行之我既堅壁清野夷人進無可掠必將裹足不前再嚴禁奸民不得接濟水米以絕其食用則彼雖船堅炮利亦無所施其技封疆大吏受

恩深重撫民守土正宜激發鼓勵體察情形力圖整頓則不俟請將調兵而賊可困也

籌衛裏下河疏　雷以誠

奏爲籌辦保衛裏下河聯絡團練均已一律嚴整著有成效謹將十二州縣遵辦情形繪圖貼說恭呈

御覽仰祈

聖鑒事竊查裏下河地方旋折圜環千有餘里由通江海逶迤湖河爲東南之奧區實米鹽之藪澤自揚城初陷賊勢方張屢犯仙女廟一帶其時下河防其北擾裏河虞其東侵而居民轉徙流離舍此一隅則更無藏身之所臣是以於巡視淮揚到此即專摺奏明募勇籌餉以極力保衛裏下河全局爲要著正在進駐泰州設法辦餉旋奉

恩命俾以幫辦軍務臣責愈重臣心愈殷維時即轉軍進屯萬福橋扼東路之衝而仙女廟實爲裏下河之門戶並條本營後路仍即委員撥勇分路稽察嚴防其裏下河十二州縣疊經札飭牧令勸諭紳董設法捐資團練仍恐未能身歷實效難期復加飭原委會籌團練之升銜南河同知孔繼鑅徧歷山陽鹽城阜甯寶應高郵興化泰州東臺通州如臯泰興靖江十二州縣會督講求相其形勢籌其經費募選丁壯安設卡房其或經費不足之區即略變抽丁之法各因其便以備不虞復經臣隨時籌議飭催務令一鄉爲各鄉之應四鄉爲一邑之應一邑爲諸邑之應聲勢聯絡俾資捍禦而衛民生嗣據該州縣陸續具報在城練勇在鄉練丁每邑多者萬餘名少者亦三五千名城勇則各備軍械鄉則聞鑼齊集各路訓練有水勇陸勇之分又有官勇民勇之別其泰州通州寶應山陽並多樹旂幟大書齊心殺賊字樣巡邏尤爲周密復據督辦委員孔繼鑅稟報情形大略相同臣猶未敢盡信又分路派員查勘飭令明察暗訪據稟各路團練實已一律嚴密設卡處所無不認眞盤詰即土匪亦均知斂跡此裏下河團練保衛之實在情形

同由委員督辦之功及各州縣奉行之力實仰賴我
皇上洪福幈幪使偪近危險之區四民孚安食息得免風鶴之驚也伏思臣初到仙鎮時各邑人心皇皇栽插失時商賈歇業經臣疊次出示勸諭先後舉行團練農民漸安生業多半補行栽種幸夏秋以來雨暘時若收成雖豐歉不一均尚不失爲有秋目前揚城釜底游魂尚稽顯戮而裏下河數百萬生靈實已轉危爲安用紓
宸廑於萬一所有委辦會督團練之升銜南河同知孔繼鑅穩練安詳辦事明幹應俟揚城克復由臣具保量予優敍其餘各州縣紳董可否准臣擇其尤爲出力者歸於善後事宜分別酌保之處出自
皇上格外天恩謹將臣籌辦保衛裏下河地方情形繪圖貼說由驛六百里馳奏再近日揚城賊勢實已窮蹙連日開放大礮晝夜轟擊而於東路一帶尤節節設伏嚴堵防其竄入臣與琦善等惟當相機設法攻剿以期即時克復上慰
聖懷合併附陳伏乞
皇上聖鑒

倣行堅壁清野疏　雷以誠

奏爲現在賊情漸成流寇惟有倣行堅壁清野以孤賊勢而定民心臣等於黃泥溝邵伯仙女鎮等處變通舉行東北藉保無虞已有明效所有各直省地方應請一體設法辦理謹會銜由驛六百里馳奏仰祈
聖鑒事竊惟逆賊鴟張毒流數省到處殘破堵禦無方皆由民心不定故賊勢得以披猖也臣雷以誠於五月間奉
命幫辦軍務兼保東路新募之勇有限而應防之處甚多實屬不敷調撥當即分委幹員前赴裏下河各州縣激以大義勸令團練先後聯絡民勇得十餘萬人聲勢遂壯猶慮地方遼闊防範維艱因思古人建寨築碉堅壁清野實爲防禦流寇第一妙法當經臣雷以誠臣慧成彼此熟商按江南地勢初無峻嶺崇山多半溝塍汊港設險爲難建築非易惟有易寨爲堡以土爲砦倣按戶抽丁之法作深溝高壘之謀伏查揚城北達清淮則灣頭邵伯首當其衝東去下河則六閘仙鎮實扼其要他如東北之黃泥溝沙河橋等處所以防內賊之竄東南之宜家橋李塹河等處尤時慮外寇之來允宜首先興築使民覩感易從節經臣雷以誠臣慧成遴派幹員親爲區畫先於東北黃泥溝沙河橋一帶官爲興辦就舊溝

小港因寬加深即以挖溝之土加築爲砦環城而南計
長三十餘里計砦百十餘座外復圍以鹿角陷坑兼且
散布蒺藜地溼並又多雇民夫守砦以濟兵勇之不足
倘遇有警一砦鳴鑼砦砦皆應俾各營得以准備豫防
其邵伯仙女鎮官家橋李壆河各處亦經臣等分委員
弁並剴切出示勸諭該地方紳董均已一律興辦處處
設險以守爲戰故前日揚城之賊雖窮極出竄並不敢
犯東北兩路其明效槪可見矣然此特暫爲保守東北
一面之計耳臣等愚見以爲賊情剽滑卽今揚城已復
金陵京口兩城猶爲賊踞長江之險來往自如設使分

道並竄流寇勢成竊恐徵調往剿兵未至而賊已逃士
卒罷於追奔餉需隔於道里將以救北而南路空虛欲
以征西而東隅危困此必不及之勢也惟是以兵衛民
則不足使民自衛則有餘若趁此各處民皆團練之時
令其各就地方形勢一體照辦或依險爲硼或平地築
堡或挖斷其總要之路爲釣橋以便起除或寬深其舊
有之溝作壘壁以資捍禦棊牛豕於欄檻不令匪竊藏
菽粟於倉廒勿供賊食計社立長比鄰聯藩務使人人
有殺賊之心處處得防賊之法來卽轟擊去不窮追則
民日飽而賊日飢民益強而賊益弱不煩兵力漸挫妖

氛矣所有裏下河各州縣現已委員前往相度地勢會
同地方官變通籌辦惟恐將來日久生懈應請
飭下督撫責成各該州縣永遠遵行庶幾有備無患孶黎自
臻乂安至如安徽河南山東湖廣等處高山崇阜土厚
林深舉行較更便易伏乞
命下各直省一體倣照辦理庶幾民心既定賊勢自孤似亦
隨地設險轉危爲安之一道也謹
奏

請籌禦賊疏　雷以諴

奏爲逼籌禦賊急務敬陳管見恭摺密奏仰祈

聖鑒事臣竊爲粵賊之起蔓延數省今聞已陷岳州又竄薄
湖北省城矣督師諸臣現奉
嚴綸切責徐廣縉等自不能辭其咎而棄城遠遁之博勒恭
武尤宜急正軍法以堅人心而作士氣軍興以來賊過
輒陷誠如
聖諭所云賊至不擊賊去不追進不能戰退不能守所以然
者非盡城不堅兵不衆也將無恥退之心士無敢鬬之
志耳使軍令嚴明將士皆知退不免死進可獲生亦誰
不勉圖敵愾之功而甘受僨軍之戮者或謂軍興以來
應死者不止博勒恭武一人不知雷霆之威震於一擊

非必盡擾天下之不孝不敬者殛之無遺也晉文於顯
頡漢高於丁公前事可師惟
宸斷決然行之又河南江西安徽等省均奉
聖算周詳
諭令嚴密防堵有備無患自應計出萬全臣愚以爲此次賊
匪起自山海之間平陽之戰非其所長所慮尤在沿江
一帶現既竄入湖北則兩江一帶可以浮江而下風聞
僞示有定都金陵之語雖難保非聲東擊西之謀然江
南富庶賊所覬覦風帆便利一日千里無論能否攻破
省城皆當慮其潛師東下若襲取金陵僞行仁義要結

民心內收鹽梟外結島寇則漕運不通將成割據之勢
雖我
朝
列聖相承
深仁厚澤浹髓淪肌萬萬不至於此而小臣私憂過計不能
不及於此今兩江督臣陸建瀛尚駐工次臣愚以爲權
其緩急河工宜責成留辦臬司臣查文經隨同河臣楊
以增實心妥辦陸建瀛宜回省城加意鎮撫民人修飭
武備過而防之以期無患是爲至要現聞賊匪窺伺武
昌省城江夏實附郭首邑撫臣等籌辦防堵已久現宜

乘賊尚未齊隨到隨辦急擊勿失向榮徐廣縉等訂可
先後遵
旨抵省重兵既集自可無虞疏失省城上游之金口等處水
陸各要隘亦必加意防截賊黨之續至惟省城下游百
八十里與黃州府城對江爲武昌縣城昔吳孫權嘗移
都於此六朝遂爲重鎮實自古用兵之地沿江一帶如
江夏之青山黃州之陽邏團風三江口武昌之樊口大
治之道士洑蘄州之州城廣濟之田家鎮武穴皆爲扼
要地方黃州府城武昌縣城皆宜派得力員弁帶兵固
守而陽邏江面較狹道士洑尤窄不過十丈磯險水急

實吳楚門戶關鎮此皆沿江要隘之在省城下游者也
誠恐賊因省城難攻潛師東下出其不意攻其不備又
蹈岳州之覆轍則東南數省無不震動矣應請
皇上迅速嚴密敕下督兵各大臣留意籌畫策其萬全東南
大局實繫於此至
聖諭因岳州失守嚴禁以要隘爲辭先期出城自係專爲守
土之臣而言至帶兵之員亦有必應分布要隘相爲犄
角者恐諸臣或有誤會
聖意並恐有以守城爲辭棄險不守坐失事機者仍應請
旨明切宣示令各相機戰守總以有無失機爲斷不爲遙制

恩威並用不難迅奏膚功全楚幸甚天下幸甚臣爲通籌禦賊急務起見謹具密奏

附片

湖南之役徐廣縉未能先據岳州扼其門戶而羅繞典張亮基等但以固守長沙爲詞更不籌及全局向榮獨帶屬兵與賊相對札營賊中稱爲向蠻子不敢逼視羅繞典等之所以守城得力者向榮進擊牽制之力居多且岳州失陷羅繞典等計慮不周向榮即密遣將兵由小路直趨湖北省城幫同常大淳固守是其智勇已在徐廣縉等之上而羅繞典等反謂不應私行救援北路是其畛域之見但知守一長沙省城冀或得便離開則且居守城之功而盡推失陷之過其忌才懷私計巧卸罪之情已昭然眾人耳目乃復欲傳播謠言計陷向榮於死地不知是何設心所可惜者常大淳與羅繞典同里亦不能先行陳奏添兵扼要岳州坐失機宜至此時始德向榮而怨羅繞典矣今凡自楚來者無不以向榮一人爲安危所係特事權不屬未免有所牽制不能展布自如是在

皇上推置腹心大爲鼓勵而鶩馭之自當立建奇勳也轉敗爲功在此一舉

記

宋

嘉祐禪院記　馮京

成都府嘉祐禪院古名毗盧本僞蜀樞密王處回所舍宅也兵火之餘有弊屋十數楹在頹墉荒榛間雖通衢而門無車馬之迹嘉祐二年端明殿學士宋公守成都始令長老齊海開堂演法十方住持七年詔賜今額初海師之來也召參學門人峨眉紹紀而議曰今吾與爾俱被府命以興梵刹非大法堂不足以倡吾宗非香積食不足以具供施非鉅廈不足以安清眾於是募信者建法堂僧堂香積廚六年而後成治平二年海師移度長松山府尹端明殿學士韓公命紀師嗣領其眾紀師營繕口勤一日乃建寶殿以嚴尊像購經典以備誦持闢三門以示趣向立丈室以延叩請有太廟齋郎游之才爲起藏殿以秘教乘新津張氏壽享施田七十畝以助歲供都人王守慶入園畦八畝以廣院基凡爲屋百五十楹居者得所安學者蒙所益始於都會號大道場游方之徒歸者如市遠邇檀信靡然嚮風非紀師智力安能至是哉西蜀士民繁多人心樂善然禪林之興殆無二世使繼而主之者皆如師之勤則法會有不興乎使

釋氏子皆如師之心則祖道有不隆乎紀師以余嚮守是邦屢嘗訪師廢興本末聞見最詳不憚數千里之勞而以記文見託因直書以貽之云元豐三年記

大成殿記

明教諭　伍　福

東嘉平陽陳侯公遠之來治咸甯也不二三年政用有成上下輯睦平易不撓民安於無事尤以學校爲務而究心焉時學之禮殿門廡神厨齋舍歲月既久日即傾壞侯每周覽嘆曰予自垂髫游庠序至郎官今際內朝清明外無繁令正予崇報之時學校之修非吾事而誰事於是視棟梁榱桷之腐者撤之瓦甓之缺者驅之象

設采邑之騶者易之首創禮殿高踰三丈視舊有加而廣如其舊以及門廡神厨齋舍諸屋次第而舉增露臺於禮殿之前完以朽墳塗塈之堅漆以丹雘桓楹之飾經始於景泰七年冬十二月訖工於天順改元之夏僅及半載煥然一新而工費之需處之有方故斂於就事民不知勞賢矣哉陳侯之用心得以攄其圖報之忱矣嗚呼治教之休明豈專在於屋室之美哉聖人之道如日麗中天敦敘彝倫推明至理修齊治平之方裁成輔相之道本末具舉萬古不易然而簡陋不治則無以行典禮而隆教養何學校之云乎得陳侯之整飭而殿宇

崇隆春秋二祀衣裳冠履濟濟蹌蹌已侯出右族敦說問學內剛明而外循雅審事宜而達政化飭躬涖民已收功於踐履斯舉也誠可謂知所本而善推其所爲矣予故喜而紀其顛末刻諸麗石俾後之臨政者能不有讀斯文而心侯之心者乎是爲記

修學記

學博　王廷傑

學建於國又建於鄉所以崇　先師而大文教也一時廢興世道人心胥繫之豈渺也哉世讀聖賢書無不知尊聖賢者第兵興後衿子埋首山徑黌宮鞠爲茂草而長吏葦又以戎馬紛紜拮据供應昕夕不遑則談維

新於今日誠戛戛乎其難之淦邑　聖廟夙號恢宏自罹兵燹頽毀過半兩廡尤根椽片瓦靡有存者前人一再爲之未見厥功至今不無遺憾幸邑侯周公起敝維衰百廢振舉而其於　聖廟尤懍乎有餘恫今年夏正念修葺會余來署咸庠至之日即與之謀余唯唯任之不辭遂屬與庠友陳生璧唐生開虞黃生應鉉孫生旦董其事蠲吉鳩工捐貲庀材謀其所以修者正殿崔巍處傲風雨易頽則東西頂壁鋸板裝釘榱桷椽瓦宜易者易　聖座朱丹四配如之宜新者新煒煒煌煌輪奐美也兩廡創作東西各三楹諸賢牌座序次一

一安置悉有法翼如也戟門高廣選棟梁墁瓦三扉拱
樹儼中正可象也頖有池環岸石砌淤者深注忽如泉
侯快之命種蓮不復采蘋南澗也外列屏與墻周循横
直用堅壘高垣昭其望也內外前後左右俱設門闑出
入彝堂四壁新庭除治以及禮門森然階級亦蔑不嚴
翼改觀君子履而小人視也衆曰可矣侯曰未也棟宇
飾而祭器不充謂祀典何於是討故實而簡之置供桌
六鑄大小爐七造帛匣八諸如爵豆等缺者補少者益
莫不周察而完具衆曰可矣侯曰猶未也秋祭居矣祀
事沿陋規神其吐之乎吾輩修葺之謂何而可草草也

牲必具備博碩肥腯諸皆自稽豐盛精潔且告誡再三
務種種致其誠敬而後安以故祭之日博士弟子員靡
不洗心滌慮奉厥事惟謹一時上下皆有嘉德而無違
心也是又數百年之所未見者侯之功若德直與宮墻
俱高血食並永矣余曁司訓公與諸生輩先後心侯心
以共竭其心矣公矣勤矣恪不特舉前所屢作未克者
一旦而襄之成且盡前所相習不敬者一旦而革之力
幸矣廟貌新吾道興祀事肅大典光矣自茲以往履斯
門登斯堂進退趨蹌肅乎如有所見愾乎如有所慕雍
雍穆穆皆知重本知重本則知嚮化知嚮化則敦詩說

禮型仁講讓可毋卽於偷則此一役也豈惟　先師
之爲抑大有裨於民教也維時工成告廟祀畢舉觴相
與慶而序之侯諱文華字在中號尹公山西翼城人時
以卓異聞於上寵賜袍服其最績纍纍不槩述而茲特
舉修學之一端如此

聖宮明倫堂記　訓導　曾芝附

咸甯爲邑隘且勞也綜其地才一十六都而東連武昌
江夏湖廣省會爲之衝西界蒲圻嘉魚湖南廣西孔其
道南接通山崇陽興國羣山午錯而其北則水鄉沮洳
庳漫民居鮮少葢田廬居邑之三湖山居邑之七宰是

邑者靡不案牘勞形鄢傳棘手疇其於倥傯中釐宮教
雍典章捐俸捐廉聿新黌序誠以其事爲近今所無而
其心非賢且勇者莫能有夫黌序之關於民風者鉅矣
咸甯黌宮創之也年深修之也歲遠兼之地偪湖山常
滋朽蠹外雖杇墍以壯觀內實塌圮之是懼而序中明
倫堂則已敧棟宇墜瓴甋居東西齋者架木暫支每出
入必疾趨而過懼其壓也前之良有司亦嘗顧瞻心惻
思與維新而或以事牽或未久卽解組去用是遷延綦
久其勢岌岌不可以終日邑侯南陵王公於嘉慶十七
年秋來爲邑父母未及數月政通人和百廢俱舉卽議

析而新之聞是議者胥翹首欣然樂觀厥成又慮公以經術起家蒞兹下邑費罔所出則或如前之中止且前任牧雲郎明府曾勸捐應試諸童存錢百千矣固期修補朽壞而未能也此教諭龔君樸齋署訓導鄭君魯池亟言於公而心慭者公聞即出廉俸市材木計程期遴選邑庠士楊子馭孚孫子宗蔭鄭子成渠張子兆晉爲之首卜日鳩工矣先新　大成殿　啟聖宮次兩廡及大成門次泮水石欄櫺星門外屏墉垣內廊鐘鼓次鄉賢名宦諸祠文武持敬二所黌宮工竣即從事於明倫堂制沿其舊材煥以新總是役而記之十八年三

月伊始是年十二月落成董其事者樸齋之力爲多而分厥勞者首事四人焉其聯額擘窠經文大楷則長沙劉君式潤書也木以材計磚以萬計瓦以億計灰釘漆油麻俱以觔計匠以工計實用公之廉俸三千五百兩有奇公雖簿書鞅掌猶日一至以督之於戲其可不謂之賢也與予之來也後未能勷厥事聞邑人士頌公盛德如此公於民事無不勤其昔宰江夏也令行禁止弊剔利興巳嘖嘖口碑充道路其於咸奚翅是哉方議修邑乘儲膏火綱羅散佚蒸我譽髦乃遽以事去徒令都人士挽之而莫留夫以百年莫修之舉一旦起而任之

雖其賢使然然非勇於義者不能及此書於石以志公之賢而勇焉

新置學田記

庠生　王維培　邑人

咸甯楚孔邑邑庠之冠儒冠而誦鄒魯者幾三四百人士勝衣以上一咿唔其間即進其身以別於編氓文學稍稍優又予之廩餼以足其衣食夫如是而業不精名不顯者非夫也然士巳去編氓勢不得躬耒耜農之務荒而士病廩餼之所及者有限餘皆必謀之室內或糴之他境他邑爲里塾師甚或之商之賈其尤者袖券謁財虜之門而士益病或士用明經孝廉擔爵躋膴者固

不乏人然以三元鬮運至今馳驟青雲翱翔藝圃猶不能甲視名郡巨邑坐是故耳文所周侯初來首詢學政始徹其圮壞而新之犁然改觀既而閱學故吒曰咸故有學田奈何士貧若是豈積猾之乾沒抑亦有司者之玩褻之得田一百一十八畝有零復諭生員阮憲王維墱方遷義民方晤樊銀芳等輸田八十二畝有零合之有田二百二畝夫田必佃之農農收其息之五國收其息之三鼠耗胥漁又去其息之一所及士者幾何侯乃發豪民之隱射者若而人總其米若而石即以充學田之糧學有田而無糧田之入盡以實學之餙士之不能

冠婚喪祭者藉於是士之糟糠不厭裋褐不完竈乏煙而衣露脛者藉於是月課有饌公禮有費藉於是政成勒石以垂不朽而不侫屬操觚之役余惟三代之治教養并重故旣富方穀士宂處而藴奇出則翊皇紘維帝軸社食以此長世是舉也崇右文之典於經綸之先施不測之仁於陶鑄之內五年間文學彬彬人人芥視甲第異時文章德業後先繼美菁莪棫樸之盛余且持左券以俟非俟今日所注措而貽之者耶若日久弊生利歸私橐秦瘠二三子非俟今日意也侯名曰庠號文所豫章臨川人萬歷壬辰榜進士其美政實績道路有口碑閭閻有家乘行旦載循良傳中咸之士民纆尸而祝之社而稷之茲不具記記其置學田并尙義捐田姓名者若此　外有捐田姓名紀學校類

咸嘉社學記　知縣趙遷江夏人

社之有學夏商周三代庠序校之遺意卽古之所謂小學者是也古之士八歲入小學十五入大學由小學而升諸大學學非有小大也蓋小學則學之始大學則學之成是故三代以上非後世所可及以學之有漸也惟我大明御極歷數世聖化之久學宮遍天下而鄉社亦在在有之人文之盛與三代而匹休猗歟盛哉湖廣武昌郡之屬邑有咸甯嘉魚相接壤而學之在社尙有闕焉正德歲之己卯副都御史東湖吳公適奉璽書有事於此憫然念後學之士不可不教於蒙而得養正之地也乃謀諸鄉者士大夫卜諸二邑之交山幽而水清得涵養本源之趣市材鳩工命有司董其役迺撤其所自爲屋而立爲正廳廳之後爲書館各三間禮夙儒而主之東爲號舍凡六間以棲諸生西爲廚屋三間以便炊爨繚以周垣垣之外兼植松竹鬱然成陰大門左爲賓館以接賓客之遠至者仍置田一頃七十畝與民佃耕歲除稅外取所餘穀五十石爲師束脩費及子弟之貧而願學者悉以周之噫公用心仁矣事旣落成咸令尹吳君聰嘉令尹陳君文偉議於咸庠司訓李君玠走書丁甯於遷謂遷志楚史宜記斯社學之顚末也夫天下之事莫重於始社有學以養蒙所以敎成人之始也始之不敎正本失矣曷以望其成耶君子之作事謀始東湖公之是舉也吾知二邑之士他日彬彬禮樂底於大成或足以踐功名以善達天下或足以踐道德以善希聖賢漸有成效伊誰之力歟東湖公建學之力也雖然二邑之先孰不有是舉孰不有是心之同然者哉久而玩玩而愒愒而泯焉勢也吳李諸君礱石以記得此心

之同然將不獨一時之士可以興孟子曰豪傑之士雖無文王猶興百世之下豈無興之者如東湖而士之猶興豈無此豪傑者乎東湖公功被天下者不可勝紀此學之一事亦政之首務也是宜記焉歲在正德辛巳之七月適嘉靖龍飛之始四月也

文昌閣記　　翰林李仙根

嘗觀奎璧之英儲爲天象崧嶽之秀蔚爲人文其間上列乎天下感乎人燐燐炳炳苞鍾英毓秀之精以扶泰運翼文明而闡揚聖教變化盡神者惟文昌之司命爲最著也考天文志文昌六星在北斗魁前爲六府其權

統乎圖書之秘其神廣乎嗣亂之祥掌仙籙注鸞書福國和民禦災捍患與躬膺民社者同一勵扶同一燮理其功用至無窮也昔周禮春官以槱燎祀司中司祿昭盛典也原其初精儲張宿誕毓爲張氏子世授大夫篤以孝友此又詩書所載尤較著焉嗣是而精爽昭曠上祀居歆三楚之間多列於學校以崇秩之薦明德也凡以對越天地自然之文章耳咸於先世建祠以祀但歲久時湮按之前志則備其文而詢之祠謁則廢其址噫像返太虛俎豆榛莽能不重當事者之愴懷乎乙巳歲奉諸上臺檄纂志書正我侯承簡命來治咸之二年也

維侯孝友根於天性慈和達之躬行於治民事神之道悉本至誠爲感格矣當編志之日揀正祀傳讀之不勝喟然嘆曰咸之山川祀典無文不秩何獨文昌有缺享焉誠守土者之責也然廑於念矣而詘於貲遲之又久一夕夢神人語侯曰君之第祿適矣嗣亂優矣俾爾純嘏爲予居之績矣侯覺而奇之謂是文昌閣之建予雖不贍於力而未敢不勉於願也爰進紳衿聚父老而謀之謂是可新乎僉曰唯遂捐俸庀材營基於邑之西經方定位直覺西河如帶巒筆凌空形勢天然彷彿閬苑瀛洲之境以庚戌孟春三月鳩工視事閱月而報成丹

楹碧甍絢日披霞而尤莊嚴帝範翼以奎星天象垂而人文燦一邑之觀不藉是以稱勝乎閣成而侯之功成矣侯之功成而侯之明德與天地自然之文章俱一成而不易矣邑之都人士徵言於余以爲記在昔余奉使安南經侯治親侯教知侯固卓異中之表表者也今董事詞林屢奉侯之敘錄方欲以侯之見拔於方伯特紀於臺輔交薦於賢書者上而獻之天子得見循良中如侯治咸之績其心清而恕其才廉而敏其政復寬厚而和平有如是之紀錄不次也意者帝君默誘其衷俾侯以代君宣化者爲之代天宣化乎自是榮膺內擢慶錫

嗣麟則福及乃身者福及世世而福及一邑者行將福及天下矣侯豈第以一閣傳哉然侯不僅以一閣傳而閣實以侯傳也余將以傳侯之不僅傳者與都人士慶曰侯惟得於治民者深故其事神者益至焉則侯之祿位名壽不卽與帝君之參贊事業上下同流乎因紀其事以勒諸珉　侯諱廷韜字毅庵三韓瀋陽人

重修關聖祠記　進士　汪　桂崇陽人

關聖之香火萬禩也以忠義其𡚁絕三國也以破黃巾黃巾代不乏人後關聖而卓立者亦代不乏人如日者呂寇陸梁與江北流醜遙爲聲應不獨鄂郡十屬强半

魚肉卽江南五嶺三吳俱岌岌乎隣震矣十屬中苦焚劫者則咸邑人士爲最何也咸於武爲犬牙地武之寇先禍咸猶秦之寇先禍豫也幸咸有賢令尹陳父母智深膽沉勿緩勿躁厚爲備以圖撲滅之舉果未匝月而王師至有事者巡道包公祖際霞守道袁公祖臨侯奉命兼理巡道而赤巢滌穢者則撫室二璣陳公祖所寄閫之劉遊擊也羣在露布敍傳中當入樞府之功宗太史之記注矣先是劉公未師時猿奔彘突官兵亦屢失利人心惴惴欲求有制之將一旦起宿靡之兵難乎哉公則用田單狄靑法決猶豫於神明而以縣東門外關

聖禡封牲陳辭之日神降鑒特甚忽有巨鹿自山來東跟西跳如迫如逐須臾被健卒捉生以獻陳令君揚盃賀曰呂祿其能免乎一軍皆躍浹旬而峽黨洗闋月而呂魁膾矣江北之大搶小搶聞焉魂驚魄裂咸士民先諸屬而南鐃歌樂社酒況夫策功告蕆朝廷之報公望公者豈其微歟乃公則謀及所以報神者捧中金七十兩付陳令君新其祠令君忻然受托復增費以大其事進夏張諸生與父老子弟而諭之曰不佞稽諸志乘自有此縣便有此祠嘉靖間曾有重建之者迄今百餘年方就傲矣神之靈弗昧感劉公而更剏固其破張梁縛

呂布先劉公而作則然非忠心義質英英弗泯胡以香火徧華夏乎胡以庶民攻之不日成之再見於今日乎祠成列碣徵文於桂桂不善古文辭姑直敍其始末耳是役也其規天時察地利出奇畫以佐成績者傲年兄李玉賓周旋之玉口不言功桂因附及以諗將來居閭里者當思明則禮樂幽則鬼神慎無忘維桑與梓之雅云

重修相山書院記　主事　廖　漢蒲圻人

大造者之巧於造人也有元神以爲之幾有英氣以爲之會有貞脉以爲之息契其幾以參二五之化丁其會

以相國家之宜運其脉以立吾身綱常之柱壁節義之標則天與我之意不孤矣予常觀之紫微自左右樞而上尉次之衛次之丞輔又次之而天極則宰乎其中華蓋其羽葆也故德星見則賢相出而六符明焉客星入則讒夫倡而三台涸焉此非大造者之元神周遊八法流益六虛而氣脉之凝萃以昭示於人者耶宋自太祖都汴其位爲天維撫圖御極迄於眞仁和氣郁蒸歛彝祲薛天禧辛酉（眞宗五年）德星入翼十二度識者以爲有異人生焉夫翼鄂之分也德星之象也以數推之其年馮文簡公適誕其期至皇祐己丑（仁宗元年）有祥雲繞華蓋星

史官曰鬱鬱芬芬登賢氣也而文簡以是年首天下士嗟呼天之所予人固弗違而況乎其神之聚氣之完脉之儲者乎文簡名京字當世其初宜山人先世祖徙居南郡之咸寧父商封太子少師宅心邁德君子多之京以峻才煥發磨淬神鋒而豪曹湛盧電歘霆變舉莫與之京始播績於荊藩繼馳芳於益郡而孤憤赫然聳動寰宇尋召爲御史中丞則應天之左右丞而剛風勁氣披於搢紳人無敢訾議之者後遷爲樞密則應天之左右樞新法抗疏安石變色政府雄辯惠卿吞聲隆主威以褫奸魄再入爲院使而挽屯旋姤利社稷之功居多

及罷政而歸乃偃仰嘯歌於東高之上與雲物爲朋徒至今顏其山曰相山夫羣邪側目之秋固非齷齪庸瑣者之所能立而雍容黃扉以亮天極必英邁卓犖脫然萬物之表者能之公也契其幾丁其會而又運其脉焉豈非參大造之功而獨往者乎然公之名在天下而其神則不死於是邑故祀之者有麻烈焉我明成化戊子分教王慶擧創崇基以祀公提督學校廬陵陳公方爲文以録之迨正德十有二祀丁丑浠川張公邦奇奉命提督如陳而剛明則過之每經望相山之墟盱然嘆息於時閩郡邛侯魁適會其意乃與司教曹伯恩趙文璣

李玠典史陳恩庠生萬悅樊孟芳等謀之卜協於相山之麓迺鳩厥工迺繩厥規迺啟厥宇以爲公神依邦之人曰邛侯宰我也煦沫我也剗奸以喆返瀉以樸而悃愊無華無往不事事是役也其無乃非嘉惠也乎予猶以爲文簡之心曠百世而相感則其元神散而復聚英氣溢而復完貞脉扤而復儲安知金山之靈淦水之精有不融結醲暢如德星之見者乎他日動關璇宿而垂耀紫宮將不爲祥雲之繞華蓋者乎奮精忠以衛王室將不爲公之秉正嫉邪與孝先公序並垂不朽者乎邦處曰然固請記之因爲之記

馮文簡公祠堂記

提學道陳　方 廬陵人

古之有功德於世者不得祀於國猶得祀於鄉昭崇報也苟當祀而廢則失之慢不當祀而興則失之諂慢與諂夫豈禮哉宋樞密使馮文簡公名京字當世世居楚咸甯桐山之下其先君宣徽南院使太子少師贈司徒式之有陰德遂生公既長博學有大志仁宗皇祐元年鄉試至廷試皆居首選時稱馮三元舜倅荆南後擢修起居注出知益州民皆安之神宗即位以爲御史中丞上疏論王安石新法之失安石指爲邪說請黜之神宗不允陞爲樞密副使未幾參知政事居政府數與安石

論辯不合及呂惠卿議罷制舉公力爭以爲不可惠卿啣之因誣以罪出知亳州熙甯九年復召爲同知樞密院事元豐三年拜樞密使四年罷卒鄉之士以宋進士三試皆第一僅三人公在其一誠可謂科甲中豪傑士也公再歷外寄兩入政府民被其澤君信其忠雖奸回屢排而中立不倚其節操誠有以垂世範俗也德之所及功之所存仰諸天俯諸人復何愧怍哉國未有祠實宋闕典也至元初鄉之後進因立祠於桐山之旁春秋祀之至於國朝祠就蕪廢故址雖存而無能續創者成化戊子崑山王慶分教咸甯受職之初禮部亞卿葉公謂曰馮文簡公咸甯人也公爲宋名臣而祠祀久廢作興之責其在子乎夫教之所施忠孝是先文簡公之盡心於宋忠矣今其祠宇蕪廢若此甚非所以崇報功德於昔而激勸士習於今也慶曰諾暨至咸甯適武昌同知馮章通判陳琳以督賦繼至爲慶措辦材木作私第慶曰私事在所緩公事在所急且亞卿葉公之命予既諾之先己而後彼獨不內愧乎特移私第之材以創之有司嘉其志卽爲翦荆棘闢故址材不足增之用不給補之命工役力建祠三間繚以周垣揭以高門通歷日月凡幾而祠告成後慮祠雖成歲祀無征祠旁舊有金

蓮池若干畝久沒於閭右慶圖復之以池歲所樹藝之利用給常祀之費而計可經久慶之心亦勤矣哉誠不負亞卿葉公之命而俾文簡公之節行益昭示於悠久也嗚呼教人以言人雖聽之而未入之深導人以行人雖見之而自然使之感咸甯文簡公之鄉其世德之厚節操之堅故老猶有傳誦之者今復因是祠而使之知崇報之典興禮義之心又惡知無若文簡公之出於其間乎是則文簡公之節行必有待亞卿葉公而後著葉公之心似有待於慶而後克成其美也爰書此記諸石庶將來有考云

宋馮文簡公祠記　侍郎朱廷立迪山人

宋馮文簡公京鄂州江夏人咸甯故江夏地也舊祀於鄉賢祠嘉靖庚申咸甯邑侯李致齋至謁祠嘆曰文簡公文章勳業冠羣才而雄百代者也獨可無專祀哉越壬戌度地於明倫堂之右中建祠堂旁列號舍周繚以垣規制章采宏且美矣於是奉文簡之主安焉題曰馮文簡公祠陳俎列尊祀事有嚴考鐘伐鼓厥聲洋洋儼然如文簡公生存也時學諭活泉王子濤分教梅郭汪子偕練亭曹子梓謀曰崇德育才侯直任之索文紀事我輩其奚諉於是練亭子與其徒錢子東顏陳子簡造

兩厓子立之居而問記子立悵然曰往予讀書濳山僧舍舊文簡讀書第也予竊慕焉竟未能嗣其芳躅乃今記公之祠耶於是愧且言曰侯之爲是也協諸義矣以昭先哲以風世習以啟後學義復該矣按史曰京自鄉舉禮部至廷試皆第一時猶未娶張堯佐負宫掖勢欲妻以女擁至其家束以金帶曰此上意也頃之宫中持酒殽來直出奩具目示之京笑不視力辭出已妻富弼女避弼當國嫌以龍圖閣待制出知揚州繼爲翰林學士知開封府數月不詣丞相府韓琦語弼以京爲傲弼使往見琦京曰公爲宰相從官不妄造請乃所以爲公重非傲也子立曰兹公之自擇也卓乎識矣神宗朝公爲御史中丞王安石爲政京論其更張失宜累數千百言安石指爲邪說請黜之帝不聽會鄭俠上書言時政薦京可相呂惠卿因是譖京與俠通罷知亳州子立曰兹公之特立也確乎正矣帝尋召知樞密院京以疾未至帝中夕呼左右語曰適夢馮京入朝甚慰人意乃賜京詔有渴想儀刑不忘夢寐之語及入見首以所夢告焉子立曰兹公之悟主也頎乎誠矣夫惟識則向往弗忒惟正則論辨弗回惟誠則君心自孚先哲之軌昭昭也故曰昭先哲焉彼失足於權門者昏其識俛首於時

議者枉其正二三其心而曰窺伺焉者虧其誠聞公之風者顧不有愧心哉故曰風世習焉夫聞公之風者謂其遠者也生斯地者儀型在望乃遠者弗若耶凡我鄂人相與興起以無忝於鄉先生則古今殊產鄂焉多矣故曰啟後學焉侯之是舉協諸義而義復該矣嗟乎公無專祀數百年矣至是始有之復廣學舍以翼之侯何私於公哉秉彝好德之公不容已於心也侯其賢矣祠費出侯俸及所得諸當道獎勸銀幣助之無藉於公帑無取於百姓是故不勞而事濟侯名春和字子中別號致齋廣昌人邑多善政舉亦有專祀乎

東嶽殿宇聖像記

楊兆傑

士大夫之身民社所攸賴之身也身治一邑而治天下之理同焉其所以治一邑與同於治天下者不外乎百姓安之百神享之而已何侯蒞咸始而整綱肅紀繼而講讓型仁不數年而諸弊革諸利興起視田疇子弟皆農安於養士安於教則侯之深仁厚澤已馴洽於人治之中矣卓異褒嘉雖龔黃諸君子奚多讓焉此傑備員司馬時得讀侯之廉能敍錄因以想見侯之爲人其氣靜以悠其才英而斷而其造福於咸者不啻厝磐石如泰岱之安耳戊申秋傑奉勅使安南道經侯治入其境

則見欣欣相告者盡安居之父老也蔚蔚相望者皆秀麗之山川也邑有異政必自異人爲之故茲風景文物翠疊交輝及策轡城東又見儒星映碧書臺留丹舉蕞僻丸封遂同錦城花縣其規模創造隨在皆手澤焉瞻顧之間忽睹旃檀香靄華幢飄空詢之輿人僉曰東嶽第一山也我侯捐俸百金庀材構其棟宇建十殿於兩廊奉普陀地藏於上方沙門則異其舊制禪院則别以靜居一邑之觀於斯稱勝傑固知侯能以忠君者享帝以治民者事神矣方擬登之奏牘以當採風之盛適士民以侯之德誌屬文傑又不勝同聲賡颺之慕焉則在侯之以身爲民社寄者不獨於撫字之中流其恩澤亦且於對越之地昭其至治之馨香焉已傑敢出一言以頌曰維咸之東泰嶽爲宗天齊仁聖表鎭岱峯侯治清廉神明在躬捐貲構造望秩攸崇惠我黍稷奠我疆封陰陽燮理考伐鼓鐘祿位名壽世世生生爰鐫之石以頌侯德之無窮　侯諱廷韜瀋陽人

新建堤樓記

進士顧問邑人

余往令任邱見唐令子方築堤以捍九河之水延袤蔽野當時任民豈不難其事哉而至今田廬賴之號爲唐堤云百世廟祀太史公曰非常之原黎民懼焉及臻厥

成天下晏如也咸邑故無城有城自葛侯始藩屏闤闠厥功偉矣而城大半枕湖亶通金口每江水漲發竟逼城下加以春夏淫雨浹旬百川滙漬合勢滔天城不浸者亟如晉陽之版而狂風迅浪擊撞嚙漱一決咸之民魚鼈矣其可懼孰甚周侯以壬辰進士來令茲土臨城而嘆曰有邑而無城猶無邑也有城而無堤猶無城也吾可不急爲之所而區區案牘刑名間乎迺條築堤便宜狀上之兩臺司府悉報曰可侯乃禮請鄉士大夫與衆父老郭外履畝荒度堤基畫地而授之里計里而授之地令下百姓欣然荷鍤畚虆舉謳歌鼓舞十有三日

而堤成有如神助其力者侯命各役植柳兩旁蓊鬱夾道清風徐來沿堤池水於牣魚躍遊人騷客結駟錯趾侯喟然曰有堤若此可無樓以便省觀哉迺捐俸貲庀材鳩工暨建岑樓翼以廂廡環以圍墻立儀門以啟閉設堤夫以巡守侯乘暇登眺其上八窗洞開舉目萬家煙柳而前有層巒疊巘秀入雲表東皋排塔於左丹鳳昂霄於右北望平湖千頃水光一色鳧鴨交飛直與赤壁黃鶴爭奇儼然河陽一大觀也嗟夫是役也議之百年人謂落落難合今侯不費水衡一錢不取民間一粟迺役之堤而堤亟成役之樓而樓鼎建城垣厝於磐石

歲省修築之勞保障屹於花封世享奠安之利其功與唐子方比隆民亦號爲周堤立像崇祀於弗替矣夫侯何以得此於民哉原侯德禮長者心源潔白無愧神明百姓信之而約己省事與民休息誠同慈母之保赤故子來趨事悅而忘勞也大工甫就欽召適至非常之原若與非常之報兩相待者而侯爲吾咸斡旋地脉大開景運尚亦有明徵哉而縣治面實背虛藉此捍蔽拱護其關係甚鉅豈獨爲城計久遠已也後之令此者遊斯堤也則思經營之難而時葺之登斯樓也則思締造之難而時新之銘念甘棠勿翦勿傷則侯烈地脉雖千百年如一日可也是又侯千百年於此之心也僉請鐫之貞珉以垂不朽遂爲記

環翠樓記　明教諭　伍福　臨川人

咸甯邑治面山而背湖廳事後邑大夫居第在焉然地勢稍迫故廨宇亦卑淺景泰甲戌春東嘉陳侯來臨茲邑越明年政通人和百廢具舉侯乃卽所居撤其最敝者易以重屋於後質樸不華高明亢爽居之以安焉夏四月哉生魄侯退食自公與客登而樂之當斯時也薰風徐來八窗洞開遠近山光凝青積黛爭奇獻巧映帶如畫而湖水新漲浮光耀金動彩湧照魚鳥翔泳鏡天

上下一碧千頃指顧周覽光景萬態舉在目前信可樂也客有前監察御史方公思濬舉爵飲侯請以環翠額茲樓且志侯之清風雅度在乎山水之間也侯既曰宜衆客懽忭僉謂余文宜記事嗚呼樓以環翠名詎非得趣於山水乎然人知環翠者山水也而弗知山水於人有理寓焉今夫山厚重不遷惟仁者安於義理似之故樂山今夫水周流無滯惟知者通達事理似之故樂水陳侯好古博學仁知合德推之愛民者其厚重不遷歟施諸理物者其周流無滯歟居斯樓也脫卑陋而遊高明情曠神怡目領心解境會理得高而峙者吾心之山

也孰得而搖奪乎湧而動者吾心之水也孰得而渣滓乎然則所謂環翠將不在山水而在吾心矣故居之而安非耽嗜風景而溺晏安也吾心安而理得也樂孰大焉將見咸甯之山川由茲樓而增其高深侯之淸譽益傳頌於悠久矣所謂地因人而勝者也客以予言不謬請書爲記俾後之覽者亦將有感於斯樓

重修三元橋樓記　貢生 佘希聖 邑人

樓之名楚者四而三元不與焉狹其制也予謂黃鶴岳陽表飛仙壯洞庭已耳仲宣竹樓紀作賦明淸讌已耳傑搆名都故足與齊雲落星並傳若夫三元之建僻在

下邑制雜闤闠然而標昔賢之美俾後人則而象之其義有進焉矣惟其義斯不惟其制也蓋是橋於唐爲永安宋以後一易朱紫再易今名乃以文簡稱而樓其上則自別駕王復始歲深頹廢民無所感與何父令咸之明年政無弗舉人和歲稔乃創斯樓而新之浹日落成率師生觴其上萬姓環橋以觀酒已再行予爲登邑人而颺言曰父老知賢侯新斯樓之意乎蓋望人以司徒公之爲也維司徒式之陰德格天發祥厥後乃生文簡以異才掄三魁夫文簡不易爲也若司徒公之行則固人人可勉者也爾不觀之於釣乎剖粒爲餌獨綠爲緡則所得者陽鱎耳若夫合繩爲綸餌之巍肩則所引者盈車之魚彼天干闔王槐皆能弋所獲於天而司徒公則得全全昌者耳父老勉乎哉能自存心至於積行隨力所可及慕仁强義無求人知則子孫必有興焉者矣大小之報又豈或爽歟兮試與升樓以望彼迤然而深秀者非潛山乎是文簡之所藏息也近眺書臺風霽月映當年咿唔聲猶忽忽在耳巖然崒嶫者相山也比執政之日峻節端亮壁立千仞之槩殆如是耶俯視惠安直蟻子封耳而涓涓文漣馥馥荷風其蓮沼歟何歸政後之孤標逸韻久而彌芳也詩曰高山仰止父老於此

能無所慨慕於中也耶慕於中則則而象之勉其所可爲以侯乎不可爲天表之應猶昔也予用是知賢侯之新斯樓不第借之望雲物資遊覽者耳固爲咸侑德興賢之大觀也侯聞言燕喜以佘予善發其志使引一大白而記之

應宿樓記　翰林 廖道南 蒲圻人

應宿樓成文學海涯叢君告諸內史氏鉉素子曰勦齋蕭公之尹咸也朞月而政行凡厥咸之士庶罔弗象其則焉又三禩而績成凡厥王人之有事於咸者罔弗被其烈焉是役也民之父老歌於途士之父髦頌於黌

人之監司書於臺于夙職史事其紀諸鉉素子曰曷謂也海涯君曰台聞諸父老云古者辰角見而雨畢天根見而水涸草木節解而備藏焉是故周之王庫漢之武庫示有蓄也勤齋建茲役以衛吾民將以豫大畜焉爾於是乎伐木於山厥材孔良鑿石於巖厥制孔堅而又司晨啟窖司理詰姦損上益下民說無疆詩有之庶民攻之不日成之鉉素子曰於乎可以徵澤矣昔者趙文子身怯退如不勝衣言吶然如不出諸口而其舉管庫士生不交利晉人稱之其無乃非文子之遺澤也乎海涯君曰台聞諸父髦云古者築靈臺以望氛祲作矩觀

以司閽閾櫄櫨周遭而營樓焉是故魏之麗譙越之飛翼示有觀也勤齋建茲役以興吾士將以豫大觀焉爾於是校藝於庠從者如雲校射於圃觀者如堵而又飾其館舍拂其絃歌履謙飭賁士征若彙詩有之成人有德小子有造鉉素子曰於乎可以徵則矣昔者蘇文忠公好賢若將加諸膝愛民若將恫諸身而其創黃樓也久而彌堅徐人稱之其無乃非文忠之遺則也乎海涯君曰台聞諸監司云古者王人導利以布上下郎官應宿以司牧長法象炳煥而成章焉是故庫樓繫於角宿藏府象於離珠示有章也勤齋建茲役以敷王人之政

將以豫大有焉爾於是乎上思衛國以充外辭下思裕民以杜後艱而又南有和薰東有體元西有廣惠以鞏中極詩有之維其有章矣是以有慶矣鉉素子曰於乎可以徵烈矣昔者蕭文終侯盟泰山以若礪誓黃河其如帶而其應昴宿也爲世元勳漢人稱之其無乃非文終之遺烈也乎海涯君曰建樓三徵既聞命矣予盍終言鉉素子曰天人之際其幾甚微其理則一古者聖人覩天文以察時變觀人文以化成天下夫道一而已矣堯命羲和授四時舜察璿璣齊七政而四岳九官十二牧各奠厥居以修六府以和三事以敘九功凡以爲國

爲民而已乃若周禮保章以星野分紀天象官守令以布政教修人以和天奉天以應人上下交修天人相感應宿之時義大矣哉漢唐皇祖著天體循環之論而敬哉有土仁宗表天元曆數之書而儆於有位皇上茂遷循良軫恤黎元而雨暘必祈軌緯必察視古帝王憲天圖治其揆一也勤齋乃能仰體聖衷俯恤民隱創制顯廓動中時宜登斯樓也北望台斗則馳情宸極南瞻翼軫則加意楚野東眺相山則登崇俊良西睇淦川則霑潤疲困爲上爲德爲下爲民道不在茲乎由是衍澤以紹文子之勳樹則以弘文忠之績懋烈以媲文終之休

又將斟酌元氣彌綸元化而獨觀其深已若夫父老之歌父髦之頌王人之書罔弗畢集而應宿之精蘊不亦可徵矣乎故曰應宿之時義大矣哉海涯君作而曰詩有之倬彼雲漢爲章於天媚茲一人應侯順德勤齋公觀星章以應順德蓋其負夙望者允有徵矣嗣是西蜀節里譙君來尹茲邑以慈愸臨民以明哲教士蓋有孚於應宿之象而文明昭布焉者請勒諸石以俟夫後之登斯樓者於是乎書勤齋名立業泰和名流節里名崇柏魚鳧華胄也

新建登高亭記　知縣　何廷韜

距咸東里許有峯矗然磴折而升路轉巒回與文簡書臺對峙是名登高相傳晉孟嘉之遊屐在焉按萬年從桓司馬登高風吹帽墮孫盛作文嘲之事屬龍山茲胡以名蓋是山爲萬年故里風流可慕守山者能不藉之以重耶予始至咸偕僚博弟子員間一登之鐘臺白望排左堆青紫潭黃塘右望罷靄以墅陂田蒼莽溪練瀠泱俯瞰萬類攬不盈掬肆意博觀情難給賞蓋咸邑之勝於斯集焉已巔故有亭遡所自廢父老都不記何年噫萬年而後登是山者不知凡幾悠悠千載豈無一解作山川主人而顧使勝蹟久湮貽山靈誚乎越明年構亭其上中僅四楹環宇際磚甃之以捍風雨四門洞開視雲黛皆屐履間物復雜植竹樹而蔭焉於是簿書之餘率僚博弟子員相與憑眺其上覺蘖底川光各薦蕭爽岫外白雲卷舒天際一豁囂塵之耳目頓納懷抱於清泠爾迺周章四望思乎周隄曹圯胡自而慕未畏壘嶽嶽桃峯峩峩相嶺胡自而名峙天壤以及潛巖丹竈金麓神燈胡自而霞餐物外噫嘻山靈之啓我者至矣豈直擅勝具抒遠矚已耶若夫春雨農蠶秋風杼穫無事循陌度阡而艱劬歷歷在目更可不勞而省也彼叔子流連襄峴長公增勝九曲楚人至今膾炙之未云以

妨政也予今第舉前人之已廢安咸俗之渟簡而樂與斯民以休以游又烏可少茲亭也哉繼予而登者其尚知予懷之所慕云

方閒堂記　明　祭酒　湯賓尹

方閒堂在楚深山中蒼蒼茫茫不可得而見也從來評楚如氣蒸雲夢波撼岳陽擊碎黃鶴踢翻鸚鵡而方閒堂蒼蒼茫茫仍不可得而評也蓋余乍見孟公湘嶽而一時衡楚山川穆然而靜夫湘嶽豈但一閒人哉閒在天不能必之於人亦有時在人不能必之於天閒在世不能得之於心亦有時在心不能得之於世才高而立

功名力健而完婚嫁可以爲幸不可以爲開湘嶷三十年前不廢五嶽之遊開園建閣不下輞川之勝猶然百畝未荒一經授子開者固不可測乎安驟騎於泉石心若氷壺借風鶴於兒郎神如賭墅避盛名而不居撫濟美而垂晦不可謂不開也牛衣長臥犢鼻高懸減餐葬灞陵之妻執手見敝貂之子碧巘可居黃金不惜不開而能之乎今一旦登龐老之堂入維摩之室酌曹溪之杯水唱西歸之好音栩栩蘧蘧洋洋浩浩偶爾推柏子於中庭不復圖名山於西壁夫湘嶷何易言開也生死於環草生花落刹那世界沙劫光陰一念未終萬緣猶

在立遼東之華表詠石上之精魂撒手不來豈當勇猛湘嶷豈但一開人哉須彌十笏未免問路漁郎管樂向平不過標月一指九年壁下五葉江頭無義那可立不須煩他日山中寄語予所爲穆然而靜不敢評楚山川者則湘嶷實進之也想方開一片地如山陰道上其雲皆無心其鳥皆忘機其花皆如高士如美人其月皆可吹笙騎鶴其水皆可洗耳流胡麻其樹皆丈夫皆可封大夫其石皆能點頭其人皆是羲皇皆不知有漢魏蒼蒼茫茫僕皆能誌之終不敢賦溪聲山色令湘嶷擯予門外耳不識君家東野乃欲詠青山而作塵也

西河橋記

朱廷立

朱廷立曰咸甯要邑治之西爲西河渡蓋要津云山水時發勢洶湧民病涉焉先令勤齋蕭子立業浮舟爲橋民利之繼令節里譙子崇栢議非石不可久工方興而去嘉靖己酉今令滇西橋張子時舉至明年舉是役謂非足費不可成出俸助之且以爲倡已則邑人之士夫耆老出貲應之費浸以足乃號募僧海鶴曰紀所入毋或逸乎號董役者張艮瀰潘洪楊過春曰愼所出毋或濫乎號諸工曰必實必固甯遲毋遷就乎衆曰諾於是伐石爲礅架木爲梁基之隱隱跂之隆隆橫之坦坦

功之成也歲在甲寅鼓峯朱子獻箴嘗助是舉者向余索記余曰西河之不可無橋也余爲童時聞之矣今始成耶西橋子亦猶夫古之吏矣夫樂爲其所易而無樂爲其所難急其督責之所及而不急其督責之所不及此中材之恒情今之所謂吏也孰知事協於義罔擇於難易義以行政無假於督責庶無忝於其職如古之爲吏乎徒杠輿梁王政弗後也然而事難而效遲亦旣爲恒情所無樂矣矧當道所督責者不及是河之無梁直此渡哉西橋子亟亟然力爲之弗罷誰督責之耶君子觀焉謂其知義方始議也落落難合乃今望之如彩虹

履之如平地執後議者始自知其爲非是也功濟行路惠流諸遠君子觀焉謂其知政知義斯知政知政斯可無忝於其職故曰西橋子亦猶乎古之吏也始至而爲橋橋成而平陽別駕之命至豈其適耶嗟呼後之來者盍曰前人視此爲己事也倘有所宜補葺者吾豈視爲他人事哉則可矣

重修西河橋記　侍郎　孟養浩

西河之有橋自張令君始而人知有橋之利而不虞河之害則今二侯之伐云蓋咸孔道也南通舜梧北指堯柳東西日月出入之所靡不有車轍馬跡焉而咸介其

中西河之水偪於城不數武而近上合衆流之衝而下滙爲湖廣袤數十里粘天浴日時闌入爲河患春夏之交猛悍善潰洶溺砑磕望而魄愕所從來矣曹侯甫下車輒延見邑父老問民所疾苦僉曰善哉大夫之言邑孰有甚於河患者往張侯舉之而中廢是故大夫事豈惟咸幸冠蓋之往來實重賴之侯曰唯唯乃捐俸爲資伐石於山誅材於麓拮据其間寢食幾廢邑幕何公復畢智佐之未朞月功告成輿者忭於途轅者頌於途繈負者舉手加額慶也而侯適以遷甯國丞去今令君周公睹而嗟異焉蓋駭其成功之易而憂其拮据之難也其所爲覆而飾之奠而植之孜孜焉殫以力而圖之者視曹侯有加焉而橋之功遂以不朽嗟難矣哉諸生吏民迫欲得余之一言以示永永以無斁大夫之烈余惟大役之難就而功之不易成也剏之者難也匪剏之者難振前人中廢之業而有其成功之難也夫張侯始橋西河不中道而蹶後來者囁嚅喝噤不出片語及橋西河事豈盡物力詘哉自愛其才欲無受勞民傷財名甯坐視民之魚鼈而莫之拯恤耳兩侯甫蒞節而力肩艱鉅不煩水衡一錢司農斗粟閱數月而告成事平磕硠之洪浪弱陽侯之洶湧援千百之命於波臣齮齕之餘

而置於平原達路間官無廢政民不知役是皆山川之所效靈精神之所凝注振前人中廢之業而有其成功奈何泯默無述也語曰前事之不忘後事之師夫橋能成而河不能無潰張能得之兩侯而兩侯不能得之異日有如暴風雨潦竭力以攻吾橋而患苦我父老子孫則侯之方策在矣侯若曰毋滋波臣實偪處此以與我父老子孫爭此橋也是後之君子事也余二人將有賴焉不佞邑人從父老後則竊聞袞衣章甫之謠而述其大致如此

重修西河橋記　知縣　詹象泰

咸邑之有西河橋興廢相尋事具縣乘中至今嘖嘖人口者則邑宦趙憲副捐千金事故又曰千金橋橋圮於康熙十二年蓋爲洪水所潰也距昔建年爲甲子適五十計越滇黔告變 朝廷發禁旅南征前太守于公治道及之倉猝爲浮梁以渡軍行賴之民得不擾既乃囑前令三韓張子曰咸爲楚南咽喉也西河其要津輪蹄日夜踐之豈浮梁所能勝橋急矣非異人任張子曰吾職也敢諉諸於是下令鳩工伐石已則邑之士夫耆老捐貲應之費者若千金工已半水又潰之募僧石城行脚也嘗誓以身殉是舉者至是乃泣血走太守庭太

守爲白其事於臺省各上憲及武漢黃三郡文武諸當事各捐之得若千金金集而工乃復未幾張子旋以遷去代之者爲山陰王子踵而成之一如張子制蓋始事於康熙丁巳十六年而告成於癸亥二十二年云余於明年春奉 命承乏茲邑至之日長虹煥如也父老爲余言達所由余爲嗟異久之歲癸酉余令是且十年所父老始以碑記請余曰是固不可闕廼遲遲至今耶余惟非常之工必有非常之人以創之創之矣又必千萬人之力以趨之是役也舉於兵時民且疲於奔命矣苟非太守有以倡之令斯土者亦惟是茇蒻糗糧之是亟而暇出一語及橋西河事耶雖然太守倡之而邑人士直以不急視之病且憎焉吾不知橋成何日矣乃倡之而邑人士翕然趨之捐者役者各以其力之所至而從事焉遂使環橋逼漢磴道行空五十年中廢之業一朝復之而暴水之洶湧莫過者亦俯首而效順於橋門之下非直居民之農桑負販利用出入卽四方車轍馬跡之過此者亦莫不馳驅而樂之謂非邑人士之力哉吾聞明令曹周諸公嘗建是橋者當承平無事之日猶不免於靡費之謗矣彼何時也而民之應之者乃反是吾不知此日之咸民何以好義有如此又不知此日之

爲民上者何以得咸之好義有如此猗歟盛哉是可泯滅無述耶於是乎記

西河永安石橋記　主事　趙嗣芳

割江蒲東西偏乃有咸距鄂城二百里而近輪蹄繇午之兩粵之滇之黔之蜀之衡常荆苕靡不借逕城之西爲河灌湖迤江實扼孔衢之衝以石柱木梁成橋前有張令爲之旋圮萬歷間曹令復爲之越數歲至葉令擬增石先撤木期稍延春雨淫淋并石漂沒矣嗣是民不逢年邑屋蕭條誰齒非常之原浮舟篙梁冬春差可夏秋汛漫片筏而涉頻困競渡卽以輶軒襏遝難免停驂

問水弓積懷愴惻莫卜所稅有大夫覺翁曹公犀敏敢任弓讐馮郎劍季子裘縮百口三年需得千金以請大夫喜浮大白不給吾捐助庸委諸弓復昌言橋梁編木易滮抉石可久爰下令鳩工庀材諏日卜度以天啟三年三月肇始至天啟五年臘月告成而大夫遷貳慶陽將西去屬弓記弓攷古雨畢除道水涸成梁非石也石爲徛彴轉徙靡定非橋也秦渭水貫都象天河横橋南渡象牽牛掌以都水令於時藉靈蔫乘猶縻倘方將作水衡少府金錢不資大夫不上白公家下征里胥父老衎衎而長虹亘如能過昔人遠矣橋舊名西河弓憶咸

在宋前爲永安鎮因以名橋亦取泰山磐石之意焉是役也經紀三年計貲三千餘兩督鄉者李一奇等多方募勸苦心區畫乃克有成厥惟艱哉

宗嶽橋記

知咸甯縣事　鄭夢馨

宗嶽橋者卽昔之西河橋又謂永安橋是也南衡屹峚舉步可通江漢滔滔朝宗不遠紀南國之勝控三楚之雄盡在斯橋故又顏之曰宗嶽也噫橋之名甚偉橋之功甚鉅是爲可以無記初余以丁巳冬涖咸見橋煥然耳目詢誰任斯役者僉曰邑孝子孫廷秀所爲也卽書額以獎之至辛酉功竣余適闈旋紳士懇請勒石爲文以美之皆以善和勸也稽橋圮於丙午天吳汎漫臨流莫渡孝子乃發婆心結筏以濟徐而病曰是猶公孫車也戊申集鄉人曹邦南李贊吾等倡議鳩庀力亦中詘乙卯邀多寶僧中立募化十方經營七載方告厥成計其工貲纍石基八座置水板三十丈寬二丈覆屋二十五間費白鏹三千一百募得大半餘皆孝子出嗚呼好善若此惠澤遠矣由是煙雨横斜莫問張郎之駕漁燈掩映漫停司馬之驂風景麗矣渡涆競心從容而登坦蕩涉無險意揖遜而履和平王道成矣豈特爲功行路哉且使善念發生充而大之凡可以濟人之急拯人之

艱莫不勉而行之則何處非水何處非橋而種德者皆可作如是觀也將見福澤綿遠喜慶無疆而好善樂施

聖朝恩禮有加寵錫頻膺榮耀里閭是朝宗之義又於斯橋有厚望焉是爲序

九龍洞記

邑舉人　孟應乾

崇禎己巳八月中秋後二日蒲圻友人田大春同遊遇仙洞去邑山行三十里許按轡褭腹而至九龍有仙洞猶鍾臺有桃花洞與寺不數武洞劈石昪十數丈巖藿綿蒙峭壁相望臨高降深抵寺前與大春約入寺選僧鉢緣可享連日齋厨之供也大春放脚輒一往作阮步

兵哭又如唐周樸與來得句橫行叫舞不休洞處山僻遇康樂萬齡物色絕少其石澗石塘龍眠豹息蓑衣白鬚纍纍下垂白者潑乳噴錫巧者鐫玉鏤晶少深入則石膩漆煙奧遠莫可測聲出而響應聲稍放霧自內騰水從上滴瀝清寒可畏予不欲盡險而涉呼大春援石磴一線循徑而出返洞門方縱步釣橋桃樹二嶺萬松幽壑如絃如沸可坐可臥吾鄉周南野處士穿石爲屋世傳周子塋親臺更進訪榜山山與寺連雲奔霧駛登峯造極泠泠然憑虛御風有振衣千仞之意恨無殘碑片石可觀耳僧於嶺上一煙直起蓋煮茶待焉予共作

詩十首有山靜各自分深淺之句明日返城居送大春還蒲占歸衫尙濕峯前雨別影猶分洞裏煙一聯而別

九龍洞禱雨記

縣南三十里舊名寓仙洞石門高深叵測寒氣侵骨六月如冬白石若幕滴乳結成龍蛇狀正德己卯夏都御史吳廷舉率官吏禱雨有應命鑿石爲像更今名

邑人　楊邦佐

正德己卯夏五月不雨禾將槁都憲東湖吳公奉命賑濟湖南駐節吾邑憂形於色爰命邑大夫吳侯伯乾遍禱山川命羽流設神位於城隍祠步禱三日不雨公曰月令仲夏大雩因大旱率巫舞雩禮也諸生告曰邑南三十里有寓仙洞正德甲寅邑令上官儀率衆禱雨已

應公聞之翼日匹馬命佐偕唐生景瀛以行時將四鼓微雨數點出南薰門至小龍潭曙光掩映吳侯暨業師趙先生天儀李先生國器蓮幕陳君賴惠俱馳至遙見漁舟鱗次公騎旣遠恐隨之不及急呼舟子渡之至蔣師泉雲霧起山間人民莫辨直抵桃林嶺公徒步登山吳侯與二師暨余六七輩累肩上至絕頂睹諸山培塿在下允爲天下奇觀循嶺嵩憩松下涼風徐來萬籟有聲佐竊嘆曰是風其伯夷之謂與何清人若是也吳侯二師聞而哂之又行三里僧以壺漿來迎羽流於洞中擊鉦鼓響應山谷公坐九龍梵刹口授佐錄文以告公

乃更衣詣洞洞口僅有石室約可容百人公祈神畢方入洞令鄉民從遊者束燎前導旣下聞人聲儼如雷鳴視洞側有仙人蹟由石竇匍匐以進水泠泠出其下心悸甚又數步乳滴成幕乘燎光細視之皆龍蛇狀及深入則洞中黃泥嶺也行百步水自石龍首點滴石池有聲池甚邃而形類捲雲公首飲之次吳侯次二師次及佐等清冷入骨毛髮悚至亦不知爲甚暑隨出以歸薄暮至縣少頃雲隱隱自西北起倏忽四合雨下如注須臾池塘溢禾苗生官民胥慶噫今之任民社者於民利病若秦越人之視肥瘠恝焉不加之意視公之憂勤甯

不内疚中庸曰致中和天地位焉萬物育焉蓋天地萬物之位育孰有不本於吾之心正氣順歟況民同胞物吾與也任宗子家相之責者能以民物之心爲心則吾心之天在是感應之速固其所也公文章鏗金石事業滿天下清風高節披拂士林以此而格天信乎其易易也說者謂公屢遭逆境百折不回方之李忠定官居二品家猶食貧方之冦萊公持節救荒全活甚廣方之富鄭公彈擊不避貪汚斂跡方之趙清獻服此豸綉來蒞鄉邦方之韓魏公在公皆不爲多歲丁卯公居清洪佐幼且愚不獲一謁今得隨之覩公之所爲甚可矜式夫

禱雨一事耳因紀之以見公爲民之盛心吾徒遭逢之不偶焉耳洞舊名寓仙公更名九龍云

遊九龍洞記　　邑人　鄭之諶野謀

余邑中名洞四九龍其最也諸山攢簇其峯有九故曰九龍似谿非谿似谷非谷水從穴出復從穴入玲瓏透剔莫測其端余乍登但見滑壁嶙峋晶瑩照灼壁下有區石插地如屏心異之初不知其中有佳境焉食頃至九龍寺問洞所在僧曰適所見石壁卽其處也急索炬命僧前導門不甚隘高可二丈許峩峩然象闕也入數武高可七八尋濶百餘步亭亭然光明殿也千孔百竅奇貌怪形懸空而下如履寒宮如開武庫如臨獻寶之宮入鮫人之室目眩神搖應接不暇奮而驤者虬之首翼而舞者鸞之苞斑而駁者騄之甲錯而利者虎之牙蛇而奔鳥而啄黿而出殼者短而拱者長而模題者香車之蓋流蘇之飾魍魎之頭魑魅之面無不畢具其他不可名似者無數入里許皆素壁其盡處也由左而入則爲下洞稍窪濕多亂石水與石搏大者金石小者琴韻入百步餘有石柱大十圍若鰲然又入里許有石旛長丈餘旖旎飄曳若仙之將駕而鸞旂在前也至此暗不辨掌炬且盡前者咳後者呼前者摩壁後者牽衣噂

噂嗒噌呟之聲掠耳而過同侶以爲龍吟皆大懼予亦毛髮盡豎始不敢復進矣旣出坐石上酌茗而飲客有謂予者曰山有洞猶人有臟腑也臟腑而可入乎哉予曰洞而明者君子之臟腑也洞而幽者小人之臟腑也君子之臟腑可入小人之臟腑不可入衆客大笑是夜宿東山寺迨旦遂歸

皂袍井記　　貢生　唐范瑛

皂袍井者西城橫街東井也去黃家衖井可十三四丈許去西河亦不過三十丈雨晴潮汐氣相達也河水清漣街水甘洌以炊以飲以浣以浴無朝暮不鱗次者獨

此井介兩水之中汲而炊則白者以赤人愈不敢飲焉汲而浣則素者以著人愈不敢浴焉故老傳聞或謂頗宜染色而咸俗樸陋無黼黻之華無繪繡之飾染坊畫肆皆愚人又不解辨其色察其性宜何所施宜何如配制而奇士之能監別此水者既無所事於咸亦不得過而存之是以此水頗反辱於閭里販豎傭丐之手噫掘井九仞而不及泉洵爲棄井今掘及泉矣而性不諧於俗又不忍作風波以動人易曰井渫不食爲我心惻可歎也夫假使遇良工宿之丹秫以賥其所漬合之藍蒨以觀其所就吾見其耀山龍而映火藻也金瓶素綆轆

轤銀牀之側者豈不並受福哉抑又聞古服餌家以丹砂佈井底後人飲之率多壽耇時有仙去者夫安見此水不即丹砂之所融液飲之而久又安知其不壽且仙也悠悠千年必有能品此者舊誌且逸其名吾是以既悲此井之不遇而猶懼來者之無聞也作小記以傳之

温泉記　　邑庠生　孟佐盛

五行之性不一火至炎也而有涼燄水至寒也而有湯泉以至炎洲之火鼠峩眉之雪蛆產於酷烈凝冱之中皆其變焉者也如鄂郡之温泉有三一蕲川五洪一桃溪東吾咸則在蘋溪下流觱沸　於灊山之麓熱可以

白礬乃岩石熱煉而成今吴之鐵江山中多有業此者非若赤砂硫黄之產於地中也玉山海經所載女床之山其陰多涅石乃今之皂礬也須熬煉而成故温泉之出於白礬者未得大抵出於赤砂硫黄爲近

瀹鷄瘠瘍浴之輒愈水有硫黄氣愈濯愈沸其氣秋冬則白春夏微紅間考温泉之出本於丹砂者十之一本於白礬者十之三其餘皆硫黄也茂先博物志云水有石硫黄則温而王褒温湯銘曰白礬上澈丹砂下沉晉不一實其地若長公所記匡廬汝水尉氏驪山以及鳳翔之駱谷渝州之陳氏山居凡六處而以驪山爲最著溪所紀凡八處升菴所見南中温泉凡十數處而以安甯爲最云清澈見底其竅間出丹砂徽郡黄山温泉亦如之至季氏三秦記則云始皇與神女遊忤其旨神女唾之生瘡始皇怖謝乃出温湯滌除之後人因以爲驗

或又謂南州地性酷烈山谷有此竊意鳳翔驪山諸處地在正西而南州餘水未必皆熱地性之說踈矣至茂先硫黄之論頗爲近理然以硫黄置水中未必能温若三秦所云尤爲虛誕始皇豈處處與神女遊耶惟唐子西謂温泉在天地間自爲一類受性本然不必有待而後温也凡物各求其類而水性尤耿介得其類則雖千萬里伏流相通非其類則雖横絕徑過十字旁午而不相入故他泉與湯泉不能容彝常而炎涼特異譬之吹氣爲寒呵氣爲熱而同出於一口此說近是予故並記之以俟遊觀者之詳考焉

溍山温泉記

邑人 鄭之謨 野謀

咸東南多山最高而名者惟溍由溍而北石怒水激兩山夾峙温泉出焉五十步外巳氣蒸如坐煖室從石隙探之沙沸泡起滚滚上熱如釜土人云三冬水氣尤煖可熟雞子余布氈石上與周李二子投足濯之喟然曰名者其垢之聚乎二子問故余曰天下之温泉一也使其近要衝車馬之所萃冠蓋之所遊逸客騷人之所賞非亭而覆之則甃而瀦之浴者趾踵相接求其潔也難矣名累之也若斯泉者荒山之麓亂石之間涓涓焉汩汩焉獨來獨往野鳥澡其翎麋鹿漱其齒常經者不過

枕流洗耳之倫及農夫野老輩耳卽吾與子生長茲邑今日始一至焉非以其僻而無名耶人方惜茲泉之無名而茲泉且自喜其無名而遠垢二子曰吾輩識之在山泉清出山泉濁好潔無近名可於水監也濯畢遂去

龍溪橋記

舉人 錢 珊

龍溪橋三峯寺新建峯麓溪南橋也先年素菴上人與鄉善耆陸興榮嘗有志是橋而名之弗克就齎志以終然二老亦嘗以是而屬諸后人曰白沙黄柱馬家等橋苟完矣所恨者龍溪橋耳未知龍溪負我耶我負龍溪耶此駆蛩之心事衆所弗知爾等宜知之至正德甲戌予未第南歸攜書寓居三峯時季秋而此橋適成一日陸氏子啓鳳者過三峯揖僧拙菴等賀曰事畢矣而翁若師十年之志以償知其瞑目地下奈何誰爲記之拙菴曰天地間事成者自成敗者自敗且造物者於人都不省記此何記爲哉啓鳳曰非此之謂也爾我固無功德可紀然先人之志藉此以識之否則寧不磨没巳乎於是拙菴欣然偕啓鳳以是强予嗚呼萬形皆有敝惟理獨不朽斯橋之建也其深得吾心之所求哉吾嘗思古人之言禮失而問諸野官失而問諸夷蓋野之不詳於禮夷之不足於官無俟智者而知之矣然而古人舍

大都中國而之野之夷豈非以非其有而有之爲眞有非所知而知之爲眞知耶且啓鳳代業田野拙菴什家者流也若父若師相繼而逝也久矣然於其父師之志併所屬之言未嘗一日置諸念外彼此殫厥心力視龍溪冀與白沙黄柱馬家等橋並美然后已橋成矣俱動顔相慶適其志殆必成就先人之所欲爲始可覗然於人間也噫若考作室乃弗肯堂能無愧於斯人歟昔之論孝者亦不過曰善繼人之志善述人之事者也苟充所求家之孝子國之忠臣無不如意此可見人心不死而吾儒一理爲天下古今不朽之物問野學夷古人豈

誣于耶若夫世之爲此舉者矜所有思欲覬覦貴達以彈壓流輩南軒所謂有所爲而爲其功雖可取其志則吾不知也嗚呼斯橋之建也其深得吾心之所求哉雖然自衆人視之惟見其功而昧其志自君子言之在顯其志而畧其功未識二三子以爲然否耶啓鳳揖菴等起而謝曰他人有心于忖度之正先生之謂也敢請書是以爲記

重修鳳凰山石門寺記　王廷采 邑人

鳳凰山者余里中名山也天順間金陵僧恒愢至卜寺焉得殘碑乃唐宋石門禪院也遂因以名寺其初舍宇

田產甲他寺歲久就廢僧徒幾不能立余兄會泉暨余嘆曰鄉之事儒業者世集於茲是可廢哉遂謀之程公蒲塘卓崖鄭公源塘張君青山程君端甫輩皆曰不可廢相與興之還其舊擇僧照暘領寺事自是爲經久之規矣乃嘉靖甲寅歲正月事也適會泉以賓薦北往衆謂余宜爲記余曰茲舉也豈異教之崇爾乎夫自釋氏之教行而吾儒排釋之議起韓昌黎佛骨一表極其詆斥至歐陽子則惟曰修其本以勝之意以釋教昌熾疾之過嚴反激其變而生亂修其本以勝之則所以引而歸之正者爲有漸也石門廢矣以世事儒業之故而興之非所謂修其本而勝之者耶嗚呼寺之廢而興者直一石門哉咸若茲吾不憂天下之有釋氏矣故曰茲舉也豈異教之崇爾乎然昔者蘇老泉彭州圓覺院記有曰人之居乎此其必有以樂乎此蓋君子恥食其食而無其功恥服其服而不知其事居而不樂不樂而不去爲自欺噫而僧繼自今不樂而不居吾無責焉爾矣居乎此者尙亦知樂哉於是書以爲記

義助公田記　朱凌霄

余令咸四載而甯州命下行將解組去矣閱學中諸務獨義田一事不可無記夫義田之立非昉於余而事剏

名倜儻有大節則曾君其最著也君壯仕西粵廉平不苛晚歲倦遊雅尚儒術教其子姪蜚聲黌序將來事業殊未有量也一日曾君至學見義田有碑喟然嘆曰此甚盛舉也丈夫生平當有偉績可書余叨有青衿子姪獨不能爲若舉乎於是以用價五十金原買田地悉捐以充學帑按其地一汪家畈一白木畈總其數田三十四畝今丈二十三畝七分三釐五毫地一塊一分九釐而歲入之額則二十六石六斗有零庶幾其無乾沒乎事奉學道本府批示清丈入册以爲優助之資製文勒碑以垂永久夫君之重義崇儒覘俗之尙佛教金碧輝

煌者相去天淵矣余邑事倥傯不能爲地方畫便宜可尸而祝之社而稷之者獨撮其顚末若此

講堂記　　周滙淙

天下倡之而無弗應爲之而無弗成雖在愚夫細氓蠻夷戎狄以至於其艱難險阻死生利害之際猶莫不然而況學校之地敦詩習禮之人其志同其道同其以文章規取時榮而句模字範以爲業也又同則其倡之而應爲之而成較之常人之情之勃然而不能已者又當何如也己巳春予奉委署理茲學始至之日齋署蕭然蓬蒿塞路循視殿廡往往草從墻壁間出縈拂如書帶

苔蘚蒙翳積塵沒指進詢前時舊例一切荒廢課藝曡次催促月可得者數卷城以外師生闊絕如秦越非試期終歲不得一見也予曰噫亦太甚矣以若所爲是在此席者如贅瘤而黃之人士必皆異乎人之所好而無有同焉者也方今澄敍官方安用此贅瘤者爲黃之人士而皆異乎人之所好而無有同焉者則又將何以爲同也此必不然明日釋奠明日出見客又明日喚取側近諸生具道　朝廷所以建立學校作育人材之至意與學政全書所載各條例所宜恪守遵行之法而又明予所以懼曠厥職修舉廢墜期與諸生敦實行卒術業以相與於有成之心則皆喜若出望外旋草騐語文招集遠近觀風生童咸與焉課期人一飯茶湯鼓吹具備懸花紅扇數十柄書以詩筆數百管墨百方優等以下賞賚有差計得諸生卷百有奇文童卷盈二百外間大噪謂此番月課爲極盛竭一日夜之力删改畢品定甲乙明日案發給卷聚講堂各以數語勉所已至而規其所未及衆以予言爲允各欣悅盤桓久之乃散去通計始終凡五日而事畢始予之召書役與計事也出資斧使促辦事皆退縮有難色謂恐如向時之掉臂不顧可奈何予既奮然行之而一時遂極踴躍自是以後連袂

接踵朝夕繼至入則論文講藝出則登臨眺覽體物抒懷發爲詠歌一唱百和學內外以文贄者無斷絕道義周旋性情款洽以引以翼皋比之間斷斷如蓋所謂志同道同而業同者將與黃之人士勉之以期至於古者學校之盛而予旋以故乞假歸矣予自維德器淺狹學殖荒陋稍一振刷成效可見後之君子其德行文章遠勝於予而又誘進以仁義招致以文學和平樂易歲月漸摩吾見懽然應之以臻厥成彬彬乎爲庠序光也將於是乎在予喜黃之人士敦醋奮勉可與有爲而惜予之去之速而未竟其用也乃爲記於講堂之壁以貽後

之君子使無菲薄黄之人士而并以貽黄之人士使克成吾初志也則予之厚望也夫

楊橋彭家堰記

邑增生錢華雲坡

吾鄉地僻多山岩排峽束溪中貫襟帶旁澗谷支流而噏吐之無水患勢下不得濟高仰之田亦無水利環溪而居者率堰之以資灌溉自盤山至於雙溪口堰凡六楊橋彭家堰其一也彭氏世居楊橋堰踞橋之上游地主彭氏屢壞屢支不可覼縷歲甲辰因其壞而支之者有彭子榮照工既訖溪水陡漲堰仍圮水立涸石衙衙仆溪中彭子喟然曰嘻是造物者之不無遺憾於人也

夫以舊坊爲無用而棄之者必有水敗余將復之越一載謀助於彭子宜生宜生照叔也家故厚堰卒成堅緻倍於前土甓木楗亘石爲底水平布其上流若織紋響若操琴置閘水暴至有以殺其勢水退則障其流而灌之田間且橋其上行旅賴之費錢六百緡有奇多出宜生彭子欲紀成事乞余記余曰事有天有人溪勢下不得水利者天也堰瀦之以溉田則人也堰垂成而水毀之亦天也既毀之卒復之乃人也彭子殆以人勝天乎傳云天之所壞不可支未足以槪彭子余自維人事未修適爲天限對彭子有愧色也已因記此自勵并以勵彭氏後之人或曰彭氏倚山而居築堰蓄水可培地脉以幹家運之旋是青烏家說也余竊疑之

建奎星閣記

余益杞

衷湖山而爲縣治其後嚴家嘴有浮圖焉昔方伯夏公憩亭宰咸時建也惟時人文蔚起掇巍科者趾踵相屬以至於今而其前闕如光緒五年邑尊陳公筱園以名進士來涖茲土課士試院望文昌宮之後山而忻然告於衆曰是宜閣爰醵錢千餘貫工材畢集數閱月而竣像奎星其上攷邑乘康熙時何公毅菴建閣邑西祀文昌奎星閣廢遂奉奎星於文昌宮今構閣茲山或謂當

署左巽方宜科第或謂高出霄漢遠攬湖山宜與賓僚浮白賦詩以爲樂是說也皆得其似也而猶未知公用意之深也嘗讀靈臺詩麀鹿魚鳥畢賦而申之以於樂辟廱孟子復推原其視民如傷之隱而曰與民偕樂宜乎榛楛棫樸諸篇一再詠作人而誦壽考豈弟者長言永嘆而不能已也公之爲是閣也亦欲爲咸發甲乙科也非不後天下之樂而樂也要其公餘吟眺見夫漁於淵樵於山懋遷於市耕牧於隴畝白叟黄童熙來攘往於道周愀然心目胥思出水火而予之袵席所謂如傷非耶然咸自有公盍哉民安百爲就理縣署隄廨試院

文昌宮之屬增新葺舊次第觀成而又月進多士以校其藝捐廉糈以獎其尤謀建書院以教育其英才樹塘以柳樹山以桃李松柏桂杏種魚以池吾烏知靈臺辟廱白鳥魚躍之句棫樸作人之章遂讓古人以專美而不自今繼作也夫夏公爲浮圖咸猶稱道不衰厥後旬宣吾楚名位赫然以公方駕詎惟匹休吾又烏知壽考豈第咸人士不益長言永嘆頌公之與民偕樂愈久而愈不能已也余暇輒凭檻挹湖山之勝概暢觴詠之幽情雖自樂其樂哉而於公用意之深猶幸竊知之

大橋畈重修石橋記　舉人沈用增（孝感人）

咸甯西鄉大橋畈崇陽通山孔道也前有大河屈曲如帶縈繞八九里　國初里人李君元樞架木爲梁以利涉歲久橋圮乾隆時有萬壽菴僧貞空者矢願力日坐河畔募行人一錢又廣募數百金因易木以石建捲棚三卽今之巋峙河中者也百餘年來石漸泐砯礫盈途行者每有蹉跌患吳子毅爲好義士也慨然以修葺爲己任今六月鳩工庀材雖溽暑身親其役百餘日潰於成邑人士請勒碑以紀事吳子咈然曰石橋之建不自今日始譬之作室貞空僧勤垣墉而余僅塗塈茨也鐫石以邀名人其謂我何予謂不然天下之義舉非有力者不能爲好名而爲與不好名而爲其誠僞固有辨以視不好名而忍不爲則賢不肖大有辨矣自局官司空之職廢道途之險易民牧置若弗聞惟賴士大夫本其好名之心勉爲好義之舉徒杠輿梁以次施行是亦有裨王政之一端況一鄉有好名者斯利在一鄉推之一邑以及天下凋瘵之民受惠不少矣揆以聖賢與人爲善之心必不爲其好名而擯之一字之褒榮於華袞豈盡叩其心曲哉吳子好義而不近名可謂篤行君子然碑石不立恐不足以勸將來也余故樂爲之記以應邑人士之屬云

石川記　呂安詵

余家自先大父徙居石川堡其地故多山若棠梨獅子覆鐘雞子黃牛金盆之屬以十數宜皆可以名畈而何獨有取於石川載攷舊志咸東水發源石坑夫諸山之環繞是畈惟獅子爲土戴石外此率皆土山何石坑之足稱余幼時卽詫名實之不副及詢諸父老始知余宅後山自東北來伏而爲峽者石簇如筍三稜直下則石川所由名也噫異矣洪荒既闢伏羲氏始作書契而此峽川字不假人力設施象形與假借與司亭毒者果何意與余讀青烏家言峽之貴者工字王字最異要無以

川字稱者然西蜀之巴峽豫章之文江北直之丁沽皆地以字名則又何說雖然石川一僻壤自先父盧齋先叔璧田並以文行重當世而聯登賢書不克有所表見遂莫由與李太和之石室馮文簡之相山爭重千古惜已然石川猶是也而或以浴訛失眞甚且歧之爲二則不可以不辨峽旁有洞川字中溜之水洞以洩之發聲如鐘磬土人目爲丁璫洞并記之以俟紀輿圖者

淦川重建嚴家嘴塔記　知縣　夏廷樾　江西人

丁酉春余權篆咸甯下車課士思所以崇學術振文風也適勸修　關廟廟之陽曰文筆山邑人士僉言山故

有塔相傳自相山移置於此其廢也纔數十年而塔之最古者莫如嚴家嘴其地在縣治西北平灘曲港一山崛然土人稱爲塔山山外即大湖湖漫衍百五十里出江前此人材之奇科名之盛歸功於塔者居多自塔山無塔而水勢直衝無崇岡峻嶺以爲砥柱奚怪選舉之寥寥耶余維塔之名起於釋氏水口捍衛之說出於形家宜非儒者所深信顧嘗讀靈臺之詩述文王之經營而申以辟廱之化讀定之方中之詩美文公之升望降觀而及夫卜吉允臧之效蓋古者建都立邑一臺一榭必與士氣相關與善氣相應後世郡縣多假浮圖之制置諸城郭川原之上於以周覽形勝所在高瞻而遠矚固守土者之所不廢也茲山當波流涌洩之區回拱旋抱有塔焉以補峯巒之所未起倘亦人定勝天之事與且夫人之學也先定其規模以從事猶塔之初基也日積而月累焉猶塔之層疊也超乎塵俗之表躋乎高明光大之域猶塔之凌絕頂而干雲霄也善氣之導迎士氣之激厲學術文風之奮興不將於塔乎悟之哉是秋歲豐人和盧茂才允恭鄧茂才之昇方督葺　關廟余偕教諭單君懋德訓導胡君璧華典史潘君箴進邑人士張君兆晉等而申勸焉並以建塔之舉責兩茂才遠

近讙讚繹絡捐輸迺召工匠芟蒙茸得塔舊址於山巔以戊戌四月甲子經始兩茂才結廬山旁鳩庀不少懈會計出納不少紊迄十有一月庚申工竣塔凡七級其材皆用石高九丈有奇費錢約五千緡視　關廟之數爲倍其第五級塑魁星像奉之取其光麗斗杓於文人藻曜爲近塔距城五里許每一臨眺山不高而獨聳水欲往而仍留東顧鐘臺石室則慕李北海之才南望潛山問馮公讀書遺蹟穆然想見其爲人邑人士景仰芳躅勤於學術以蒸蔚文風士之題名於慈恩鴈塔者庶必有磊砢瑰瑋之槪副予期望也已兩茂才請予記其

事於碑而別立一石鐫各都首士暨捐輸姓名因畧序顛末兼述余拳拳之意以勗邑人士俾知士苟立志雖遠者大者無不可以要其成而茲塔特其嚆矢也

夏屋記　教諭　畢懋德　襄陽人

咸之有夏屋思夏侯德政而作也成之日邑中紳耆率子弟來請曰夏侯莅咸二載仁心善政惠我無疆今不忍其去也願藉此屋留之乞紀其事於石俾吾侯姓氏與峴首羊碑並傳不朽焉余悅其愛戴之公而知侯之以道得民者即於此屋見之矣今夫大官大邑所以庇身亦以庇民蓋巍然有屋象焉爲長吏者必將以慈仁

爲基址以法制爲藩籬以虛明爲戶牖以正直爲庭楹而又極親民之誠廣得人之助無或豐其屋以蔀其家而凡託庇宇下者乃喜登壽寓究安宅焉此屋所由頌也夫屋惟其高而後臨乎下者尊亦惟其大而後容乎物者廣季札之歌秦風曰能夏則大大之至也鄉飲酒禮有曰南方者夏夏之爲言假也養之長之假之仁也能養能長是以能大屋以夏名豈徒傳侯姓氏已哉侯之治咸也心與人共見而政與地相宜明察之才渾於慈惠懲劊之意出以哀矜凡所爲剴切曉諭令出惟行者在在皆持以大體涵以大道而無嚴明約束之迹與夫紛擾瑣細之私所與由之必人所安也所與違之必人所厭也此足以觀政之大已由是誠而後動信而後勞繕城郭以爲衞吾民也建石塔以爲惠吾士也堤防之築以爲捍吾患而興吾利也廟宇之修以爲成民而致力於神也嬰兒育之局恤孤之愛則然而衆著於養民之仁矣童蒙訓之塾養正之功則然而衆著於教民之義矣教養之道得而下好義以終其事經營兩載人不以爲煩捐輸萬金人不以爲苦易曰說以使民民忘其勞又曰教思無窮容保民無疆大之至也養之長之假之仁也侯之胥保惠胥教誨以大庇民者殆非如杜

陵廣廈徒託懷抱矣設使循良報最薦擢封疆爲　國家樹屏藩爲億兆奠家室其爲夏屋帡幪者不更深且廣耶此咸之人所樂書也抑吾聞之任已則勞任人則逸侯於咸之百廢具舉董理得宜者邑茂才盧君允恭鄧君之昇與有力焉益幸侯之以禮爲羅而能相與以有成也不有合於風人夏屋之詠與屋既成侯將量移劇邑余亦膺薦入都行有日矣數載備官深慚曠職侯之實政及民目睹而心儀之獲益正復不淺瞻彼夏屋示我周行異時美錦學製倘能仰企上理而務於大者遠者求之是固侯所厚望而亦都人士屬記於予之微

意也夫爰書而壽之石戍瓜期暫愛樹情長倘望日葺墻屋爲夏侯永終令譽哉夏侯名廷樾江西新建人

憩亭記　　訓導胡璧華蘄水人

夏侯治咸二年庶政胥舉咸之人恐侯之去也懇諸制撫以遲其行旣而侯方書上考任緊邑咸之人知夫攀轅臥轍不足爲侯留也乞余紀侯之德政於石爲亭以覆之曰憩亭憩亭者侯之別號而因以繫其甘棠遺愛之思者也夫古人慕循良之蹟述仁人君子之蹤往往托諸其人之姓氏與其字而傳於弗衰卽一亭之設若吾楚之孟亭尹公亭以及乖崖亭堯夫亭東坡亭皆博

雅之士所樂爲稱道者顧事所由昉莫古於召亭按水經註雍水東經召亭南括地志召亭在岐山縣西南十里乃甘棠一詩列於江沱汝漢之間蓋名賢芳躅爭相引重而南國謳吟思其人愛其樹就其巡行之處而封殖焉殆不必泥分陜之地也侯之治咸也勤於訓農切於課士其折獄也明其弭盜也決其徵賦也公民有棄女不舉者諭紳耆設局養之捐俸二千金以葳隄工水利有賴至於葺　聖宮開義學繕城郭建嚴家嘴石塔每一勸導鼓舞懽欣以爲此吾父吾師之保惠敎誨吾儕者吾儕奚爲而不應也是故百廢俱興勞民而民悅

茲亭距侯所創塔僅數十武塔旁有屋三楹美之者曰夏屋以此見人之戴侯也無在而忘而侯之姓字當與塔不朽焉余識侯最早侯嘗與令弟戟亭先後署吾蘄水丞政聲迭起將成棠棣碑近附同官之末知侯之所營度而施行者初無苟且塗飾涉於務名之念咸之人身受其澤心感其誠何能恝然於侯之去耶甘棠之首章曰召伯所茇其次章曰召伯所憩夫憩則暫於茇矣說詩者謂勿剪勿敗則不止於勿代言其止於樹者愈暫而愛之者愈久而愈深也侯治咸不以權篆之暫而怠於政父老子弟休息於亭下者莫不俯仰低回欲以

一二年之功而留爲千百年之歌誦人之好是懿德也余於茲益信今
天子立賢無方封疆大吏由縣尹而薦擢者勳猷卓卓侯他日樹屏藩擁旌節出宣召伯之績余知侯不以亭重而亭且藉侯以傳矣遂書之以慰咸之人並志余延企之意如此侯名廷樾江西新建人

桃花磧記　　舉人章列侯邑人

鐘臺爲省垣祖山其別號曰桃花尖唐李北海讀書處也有寺曰桃花觀下有甘泉里人用以造茶名曰桃花絕品循山而右里許有脉委蛇而奚起蟠鬱而渦旋者

則爲桃花磧磧之上茂林脩竹鬱鬱葱葱層巒疊嶂列如圍屏沃土高下良田繡錯茅屋數椽土人居之引清泉以灌溉假人力以耕耘春蔬秋芋生殖不竭賴其利以長養子孫時而雞鳴天上犬吠雲中黃髮垂髫並怡然自樂葢綽然寬朗居其上者幾忘其壁立千尋高在萬山巔也當春秋佳日詞客騷人攜酒高處幕天席地暢飲開懷但覺湖光瀲灩野色迷離蔚藍漾目去天尺五而雲霞翕闢奇景變幻又如海上神仙光怪陸離不可擬議山鳥一鳴則神迴意定第見白繚青縈趺跏其上酣然大醉此中別有一天非復人間境也歲甲子壽

昌張次功孝廉操管略術求可避亂者躡其巔攬其勝喟然曰吾歷山右諸險要以求形勝堅壁清野無如此山佳者于相此山週圍可十里餘自外視之峭壁插天而盤旋而上或夷或險隨形依勢殆可容數萬家其要害處可以一夫當關萬人莫敵其種植可以備一時之急其薪水可以應四時之需又不犯兵家所忌于自承辦團練以來仇賊已深久欲經營此地以資保障其砦規一切具有陳款後之人欲造一方之福而貽數世之安此山殆未可輕易視也山一號積預塘而以桃花磧名者以其與桃花尖山相對又仿秦人桃花源故事可以避亂云爾

禪臺山記

廩生　王道南　邑人

山胡爲以禪臺名哉超然特起形如削成昔慧僧國惺參禪於斯此禪臺之所由名也其地爲城西勝境怪石嵯峩攀藤而上儼登雲梯及陟最高處豁然開朗夷然寬平田腴土美茅屋人家野老鋤種禪房花木別覺幽致寺旁有鹽井天池響洞諸勝狀南望羣峯環而相向北眺泗橋烟火迷離湖光山色把玩不盡至於長海馬鞍塘俯瞰其下人行如髻殊堪入畫每當春日晴和佳禽對語枝頭朋友此樂何極夏則古樹陰涼攜几坐談

不知炎蒸煩慮消歸何有秋則楂梨棗栗婦女兒童任供拾掇且而逸客騷人採菊登高眞如太華峯頭作重九焉若夫三冬日暖樵歌互答牧唱偕歡梅花索笑榾火驅寒雖風雪交加弗畏也邇年烽火周遭避亂咸聚是亦武陵之桃源焉余養拙山中十年於茲矣客來驚犬吠月上送僧歸烹茶話舊自在幽閒此山不厭余之重來余亦最愛此山之僻靜也余與此山其終古乎是樂爲之記

三星橋記

采訪　周際虞　兼山

六都東西兩源之水滙於蔡家港先民就兩水相交處

架木爲橋南渡咸甯達崇通北過武昌走興大蓋要津也乾隆辛卯大水岸崩而橋圮民病涉焉丁酉歲都人士同武邑父老度地下半里許勢平曠狂瀾無患鑿石甃其兩岸開數弓疊一石堆砥柱中流如梭形徑丈餘圍數丈高如岸平橫大木於上行者踏空如履平地民甚便之雖然可以暫不可以久也嘉慶七年壬戌蓮事增修每一空用連抱木六株爲梁載板上建八十八柱覆瓦爲亭二十有一間咸武各十中一爲公間懸兩額一題橫跨綠溪一紀功勒首事芳名前後費數十金而橋成名曰三星與邑之西河橋相頡頏當是時咸武殷

富厥功既竣各存餘貲以備補葺咸置田若干畝糧一斗九升零六勺可考戶仍橋名注六都八甲斯橋之所以不朽以有斯田也噫前人之爲後人計可不謂思深慮遠歟今續修邑乘凡山川名勝罔不登爰紀斯橋顛末以壯輿圖之一覽云

重修縣署記　章列侯

咸自南唐保大十三年始置爲永安縣宋開寶初乃改爲咸甯通志云景德四年夫縣必有署以處邑令總吏民於斯發政教於斯聽獄訟儲案牘於斯一切文移驛遞戶口賦役漕運之繁鉅靡不統理於斯署顧可一日無哉舊志載咸自陳友諒據武昌而邑燬暫遷河北諒平明甲辰仍還舊治又查章氏舊譜載有諺云紅巾賊亂中原咸甯縣擾五年屯兵買馬不用錢趕散居民百萬千人烟未絕章與楊一路在至谷口章三姓雖然趕不動被他蹂躪不可嘗則元末縣署之摧殘可知殆洪

武三年邑侯馮公𧺆始建廳宇尚多草創景泰間邑侯陳公灝繼修之弘治乙丑王邑侯介重爲建置至　國朝順治六年周邑侯文華繼修康熙四年何邑侯廷韜又重修新建六曹一十二間儀門三間及申明旌善二亭堂西側建桂花堂四間厥制益宏敞矣其他廳房樓庫及捕廳監卡備載舊志可無贅咸豐初粵匪擾楚疊燬於賊邑侯梁公湘帆顧而傷之進邑孝廉陳愚溪江指如楊葆白職員張少農及列侯建議重修於是勸捐抽釐庀材鳩工薙荆棘闢蒿萊殘磚零瓦糞而除之規舊制而益以崇閎新梁棟峻墻垣材木擇其固磚石取

其新諸令尹之官於斯者始無僦屋而居之煩矣夫咸雖褊邑實當孔道下爲鄂省之屏藩上爲長沙桂林諸省所出入以及南邦貢使時而取道苟因陋就簡不爲之大其規模致其整飭曷以見縣治隆重之觀且笑都人士之玩忽公事而疎於創建也且謂咸之人瘦憊不堪相安弇陋而聲明文物之盛未能煥然新科名鼎甲之遺未必蔚然起也署既成總吏民則於斯見化理之敷施焉發政教則於斯見治具之嚴明焉聽獄訟儲案牘則於斯見祥刑之平允而神明之頌永焉一切支移驛遞戶口賦役漕運之繁鉅無不於斯而就理焉廻視

兵火交加之際頹垣廢址撫而淒涼蔓草荒烟覩之彌望今棟宇輝煌門庭肅穆圍屋極於四週科房列於兩廡加以旁廳之軒朗客館之周迴右堂監倉之牢固凡歷官於是者當亦顧而樂之矣且非獨樂其所樂也前有金山牧笛樵歌遙澈於耳後帶長湖菱謳漁唱嫋嫋動人左顧東皋之崔嵬而文筆聳秀焉右閱西河之瀠火而繁星宵爛焉與民同樂之意不將歆然而動於中乎此范文正所謂先天下之憂而憂後天下之樂而樂者遂不能不爲之記云

汀泗橋記　　江春三　邑副貢

汀泗橋距城三十里壤接蒲圻輪蹄往來無虛日而人顧莫知其所自始與橋之所由名或曰以水名也按水經注泗水出魯卞縣故城東南桃墟西北距咸遠甚汀州由汀水得名汀源自北南下詳廣輿記在今撫福二州之北境均之與咸無與且汀與泗義不相屬又何以稱焉或曰始于唐也紀載闕如無可考亦屬臆斷之說歲道光辛卯秋大水余舟艤橋下見一鉅石大書丁未湻祐七年建立又旁一石書大明嘉靖丁未二十六年重修本廟住持募化僧緣善等字考湻祐宋理宗國號

理宗在位四十年迄度宗恭宗端宗帝昺凡五君共五十四年越元十君共八十九年明十六君共二百七十七年而由本朝道光辛卯逆溯湻祐丁未則六百有三年由嘉靖丁未至道光辛卯亦歷二百八十六年噫歷世既遠凡事昧其所由來不獨茲橋然也又何足異所可異者凡人創非常之舉則必顯揚其姓字以明示後世如嘉靖重修之年載某某募化是也獨剏建之始丁未湻祐數字外更無一字然則斯橋也其一人獨爲之與其衆人共爲之與其果因水得名或因人以取義均未可知余曾聞諸父老云昔有人業履于此自給外存

以修橋夫織屨細事也修橋鉅費也屨價之積存留幾何是説也余固疑之迨閲舊志載赤岡鄉民丁四修乃知汀泗之爲丁四猶籍著丁卯里傳癸辛云爾而不題名于石刻者善欲人見不是眞善古人洵不可及哉因述其所見聞以備採取焉謹記

泉港寺記

邑舉人　章刻侯蘭室

邑東南有泉出自獅山流而爲港曰泉港行半里地平曠膏腴數十畝左右有脩竹茂林前人建寺於此因名泉港寺亦莫考自何代始明時學博伍公縣志載僧本雲重修則本雲以前百數十年蓋已有此寺矣　國初分東西兩藏乾隆間西藏僧飛錫三都圍田寺本寺僧袁齋大啟沙門梵宮閎壯佛像輝煌遂成大禪林咸豐甲寅燬於賊成邱墟同治初僧少林徒佛圓募化重修光緒九年僧松岩徒道衍又脩觀音閣閣左舊有方丈前爲客堂凡民妝觀風都入月日在焉其前門署曰花雨獨天再左爲雲深處衆須

獨居之亦香積廚所出入也寺前有香爐出巨石卓立插天如沉檀植爐中又有木魚墩林樹風號時若木魚送響殆天造地設以俟開山者之建選佛場也夫天下名山多矣其介在他處者不具論如我咸鍾臺大墓禪臺掛榜梵宇尚多境亦多奇絕而時事變遷興廢不常昔之所有今或無之騷人逸士憑眺欷歔曷可勝道而泉港獨數百千年而不易廟貌日隆佛法日盛不可謂非一方之勝境所旺氣之常鍾也吾友周兼山茂才然有嘉魚堤之役過志局語及此因爲之記

南城文昌閣重新序　邑人章列侯蘭室

相山西北麓有小山地勢稍平　邑侯筱園陳公治咸之次年庚辰政通人和建　奎星閣於其上爲培植文風計其閣前爲　文昌帝君宮亦以閣名規制宏鉅與淦川試院鄰年深月久風雨漂搖蠹蛀蟻蝕棟折榱崩侯傷曰是梓潼帝君所棲止地圖書之秘神實掌之嗣亂之祥神實廣之福國佑民厥功最偉安可聽其坍塌而不爲之重新乎先是閣嘗建邑之西城外西河寺後故邑侯何毅菴先生營置後漸廢頹祠宇邱墟過而覽者愴懷實甚乾隆庚午鄒平李五峯邑宰遷至南門城

內郎今試院之左舊爲明少司農孟義甫先生故宅後人以逋賦入官爲積儲所遂以爲　帝君祀享處考天官書及星經文昌六星爲六府一上將二次將三貴相四司命五司中六司祿周禮春官以槱燎祀司中司命厥典彰矣周宣王時其臣張氏仲以孝友著蓋稟張宿之精誕而爲人者詩禮所載洵不誣也是固以忠孝爲文章司命未可褻越將者崇其廟貌以妥神靈宜也歲壬午職貢張君少農鄧君香圃承　陳侯命鳩工庀材重加修飾

以經費不敷復爲之襄贊其事傾者植之弊者易之舊者新之缺者補之美哉輪美哉奐極一時之壯麗豁萬姓之觀瞻與試院並垂不朽矣而

帝君之祀典亦即與湖山共永咸之人當世世奉守弗替以膺弗祿於無疆而人文蔚起士氣高騫科第之蟬聯曷其有艾哉是爲序

靜安寺浴佛會序　邑人雷以誠鶴臯

粵自周昭王之二十四年有降天之佳兆遠摩耶氏於四月八日爲誕佛之良辰剎利肇祥轉法輪而最上如來覺衆度香國以無爲種極樂之因緣竊喜衆生超拔仰無遮之法力總宜信士皈依邑有靜安寺居六都之

淨土砂三界之法途考舊志之流傳喜如剛之修造郎今斷瓦零磚之所巨磉鱗排知昔講經說法之時禪關鴻敞廟旁廢址遺磉數十當時廟貌壯麗可知傳衣付缽何止東皋南畝之腴曲樹迴廊應同鹿苑雞園之勝乃盛衰遞嬗興廢頻仍境則物換星移僧則風流雲散梵宮爽塏風霜半卽摧殘佛像莊嚴塵土漸歸翳障自道光之二十二載迄咸豐之十有一年釋教衰微山門寥落神龕月冷廻環祇有蛛絲佛殿風淒來往幾無人迹迢迢念載有誰結香火之緣寂寂十方何處噴旃檀之氣撫事興懷良足慨矣辛酉歲始招僧人參禪恪守經壇越明年壬戌

得荷施主多人約成勝會寶座之蓮花再見瞿曇之貝葉重翻僧舍十餘間聊寄空桑之蹟糧田念數畝重開香積之厨然欲梵堂之燈火常明尤須檀樾之貲財能舍築祇園之精舍當佈黃金奉妙相於沙門共瞻紺髻用是宏開善願大啓信心雅當浴佛之期備極酬神之事求多縉於衆姓無我無人成雅集於靈山非空非色慈悲室裡得刻刻以瞻依歡喜園中盡人人而踴躍地起龍華之會人欽象教之宗法雨彌天潤九根而無碍慈雲覆地蔭十行以同圓將見八垢空時共入拈花之座五香焚罷同登選佛之場是奚但巳公雅賦茅屋之

詩自傳能結香山之社也哉是爲序　同治辛未夏譔

陸錢兩姑雙烈巷序

人之所以爲人者賴此綱常名教之重見之確行之勇於以完其性之眞情之摯氣之烈體之全卓立於天地之間乃不愧乎其爲人然而能之者鮮矣今乃得之女子中錢陸兩姑邑東門市舊有五顯巷同治乙丑夏寇勇在城猝變縣城之擾不可言聲賊入錢宅掠從九錢東園之室女有姑有姑原許陸姓紿賊隨至陸家蓋欲一見翁姑面而死也適他賊掠太學陸佑圖之室女許字劉姓者先姑至先姑罵不絕口有姑知有同志亦罵賊賊脅以刃先姑唧髮咬牙引頸受創有姑罵亦歷遂同遇害其殉節之地卽今五顯巷更名雙烈巷者是夫人於萬難中存萬死不顧一生之志非確有見於義理之正知如是則有人理而爲人不如是遂無人理而不爲人者有姑之紿賊先姑之同志以重於泰山之一死行其是而無復瞻顧徘徊之想見之確行之勇不稍以求生之念雜之蓋惟性眞故其情有獨摯惟氣烈故其體得獨全也嘗披勇難發猝不及避死節者多莫保節者亦所或有兩姑獨蹈刃如飴不污其身至今過此巷者莫不嚱噓感歎欽重其行誼激發人心頑廉懦立雖

以此巷比之懷清臺磨笄山何多讓焉吾因之有感矣彼夫奮罵黠狗以斷其舌者非顏杲卿乎死守孤城願作厲鬼剿賊者非張睢陽乎蕩陰之役血濺帝衣者非稽侍中乎古今忠臣烈士奮不顧身以殉王國非不知生之可樂忠義之氣激於中身體髮膚有所不暇惜也陸錢兩姑亦若是則已矣往予與孝廉王福農過巷擬改此巷爲雙烈今余午峰孝廉復毅然以爲己任商之張君少農爲兩姑巷口豎牌樓書雙烈以發其光少農亦樂與從事亦可見闡揚節義人有同情云

雙烈巷敘　余益杞

同治四年四月初七日提督鮑超部勇至咸城叛烈女陸先姑錢有姑殉節於古五顯巷越十七年余與章君蘭室錢君少白續邑乘蕭張君少農鄧君香浦謀所以彰貞烈維風化者因文其事而槧諸木遂錫今巷以雙烈之名按先姑陸佑圃女字劉生大忻其從祖履齋子寶惠則錢東浦女有姑所許字也時髮逆旣靖咸安集久猝變蹂踐甚賊入錢宅掠有姑姑紿賊往陸家心欲一見尊嫜死也適先姑以佗賊掠至罵不絕聲遇於巷有姑知爲陸氏女迺痛詈賊賊威脅以刃先姑嚼髮引頸受刃有姑罵益厲竟同完節以死至今血漬頑石猶作蒼宏碧人咸指以相語當是時烈女吳順姑范一姑烈婦宋姚氏吳李氏黃朱氏盧江氏胡幸氏錢楊氏赴水投繯剚刃俱之死靡他而惟二烈萃一門爲尤奇嗚呼二弱女子耳顧激烈若是唐張許宋文陸明史瞿庸足異哉彼任封疆守城社而苟偷視息者何如人也有姑祖首峯粵逆初破咸抗賊死而陸登鰲爲先姑大父行亦城陷死賊然則雙烈之死有自來矣有姑年十八先姑十九素貞靜嫺禮法不具論論其大者時光緒八年十一月二十日也

東皋山孟嘉亭說　章列侯

邑東門外不半里爲東皋山又名登高以晉孟嘉嘗遊故明邑侯陳公灝建亭焉　國朝何毅菴大令重建之亭遂以孟嘉傳登高山之名亦緣孟嘉起也考嘉爲晉桓大司馬參軍於九日與溫及賓友孫盛輩登龍山風吹帽落盛作文嘲之嘉亦有答文辭俱美是其彰明較著者咸之登高胡以稱焉寰宇記興國有孟嘉山山有嘉宅其墓亦在興國毅菴記乃謂山爲萬年故里然歟然逸士所經山川生色卽以登高名山並以名亭胡不可者閒嘗與朋儕臨眺其上山色湖光掩映圖畫俛視羣岫兒孫羅列白雲捲舒如在襟袖秋樹經霜紅葉迷離是於登高爲宜然則山之形勝不必以人傳而亦藉人吟眺以永其傳人不以山傳而未嘗不因山之形勝而相與俱傳吾按均州漢水之濱有滄浪亭興國放生池上亭亦曰滄浪天沔之間亦有以滄浪名亭者當陽城有仲宣樓襄陽荊州均有是樓一亭一樓之傳至再至三而何疑於東皋之爲登高哉又按庾元規鎮武昌辟嘉爲從事其或因公至咸或由興國來咸均未可知茲山爲孟嘉所登更復奚疑亭今廢矣荒烟蔓草憑弔欷歔往蘄水胡崑白州牧司訓是邦留別咸人士詩中

有句云一事至今猶負負重陽空訪孟嘉亭蓋擬重修而未之逮者故爲之說以俟好古之君子仍闢其基而復其舊焉

盙𥁕說 盙𥁕一作簠簋　章列侯

邑東門外居人葛東海掘土得古銅器其形方而微長高三寸許識者或以爲盙或以爲𥁕周禮地官舍人所謂凡祭祀供盙𥁕也張君少農令其獻入學宮薦本學宮祭器論入土者嘗攷之古諸家於盙𥁕不一其說論語註瑚璉盙𥁕皆宗廟盛黍稷之器飾以金玉器之貴重而華美者統同言之而未詳其制說文謂盙黍稷圜

器𥁕黍稷方器秦風傳何以又云外方內圜曰盙用儲稻粱容一斗二升廣韻謂盙𥁕祭器受斗二升又云內圜外方曰𥁕二物而一其形然歟冬官攷工記旊人爲𥁕實一觳崇尺蓋以瓦爲之易損卦二𥁕可用享註離爲日日體圜巽爲木木器圜𥁕象則𥁕亦以木爲之而其形圜與說文所言異夫古者祭宗廟用木𥁕祭天地及外神則尚質用瓦𥁕器用陶匏之意也又史記太史公自序墨者尚堯舜道其德行曰食土𥁕則又用土作𥁕也此與秦風于我乎每食四𥁕其用同然則用木用瓦用土初無用銅者第古人飾以金玉則易而爲銅亦無可疑今葛君所掘銅器底內載文武官六員一爲將仕佐郎達魯花赤伯顏一爲承事郎縣尹劉傑一爲進義校尉咸甯縣主簿馬瑞一爲縣尉王世融一爲典史張文秀一爲儒學教諭吳榮後載延祐六年己未三月日謹記按舊志載宋元地方官無考今於此可得六人焉其監造則爲張崇德司吏王國忠戴應麟其爲盙爲𥁕以說文之言考之則方者宜爲𥁕以損卦註證之則圓者宜爲𥁕而方之爲盙可知而是器之爲盙又可知彼秦風傳所稱頗爲近是廣韻所載則𥁕與盙似兩無分別者其言可不必論矣噫盙之入於地中也久矣今

而出土是法物之不終於埋滅而劉馬諸公之名之終顯於天下後世也是鬼神所呵護而　先聖賢之靈爽有不可沒也因敬爲之說

嘉魚隄說

隄在嘉魚縣濱江攷湖北水利隄防紀要載明咸甯協修協修云者言助嘉魚修築也查咸邑檔案此隄歲修咸止出一千六百工爾時每工元銀四分每分四八三十二文所費不過五十串內外人自無不樂從康熙五十五年邑舉人孟醕等具控定案現在印冊炳然光緒戊寅四年冬邑舉人章列侯王汝霖職員錢雲𤔡王森林廩生張枏先等重檢檔案具控　上憲并將前案鈔附　督憲下鈔呈老案於縣諭每頁蓋縣印再繳以徵其實　邑侯王子厚明府遵照用印由　府解上閱過

後仍由　府飭還咸人存王森林手林復繳存隄費總局今查隄工案件檔案尙存總局　王邑侯所印鈔呈新冊徧覓始獲憶道光年間　裕制憲出　奏中有外江內湖一線之土焉能保固作爲廢隄云云隄工已寢後　裕案湮於兵燹咸豐同治之交　方府尊請翁諭修邑人雷雲茂才承領修築後沿爲例歲因有隄費之征當戊寅歲之明年己卯春章王錢張諸人方在省垣具控而我縣諸君已往隄雇工修築不俟案定事遂中止究之咸邑居民近水者不過十之一二以嘉十二里較咸十六都等也嘉十二里上六里不與其事咸則十六都山鄉財力並瘁嘉係切膚之災咸則隔百數十里或二百里不等若以嘉之人修嘉之隄其利弊易知其夷險目視其水或漲或退其隄或完或壞一切弊竇常縈智中咸助費嘉領修何便如之若以咸之人修嘉之隄人地兩疎致多掣肘況近隄居民盜樁爲已有掘土以便用柴草居食更加貴視隄工爲奇貨而居此我縣之民所爲憤極者也夫隄在嘉境則利害自在嘉不待智者而知也嘉之上六里不與修隄事而咸代修之嘉人反據爲利藪咸之人其能甘心乎況咸之濱湖受害者實由金口江水倒灌所致有隄亦然咸之人苦矣咸

之力竭矣益於嘉者十之九益於咸者並無十之一後之君子觀此隄之情形與咸嘉之所以苦樂不均者不知如何可以處此也姑書其大概以俟焉

書周賀氏封肉醫夫事　訓導黃元昕

周賀氏者大司空雲甫先生之弟之子余齊年友伯珉觀察之同祖女姊也賀於蒲圻爲右族世守柳河東家法其女子子亦讀書明大義故邑有與賀爲緣得婦皆賢之諺氏年十九歸咸甯周煦生直收之三子穀卿舍人孝事尊嫜於娣姒間無忤容凡此婦順舉無足爲氏多者其姆訓然也光緒戊寅秋舍人感寒疾發敬見垒身熱日益甚支離床褥氣絲綴不絶如綫氏憂形於色侍湯藥維謹絶不假侍婢手歷七旬不倦先是舍人負痾時氏即持戒茹齋朝夕暗誦觀音經數十過至是疾

亟氏沐浴更衣矢絶三日粒晨惟飲白水數勺夜漏十二下步出庭階焚香露禱乞天鑒乃引舍人夙佩小刀封左肱肉一片爇而投諸藥鐺奉以進舍人惛憒久罔聞知也飲訖神頓清喟曰是何神劑効乃爾耶喜極不覺朗宣佛號一聲舉室聞之羣奉醫者爲天人疾遂以次就痊氏猶支撐如平時而神色頓沮舉手有不適狀姑詰之則以偶失調對姑告之舅舅愕然曰若謂媳果失調至是乎是殆戕生以起死也盍詗旃姑假以事召之前攬其袪揎衷諦觀血猶濡縷驚且泣曰愈我兒苦我媳矣奈何視創痕廣近二寸袤三寸餘深約四分趣

延醫診視亦幸無恙然自是與右肱較則羸一握矣舍人生故荏弱父母常隱憂其不壽經斯疾愈後神日以王肌日以豐今固儼然一魁梧雄偉丈夫也舍人侍父宦秦中今歲歸鄉試修士相見禮於鄂寓以氏之行實語余欽遲者久之歎爲至誠感神理則然已時有座客哾余曰嘻特偶然耳天果能諶則文信國不柴市史督師不揚州矣余作而曰君第見文陸史瞿諸君子之無補宋與明固也獨未聞臣靡以餘燼復夏文叔以布衣亡新乎夫夏統中絶四十載漢祚亦殄二十年勢已陸沈莫挽矣而二人竟以一旅一成光復舊物藉非人定

勝天烏能若是且自古忠臣義士孝子貞媛往往遭罹百六擁護所天際萬難措手之會不惜毀髮膚捐軀命泣血椎心以冀幸一當即明知舉事難成猶必涉艱冒險孤行其胸臆之所安斷弗肯諉爲無可如何而退聽況其未必無成乎況天祐順固有默相其成者乎觀於周賀氏可以確然信蹶然興矣如君言吾懼沮天下義烈之氣而長後世媮靡之風爲不少也此何可哉此何可哉客赧顏而退因備書之以俟觀風者之採取焉

麓山寺碑　　唐李邕

夫天之道也東仁而首西義而成故清泰所居指於成
事者巳地之德也川浮而動麓鎭而安故耆闍所臨取
於安定者巳兹寺大抵厥旨元同是以回向度門纆於
郭右仰止淨域列乎岩巓寶堂岌業於大虛道樹森峭
於層渚無風而林壑肅穆不月而湘濤澄明化城未眞
梵天猶俗名稱殆絶地位嘗高者不其盛與麓山寺者
晉太史四年之所立也有若法崇禪師者振錫江左除
結淵陰嘗與炎漢太宗長沙清廟楝宇接近雲霧晦冥
赤豹文貍女蘿薜帶山祇見於法眼實启依於佛光至

請舊居特爲新寺禪師洎異日宏聚謀介衆表之明詔
行矣水泉有制近墟盡平大康二載有若法導禪師莫
知何許人也默受智印深入證源不壞外緣而見心本
無作眞性而注福河大起前功重啓靈應神僧銀色化
身丈餘指定全模標建方面法物增備檀供益崇廣以
凌雲之臺疏以布金之地有若法愍禪師者江夏人也
空慧雙銓寂用同轡兹目相視淨心相續綜覈萬法安
住一歸註大道經究上乘理永託兹嶺克終厥生逮宋
元徽中尚書令湘州刺史王公諱僧虔右軍之孫也信
尙敬田作爲壇廟追存實相加名寶山刻乎弓冶筆精

陶甄意匠留書藏石織妙侯時候法守之傾低期珍價
以興葺遠慮將久遺事未彰梁天監三年刺史夏侯公
諱詳了義重元别構正殿紹泰二年刺史王公諱琳律
師法賢或在家出家或聞見眼見建湟槃像開甘露門
長沙内史蕭沅振起法鼓宏演梵言繼揵搥於景鍾納
貝葉於層閣陳司空吳明徹隋侍中鎭南晉安王樂陽
王弁佛性森然國禎秀者壯廻廊以雲構蔚懸居以天
覆開皇九年天台大禪師守護法身澄清悲海嚴幢標
聳智火融明襲如來堂坐法華定四行樂而不取三賢
登而更遷有若曇捷法師者伐林及樹梁法與衣不墜

一滴之油有沾六根之甬總管大將軍齊郡公權公諱
武福德莊嚴喜慧方便流寫四部鎭重百城有若智謙
法師者願廣於天心細於氣誦習山頂創立花臺有若
摩訶衍禪師者五力圓常四無清淨以因因而入果果
以滅滅而會如如有若首楞法師者文史蚤通道釋後
得遠涉吳會幽尋天臺法界圖於刻中眞訣論於湘上
具究竟戒敷解脫筵一法開無量之門一音警無邊之
衆方等有以復悔雙林有以追遠弁建場所互爲住持
維惠鏡禪師者迹其武懲其高超乎雲門絶彼塵網深
以爲性習道有因止於心返於照習也者坐乎樹居乎

山冈也者罔習而無因則不往因而無習則不證是淨漚和正覺阿若冥搜想息而精進甲堅受除而煩惱殼散百川到海同味於鹹千葉在蓮比色於淨起定不離於平等發惠但及於慈悲故能聞者順其風觀者探其道牧伯萃止皇華漸臻啟梵香之上緣託成佛之嘉願上座惠泉寺主惠宣都維那興哲等皆靜慮衍成妙輪轉次因差別而非法隨品類而得根去二見而八流率一心而辨事咸以形勝之會如彼修行之迹如此而豐碑未勒盛業不書安可默而已哉將何以發揮頌聲披揚甯志者也司馬西河竇公名彥澄碩德高闡紹賢遠

識器宇岳厚檢操冰清屬以師長闕官攝行隨手以家而形於孝友以己而廣於詩書以重而雅俗自興以明而志道丕若且猶歸心淨土模範佛乘摧憍慢之外幢興閒示之眞語爰謀羣吏乃命下僚顧蚊山之易疲歎龍宮之難紀其詞曰天地有象聖賢建極晏坐中巖成道西域後代襲武前良作則安樂是依靈鷲是式一想冥契三歸願塞其一 金方置廟衡嶽開揚擁錫龍像八天護香鬼神賜土靈化度堂重鎭牧伯上遊侯王光昭法侶大啟禪房其二 幽谷左豁崇山右峙瞰郭萬家帶江千里玉水布飛石林雲起雷激庭際月窺窗裏花臺隨足天樂盈耳其三 人與地靈心將法滅旣往在此比明齊哲佛日環照牛車結轍連率順風驅驪欽烈訪道追勝形馳目絕其四 碑板莫建軌物未宏和合是請佐貳是膺政敷大郡信發廣乘願言有述以訪無能惟石可久惟山不崩其五

重修廟學碑頌　　副使魏　裳 蒲圻人

天子以孔子之道師天下使郡邑立學世所稱賢公卿大夫何嘗不遵孔子之業也傳言郡邑長吏崇化以厲賢才治行著若於庠序之事未遑亦淺之乎其治矣漢般褒修起學宮布文明之化晉范甯興學勸士後世多

其作人當時少府用度躬自省約崇儒抑俗潔己先之非誦法孔子然耶劉大夫爲咸邑始下車存問邑中耆老咨民瘼加意拊循逾年治成文教興卽漢晉二子亡讓己一日進學弟子曰國家功令多士習之吾所職者豈直校文藝給餼養哉孔子之廟不飾謂有司何乃命工程材新棟宇修泮池及學宮弟子舍皆治始壬申冬至今夏卓有成功文學畢君則使趙生鶴屬余言竊以褒甯有聲漢晉開其所用者大也乃所臻治理之效則自作人始之予觀大夫治行豈不庶幾古昔哉載稽往牒咸自宋慶歷始爲學人才盛馮京陳束道皆當世所

謂賢人無論成名高第也京入政府危言抗節忤安石惠卿求道不屈邦昌至拒劉忠以死精忠偉烈天下至今高之豈非學之效乎大夫泮宮作士子衣冠俎豆其中由聖人之道以垂令名不朽大夫名由是益賢也乃爲頌曰今　上御宇文治中興魯侯穆穆明命祇承鞠躬履方既令儀德居今行古棣棣其則惟民康乂多士作孚昭闇章濁人易其趨豫章榮陽名非虛立佐王寵靈君師無斁豈弟君子邦國之光一言於石泮水之章

重修張家橋碑　孟養浩

余過張家橋見貞珉翳道左贔屭隆隆隱草中拂蘚讀之不可辨識因笑曰嶧山無字碑何年至是或曰此橋也嘉靖丙辰僧慧照實募建焉費金不貲礱石欲紀成事未果照賫志没三歲復經其地則橋嚙於水者幾半照孫方繼持疏詣諸善姓門述前事衆無不欣然樂輸醵金百兩有奇橋復成至是振前碑蒿萊中而徵余文余曰有是哉三善備矣濟衆仁也預待智也繼志孝也橋圮水勢溢徒者輿者跟蹡泥淖中不得前此天下之至危也且也壘石爲橋厥費鉅勢必合衆力竭數年以與水爭事固未可知矧豐凶不恒力絀舉贏誰其身之事半功倍惟此時然矣往照募建在丙辰今甲子週矣

繼必欲得當以竟其祖之志茲橋就緒矣其平如砥其端如徑夭矯若虹卧吐吞若鯨吸蓋形勢之壯觀也晚近士庶一圜自潤捫之欲出不能去手於身計得矣人奚賴焉修之家其德乃裕修之邦其德乃豐諸君不自愛其財力共勷厥成固豪達之義舉矣於是繼曰是役也諸君子之德也歲之賜也我祖迦文不三宿桑下懼生愛戀詎一橋而吾祖若孫截取名哉勒之石爲好義者勸則斯篇在矣橋修廣若干尺喜捨諸名氏具在碑陰時天啟元年歲在辛酉吉日

周侯去思碑　孟養浩

周侯蒞咸六閱歲而政成兩臺使者累以治行高第聞於天子天子下璽書徵侯詣闕下既祖道父老率諸子弟泣卧攀轅車不得發者久之已乃相率詣不佞請曰噫侯去矣接羽龔黃易爲理而難爲繼是安所得皭然冰潔如吾侯者乎侯性至儉於物澹無所好嚴征羡餽遺之禁纖毫例入視若浼焉去之日蕭然琴書一囊而已六年間侯貌瘠而咸之民日以肥侯德烏忍忘也又曰安所得煦然愷悌如吾侯者乎咸當艱歲之後財日匱而賦日逋侯爲而築陂池儲庾粟愼糴糶緩催科之令剔侵漁之蠹民各適其業而厭其意擔負繈屬於道

者趾相錯六年間咸生理實而無離上抵負之名侯德
烏忍忘也又曰安所得斤斤明察如吾侯者乎咸俗故
黠喜訟走兩臺如鶩旁及它郡邑梗楊獄靡不以屬侯
爰書塡委吏若腕欲脫侯往往以片言得情冒曉間蓋
所平反脫於死戍若髡鉗城旦舂者幾四十餘解網之
仁不深於此矣又曰安所得深計遠慮爲吾咸萬世規
如侯者乎咸西北枕湖秋夏之交魚鱉舞於櫓堞侯懼
以堤請於上官而畚鍤之夫鱗集受事不浹旬而堤就
咸始享城之利而歲無修輯之勞矣又曰安所得至誠
格天爲咸百姓請命如吾侯者乎往者祝融煽虐民惴

惴重足立侯齋心默禳一言泣數行下夜旣半有光熠
熠閃爍隱隱起樓櫓間入雲中如流星焉邑人自是不
復苦火矣肥蟻徵咎鄰郡邑暴尫焚巫無虛日侯素服
步禱𦟛行十餘里而雷電集澍雨如注應若影響焉何
神異也夫侯美政未易更僕數論其著者如此古豐功
茂績必勒貞珉以志不忘公獨無意乎余再拜謝不敏
乃曰公等所稱說侯得其用而未得其體也以余觀於
侯殆古抑抑德讓君子哉其才解牛斵輪而出以悃愊
惻怛其亷懸魚塵甑而靡所矯飾其遇事圓敏如珠走
盤而中所執持若漢鼎千鈞萬夫不拔蓋侯之學本乎

誠者也誠生明明生公公生亷亷則無所處而不當矣
水之源潔也可以載舟可以濫物可以決重堤之障而
轉千仞之石侯往矣且將立交戟之下與天子獻可替
否爲宇內蒼生造福無量爾父老沐侯恩見侯顏色尚
有日余所爲述爾言而鐫之石俾爾子若孫世世往來
其下而歌咏追慕之因以想見其祖父遭遇之奇而徘
徊乎蔽芾之陰涕泗乎峴山之側則此石固將藉侯以
不朽夫石烏能不朽侯也侯名曰庠撫之臨川人壬辰
進士

黌宮棠樹碑　　知縣　王士瀚

咸何以有棠也自召伯布文王之化巡行南國棠於是
始焉茲師奉命司鐸咸中明倫彰教士多愛戴其德而
不忍忘故咸學有棠并有碑矣師謂誰沱潛劉君效曾
號東皋爲前黔省督學肖華公之曾孫理學塞翁先生
之令子也世閥名流才鴻學博久爲海內仰重特以小
草就祿淦上予戊午冬來牧茲土而劉先生已先設絳
座一載餘觀其與諸士子相接手儀畯整動必準以禮
教郎數胝之脯與學田籽粒曾不輕自攜取黌宮之敧
頹黯淡者莫不捐帑而一一補葺之至兩廡先賢序多
淪失皆復考其姓名而更置煥然有功於　聖門者甚

大也諸士之中克善文詞而與會特達之流每一謁師必留飲盡醉乃去若月課兩期按題論文如劉彝之述胡安定師能明體用之學者殆不是過咸士多樸謹而間有躍冶或雜沓於有司之門或豪飲於酒帘之下劉先生皆嚴立課程以遏止之然士子初就約束未免以嚴憚是慮及閱三載而士品端方文風亦翕然丕變矣庚申夏六月忽罹太先生之變而哀毀骨立將以解組言去羣士子莫不號泣相對如諸生捧檄乞留博士施士匄之狀然格於例而情終不得遂遂謀室於縣署之西暫稽考履雖不得如施博士之留諸十九年但得流

連數載猶勝於榜謳迅發耳由是諸搢紳與及門皆欲勒石歌詩以傳其至德余因思劉先生非自嚴憚而後寬和則豈能使之慕之而相與歌誦有如是乎記曰凡學之道師嚴爲難師嚴則道尊道尊然後民知敬業劉先生既得師嚴之意而行之亦即天之所以爲教也而四時寒燠何日不在諸士懷感之眞亦哉於是可以言棠矣爰勒石以爲之記

何侯捐修九政碑　貢生陳　璧邑人

嘗聞古之有民社之寄者往往豐功懋績勒之金石載諸鼎彝非僅恃有大過人之才爲其有澤及士民之德而因以留夫千百世不朽之心也先是邑侯何父蒞咸初下車値咸諸事草創之餘縱目遊覽見夫城池之弗完也堂宇之弗新也館署之祇候未備杠梁之徒涉堪虞與所在諸神聖法像之播蘗塵土也一切游刃更張之或補綴舊績或與建新功絲毫皆捐貲俸絕不問民間一力一則不朞月而厥功落成其時萑苻無警堂署改觀梵刹傳燈民鮮病涉矣侯曰未也學宮蓁蕪歟疇禪向化典型遏佚歟疇景芳躅德音未完歟疇採風謠弓矢櫜橐歟疇獻武功是皆余不佞蒞有土者之責也更復捐貲創建鳩工庀材爰詢衿子飭黌序而鼓鐘

泮水於樂辟雍矣問有向之鞠爲茂草者否爰駕東山建新亭而指顧書臺三元接踵矣問有昔之荒碑零落焉否而且文事修者必有武備因爲立射圃於西河而比德量力焉斯則跡跳弗遑而寸長必錄矣問有頹靡不克振者否而且政暇覽風採方省俗因爲建堂沼於北堤而種荷植柳焉斯則河陽與歌而甘棠比詠矣問有庶民不子來者否當斯時也有履學宮而勤風厲者皆以爲會稽之二千石復出而賢侯教澤直與廟貌並新有登東山而切仰止者皆以爲廬陵之醉翁再遊而賢侯吟咏直與宋蹟並傳有懷決拾而思樂只者皆以

爲虞詡借寇坡仙復生而賢侯德威眞不讓乎龔爾蘇堤之下然則何以頌侯之才之德之心乎乃爲之歌曰衿子青兮文教與兮疇令式化誕侯嶽生又歌曰耕食鑿飲日獲我所侯之令德俾無尤苦民也樂利士也親賢馨香至治感格同天侯功不刊億萬斯年

資福寺中興碑銘　知府張　椒邑人

佛刹嘗圮而復興之際或菩薩現頭陀身而爲主持或開山居士後身出其精神願力誓與浮屠俱不朽然後能振翠華於荒蔓之餘煥莊嚴於雲漢之表資福之在吾咸古刹也明時僧徒數百精舍千門極盛罕儔迨兵

燹洊臻凋敝過半識者早知其劫灰之由宍矣所賴老僧通神者持揭之初即受知於先達存孩趙老先生爲建藏經閣居之雖歷滄桑變易之中能確守其不磷不淄之操及皇路永清以來開金山之面藻大士之宮垣墉丹雘土田疆理皆一手一足之力而不旁貸寸絲分勞衆衲亦且禦強侮於意外靖囂塵於隙中人之所不能任者老僧任之而不以爲難人之所不暇理者老僧理之而綽有餘地頭陀耶菩薩耶開士後身耶領僧綱十二載侯茲土者加禮之敬其靜也年愈髦製愈工都人士莫不贊羨之恤其勞也生不虛生以此願力生壽不虛壽完此願力壽其事洵可傳其人洵可銘也　銘曰衆隨其靡疇任其難老僧不出孰振於顛剛能立懦簡以御煩身如松立心與石頑壽以功著功以壽完佛力不隳僧定不凡

學師鄧公德教去思碑頌

公諱雋聘號白懷寶慶府邵陽縣人天啟丙寅年夏月任咸甯縣訓導崇禎庚午歲擢升教諭百姓思慕其德化臥轍難留謹勒碑以垂不朽　頌曰德性溫和仁愛溥博相惟多士化被菁莪抑且百姓薰沐恩波勒此石碑永念不磨

駕城橋碑　知縣陳煥世

駕城一名珠樹自九嶺發源達新橋與橫溝水合舊置橋二漸頹潰余捐俸倡修鳩工砌石壁以闌蓋以亭不數月而成一廣丈六長倍之一亦丈許經始於乾隆辛卯夏五竣以十月糜白鏹九百葺事羅朝選余金都昔蔡君謨記吾泉萬安橋其字與文傳予則何敢咸甯令陳煥世題并書於道左

移修石塔碑

竊聞袞衣章甫尼父頌自魯人子弟田疇公孫歌於鄭國惟循良沛爲恩膏斯感慕勒諸箴銘邑仁侯孫夫子

幽燕名流金臺世胄少具鴻才文譽領鵠袍之望壯膺
大任清風飄璽綬之香癸亥秋由德安府署咸甯六月
而報最大材小用未期年而有成杜母之休風庶民懷
而耕桑安堵文翁之雅化多士悅而俎豆升堂善政善
教指不勝屈乃致治方暇垂愛愈深爇覾山川思佑斯
文一脉詳察形勢不憚移塔東皋夫東皋有亭由來已
久昔文簡公鍾兩間之秀氣肄業斯地聚淦川之文明
樹幟儒宗事業學術班班可考邇來舊址圮墟荒烟寂
寞因之人文塞滯甲第久湮前任李學師諱之經字凡
九文章司命士林楷模募貲建塔相山之麓以爲東南

文筆之觀堪輿家止幸己見遺悞邑人士咸思易地改
遷但物力維艱難爲巧炊之婦人心未一恐同築室之
年茲値化雨潤郊檮材引領而沾剩溉福星照邑單寒
佇立而沐餘光爰捐清俸移石更修慨想西京作人之
休卜吉東城讀書之臺商學師委任督役我同人協志
經營鳩工告成巍煥具瞻蘋溪淚爲廉吏清操隨波澹
桃花峯因令尹峻名與山齊眞一日樹業於千秋而再
造遺恩夫奕祺況乎斯塔之建遙映先師之居聚月華
而凝日精文光射斗軼山峯而拔石窟劍氣沖霄自此
地靈人傑行見鵬翥鸞飛將有吐氣揚眉一展數十年
蓄積之奇以佐
聖天子之盛續文簡之續者何莫非我公祖大人之賜也而
又何讓乎尼父之惠曾公孫之惠鄭也哉吾咸感侯之
仁戴侯之德因勒石以誌不忘云　侯諱毓華字樹棠
由德安府兼攝咸甯縣事

邑侯饒明府卯拱辰號惕甫德政碑

蓋聞三河作表同稱慈惠之師兩漢旌賢首重循良之
傳本天理之大同致人心之大順其稱述固不徒闓頌
禱也邑侯饒公大人黎水鍾賢雙峯繼美坐桂嶺以鳴
琴一揮輒應遇杏園而對策三提頻書以名進士出宰

楚邦歷任通城巴東天門無不感其德服其才己酉秋
署事咸邑適當水潦之後正値撫恤之期公則化行無
欲政出實心濟蒼生則於仁無失平庶獄則惟義是從
鶚飛璧水鄰侯之規範長新鸞舞醴泉文公之英華不
墜比屋聞歌盈郊起祝未三月而政成將朞年而報最
蒹竹長生有神君之可挹召棠勿翦惟慈父之可依是
以因人心之順見天理之同謹述十條刊列於後以志
不忘云

一崇廉潔受任艱苦不敢告勞惟以廉潔自守凡一切公費皆取給於私囊

一守謙恭公氣度雍容藹然可挹與士民相接謙恭尤甚足徵潤身之符

一敦慈愛　公惻怛爲心每聞民間疾苦日夜憂思念不忍釋眞愷悌之君子
一尚德教　公自下車勸民興孝向義文詞皆可頌可傳雖愚夫赤子亦知感化
一明律令　科條之設所以防姦公法令詳明上下肅清不致有舞弄之弊
一平獄訟　兩造旣成公準情酌理剖戒百端民無寃屈且案無留牘亦不遺書役之累
一省刑罰　治民之道刑罰不廢公和平寬厚不以刻覈爲能蒲鞭略試無尚嚴刑
一救災荒　歲値洪水爲災公留心撫恤民沾實惠且捐廉助賑立法詳善
一重文學　公經術湛深每以振興文學爲事鄉會兩試俱有餽贈足見崇儒重道之誠
一緩征收　三時旣害民室皆空公力請緩征閭閻不受追呼之急

新建張王廟碑　教職　錢光奎少白

萬物皆處必敝之勢惟理不朽臣忠子孝理也動天地

泣鬼神感人心厚風俗雖百世下聞者莫不興起吾鄉笠山之麓舊有太尉廟以供張昭烈神像昭烈字巡晉封雍丘太尉故名廟建康熙間禱輒應沿村祈報者無虛日究未審此何神也會粵賊起蔓延天下中原鼎沸若天寶然郡邑望風瓦解棄城圖存者未可一二數人憤之父老知巡事者談以爲快徐曰今也得巡賊不敢逞志東南矣應者曰太尉忠臣耶廟僻且隘曷謀建之則皆喜別築龍溪之陽與在笠山麓者並祀時咸豐戊午八月也甫鳩工倍彰靈異不勸而醵金助者千計越二載庚申廟成易今名夫有唐中葉距今千二百年矣英風峻節猶使人嘖世相感史載殺賊陳留人謂卽巡厲鬼信矣廟東起閣祀文昌帝君帝君亦氏張名仲古孝子也兩人洵相得益彰云今歲余館閣中董事者勒碑紀事乞余文余嘗讀通鑑新舊唐書中丞傳後竊嘆王忠烈之氣之長留宇宙間者自不係余言爲重輕特喜吾鄉人慕義而忠孝之理之未沒於人心也因書以勵世之爲臣子者時同治五年冬月吉日

同知銜黄岡縣知縣湯公殉節碑　余益杞

咸城西關外半里許有碑大書宋忠臣陳求道故里其上爲同知銜黄岡縣知縣湯公之墓公諱景字稼生

人咸豐四年二月奉湖北巡撫胡文忠公林翼委催咸捐銀至江夏之山坡遇粵賊鹵至被執自金口轉咸城溫言百方誘降不爲屈賊怒縛公城北河堤高柳上使賊黨執銃擬公聲硝焰脅降公大罵逆賊奴不日官軍礫汝賞萬段死我　朝廷命官肯從汝賊耶其酋益重公欵語再三勸公仍執不屈罵益劇始實鉛子斃公至死不輟罵賊去義士民乃葬公毅魄卽今之完節塋中者也嗚呼粵逆之變甚十數省閱年十餘慷慨赴死者固所在多有而守土吏濡忍喪節者亦自不乏公未司牧咸而凜凜生氣咸人稱道至今秉彝好德詎不其

然昔陳公當宋建炎間及妻蔡氏子符佺道遇叛臣劉忠罵賊死蒲圻若山墓在蒲之興坡今公墓密邇陳公故里可不謂芳鄰與余續志既補傳公復次所聞刋諸貞石嗚呼公其不死也已幸竹心茂才爲余言以試省垣遇公甥話公幼讀書志忠義植品方嚴公子某賫某縣賊至棄城歸公手刃逐殺之跳而免公貌魁偉微髭鬚毅不可犯然則公之就義非偶然矣公所催捐項爲咸貢生周于堃分發四川知州署長甯縣時城陷亦不屈以死云

禱城隍文 鄉間惡獸連結白晝食人民稱爲狐貓請官祈禳予考狐貓之名不少概見詢

其狀類必狠無疑擬作是文以禳之 周濂淙原名南

維年月日署黃安縣學教諭事周南職任學校本無理民之責而不忍民之罹於凶毒而莫之告也乃越職禱於城隍之神竊以報稱之道幽明一理先王神道設教非必虛隆祀典以塗耳目必將實收其效於冥冥之中輔成治化控制百物俾海澨山陬各得其所以爲生民福今黃安雖彈丸下邑爾神位號祭享一依成例官民肅敬罔敢廢缺共沐 國恩宜思自効相助爲理毋曠厥職邇者民衆啼泣訢狠爲患追請祈禳以問民民曰有物貪狠非熊非羆非虎非豺小於豹而大於狐鋒牙銳爪毫尾而食人其始至也出沒隱見三五爲羣乘間竊發攫雞犬而食之漸久則食小兒又久則食男婦今則藏林匿莽鱗次蝟聚行路跡虞輒遭毒害人力所窮請神誅之爲民請命是何凶族若此之戾也予揣其狀貌惟狠近是其爲物也倚狽爲奸與虎同類性最狡黠陰賊毒害周官獸人獻狠齊人並驅從狠誠畏惡之以殄滅其種類爲快況復灑血飛肉蠶食百姓鼎鑊斧鉞奚容少貸夫黃山僻之邑層巖疊巒弟鬱崒律土地狹薄其俗務耕作重織紝勤動勞苦相持樸嗇方之唐魏風爲近古狠子野心橫肆凶虐出入危慄人不自保

重足屏息妨農病業土瘠民貧何以堪此至於死者飲恨莫訢生者輟耕太息豈不悲哉且夫狠之爲道無乎而可者也假狠之威則爲凶暴肆狠之貪則爲黷濫效狠之藉則爲脅亂逞狠之吞則爲僭食有一於此身首屠戮予以極刑而人莫之憐以狠具備凶德恣令遐陵貫盈罔治人物之辨倒置混淆神豈聰明而昧斯義又聞民間往時祈禳輒有明效僅支旬月以爲與神無涉則不宜旋祭旋止若顯操收發之權反以此邀挾民間血食則與爲民司牧不父母之而畯削之任狠毒爪牙攫亂追呼竭閭閻之膏脂剝生民之骨髓稍不濟鞭撻

捶楚繼之決肌膚斷肢體痛楚哀號而莫之少恤者何
以異哉司牧蹈此何以理民神或如之不稱時祀是用
備舉情形切陳惻怛冀神驅除凶醜以衛元元庶官是
邑者與神各供厥職毋負朝廷而羞當世則幸甚

康熙乙巳舊志跋　唐范瑛邑人

聖人受命其一代之星雲皆爲動色山川皆爲改觀民
物皆爲洗心滌慮故福祥以應人材以盛風俗以美登
之野錄則輝映瑤圖傳爲
國書則照耀簡策是以羅泌國名史乃稱路王充宣漢論
始爲衡古之君子處中輓之代猶思追美曩王無文獻

之徵尚欲網羅放失矧際
熙朝鼎新之日値賢侯虎炳之時薦紳先生揚鑣金馬譽
髦斯士振響雲璈鴻文在
國名彥在鄉而或者猶取往代之殘編以當　上臺之物
色無靦羞
朝廷而辱當世之士耶茲不佞所以讀斯志而喜喜斯志
而又讀也雖康樂和親之書有待而報忠孝節義之行
有待而顯文章道德之士有待而興旂常鐘鼎之勛有
待而成而
國家生聚教訓之仁與循良水火寬猛之義已具見於篇
端矣福祥之應人材之盛風俗之美猗歟休哉由此其
始也抑愚猶有進焉君子睹其應則必思其感喜其盛
則必懼其衰嘉其美則必防其敝觀夫前乙巳之所編
定與今乙巳之所增修六十年間滄桑倏易陵谷頓遷
俯仰興廢感慨何極則凡所以正誼明道整躬率物反
澆俗於純古者豈徒縣父母之任抑亦吾鄉諸君子之
責也後之觀斯志者尚喟然而歎興矣乎是爲跋

黌宮棠樹碑跋　鄭邦相

晉人稱荀淑清識難尚鍾君至德可師遂成一代佳話
如吾邑　王父母與　劉東皋師立品均在荀鍾之間

及讀棠樹碑記而敘述閒雅中浩浩落落兩君肝膈並
見余謂棠樹碑傳而二公亦傳矣惜未得晉人作新語
讚歎耳

胡璧華淦川留別詩跋　劉駿

崑白師文章祭酒詞賦宗工司訓淦川於今七載士之
遂志而鼓篋者如坐春風之中泠然善穆然遠也茲以
軍功膺薦俸滿保　題行將超遷賦留別七律八首
以遺同志而戀戀之意溢於楮墨及門諸子恐久就湮
謀鐫石以永其傳於戲經師易得人師難求若吾師崑
白其兼之矣

湯公殉節碑跋　　錢光奎

歐陽子作五代史不爲韓通立傳史論惜之解之者曰通蓋嘗臣漢晉唐耳湯公稼生致身殉節丙寅志不之錄有何說也余久欲表而出之今覽余午峯之作先得我心所同然湯君死不朽矣居墓側者其厲樵牧之禁以妥忠魂壬午十二月下旬

杜亭跋　　余益杞

亭胡爲以杜名爾雅說文杜甘棠取詩召南義乎周官犯令淩政則杜之言糾慝乎靈均九歌有杜蘅杜若譬懷芳乎漢杜詩守南陽人稱杜母思循吏乎夫楚亭豚

矣尹也孟也奇章乖崖東坡也皆姓字其亭而永其傳也名亭以杜其卽甘棠云云與抑非與往者夏方伯憇亭宰咸爲石墖邑人構亭而名以公字今邑尊陳公舉利剔弊軼夏而追杜詩騷所賦夏官所職卓乎其靡槧茲於　公所建　文昌閣之右翼以亭而又奚他名之求然則公之命字祈嚮固有在吾咸日荷帡幪是亦尹也孟也奇章乖崖東坡也故因亭之成而謹顏其額曰杜亭

德新堂銘　　方杲

上帝降衷是曰太極無臭無聲旣元且黑吾人秉之是謂懿德大而彝倫微而事績遵而行之怡然有得冥知允蹈行之不息日新又新表裏洞徹明德旣新乃見天則斯須不謹利昏欲蝕靈臺一蔽前功俱失雖日降衷天理斯隔明德旣昏愚闇同域貿貿紛紛欲往何適嗚呼戒之敬之修之克之去昏復明如鏡之拭塵翳不留光彩方射人欲淨盡天君司職往聖維師成湯是式

庫樓頌　　姚亭

明通維㛹仁厚維基風雨攸除狐鼠其離嗟彼大盈藉寇而齎於戲樓之西兮尚無歆象我　皇圖磐石維居爲長府變兼公宅豈曰懷安均之愛國靈祇職呵求

世維克於戲樓之北兮尚無缺裕我吏民貞　帝則金燈之堂邑焉靡墉遞細時撅司藏罔終岑樓旣載石確棟隆於戲樓之東兮尚無凶襄我國計蹐恒豐孤峭若堪瘠㾎若峪咸有斯樓守者安寢侯度維謹大夫餘馣於戲樓之南兮尚無坍壽我侯功永與參

又　　邵勱

瞻此巍樓高摘星斗狐鼠遠竄風雨安堵嗟彼豺狼嚙爲捍禦肇建城垣百年固儒於戲樓之穹兮接天城之堅兮金湯望氣祲兮蕩揚藉保障兮守疆

景星頌四言四首　　雷以誠

璧合珠聯於昭于天秋陽開霽曉色澄鮮否終泰啟坤
轉乾旋雨暘時若瑞應豐年順我
帝則靖彼烽烟羣情瞻慶璧合珠聯
珠聯璧合風不蕭颯八表光明九天閶闔我
皇繼述兼容并納士盡賢良
朝無噂沓颺拜賡歌昇平以答仰止歡忭珠聯璧合
合璧聯珠現天東隅紫霞垂映佳氣誕敷佑我
聖母翼續鴻圖
亶聰作后武烈文謨言賴良弼學重純儒觀象式占合
璧聯珠

聯珠合璧祥暉赫奕景運攸關作求世德大啟謨猷允
資力策偃武修文輕徭恤役黎庶含哺
邦基盤石野頌衢歌聯珠合璧

賦部

春賦

李邕

肇木德以周仁啟春生而賦質二儀泰而廣運三正合
而元吉和氣藹兮充寓光風瀏兮被物豈因時而則舒
亦樂道而奚恤我聖君大撫萬國肆覲羣后承天之禧
嘉歲之首文物燦於南宮兵戈森於北斗攬百辟以同
心貢千春之遐壽於是明詔有司擿求時令遵惟一之
德究吹萬之性勸土木之庶功早稼穡之勤政畋漁止
殺狴犴復命至若固陰作閉蟄戶未開蚍蟻土蓄燕伏
巖穴蟻飲貿冰魚鼓鰓蠢蠢宛委哉哉低徊遲孽蒙

兮久矣耿猷感兮悠哉謂將死而沒代俄作解而驚雷
廓視聽於元壞脫驚驁於焚菜畝青疇以書物被白日
而登臺若甸時甫田宿昔臂溥驚洪鑄之神用偉元化
之工作捲河山之變衰置天地之和樂律何谷而不暄
光何容而不灼植也知歸動焉咸若爾乃楊迴曲沼李
雜芳園條烟濃而浹地花綿縟而當軒玉顏景照羅袂
風翻悅良人之譽信省賤妾而嘲恩蝶栩栩兮夢感鳥
嚶嚶兮思存戛瑤桂以絙瑟引金斝而浮樽俯俠卉而
下泣昭韶物而何言借如老君追魯遠使窮河霄驛烏
遊野次星羅冰皚皚而雪下風颯颯而霜過遲日一照

挾續嘗多遣嘯歲之寒栗襲初節之妍和千巖爲之動
色萬壑爲之流波將迴轡而秦望請舉手而幽歆有地
高公族鼎貴侯家丹樓纒於御道畫閣聳於朝霞明珠
買妾黃金擲龜列行遊衍直視驕奢跨浮雲之寶騎頓
流水之香車漫平郊而藉草忽上苑之觀花飛韉蹴踘
旋舞琵琶麾戚里之途邀駐長安之口斜豈知夫東門
在外渭水濡沙散歸閒之召父隱養正之姜牙趣下里
之潦倒謫樂土之繁華荷炙背而垂釣但閒田而種瓜

黃鶴樓賦　　邑解元　張宗崐巽峯

鄂渚之巔一樓世傳仙子何人鶴跡蹁躚吞三湘月吐

七澤烟玉笛有聲梅花自鮮留崔灝之佳句擱太白以
無言看晴樹之歷歷聽江漢之涓涓白雲飛來幾片黃
鶴飛去千年河沙芳草猶在乾坤一夢依然黃岡有竹
岳陽有樓巴陵有酒洞庭有秋登臨憑眺豈此爲幽浮
鷗浴日彩鷁渡流波澄萬里浪撼千舟隔大別而襟帶
控荆襄以烟浮覩白露之橫空望青山以阻修吁嗟樓
之勝矣有吟益壯無星自光無草自香不籟而韻不風
而涼怨謫之士去國懷鄉風雅者倫寵辱皆忘江無今
古世幾滄桑赤壁延劉緒陽臺弔楚襄潮平鸞岡聯風
正快周郎豈酒長沙淚因飛李白觴盛衰隨逝水感慨

倚斜陽同我登臨者揮毫興欲狂

詩部

唐

奉和初春幸太平公主南莊應制　　李　邕邑人

傳聞銀漢支機石復見金輿出紫微織女橋邊烏鵲起
仙人樓上鳳凰飛流風入座飄歌扇瀑水侵堦濺舞衣
今日還同犯牛斗乘槎共逐海潮歸逐一作泛

詠雲

綵雲驚歲晚繚繞孤山頭散作五般色凝爲一段愁影
雖沈澗底形在天際遊風動必飛去不應長此留

登歷下古城員外孫新亭

吾宗固神秀體物寫謀長形制開古跡曾冰延樂方泰
山雄地理巨壑藏雲莊高興汨煩促永懷清典常含宏
知四大出入見三光負郭喜粳稻安時歌吉祥喜一作皆

銅雀妓

西陵望何及弦管徒在茲誰言死者樂但令生者悲丈
夫有餘志兒女焉足私擾擾多俗情投迹互相師直節
豈感激荒淫乃淒其瀕水有許由西山有伯夷頌聲何
寥寥唯聞銅雀詩君舉良未易永爲後代嗤

贈秘書監李公邕　　杜　甫襄陽人

長蛸宇宙間高才日陵替古人不可見前輩復誰繼憶
昔李公存詞林有根柢聲華當健筆灑落富清製風流
散金石追琢山岳銳精窮造化理學貫天人際干謁走
其門碑版照四裔各滿深望還森然起凡例蕭蕭白楊
路洞澈寶珠惠龍宮墖廟溟浩刼浮雲衛宗儒俎豆事
故吏去思計畹瑯已皆虛跋踄曾不泥向來映當時豈
能勸後世豐屋珊瑚鉤麒麟織成罽紫騮隨劍几義取
無虛歲分宅脫驂間感激懷未濟衆歸賙給美擺落多
藏穢獨步四十年風聽九臯淚嗚呼江夏姿竟掩宣尼
袂往者武后朝引用多寵嬖否臧太常議面折二張勢

衰俗凜生風排蕩秋旻霽忠貞負冤恨宮闕深旒綴放
逐早聯翩低垂困炎癘日斜鵩鳥入魂斷蒼梧帝榮枯
走不暇星駕無安稅幾分漢庭竹夙擁文侯篲終悲洛
陽獄事近小臣斃禍階初負謗易力何深儕伊昔臨淄
亭酒酣託末契重叙東都別朝陰改軒砌論文到崔蘇
指盡流水逝近伏盈川雄未甘特進麗是非張相國相
扼一危脆爭名古豈然關捷欻不閑例及吾家詩曠懷
掃氛翳慷慨嗣眞作咨嗟玉山桂鐘律儼高懸鯤鯨噴
迢遞坡隴青州血蕪沒汶陽瘞哀贈晚蕭條恩波揚揭
厲子孫存如綫舊客舟凝滯君臣尙論兵將帥接燕薊

朗詠六公篇憂來豁蒙蔽

題李北海舊宅（即修靜寺）　李白（隴西人）

我家北海宅作寺南江濱空庭無玉樹高殿坐幽人書
帶留青草琴堂羃素塵平生種桃李寂滅不成春

閑宵望月　李沇（邑人）

卷箔舒紅䓍當軒翫明月懿哉深夜中靜聽歌初發苔
含殿華濕竹影蟾光潔轉扇來清風援琴飛白雪行愁
景倏變坐恐流芳歇桂影有餘光蘭燈任將滅

醮詞

犬咬天關閉彩童呼僊吏一封紅篆書爲奏塵寰事八

極鼇柱傾四溟龍鬣沸長庚冷有芒文曲澹無氣烏輪
不再中黃沙瘞腥鬼請帝命眞官臨雲啟金匱方與清
華宮重正紫極位曠古雨露恩安得惜沾施生人血欲
盡攙搶無飽意

巫山高

抉天心開地脈浮動淩霄扶藍碧裏王端眸望不極似
睹瑤姬長嘆息巫妝不治獨西望暗泣紅蕉抱雲恨君
王妬姿夢判宮廬把金泥印仙掌江濤迅激如相助十
二猗龍怒行雨昆崙謾有通天路九峯正在天低處

夢仙謠

海宮蜃浪收殘月挈壺掌事傳更歇銀蟾半墜恨流咽
六螯拔月撼蓬關九烝真翁騎白犀臨滋靜聽雌蛟啼
桂花浥露曙香冷入窗玉萌驚晨雞裁紗翦羅貼丹鳳
膩霞遠閉瑤山夢露乾欲醉芙蕖塘迴首驅雲朝正陽

秋霖歌

西方龍兒口猶乳初解驅雲學行雨縱恣羣陰駕老虬
勺水蹄涔盡奔注葉破苔黃未休滴膩光透長狂莎色
恨無長劍一千仞劃斷頑雲看晴碧

方響歌

敲金扣石聲相淩遙空冷靜天正澄寶餅下井轆轤急

小娃弄索傷清冰穿絲透管音未歇迴風繞指縈泉咽
季倫怒擊珊瑚摧靈芸整鬢步搖折十六葉中侵素光
寒玲震月雜珮璫雲和不覺罷餘怨蓮峯一夜啼琴姿
急節寫商商恨促秦愁越調逡巡足夢入仙樓戛殘曲
飛霜稜稜上秋玉

詔修兩朝國史賜筵史院和吳相公韻　宋 馮京

天容叢雲曉風清一雨餘三長太史筆二典帝王書挍
武知何者需恩匪幸歟吐茵平日事何憚污公車

寄謝鄂倅南高一作宮誠　前人

常思鵬海隔飛翻曾得天風送羽翰思比邛山何以報
心同金石欲移難經年空歎音書絕千里相思道義寬
每向江陵訪遺跡人猶指點縣題看

發咸甯行松徑至蘆子　黃庭堅

咸甯走蘆子終日喬木陰太邱心灑落古松韻清深聊
持不俗耳靜聽無弦琴非合胡部律而獨可人心

謁馮文簡公祠　邑令 鍾瓘 永豐人

曾看事業著青編今謁遺容尚儼然天下文章推健筆
斗南人物讖先鞭江山勝概無今古風雨殘碑有歲年
臨境仰嗟興感歎亭衢咫尺五雲連

咸甯感懷　僉憲 顧英 華亭

狀元祠外帶寒林曙色郊關散曉陰賦稅不教愁地薄
芻樵儘得利山深頹殘黃菊時猶美參錯丹楓變不禁
健馬路平行日午靜中幾處木高吟

咸甯懷古次韻　僉憲 張宏

馮相祠堂隔遠林咸中山畔鎖輕陰三魁事業浮雲過
一代文章綠草深崇象已無賢俗繼儀形空有夕陽侵
平生攀仰高風久敬弔先生灑淚吟

咸甯署壁　工部尚書 吳廷舉 嘉魚人

節鉞非三顧犁鋤老一邱無心思管樂抱膝笑伊周

石門寺　邑諸生　王獻策

地僻人行少山幽趣更多花香風蝶舞竹響雨禽過樹古煙含碧泉清石吐波凭闌無箇事時聽白駒歌

白沙寺　工部　王　煥　邑人

白雲深鎖洞還賒最是幽閒景色嘉隔斷塵埃孤梵夢放開懷抱老僧茶風前雅韻鳴山鳥雨後清香帶晚花偶得舊遊因問酒漫尋山外野人家

遊三峯寺　貢生　唐　銃　邑人

訪僧移日語多爲景留連山色屏屏畫松聲曲曲弦月來窗寫作風過砌梳瑩更玩龍溪水忘機我亦仙

相山懷古　佘希聖　邑人

年年衰草夕陽紅鐘鼎文章一色空彈指人間稱異代舉頭懷抱逼高崆丈夫龍變驟如雨山面雲啣會有風擊劍遺聲臺畔古不堪夜月悵城東

鳳凰山　李鳳翔　邑諸生

地勢騰空若鳳凰憑高俯瞰藐層岡書臺曉日舒翎翮潛洞丹砂點翠妝靈鷲不隨河雁落翙鸞豈共越雞翔山川本爲明王媚應使嘉名列職方

中秋夜雨　王禹錫

良宵未許不容豪剪燭僧堂劍氣遭老子那容輿復淺犖公自是醉忘勞何嫌雨妬銀河悄共挹更長玉露高豈有王褒才可重漫將搦管著同騷

金龍洞長篇　邑舉人　郭翹中

大泉有洞名金龍白雲千載秘爲封傳說唐時之仙翁兄弟七人並飛空至今丹竈懸其中仙蹤去後洞濛朧羽衣何人日參窮隻身直欲扣龍宮金龍未睡將其鬉伎倆山魈不敢逢期予買屐遂相從嘗舉扶搖入萬嵩信足蹈來至不用挂樹懸崖如駕虹路通一線造化工登高仍欲破鉉崇洞外朗朗時且洪地如平掌蓋如蓬俯視諸山若兒童洞内傴僂一俯躬漸使窺見日曈曨

石丈寶獅復伏態有田幾畝曲如弓道人種之卧蓬蓯那管人間歉與豐喜爾誅茆見高蹤丹鼎仍吹復飛紅

唐嶺行　邑舉人　李　玉

三月前行苦竹嶺刺客不交韓琦頸三月後行大墓山韓琦身在五雲間大墓山與唐嶺連唐嶺嶺傍桃花尖吾家先達北海舍猶有殘碣鎖寒煙苦我山行月復月不待雪霜改華髮山中人樸甚尊賢朝昏禮數無違缺伊人曾讀半行書菲薄君親似胡越登嶺一望長咨嗟嚳竹難數伊人罰伊人伊人叛何爲竟無抔土藏爾骨

桃花尖　常德教　王命爵　邑人

振衣一碧幾千尋紅泥屑屑春自深若箇筆鋒懸洞口
斕斑五色見文心

淦川八景

書臺月色　　唐范瑛 邑歲貢

案頭燈火杖頭烟博得銀蟾此夜圓風雨似逢新法日
光華直吐熙甯年只今寂寂荒臺靜尚見娟娟素影懸
帝鑒千秋猶未倦如何安石反妨賢

書臺月色　　邑諸生李元楷

銀漢無聲籟悄然讀書臺上月娟娟波侵玉藻香含潔
彩徹金蓮氣欲鮮自是冰操輝百代豈徒桂影耀中天

漏深猶覺光無限散入平湖白滿川

書臺月色　　邑諸生鄭邦遇

散步書臺人亦仙中宵靜對碧輪圓文章氣吐山河曉
事業榮爭星斗懸影拂苔陰籠雪案光搖石砌逼經筵
當年閣上藜光過應作元燈共月傳

賁泮金蓮　　少司農孟養浩 邑人

宋代金蓮絲玉堂千年池沼尚遺芳朱華已吐文章色
碧蓋翻擎雨露香自以虛中依鳳德不求趺坐擁獅王
含葩正值羣芳歇菡萏參差鴛鷺行

福刹曉鐘　　前人

嚴城漏斷月微朦隱隱疎鐘度碧空正覺豈緣聲響入
梵音甯逐往來風淒清葉底寒蛩合悲壯樓頭曉角同
却憶當年長樂曙風塵羸馬倦西東

西河漁火　　前人

城頭暮角引微涼楊柳蒹葭共渺茫幾點寒光明極浦
數聲短笛破滄浪熹微不辨流螢色髣髴初驚過雁行
莫遣寒山鐘夜處有人愁對滿天霜

西河漁火　　鄭邦梓

西河環帶鎖城烟幾樹斜陽泊釣船鷗渡歸飛棲皓月
龍溪迅發遶平川燐燐夜火吞湖碧歷歷漁歌響暮絃

雉影滄然沿岸出蘋花亂點水中天

東高樵唱　　知縣王元柄

躡足攀蘿上翠微烟光嵐氣濕朝暉野樵結伴知何去
遊子行歌興欲飛拍手爲嘲山簡醉含情應送薜蘿歸
悠然絕勝鈞天響豈必林花點芰衣

北郊堤柳　　邑舉人章列侯

飄搖城外柳成行掩映平隄畫景長一路濃陰凝北郭
千條綽態媚東皇風柔古道眠初起春滿芳郊舞欲狂
有客踏青隄上過鞭絲帽影繞斜陽

長湖烟雨　　孟養浩

萬頃平湖駭浪翻瀟瀟風雨冷龍鼉幾疑到眼千山失
但覺乘天萬馬奔縹緲歸帆迷遠浦淒其斷雁落孤村
最憐小艇垂綸者箬笠簑衣對酒樽

柏嶺開雲　歲貢 錢光奎

開雲一片嶺頭橫遙想當年出岫情祥繞華星占太史皇祐元年祥雲繞華蓋星史官日鬱鬱芬芬登賢氣也文簡是年大魁旱爲霖雨濟蒼生
即今霧隱潛蛟蟄有頃風從近鳳城莫道孤山洸鬱久
人間最重晚霞晴

八景合詠　邑諸生 孟佐盛

天開圖畫四時濃結侶尋芳勝蹟逢峻嶺雲移臺畔月

長堤柳襯道傍松樵歌半落金蓮沼清籟偏和曉寺鐘
任是桑麻徧綠野也都作態綴山墉

蘋溪八景

東高曉望　邑諸生 鄭邦命

秀淩東壁小峯山躋眺宜將衆仞刪出岫晨煙廻北闕
連城曙色泊南寰數聲野笛來天外一碧晴峯入望間
乘興登臨瞻岱岳嶙峋高步有餘閒

西河暮興　崇甯知縣 錢 珊 邑人

一曲清流暮景宜百年孤興迥稱奇魚翻急水驚新鼙
蟬帶殘聲脫舊枝皓月正當三五夜瘦筇扶起萬千詩

悠然疑是無人處隔岸誰歌孤鷺飛丁宿章輯湖北詩徵此詩入選易後四句附錄於此明月照人背舉盞瘦筇扶我晚尋詩悠悠誰與消岑寂門對南山客到遲

石嶺樵歌　教諭 吳 鍊 新城人

採薪山畔夕陽過嶺外歸休樂事多風月擔頭挑幾許
一聲嘹喨出烟蘿

梓潭漁唱　知縣 邱 魁

沿湖散步拄青藜蘆荻漁舟兩岸迷一段生涯秋水裏
數聲欸乃夕陽西微茫遠景誰能畫搜剔枯腸我欲題
不覺流連歸去晚昏鴉亂點上林飛

相嶺晴嵐　張 檄 邑人

山以人傳時維樞密陵谷靡遷流芳共挹虛巖拽練候
於淸且晴則嵐飛雨或霧散

温泉虹影　前人

浡沸湯泉潛巖之渥陶冶鴻鈞地之鼎鑊火藏水宮秋
影垂虹匪影之爲虹其氣鬱葱

潛巖丹竈　前人

九還在治鐘臺之東真仙羽化丹竈雲封其丹伊何勾
漏之砂世今俗古雞犬桑麻

古道蒼松　前人

松之蒼蒼先哲之芳攢雲翳日複道長廊龍肆於遠鎮

發其陰遺愛勿翦吉士同心

古道蒼松　學博 王晉錫 邑人

皇路清夷擁節紛誰堪攬勝語傳聞單車古道遺高韻
按轡洗吟有使君衰柳隋堤煙漠漠青松楚雨翠沄沄
盤根不惜風霜老還共秦封映紫雲

古道蒼松　邑諸生 孟應衡

驛路拖煙帶遠岑紆迴隊列萬松森槐聯複道休誇綠
柳搆長廊不羨陰映月旋招仙鶴舞驚風時作老龍吟
者般傲骨撐天地萬國征車仰庇臨

遊遇仙洞 洞在九龍寺前　侍郎 朱廷立 通山人

聞道仙人此洞遊仙人何處洞幽幽白雲深住封丹竈
紫水潛流露石洲竅隱九龍時作雨寒飛六月忽驚秋
銀山鐵壁真雄麗風節何人能與儔

弔比干墓　錢梅窗 邑才媛

天步商家事已傾老臣肝膈最艱辛佯狂不肯爲奴態
抱器那堪去國情七竅丹衷懸日烈千秋青史照人新
停車欲把忠魂奠南澗無因覓藻蘋

贈節婦

慈竹森森節義門夫亡身在爲孤存少來不改冰霜操
老去終承雨露恩夜靜窗前弔形影春深堦下長兒孫
碧欄杆外斑點點不似湘靈舊淚痕

潛山寺懷古　縣令 陳煥世

我過潛山寺登堂拜昔賢科名魁兩宋道貌肅千年古
柏亭亭立温泉曲曲旋開尋讀書處石上滿寒烟

禪池寺留題　陳煥世

鬱紆陟高岫古寺正當門日映禪池静風吹荷葉翻疏
鐘敲未急宿鳥寂無喧三載重經過邀僧話佛恩

相嶺讀書臺賦事　胡 章

城隅宰相嶺嶺畔讀書臺書香宰執業崛起城山隈咸
山杳窅嵌崟鶱騰而盤結巨靈斧破生面開維山降神

必奇絕山人託養尊山居實官門公負蒼生望小築山
之原爾時薦辟罷進士專聲價升貢自本州合格第上
舍三試果何文而乃三冠軍詞臣是仙客諫臣是鐵君
延英殿樞密閣潞公尙在汴司馬未歸洛聯爲忠順交
兩府牢把握豎儒挾策忽越次附會周禮售術智袖草
莫遽彈新參理財說合主君意中原計日走臨安兀以
積恥籌餉籌兵思復燕雲十有三州地幽薊帥循役吏
補牘常落憂時淚介甫人言都不恤獨私書志齊年邑
神宗概寢格人君獨公疏入生疑長夜起思罷新法議
耐官幾曾涉調停轉覺耆英諸賢冷局優游輕棄置宰

相須用讀書人要於科名可無愧嶺際臺際咸茫茫矣
世胸中無物談經義作長短宜有天籟且次筆力健峯

桃花尖

桃花尖栰桃花影高捫參兮歷井躡我足兮蝸廬振我
衣兮絕嶺巔上青天嶺下壁錯磨陰陽鐵森積種得桃
花不作飯堆向爐裏煉精液忽然磅礴縱繁英五萬里
照扶桑明無師門術焚川木熊熊奕奕桃之精君不見
玉井泉猶流仙穴穴裏仙葩猶豔纈漁郎咫尺武陵源
無津可溯桃花屑

遊九龍洞

九龍盤踞勢磅礴爭凸坳厚石砟硌我從雲頂到龍窩
攲戛踝趾沒芒屩離奇紛詭各流形鴻濛闢時鬼斧鑿
或如雌伏或鸞翔或如獅蹲或豹搏或結芝菌或珊瑚
或如銅胎鐵骨鑄鼎鑊螺涎匏乳拖纍纍還如瞿曇大
士挂瓔珞杖錫携伴入崖陰絕壁兀排千仞削谽谺忽
掀齒頰張有洞泬寥裂川脚重厂黝黑梯磴嶔望無涯
溪峯錯愕疑是桐柏地穴上聯維星藏筐鶴汶陽天井
下繫會昌楚福爲脉絡燃炬促伺魚貫行爪徑龍蹏交
跳躍蝙蝠驚飛冒火過炎炎萬道走猿玃細碎幾積㕓
展裏穴見日光當面落光底漸次辨逕庭掌堵四周竟

展拓一橋横亘架空穹一塕挺直砌峭嶗石鑄風生腋
肘石潭水沁肌膜石案石几石屏淋嗒然坐我神仙之
石閣竊聞兵燹年土人於此避剽掠更聞亢旱年龍淵
祈雨施濟博只今人際昇平洞恬漠而龍未嘗起幽潛
又安知不戢鱗貯澤在深壑我撫長劍發浩歌劃然青
冥開橐籥

張睢陽祠

山河破碎賸孤身智勇如公信絕倫不是江淮營壘厚
定遠陝益幷疆湮人情大抵崇名教此日猶堪泣鬼神
郤記睢陽城下過西風吹淚灑青燐

文昌閣雙井

金人寶杵銅人節神濮壺嶺走寥泬伯益作井元雲生
占星望氣日奇絕玉檻銀牀事亞多雜揉聊饒廣長舌
欝林有井傍水涘其左甘濃右淡潔甯州有井嵌桐岩
上氣清涼下溫熱鴻臚掘引廖氏井十斛朱砂赤如血
阜翅鳥巢蘭和井濺灑着物黑如涅廬陵井共甃石鉄
取爛糜粥色各別上九勿幕以口分誰爲關鍵靈提挈
淦川東皋爲鎮山三雁投河過城闉一雁飛入文昌宮
羽毛豐滿澤冰雪兩井相距數武遙就中黃白都香洌
曰者似澄皤家源黃者似鑿崑崙穴味性應可辨泉根

清濁以尺界地脉槖籥難拘恒理求(井)滀開通混沌訣挹
洼不改億萬年王明食福願常渫

邑先達顧廉使墓

奏賦早通籍承恩更典刑彩鷁飛雨露白馬走雷霆一
顆提綱印雙函執法星風清鈴索靜槐影鎖深廳
節使朱軒出觀風五術憑分巡行是雁直指捷於鷹封
斧雲埋骨彈琴雨溼膺至今塋墓石矯首裂孤棱

紫潭弔李孝廉玉

毒手老拳賊氣驕排如山倒湧如潮冠軍炙頷噴鼻臥
都護晨起鳴銅焦坐此流氛長么麽散作百萬生靈禍

十家九家竄女男十城九城斷烟火君不見紫潭湖東
介通衢金戈鐵騎利長驅君不見紫潭湖北控大江錦
帆出沒提鳶覓螻蟻屯狐豕突乘勢烏合爲驤呼逃賊
轉遭賊剽掠不如併力聚守邀而殲之乃艮圖父老多
解事子弟競袒臂椎牛釃酒幟揭竿賊果易我不爲備
突然截殺數十人驚相踐踏走鬼魅比屋掇拾屢更生
僵尸白骨收枯淚而今尋說古戰場野塹村堡尚未荒
我對河干奠三琖魂魄猶雄在故鄉

陳求道先生傳後

萬弩傳聲官軍絕湖左湖右尸磔裂湖裏知時脫屣人

抗首長湖洗孤潔乞休不是戀身家罵賊亦非沽名節
就中白璧女純臣竄走被縛虎狼穴利刃甘如飴柔腸
堅似鐵握瓜厲齒與夫訣肉虀骨碎飛香血湖畔烟水
隔蒼茫千秋亘亘高雙楔

邑先達鄭太史墓

公先大夫廷獻賦顧盼未展江東步嬰婣需次將十年
金花籤貼臨川路親民更揀濟時才鄱陽湖水灑春露
緋魚綵伏虎頭符官成只是讀書故讀書都冀續書香
幾人子入甯馨數黃河忽瀉洗頭盆此事強半係門祚
太白出地千丈高去天尺五紫鳳毛敬與岐嶷稱內相

對仗草制以文豪使車一綱落空碧岸收翡翠水鯨鰲
於今風雨寒玉局繙經署銜更誰屬偶撰栗枝攙黯默
漠漠烟霄逝黃鵠

黌宮棠樹碑詩并序　訓導　胡璧華　蘄水人

黌宮棠樹碑爲前學博潛江劉東皋先生刻也先生諱
效曾由貢生累官至代州刺史其任咸甯教諭也在康
熙戊午己未間此碑撰自山陰王蕺山明府後有鄭進
士邦相跋書法勁秀蓋摹作墨蹟道光庚子春先生元
孫春畹茂才館縣署幕中暇即來訪此碑余導以勤石
之處完好如初茂才喜錄其文以去余於是嘆先哲之

轂貽罔替而好賢者之表彰於前流傳於後閱百數十年而不令其銷歸無有也其比於甘棠之封也固宜因作黌宮棠樹碑詩一章示茂才用識景行之意云爾

我識何水部得交東閣客春曉爲何璜溪明府西席昨朝不速來向我說往昔祖曰東皋公黌宮有遺蹟當年棠樹碑尚存一片石手自剔苔蘚齋廊費搜索我趨廳壁間摩挲在咫尺不受風雨侵不借瓦礫擲文孫誦清芬撫覽更尋繹欣然抄一紙好證家傳冊感此發浩歎古誼異俗格道旁豐碣多半爲長官役媚者頌循良聞者輒詆斥倏忽姓字湮父老失考核先生一冷官聲譽何籍籍聞其

入官初宮墻猶局廹托缽效緇流廟庭始奕奕三復篇中言諸生藉扶掖教法不嫌拘切磨期有益三載依鱣堂寸陰儆駒隙去時各攀轅呼一諾者百重登李膺門再築揚雄宅碑載先生御篆時士人築舘留之宜茲庠序中衣被詩書澤傳之百十年春風生講席愧我承芳踪每負素飡責師資緬純儒追慕似親炙試臨逸少書還問鄭莊驛一碑尚封棠名豈爭旦夕況復蔚孫枝令緒衍清白花萼競才華春曉昆季舉孝廉茂才者十餘人世業富羣籍他年過雁門宦蹟並採摭遺愛留棠蔭處處當護惜作詩賦寫藏斯人今召伯

留別淦川諸同志八首　前人

七年潘髩竟飛霜樗散何期入薦章薄宦久分桃李艷清才先護藻芹香屋烏秋去營巢壘櫪馬春前過戰場去臘閽警用兵幾月餘無恙雲山離緒永蘋花溪畔繫垂楊

回頭兵氣弄潢池檄召諸生聽指揮刁斗傳籌風似剪節帥駐咸後予備諸紳守城雪夜不懈轆轤轉粟雨成絲正月奉委往茅坪防堵旋冒雨運糧赴營從容尙覩膠庠禮奏凱同吟雅頌詩吾道干城伏忠義兄經幕府受機宜大兵進攻時節帥先諭購諜人祟招內應

一第真如蜀道難余應禮闈八次鼓鼙聲靜忽遷官乘軒野鶴還論偉躍水鮎魚疊上竿初以從軍膺薦復因俸滿蒙大憲保題風味

那能忘苜蓿芳情端合採芝蘭青氈絳帳低徊切學舍授徒數十人鴻爪泥痕帶雪寒

頭銜冒笑冷如冰此去差同退院僧邀客試揮藏匣劍勸人頻剔讀書燈奇文共賞爭千古好境重看進一層梧竹森森多手植窗西仍戀忍冬藤前年得忍冬一株種之庭中因牓齋舍曰忍冬藤

淦水潛山往蹟多一編遺乘費搜羅利名蔑羨馮當世詞翰誰如李泰和梓里從新添卷軸蘭臺依舊起岩阿時雷鶴皋同年已官侍郎書生各有千秋業莫對殘碑但撫摩

湖下一塔響風鈴塔爲夏憩亭司馬纂時所建突兀峯巒影逼青冥

令甘棠宜入畫冷官文筆許鐫銘塔旁有亭曰憩亭予爲作記勒諸石無
多藻釆詒他日不定萍蹤指客星一事至今猶負負重
陽空訪孟家亭邑志金山有孟參軍亭予與同人議修未果
邈來倦羽正安巢老樹雲低月挂梢險韻每教師弟和
與書親付吏胥鈔方壽幽趣多栽菊郤感名場又繫匏
歸省好娛毛義舟倚閭幾度望衡茅家慈齒踰七旬
覺宦軼事口碑傳誦向蕭齋慕昔賢舊雨肯來今雨後
出山須記在山前聰明善用都關福文字知交總結緣
豈有去思留講席詩瓢持贈轉纏綿

郤饒金　總河　葉存仁　邑人

月白風清夜半時扁舟相送故遲遲感君情重還君贈
不畏人知畏己知

桃花洞懷古　邑庠生時年八十有七　劉駿重遊泮水

唐賢李北海肇蹟自鐘臺古洞千年闢桃花萬樹開異
時推健筆當代仰風裁少坐雲迷徑書聲隱隱來

書臺懷古　劉駿

宋室傳文簡名賢援大魁潛山垂榘範樞院擢鴻才不
附青苗議牢清赤縣灾我行經相嶺月色滿書臺

筆峯寶塔　劉駿

一塔亭亭拔地起飛空插入青雲裏疑是崑崙山上玉
笋抽天風吹折矗滄水又疑巨靈削成卓筆峯神斤鬼
斧移置此憑虛結搆費周章賢哉邑侯夏夫子侯膺邑
篆初下車詳問塔基實有無僉稱古塔鎮水口巖家嘴
距數里餘勞瘁不辭披荆棘相度形勢大歡呼風聲所
樹爭奮迅七級崇高越浮圖初平仙術類長房一朝叱
石遍山岡何處覓得秦皇鞭鞭石疾走如鞭羊不待期
月功完竣筆花四照耀文昌我來登塔躋塔頂舉頭雲
際與天近四望羣山齊俯首頂上圓光精炯炯鐘臺岫
兀夙鍾靈北海名高氣凌雲文簡科名更濟美三元聯
捷第一人後先相輝映茲塔合題名元燈千載今未墜

拔茅連茹慶彙征

贈僧印川　邑貢生　胡文健

余足跡偏南北方外交遊不少有工指巖者有善雲
林者有以一秤見智飛白呈奇者兼此固寡兼此數
端而又精於文墨不愧詩禪具上下古今之識者爲
寥寥吾咸金山寺僧印川實有夙慧而於海內淹通
之儒無往非師即無在非學而種種皆工焉余年亦
漸老深契其爲人他日以海岳之遊期之遂紀諸詩
云

天下奇男子乃在空門中聞音汨海水展圖起天風方

圓兼動靜落紙非人工鐵畫與銀鈎兩兩姿態雄是何釋老座翻忝孔孟宮五經昭鼓吹諸史噴筆鏞往往忙得句星斗驚蒼穹掃室莓苔淨騎鯨漢路通他年題五岳令我心無窮

九日登馮文簡公讀書臺　胡文健

雁來燕去歲華更遶郭青山一片横有客登高尋勝會何人歷刼擁書城帽中菊插三秋色嶺外碑題萬古名無限蕭蕭飛木葉西風猶憶舊時聲

東皋文筆峯　胡文健

高峯秀插本天成十丈芙蓉未許爭遠望毛錐三寸立

近看斑管一枝生吐花定有江郎賦走距還增白傅情入夜繁星千萬顆是誰捉筆點分明　呆而且俗毫無詩氣

西河橋　胡文健

古道中分一水流行人徑渡未呼舟誰將十丈長虹駕能便三千駿馬遊洞口桃花吹細細山間月色動悠悠臨邛自昔傳司馬借問題橋可再不

浦烟晚翠　邑貢生　孫燦文　芾仙

野浦蒼茫夕照時晴烟點點色紛披藍拖遠渚雲初淡碧護清溪日漸低有綠環山描不盡是青着水畫相宜橋頭小立情何限楊柳依依十里隄

插笏晴嵐　孫燦文

插笏峯頭兩乍晴嵐光曉帶露華輕雲牙有意排金闕文竹何人拜玉清影入湖心攢浪碧霞流谷口逐花明崔巍卓立同欽仰木落秋高老氣横

東皋懷古　邑貢生　蔡發仁

有宋文臣跡尚新東皋山勢擬嶙峋能襄樞密真名士不棄糟糠即古人相嶺雲濃曾作雨書臺月好漫封塵芳規近取蓮池畔青草年年一樣春

桃花尖　僧印川　邑人

峭削排空出峩峩勢接天半凌千磴上迥出萬峯巔有

鳥沖寒谷懸巖響石泉桃花千朵放春色信無邊

春日遊洞口　僧印川

花發到人間空階只嘖嘖尋徑入幽棲芒鞵歷阡陌携手河梁上依稀數峯碧高峯别有天石門仄盈尺中現小桃源境界信所適乍來也笑庵危然立山脊是誰種仙葩一覽供奇擭曲曲泛清波游魚梭滿擲行人路上稀柳青不傷折二大寬俛仰杳與塵緣隔只有摩霄鷹翛然遠振翮我掬龍泉飲清風生兩腋　每字靈虛不愧詩僧之稱

鐘臺山懷古　邑庠生　葉啟忠　盡臣

著屐登臨引興長鐘臺山色鬱蒼蒼地留勝蹟雲俱古

徑步前賢草亦香尚憶秘書窺萬卷會餘文藻冠三唐
翰林六絕羣推重豈爲顛狂名始彰

無題五古四首 甲寅正月揚州萬福橋營中作 雷以誠

西隅有老狐出沒何逡巡並我生世間悠遊此大鈞多
年學拜斗善媚如美人入邸先高睨時虞睡豹瞋徘徊
河裏冰傾聽尤頻頻憑地只自固多疑性所生以此勞
深宵飛仙術難成狐兮亦大苦青翰慚獻珍
比隣娶妖婦自媚同名姝出身縱微賤未弁隨良夫豐
贍供驕奢幃薄焉得拘恣樂床第深中年寡翼雛嬋美
早時嫁妾身無完膚忍使夫嗣絕不復分懽娛夫齡亦

已老婦顏亦以枯嗟哉行將盡怒獅徒吽呼
穴鼠求稻糧有皮亦有體所竊原不多夜動晝或止惟
彼豺與狼貪饞未云已當道恣啖食剝膚并吸髓穹昊
稱好生胡爲復鍾此相育且相害萬類倒顛裏鳳儀獸
舞時不乏饔飧矣在唐尚優容及虞遂殛死彼象猶身
焚買禍得非齒剢茲猰狗餘嚼齧能有幾
鳳凰鳴高岡栖梧並食竹百鳥紛相朝五色爛章服麟
麟遊近郊麕身角端肉四蹄胡仁厚獨憐衆草綠騶虞
亦珍禽君子行躑躅此皆王者瑞大化紀穰郁如何梟
獍生殊性偏慘毒飛走歎噍類高厚昧鞠育九頭乳贙

輩呼引兢相逐鶡鴻無處栖獅象恥與屬仗義鶻奮拳
赤心豸善觸雨露兼雷霆春温有秋肅殃祥須自求莫
負因材篤

灤河重九普達拉登高遂至扎什倫布祇瞻五古
百韻 普達拉者漢語普陀寺也扎什倫布者漢語福壽須彌也 雷以誠

皇朝經世遠
列聖善繼述鼎定都燕京坎隅現蟾窟函谷關隘同灤
河祥雰集地蟠雲龍鬱天闢氣象闊爰爲
避暑莊儼向極樂國非萌遊豫思潛運控弦烈 御製驕詩意
驕聊示威弧矢並觀德締造啟屯蒙

談猷勝汨漆黃教爭皈依 西藏衣冠尚黃曰黃敎 赤衷兢栖息量
原若昊寬化北置郵疾柔遠自能邇洽肌遂入骨始徠
喀爾喀繼蹤厄魯特班禪亦神移 西藏稱活佛當時敎主 後藏與
顧切道里輕萬千
文母齡七十 時逢太后萬壽 欲來難便拒馭之當令悅 御碑文意
羣鳩
福壽工那吝帑貴億此處經營周彼邦堂構結房舍倣
幽邃浮屠聳突兀似聽獅子鳴宛致象王歌 山廟寶塔及僧房器
物一切皆仿照藏衛式樣寺門外有石蹲二像 醒迷喻槖駝談經解刀蜜靈臺
總莊嚴寶珠勿墜失 高廟曾與班禪說法

綸綍幾行書壑峻數文碣龜脊座相連
龍文紀從實明以奉三無隱堪珍六賊信果及豚魚義
弗分畛域
堯仁蕩無名
舜孝妙有術諸藩悉順軌九疇符歸極夏苗秋省旋前
矩來茲式越自
睿皇寶慎終
宣廟惻
園林尚依然崔嵬悵靡迻遷流直到今倉卒初
駐蹕道本能方圓神應審機括去邠踰梁懷卜澗營洛

識豈類蕪蔞亭尚留壯麗闕
繩武學箕裘
貽謀承燕翼胥或寓深思茲適濟孔亟往歲伊江還頹
年愷澤溢寸衷感難宜三接詞未竭回都履新任理刑
權矜恤夙夜禱
乾健始終鉴
震出誓將剖心肝冀少酬毫髮詎意須彌摧頓教夢魂
怵溯泣落潸潸痛惘增怛怛差幸膺光祿攸司重典則
以此馳
行在藉堪効本職哀號跪仰瞻惶悚欽

淵默
聰明慶天亶張弛孟人傑
篤生艮匪偶上蔵渺難測泰轉陽回三復來數計七奐
更歎已經辛新占周弌珠聯賦於昭璧合光鮮潔百穀
又用成兆民喜盈室寅恭果一心子諒當四達徐圖臻
上理庶可副中懷忽爾念前縱悠然尋往轍意馳普達
拉時會重陽節插菊強白頭題糕愧錦舌醉無絲蝗攜
便且烏紗脫塵靜氣彌清霜輕寒稍抑途間風景和望
裏畫圖活件寡孟嘉侶與欲陶令匹幸免吏催租奚需
榮賜橘莫把茱萸看休希薏苡給但見彩雲烘郤與瀛

洲別磨湖鏡未開挂泉帛不裂（惜無水也）蘇隄謾記西蓬島
繪宜北芾厭山容瘦乍驚鴈影逸環嶺擁千里屏樹綴
五色蓮池想金砂鱗甍燦星日（亭瓦皆銅鍍金）攢簇誰機杼高
低自凹凸嶂畫飛蛾張峯因聲磬屹（有磬槌峯）停車盼丹楓
掃徑堆黃葉櫛墉羨比崇父老歡刈銍羊犖牛復菁角
濺耳尤濕采茶剛授衣馨椒和香苾蹺跳緣木猿奮迅
摩空鶻行早麓邊栩栩古岩側休畏仰彌高何嫌逕
迂折寺僧作鶴引家僮振駑力列子健尻輪謝公紛屐
纈勢共累三層階逾五百級梯磴木石分明暗堂奧窗
櫺鐫出世尊銅鑄幾千佛冬狩虎遺皮萓藹贖存餙有

高廟射虎皮及鞁韂等法物錦聯參妙諦
宸翰景椽筆悟到法無二額懸道歸一皆高廟御筆額聯透迤
巔頂升彷徨竿頭立褎裒羅兒孫撥採歌樸棫秋水蒹
葭思芳蘭沅沚側日新憶湯盤煙開探禹穴定知熊入
夢應卜天賚弼掃蕩氛祲消清曠弓矢戢然且敬益强
希彼聖而哲嚬笑謹勿微好惡關賞罰寂寂常滅如惺
惺審所發冀將玉石區偶采芻蕘得世早慕羲皇今方
賴契稷勤儉克邦家温恭兼允塞返樸行歸眞敷教當
先食不見
帝作歌年年觀稼穡圜垣東南隅上建觀稼樓有高廟御製五律二首

留別諸同寅七律十首　雷以誠

縻祿蹉跎四十年何當去國尚情牽非嗟計拙圖温飽
爲悵時艱乏斡旋
丹詔親書來萬里卿班晉秩已三遷衝寒冒雪趨
行在瞻仰
癯堯淚黯然
榮占三接獻芻言
天聽虛懷未厭煩就近籌糧先固本及時錫賑爲培元
師徒選練軍威壯泉府流通
聖語溫記別

龍顏纔幾日爽鳩兼象復承
恩
億萬同聲望
帝回鼎湖閶變寸心哀攀髯無計隨龍去奉
駕陪班戴日來赤舄綢繆尊
繼統新猷渙汗頼眞才珠聯璧合昭天象老眼欣看泰
運開
豈緣討典始陳謨一點孤忠不厭愚時感
深恩同覆載似憐晚景傍桑榆自
天降命人休詑放我還山迹不拘郤笑尻輪差老健登

臨幸免倚節扶
閉戶春寒理舊文唐花暎雪發清芬且韜牀劍珍三尺
好覓襟球重萬斤時鳥臨風鳴向日新苗膏雨碧如雲
有情驛柳千絲綠繫我離懷趁晚曛
開藩陳臬只虛名過眼浮雲此念清詎有愚忱孚夙好
漫勞元老慰孤情鴻圖全仗羣公立大廈還資衆力擎
局外觀棋無妙著冀爲霖雨活蒼生
回首時清屆指頻悲歡離合總前因杏林衣鉢歸千佛
座師皆已捐館蘭譜簪纓膺幾人往事不談如脫屣古稀將届
有長春江雲燕樹情何極萬里飛鴻一尺鱗

志中所載今人中
以此公爲最以它
詩各體俱佳也

世味酸鹹已備嘗今辭
帝闕返江鄉蔦蘿締好情仍繫桑梓聯交意總長時悵
干戈猶滿目地分南北寫離腸近聞楚水鯨波息得便
烹魚食武昌
升沉夷險九年中學道慚無面壁功未到如來忘解脫
已將世界等虛空溪邊時對淸波綠江畔遙看曉日紅
教子讀書還課士依然寒素舊家風
生還尚記玉門關況荷
恩濃接
聖顏棲馬垂衰猶戀棧籠禽縱倦忍歸山自嗟白髮隨

年長徒矢丹心對日殷但願妖氛齊掃卻凱歌飲至慶
朝班

章柏山頂　童文樞

久作醯雞處飛行甕中亂山天地寬大壑古今空勢
健雲橫鳥光懸日盪風飄飄無檢束翹首望冥鴻

仙人磴

鐘臺山下仙人磴仙人足跡深數寸仙人飛去久不還
空山一足千年證廣石如枰淨如揩夜深飛上看鐘臺
山靈來往哀其苦六丁開道挾風雷我欲取向案頭供
以手撼之山骨動仙人一足如泰山夸娥頭仆山靈悶

天官妙手雷斧痕水火不爛風雨噴終古山頭叱不起
笑殺金華牧羊人

蘋花溪

卅年不識蘋花溪今日來此纔見之蘋花仙人拍手笑
笑我同鄉識面來何遲君看山水尋海嶽豈知閒雲無
定腳眼前木石皆空靈混茫大塊何處著閒來鍊丹向
深谷吞吸山光飲溪綠蒼龍白虎圍丹爐鐵笛一聲裂
山竹雲衣風馬起高真荒烟亂石更何人手擷蘋花一
葉水爲手洗去十斛塵獨立溪上無一語斜日空林噪
黑虎始知山水無生氣岱嶽不靈江海廢毛羽忽生心

神開仙雲掖我登鐘臺縣崖舉手揮萬山大呼三十六
洞主人齊出來

宿望雲菴

古菴結搆高山腹日暮羣山亂進屋塵龕無燈待月來
黃昏佛面觸蝙蝠蕭蕭夜籟生虛壑星月滿窗風雨作
關心早梅要護持自向庭前喚白鶴

登潛山

危磴得風挾乾坤屐笠孤捫蘿驚宿鳥蹋草起潛狐肆
光橫詩思崎嶇想世途少年輕虎豹心胆尚疎粗
石劃寒雲急天吞絕壑空飛泉噴輿軫仙洞閉鴻濛壁

立崖馱屋秘𨞬日隤颰不逢勾漏令丹井洗餘紅（字之設於鍊丹）

貲福寺芭蕉呈寶月上人　張秀澍

芭蕉千葉裂劍戟幾層深似我纏緜性如師解脫心涼

嗔三伏雨綠借十方陰甘露藏何處披衣趁曉尋

蘋花溪

環渚水泱泱天風響珮裳仙去溪山冷春來蘋藻香白

鷺一雙下鯉魚三尺長欲問燒丹處孫英綠渺茫

贈同邑余韻笙殉節龍里　吳鳳藻

苦把金戈向日揮難將單騎拔重圍兵臨壁壘孤城陷

八抱河山正氣歸白髮雙存悲鴇肅（時父母具在年俱七十）丹心

同勵泣鴒飛（其季弟亦殉節署中）黔陽廟貌森然在幾樹寒鴉噪

夕暉

新建奎星樓　吳鳳藻

瓊樓高映遠峯青像列奎垣俎豆馨百尺畫欄迎曉日

千秋彩筆煥文星光連牛斗瀛洲近秀毓科名淦水靈

馮相書臺看對峙莫徒風月玩窗櫺

杜亭　吳鳳藻

憩亭曾建綠楊汀（在嚴家嘴塔旁前令夏侯字也）又覩名山杜母亭下

邑偏多賢令蹟芳蹤爭仰哲人型棠留召伯思遺愛碑

勒羊公感舊銘不獨登高傳孟叟風流徒憶屐痕停（邑東山有孟公登高高）

錢陸二貞烈女紀事　童文樞

賊變官兵兵變賊豺狼之性不可滅（測）夜入咸城人莫測（紀滅）

婦女畏逼多自決城中古井尸半塞錢氏陸氏女更烈

大聲奮罵斫頭賊引頸受刃賊刀折羣賊環觀盡變色

吁嗟乎十年世難橫亂尸人道一線將屬誰恨女生不

爲男兒禮義廉恥國之維乾坤骨子須扶持何物女子

能如斯城南詩人爲作詩拔劍擊柱撞玉巵丈夫肝胆

與鬚眉女兒纖弱鬢垂垂東門山石何離離女貞之木

高無枝照耀吾咸光不緇女不磨滅女應知我有鐵板

與泳綠詩成一彈一詠之

偕咸某珠山寺納涼（偕出素紙索書賦此）　邑人章雲海（西谷太學）

偶然避暑到珠山暑氣全消頃刻間數里鐘聲林外落

一溪泉水寺前環桃花恍彿紅迷洞（山門對桃花尖山）苦竹依

稀綠遶灣（隔寺半里許地爲苦竹林）草罷龍蛇僧意愜殷勤送我

嶺頭還

桂子樓　章雲海

漫道元龍百尺樓曲欄憑眺豁雙眸軒開曠壄心俱遠

座挹淸泉興倍幽（下里許有大小二泉）半榻薰風花影外一簾明

月竹枝頭時當溽暑忘三伏閒望嘉禾綠滿疇

淦西宗嶽橋十咏敘　　邑人孫燦文

淦西宗嶽橋古西河橋也遠吞北浦高枕西山接鍾臺而桃洞春開鎖珠林而金燈夜燭木潭横水晶之鏡石壁森雲母之屏插笏朝天帶河絡地鳳嶺標於雲漢虹光射夫斗牛　先嚴君結構方新氣運壽嶽鄭明府嘉名鞏錫日照豐碑（鄭公諱步馨乾隆丙辰蒞咸甯先嚴修西河長橋功竣公爲記碑立橋東）文也讀書玉閣掃榻山椒興匪逸而遄飛情以長而起舞敢云江山得助但冀風月無虚十日既成七言用賦惟引亭雲之鳳倚曲而歌倍教醖甕之雞劇談益韻（詩錄十首之二）

北河風帆

風濤九曲送吳頭鎮日長河過客舟數點行雲齊地上
一行征雁共天浮浪花遠破春江綠烟樹同分古渡秋
欲問中流朝繫處蓬萊海濶近神洲

洞口桃紅

十分春色九天回玉洞桃花趁曉開採取元都紅萬樹
裝成花縣錦千堆人家雞犬丹霞裏野寺龍蛇赤水隈
當日武陵爭路後而今又向此間來

過官埠橋遇雨　邑貢生胡春燦

春烟蓊碧不成絲馬過橋邊細雨時爲愛如酥官道潤
袖邊覓句意遲遲

宿稼成鋪　前人

稼成鋪外屋寥寥幾箇人家傍石橋一夜小樓渾不寐
雨聲嘈雜滴春宵

冒雨過鯿魚洲　前人

屈指芳城近梧村路已遥客懷縈釣艇詩思壓驢腰細
雨洲邊樹蒼烟水上橋徐行聊按轡莫羨馬蹄驕

雨際登禪臺山　邑增貢吳兆榮

霏霏雨際到禪臺一壁葱蘢列岫排緑葉扶身衣帶潤
青山托足地無埃閒乘石磴梯雲上恰見天池澈霧開

好鳥依依聲在樹應知悦性去遲來

長湖烟雨　黄岡教諭陳輿本培之

一望長湖輕散縷半是新烟半是雨迷離不辨三兩村
但聽款乃數聲艣艣數聲天不明水天一色兩相縈滿
湖紅樹雲烟鎖漁翁把釣戴笠行戴笠浪聲急四圍
薄霧繞城邑祇待上天晴霽開太陽無處不收拾

相嶺閒雲　前人

雲本無心者閒從相嶺堆將行猶似住欲去又旋來帶
雨迷紅樹隨煙鎖綠苔馮公遺蹟在登眺亦悠哉

石門潛跡 公修志後即遁跡石門寺詩乃此時所作

禪林鎮日靜無譁雲鎖深山落照斜仕路羈人誰轉步
鍊爐鑄我便爲家階馴烏雀幽情適座理琴書雅興賒
卻笑陶潛植五柳榜門猶未避聲華

舟次斧頭山

白鳥孤雲自往還西天斜日半銜山片帆高揭風頻順
一葉歸來月作彎已過洪濤千百尺旋依茅屋雨三間
榜人倦極聊沽酒飲對鄰舟共話閒

續輯咸甯縣志卷之八

雜紀 災祥 兵防 耆壽 拔藝 流寓 仙釋 金石 拾遺

介甫雜說雜而夸者也酉陽雜俎雜而誕者也志編雜紀毋乃類是然物以相雜而成文矣左氏有外傳史有稗官是已况上下古今天道之變人事之異物類之繁賾恒日出而不窮使鉅目宏綱采入各類此外概指爲駢拇瘤贅之屬不幾有絲麻而棄菅蒯耶夫網羅散佚作者之事也太史公上述皇初雖書闕有間猶考其軼於他說志亦史類也志雜紀 壬午續志補

災祥

古來災祥不一而俱歸於天心仁愛匪曰垂象以示吉凶已也若何而旱若何而雨若何而草妖木怪若何而星退舍若何而蝗不入境虎渡河天道固在人事之中亦甚邇矣愼毋泄泄以處而坐諉於莫可知之數夫數果無可回也天亦竟虐之而鞠凶之矣何爲先事而示之哉苟悅曰其本在地而上發於天自人招之則亦自人弭之耳震无咎者存乎悔在朝廷則問君相在一方則官斯土者曷可辭焉志災祥 王志

災異紀 宋眞宗景德四年始名咸甯紀災祥自宋始

宋神宗熙甯元年天雨白氂狀如馬尾長者尺餘瀰漫

山谷　哲宗元祐七年雨土　徽宗政和八年大水
孝宗乾道元年大旱　淳熙元年大饑　三年旱　八
年旱　九年復大旱　十五年久雨害稼　甯宗嘉定
元年冬燠如夏　六年大旱　元成宗大德二年旱
仁宗皇慶四年旱　泰定二年屯蠖食桑　文宗至順
二年大饑　明洪武二十二年大水　永樂二年三月
火　五年十月地震有聲　宣德八年大旱　正統二
年六月七月連雨大饑　景泰元年春大饑　四年大
水　天順四年秋大水害稼　五年夏大雨水溢　成
化元年大饑　四年大水十月辛亥朔地震有聲　六

年大旱民半流移　三十三年春正月地震　宏治元
年大饑百姓餓斃無數　正德元年春大饑秋大旱
二年春正月不雨至於三月雹殺禾麥　十一年桃李
冬華　十四年夏大水秋大旱　嘉靖二年春夏旱大
饑　七年六月風雷拔木秋大旱饑　八年蝗飛蔽天
十一年大水　十八年六月蝗飛瀰障天日　二十
二年六月暴雨大風塗水入市風拔木　二十三年夏
大旱秋大饑　二十四年饑疫　二十八年夏大旱冬
十一月地震　三十一年大水　三十三年夏五月至
九月不雨大饑十二月地震　三十四年十二月地震

三十五年大水　三十七年十二月地震　四十年
春霪雨大風拔木　隆慶二年夏大水舟入市　五年
民訛言兵至鄉邑驚擾旬日始定是年牛生五足　萬
歷二年木稼　六年四月壬午朔雨雹　十年大旱
十一年大旱　十二年春大疫　十六年戊子歲大祲
人採木皮以食饑死者甚衆　二十七年丁酉大潦舟
人泊西城闉以渡　四十二年甲寅蝗入城歲大祲
天啟四年甲子春木稼合抱者皆折是歲大潦　崇禎
七年甲戌六月地震屋礎動搖臥者多撲於地　十一
年戊寅雨土地盡白是年賊薄城下遍城戈矛出火燄

烱有光冬客兵駐西郊騾產駒　十二年己卯冬木凍
城北房屋有雀來集　十四年辛巳蝗入城是歲大祲
國朝
順治二年乙酉大疫　九年壬辰夏秋不雨歲大荒前
官捐俸粥饑民其不便粥者給穀存活　康熙二年癸
卯五月二十一地震自東徂西有聲秋七月大水舟自
北城頭自泛入城是月天鼓鳴　三年甲辰三月雨雹
如塊殺麥好事者拾之不數十已盈缶中空一隙碓之
迄不爲動入水輒化　四年乙巳正月二十九天鼓鳴
經時方竭九月二十七天鼓鳴如巨砲然　五年五月

二十二河鼓鳴自戌至亥方止　七年二月天嗬白晝如夜雞犬皆驚六月地震　八年四月十四風怪吹折民房數十間湖浪直躍千壽山木盡爲偃拔　康熙戊申六月大墓山有龍突現頭角三日鱗甲晃如金赤居民往觀之忽白晝飛騰穿山爲河蕩民蓄產越十數里　七年七月有土龍遊於衙前既而雨霽不能升躍市兒繫其頸以戲於市　舊志乾隆戊申大水進北城直抵中城　嘉慶七年壬戌大旱　十四年己巳大旱　十九年甲戌彗星見　二十五年庚辰大旱　道光十一年辛卯夏大水進北城門秋有獸如貛名豺狗入鄉

村噬小兒及犬豕類即至邇年尙不時出見但不大害　十二年壬辰大疫日色雜白疫行自辛卯冬至是年秋止　十三年癸巳大水抵北城下　十四年甲午四月初二夜大雨驟至疾風迅雷吹折牆屋不少大樹亦被拔倒　十五年乙未夏旱蝗大饑　十六年丙申彗星見冬雨雪如線　二十一年辛丑冬大雪平地數尺氷堅如石　二十八年戊申大水較辛卯年爲甚　二十九年己酉大水較戊申年尤甚淹及山坡壞民廬舍無算北城上水深六七尺舟直行入城　三十年庚辰春大饑　咸豐四年甲寅正月兩日相盪乍離乍合是秋大旱　五年乙卯夏大旱　六年丙辰大旱自五月不雨至八月民病於汲歲大饑　七年丁巳秋有星見蝗自東北飛來蔽日遮天數日始散幸穀已登塲不至大饑　十一年辛酉彗星見水抵北城冬十二月下旬大雪平地深四五尺行人多凍斃湖面氷結厚尺許車夫擔脚竟有履氷而行者　同治元年壬戌冬十二月至癸亥春正又大氷凍是歲夏秋大旱　三年甲子旱秋冬之交鄉間雞毛有片片如剪斷者莫解其故　四年乙丑秋旱尙不成災　五年丙寅夏六月大水衙署後城關不沒者僅二尺許　光緒八年壬午七月間東啟明星光散如

彗或以爲蚩尤旗或以爲太白經天　九年淫雨麥紅食之腹痛吐嘔

祥異紀

宋眞宗天禧辛酉五年德星入翼十二度馮文簡公生　仁宗皇祐元年己丑祥雲繞華蓋星馮文簡公是年大魁天下　宋神宗熙甯二年麥一本三穗五穗凡十四莖　元豐元年麥異畝同穗　元成宗元貞元年野蠶成繭亘數百里民取爲纊　明宏治五年學宮產桂一枝　崇禎十五年壬午元旦縣學大成殿紅光偶見衆以爲火也赴之經時始散　國朝順治七年八月有鳥大差於鵬棲宿

東皐山三日而去　康熙戊申年三月黌宮桂結子盈樹其大如穗士民多採藏之　道光三十年庚戌麥穗兩岐凡一莖至四穗五穗　同治二年癸亥冬至日甲子日月合璧　三年甲子麥一本雙穗三穗四穗不等

兵防紀

咸非用武之地也然近隸鄂省相距不二百里遠通岳湘爲諸邑屬道所綰轂用武者恒必由之明季流寇往來獻賊陷咸闖賊亦恣蹂躪近者咸豐之初粵逆土寇相繼仮擾受禍最烈矣　本朝兵制縣設城守把總官一員官兵五十名戰與守均無足恃倘烽烟告警團防

顧可忽乎哉志兵防　壬午續志補

明崇禎十六年賊張獻忠陷咸甯忠僭號武昌爲天授府據楚王第鑄西王之寶設僞官開科取士李自成在襄陽聞之忌且怒貽書譙責之左良玉復西上僞官吏多被擒殺獻忠懼乃悉衆趨岳州道經咸甯遂陷之

本朝乾隆四十年崇陽洋泉洞教匪蠢動正月官兵駐咸防堵　道光二十二年壬寅春正月崇陽縣爲錢漕起釁亂震動全省三月總督裕泰提督劉永孝兵駐咸城計平之維時城內居民遷避鄉曲者十之八九二三月後仍復安堵如常　咸豐二年壬子十一月十一日粵匪過境東西關外廟宇盡燬幸追兵在後未甚受害迄十五六日潮勇至蹂躪不堪紮咸月餘始走　十二月初四大霧省城陷　三年癸丑正月初四賊全隊出城走以次陷九江金陵是年冬復由江右擾興國武昌至金牛　四年甲寅圍省分擾咸甯并崇通蒲嘉各縣直至湖南境咸城外房屋多被燬壞　六月巡撫青麐因糧缺無援棄省由岳走荆賊勢愈熾　七月初旬禮部侍郎曾大帥國藩命郡丞川人李光榮克復咸城比因賊衆兵寡不敢駐紮旋歸大營賊仍猖獗初八黎明蜂擁入城士民遭刃死者十餘人赴水死者十餘人幸督

糧塔齊布方伯羅澤南大兵至賊棄城遁追至横溝橋地方大獲勝仗殘賊復往東竄迨八月克復省城鄂屬始安　五年乙卯曾大帥九江失利賊復上擾二月省城又陷賊分股擾湖南由咸經過民多徙避　四月鄰邑土匪乘釁入城燒城內及東關外房屋數十間城中士民遭戮投水者約十餘人是年冬巡撫胡林翼方伯羅澤南李續賓由江右湖南追賊克復咸城直　至省城四面圍攻城內之賊嬰城固守城外之賊尙分擾各縣　六年丙辰四月賊擾咸城知縣汪靜淵父子守城戰賊陣亡　五月羅澤南在省攻城陣亡　七月賊復

圍咸城知縣黃鍾鳴率鄉勇擊走之　冬十二月克復省城　十一年五月賊復擾咸六月提督鮑超成大吉帶兵擊走之　同治四年乙丑四月初七日鮑超勇叛擾咸戕官肆行擄掠城內之苦較歷年尤甚賊據城越三晝夜始走被擄者約二百餘人後計未逃歸者猶四五十人

團練紀畧　邑舉人

咸豐壬子冬粵賊自湖湘下竄過咸燬邑署武廟及箬一山資福寺安瀾宮時承平久民未知兵一旦難及驚皇萬狀鳥飛獸散不知所為不數日賊去又經潮勇之

擾民難安枕矣時六都小賽畈章鎮蔡程諸姓聞賊狀橫亘數里約為小團藉保鄉隅頗少安明年春賊竄下游鄉人耕鑿無恙團練遂解二都孝廉呂錫齋昆仲及國學鎮旭齋諸人集勇捕斬地匪朱九保兄弟石川畈一境獲安越甲寅春賊復上竄二都王水心茂才與錢翰臣諸君為同安社集勇殺賊勢孤力竭遂為賊戕社事亦敗時紅巾逼地寸步荆蓁加以焚殺同安閤邑膽喪又明年春十二都金家灣等處三十里多為賊燼聞者膽益落自是燒殺所至雖深山窮谷無或免當甲寅七月初旬三六都毗連之眾推章蘭室為團長立保康局初提勇巡邏新橋地方獲賊渠夏劉等斬之復得鎮君奇峯胡君朗齋塲谷沈灼軒陳瘦梅張爾玉數人與共事其勢益張章復纂團練條約二十款輯成卷刊佈鄉閭俾有所持循由是齊團練勇大小數十仗殺賊千計賊鋒少挫焉當是時賊勢方洶人心惶惶勢成騎虎不復可下出死入生艱險莫測流言警報一日數驚是豈一鄉一里之可以蕆事哉幸各鄉團局棋佈星羅一都縣城則有永安總局官埠橋則有大興局二都則有同安社固安局三都則有積善局局首為劉德隅周煥西慶經殺賊三四都邊界之永逸局四都之正德局遠

安局上五都之萬安局潘家橋局下五都之長綏局六都毘連三都之保康局保安局保安局長為周于訪周馨山朱煥南上七都之至誠局保定局下七都之定一局樹聲局八都之青衫局九都之長安局十都之永安局局首為雷都齋張鑾坡上十一都之善善局靖安局局長王道南諸人其團練亦為著名以及十二都有保和局上十三都下十三都各有局均能除匪安良保固地方咸民之幸免於難而得生全者亦團練有以維持之也其中親睦社三局上團為保安局中團為保康局得以無恙下團萬安局於咸豐五年春偽丞相鍾賊大

股猝至局首劉大慧黃正邦袝戕上中團鬨報提勇救援戰於咸武界高橋地方大獲勝仗賊夜半遁往金牛時二月十九日也蓋是三局者有事則首尾相應而又聯武邑馬鄉八里局爲邑東南屏障江邑三二局爲邑東北唇齒聯絡一氣輔車相依彼此乃相恃以無恐縣城一帶當湖南北要衝戰守均難受害尤深入多挈家遠避十室九空賊來則盤踞爲巢賊去則搜括如洗中閭汪黃二縣主屢任招募壯勇論各鄉集費以資然兵燹之際脂膏云竭多不應手勇亦旋集旋散咸豐六年四月賊擁入城汪主殉難本年七月賊又圍城黃主諭

保康局提勇救援賊偵勇到解圍去後稍平靜同治四年夏初羅邑侯在任霆勇至城猝變戕官害民縣城之苦較前尤甚此邑城之團練所以難也夫咸甯瘠邑賊去來無定奚堪迭遭此蹂躪哉所恃各鄉團同心協力以固疆圍邑城亦藉以環衛咸豐十一年夏下游賊竄至興國離城界不數十里未受侵軼亦團練之防堵周也自是閭里安靖人民復業除盜賊輯紛爭警頑梗維風化重文教樂正供至於今是賴則皆團練之爲也夫團練之法莫要於堅壁清野處處堅壁則賊來無所容處處清野則賊去無可掠又加以氣誼之聯偵探之勤器械之堅利武藝之高強守望之週密奸細之盤查則賊已無間可乘而且游惰之民易爲匪類則防閑之不少疏暮夜之行易爲賊緣則禁絕之無或恕謠言之惑衆反張賊鋒則警戒之無使傳事前則約束謹嚴事後則賞罰公正團練之要孰有加於是哉夫咸治面山背湖其可資保障者如大墓山銅鼓尖山成山砦黃茅山禪台山黑山蔣師洞及銅門城掛榜山桃花尖山黃山砦俱可修築以資避亂而惟三六兩都之桃花磧與桃花尖相連章蘭室向有桃花磧記列舊志其地利具載記中桃花源不是過也若修築完備隨宜佈置避亂最

爲完善其寨規一切章亦著有成欵是蓋團練時之可作退步而有所恃以無恐者又不可不亟講也其各局辦理情形年久不盡記憶姑誌其大畧如此

土寇紀畧　教職　錢光奎　少白

嗚呼民何不幸而丁髮逆之變也我　朝定鼎以來列聖相承湛恩汪濊蕃爾咸托庇仁宇食德服疇者垂老不見兵革二百年於茲矣慨自金田賊起嶺嶠豺貙狹烏合之勢踰粵西竄湘南水陸並下陸則由岳取道於咸向軍門統勁旅以躡其後賊不敢駐留直犯鄂垣咸故未受甚害此咸豐二年冬月十一日事也十二月初

句鄂城陷次年正月賊棄城走以次陷皖省各郡邑逕
取金陵時咸猶未有土寇也迨四年正月賊竄黃州復
上犯鄂垣土寇若李正純縣七都人黃自賢縣二都人王世蛟陸
保禮均縣十二都人遂紛紛從逆助亂矣先是咸豐二年賊未
竄楚北上憲檄州縣諭飭紳士團練捍衛鄉里咸邑侯
子隨莫公叠次札催無應者惟同安社毅然集壯丁議
條約籌經費備戈矛倡明大義肇起團防頗有端緒至
此土寇肆虐遂激發衆志與之搏戰屢擊敗之賊實畏
鄉團必欲滅之以立威四月十五日夜伺團不備合衆
大至勢不敵遂潰同安一潰愚氓懼焚殺之慘相戒無

敢議團者由是偽丞相劉鬍子江夏人偽軍帥祁國富縣四
都人自逆黨逃歸藉賊官之偽號結綠林之巨豪虎負城
隅虛聲恫喝鴟張鄉里極力括搜而偽疏附黃河梓營
尨莊即尨莊人偽總制余慎貴踞石洪即石洪人偽百總陳元通
紮馬橋即馬橋人偽頂天侯度章訓屯官埠劉典硝縣三都人横
行於柏墩梅泰啟縣一都人盤踞於長壽謀主則有陳文思
縣官埠人祁學餘縣四都人何安憲太子廟人沈家庸縣二都人各賊頭爪
牙則有郝樹鴻度有萬均一都人楊朝達楊萬年朱其福均縣
十二都人沈以勤縣二都人鄭文勤十二都人毛虫毒縣九都人各賊目多
者統數百人少亦擁百數十人而旁邑巨猾如偽監軍

熊桂生偽總制廖逢金來自崇陽明繼達袁大旺來自
興國焦畫匠紀宰來自通山武昌出沒不常往來如織
此皆余之所及知也其他從逆黨與狼奔豕突爲余所
不及知而不得載筆以紀者又不知凡幾矣大凡賊一
至村落羣無賴子與山谷亡命暴桀者倚其虐燄羣相
煽附而助之威賊益張所過無不敲朴剽奪焚劫屠戮
者民畏荼毒勢不得不醵金致犒冀免燒殺親睦保康
二團賊則不敢入大股亦僅假道過之各都縱立團局
徒擁虛名而已晉善團間偶與賊抗噫此何時也紅巾
滿地白刃横天旌旗色變見者心驚礮鼓聲喧聞者股

栗賊兵如蝟民命如草矣嗟嗟惟天生民有欲無主乃
亂余際斯時愈識君恩之大莫作離亂人諺語信不謬
也夫天下事無不可爲顧勢力何如耳同安惜太孤耳
向使同安起事之日各鄉均築堅塢里有社團大小相
維彼此相救官軍躡於後土團拒於前賊進無所掠退
無所據方束手受縛之不暇又何至滋蔓難圖養成滔
天之勢也哉然自古宄逆之徒未有能得保首領者頃
帝威遠震寰海鏡淸助亂爲逆者靡有孑遺矣前車猶未
遠也天下之生一治一亂踐土食毛之倫治則鑿井耕
田勉爲良善亂則練團結寨力衛身家愼毋狂誖不軌

誤入迷途致與極惡窮凶同遭顯戮斯又普天率土所
宜凜爲殷鑒者已

耆壽

山同仁靜祝壽所以擬南山也咸鐘臺一峰挺秀東南
鍾其氣者往往多壽況我　國家綏猷錫福壽考作人
沛登極之恩　詔諭黃髮崇引年之典宴賜環林咸已
叠沐鴻施矣此外士林耆舊康衢逸叟皆　熙朝人瑞
也合登志乘以存靈光壽母編列女類不復載志耆壽

明

陳　俊任丹陽稅課大使壽九十有五傳載隱逸

王　賓以諸生舉鄉賓儒官壽九十有五子惟昌教諭
王維昌號襄明由歲貢任教諭以子珍錫封戶部主事
壽八十有五
王琰錫庠生珍錫兄壽九十有二與祖若父三壽作朋
董受之庠生上十三都人壽九十五歲

國朝恩賜翰林舉人者詳選舉類不複載

陳惟選號求文六都人少好閒靜善補導之術壽百有
七歲方瞳玉面宛若少年
夏雲擧十二都人百有二歲邑紳賀以詩者五十餘章
錢有斐字紹武號誠齋邑增生擧臭次子性英明有才
畧繼前人志事爲善於鄉嗜學經術湛深尤精於易
某制軍嘗贈以周易彙解暮年手不釋卷猶能作蠅
頭書無疾而終壽九十三子孫入膠庠者十餘人
查騰萬四都人享年九十有六眼見四代臨終之日召
子若孫立床下囑曰不貪金玉重重富但願兒孫个
个賢言已含笑而逝今廩膳生查賡藻其元孫也
鎮其祐號景泰六都人雍正三年生嘉慶二十五年卒
壽九十五歲
鎮天柱字綏五號郁菴六都人邑庠生乾隆六年生道
光十二年卒壽九十二歲

鎮其祚號錫純乾隆元年生道光十一年卒壽九十五
鎮其祧字榮裔號昌菴六都人太學生乾隆十一年生
道光二十年卒壽九十有八
○劉　駿號桂林上五都白水畈人邑諸生年八十重遊
泮水壽至九十有四書法宗劉石菴相國人咸珍之
或謂筆有山林氣然自成一體不可非也富於詩刊
有雪鴻集行世
劉　萃由庠生舉孝廉方正道光乙未年重遊泮水壽
八十八歲傳載辟舉類
錢成選號春浦邑增生壽九十有一少異敏讀書日數

行下學問淵博最工古文辭亦史漢亦歐韓藉先世遺業不筆耕後進以文就質輒引掖之門下多顯達者竟以諸生老家居敦內行宅心醇粹自序云作事期無愧此心待人甯使失之厚又云橘橙秋有色萱桂老逾辛我獨碌碌遲暮徒傷可以概想生平矣耄年以書史自娛子若孫多能世其業洵咸邑耆舊云

胡明山世居浮山性眞樸以孝友傳家壽近百齡眼見四代無疾而終子三孫曾林立次孫良善邑增生

余勝萬上七都人咸豐元年壽九十四縣憲黃詳上咨部恩給從九品頂戴子盛朝貢生

余鵬高生於乾隆五十三年見年九十六子華榮太學生橘仙郡增生

孫達權號柳坪邑增生光緒庚辰年八十有二重遊泮水壽至八十五情性和易近人品學兼優老猶嗜書手不釋卷洵儒林耆宿也子曉江庠生

劉鳴皋號度之邑諸生性醕謹事父嘗糞驗疾以孝聞居鄉與物無競植品篤行堪爲閭里矜式壽八十五

吳開明監生性長厚里黨稱賢壽九秩眼見四代康强考終無疾而逝子兆琨州同職銜孫殿琛諸生

技藝

馬氏通考列雜藝術一門蓋古君子抱道蓄德亦游心藝林而遭時不偶恆托雜家以自晦咸以技藝著者泰和六絶書翰其一伯淯通星歷見徵明洪武時尚已本朝一藝成名頗亦不乏業岐黃精星學攻青烏之術至書畫名家更風雅事也舊志載無考疎已志技藝壬午續志補

王禹錫號耐菴纂修康熙乙巳志工畫酒酣潑墨滿紙淋漓尤善梅骨格清高意趣閒雅尺縑片楮人咸珍之書法亦勁秀絶倫今鮮有傳者

陳鶴年號頤生三都人善畫蘆鴈用筆蒼老

錢世極號小星幼讀父書不沾沾爲帖括學思以書畫名家書倣石菴佩珩筆意畫山水甚佳菊蝉尤簡潔老到寫敗荷可入逸品且精六書印章皆極手自鐫子若燦庠生

黃子谷號虛齋十都人善書蘆鴈用筆蒼老馬尤所擅長人爭寶之

張元俶字畝南號載夫孝廉元燈弟庠生家故厚先學畫於黃子谷能得其神似後造詣益精所畫山水雲煙縹渺筆力蒼勁惜不多作流傳者少候還訓導成憲其孫也

雷以誠號藿郊文章經濟已載志中且工書法筆力秀勁絶倫喜畫梅瘦硬通神如其人耄年風趣不減

胡　魁號梅嶺諸生循例入監孝廉泮之兄書法秀健老於筑陽有書童侍魁久忘其名素不識字後能作擘窠大字今穀城武屬書院秋蘭級佩額乃其遺跡亦魁之教澤及之也

周　謨諸生工書法一時聯額擘窠大字多出其手今猶有存者

方傳中名道源號心田邑諸生工書法初學顏柳不屑爲描頭畫角後寫蘭亭亦到恰好處年未五十卒故

世少傳之

戴清暑畫學荆關尤工作小照性耿介不肯率爾操觚富豪某聘繪行樂居月餘不爲起草久之僅畫一面相而出最嗜酒每春日攜榼遊山間快意獨酌醉則響爆竹以爲樂

方鶴林號香山學畫於鐵橋道人得其薪傳水墨花卉翎毛俱用大筆神情畢肖遊荆襄南陽湘中名噪甚晚年筆更蒼老更號呆呆道人

王　昺字天章號清溪少聰穎好讀書尤敦內行出應童試拔前茅而未青其衿厠名成均非其志也後棄帖括而精研醫理博綜岐黄家言於張仲景李東垣張景岳喻嘉言諸書靡不通貫而撮其要旨則在辨明六經間疾者戶外屨恒滿車無停軌製方不取錢病愈亦不受謝年五十九卒鄉人之病而不能延醫者至今猶念之子南洲亦世其業孫家瑞廩膳生

董欽亭工醫內經素問以下諸書爛熟者百餘種壽八十有三而終

雷氷若精命理預知人生死斷定年月日十得八九諸生錢德峰已物故矣後人以命試其技氷批云此富秀才之命也某年某月某日已嗚呼老矣至今日猶

以星算非汝之記詭卽我之見謬也技眞通神也已

孫春芳邑諸生上七都梓潭人精命學推人五星休咎纖毫悉驗星土奉爲子平殁世人猶稱之

胡駕山少究心星學晚年益精五行生尅制化之理豁然貫通著有命理秘旨惜世少傳本

錢元音號炳文少讀書試不售究心堪輿金鎖青囊諸書能鉤元抉奥遊建業卽陝武漢間所葬吉地悉有圖記應驗如響殆青烏白鶴之流歟子中孚世其業

金和聲號韻餘精地學薈萃郭楊曾賴諸家得其要旨南遊海嶽北走幽燕見益廣卜葬者咸欽仰之傳載

義行子范卿有父風

流寓

山水名勝之區高賢逸士往往托足其間後代流傳覽其詞章與其事蹟令人低徊不盡咸僻且隘寄跡者寥寥維茲四人幸於陳編中搜採得之載諸簡末聊以誌景行之慕云 壬午續志補

幸 皋江夏人明洪武初徵辟知饒州德興縣宣德咸招撫流亡聚民兵障寇時開礦榷銅爲民患奏罷之乃修學校建橋梁闢蓁蕪雞犬相聞漸爲樂土後由江夏寓邑十都長樂鄉子孫遂占籍焉今庠生錫三

黼臣其後裔也

吳廷舉號東湖嘉魚人成化乙未科進士歷官工部尚書謚清惠正德十三年以都御史賑恤湖北寓咸寧題詩署壁刻石（載藝文類）邑旱率縣令吳璁詣寓仙洞禱雨有應歉歲轉爲豐年補學宮祭器擬嘉咸社學又驛道增植路松行人獲蔭以小暑日建寺十都因名小暑寺且植松一株至今數圍人咸有召棠之感云

趙 輅雲南曲靖人舉人明宏治間知咸寧事流寓咸寧今後裔無考

吳東白徽州歙縣人萬歷年間由斷事長官司斷事左遷咸令卸任後兵亂不靖卽流寓咸女字邑庠生董治公歿葬長壽畈陳姓後山妻金宜人同塋

仙釋

自古三教流傳儒宗而外厥爲仙釋夫天下豈有仙人釋氏入中國自漢明始前此未有也古儒者黜邪崇正方將人其人火其書廬其居恐其爲民物之蠹而屏絕之不遑志於何有今者

純陽呂祖仙師

勅加封號載在祀典已若釋氏一教

高宗純皇帝惻然不忍廢之因爲詩以見意云頞波日下豈

能迴二氏於今亦可哀何必闢邪猶泥古留貲畫景與詩材大哉

王言量同覆載然則二氏之教奚足以惑世誣民也哉志仙釋 壬午續志補

葛 洪字稚川自號抱朴子丹陽勾容人晉元帝累召不起止羅浮山鍊丹著書推明飛昇之道導養之理黃白之事內篇二十卷外篇十卷卽以抱朴子名篇又著葛仙翁胎息術一卷曾鍊丹於邑之濳山有葛仙巖巖上有壇卽其煉丹處石竈猶存僧寺中供奉葛仙木主

洪　崖先生未詳何代人十二都掛榜山相傳其煉丹
處此山故又以洪崖名

鮑　姑洪崖先生煉丹於洪崖山其下爲蘋花溪嘗有
老姥采蘋於此問之曰吾鮑姑也忽不見

古仙七人修煉於金龍洞白日冲舉丹池猶存

指宗和尚常德武陵人崇禎二年至邑中古田畈灰沙
洞止焉三年後於西郊外火化見出金光趙存孩先
生爲作神僧傳

海鷗和尚前明僧嘗募修西河橋

石城和尚康熙二十二年嘗募修西河橋

大力和尚康熙三十二年爲修西河橋嘗苦毀募化

中立和尚雍正十三年嘗募修西河橋後於北城校敞
外火化時有人於數十里外見其手攜草團游行道
路殆仙去矣

生生道人不知姓名或曰漢陽人行符水方藥於咸蒲
間多奇驗咸孝廉郭翹中家室東邊地忽軟於泥不
可下足屋旡欲傾請於道人乃罡步植符而地如故
順治初蒲圻周生見道人負葫蘆行賣藥問之曰吾
偶寓跡仙棗亭詰朝可相訪次午登亭無所遇見漢陽志

張法和師有道術能以符水救人殁爲神亦然

一徹道人明崇禎修靜於邑之金龍山洞洞門懸構一
樓辟穀其中至順治時自火化去

曹邦南道家者流有至性毋殁仿丁蘭刻木事如生終
身茹素情切濟人康熙七年與孝子孫廷秀倡修宗
嶽橋即西河橋見鄭夢馨橋記宅傍朱家河亦要津也苦行募化
歷二十餘載建石橋聞其募化蒲邑富家某也蹝階
七日忽大雪富家見空中一女子擁蓋遮南雪不沾
身感而解囊焉橋成於康熙五十一年雍正六年募
建觀音廟於橋側

金石

李邕碑版留照四裔邕咸産也顧未有一焉嗜奇者心
竊疑之然稽湖北金石存佚考咸亦紀載闕如蓋時歷
千百年之久雖金石之堅也有時而刓而洌士欲搜羅
舊跡摩挲玩賞而父老失傳羌無故實往往然矣用是
攄懷舊之蓄念發思古之幽情徵文考獻聊紀見聞以
備通志之採擇志金石壬午續志補

石鐘　武昌記鐘臺山有一石鐘或時鳴響遠邇聞之
故名鐘臺裴子野宋略曰永嘉元年鐘山洪水
有鐘自山流出時人因以名之見文獻通考

銅篭　光緒七年民葛東海於東皋山麓掘得之前註

達魯花赤縣尹校尉主簿縣尉典史教諭各職
官姓名後註監造江崇德延祐六年已未三月
謹記
勝音寺鐘　元初土內掘出一鐘一日三時其音不同
寺名勝音以此
銅壺滴漏　明洪武癸酉年知縣張興祖建今廢
降魔杵　明永樂二十年新安王施與潛山寺僧係九
換銅造至今尚存
西河寺鐘　明正德八年鑄迄今三百餘年屢歷兵燹
未燬音逾清越人以爲西河神之阿護云

宋忠臣陳求道神道碑在西城外西河橋之東
明忠臣孟養浩神道碑在城東五里界路側
明楊劉二孝子齊芳碑在東関外東皋山下
邑侯周日庠去思碑 文載藝文
邑侯朱淩霄義助公田碑 文載藝文
邑侯邵齡庫樓碑 文載藝文
學師鄧雋聘德教去思頌碑 頌載藝文
邑侯陳煥世駕城橋碑 文載藝文
副使魏裳重修廟學碑 文載藝文
何邑侯捐修九政碑 文載藝文

黌宮棠樹碑 文載藝文
資福寺中興碑 文載藝文
邑侯饒拱辰德政頌碑 頌載藝文
邑侯汪靜淵殉節碑 舉人余益杞撰文并附
嗚呼自咸豐壬子粵逆擾咸至同治癸亥霆勇至咸
城叛十餘年間流賊往來如織咸司牧戰賊者黃公
鐘鳴死叛勇者羅公琳父子戰賊而卒同死賊者則
惟汪公而已公以附生咸豐五年任時强寇據省垣
制軍官文恭公文軍新溝圍漢陽府城中丞胡文忠
公林翼軍洪山保安門方伯羅忠烈公澤南門小東

門餘賊猶分擾屬縣公率勇弁唐某及其仲子樹聲
六品銜募敢死士數百迭戰賊馬穚等處屢奏捷賊
憚之六年四月以賊遠颺弛備賊夜襲城公率勇巷
戰仲子猶持鎗殺數悍賊賊自其後聲火銃擊踣之
城陷護勇翼公出北城勸公暫避圖恢復公曰城亡
與亡分也敢愛死負平生哉遂投城濠以死賊退士
民殮公殯城西越數年長公子某登賢書迎公毅魄
以去時淒風苦雨如聞公父子驅義勇殺賊聲也夫
公善戰不下黃公人或以黃公不死賊爲幸黃公固
非不能死者公死忠公子死孝大節凛然不朽死何

負公父子哉公不死賊卽老壽亦安能久靦以生焉伏波願馬革裹尸雖謂公父子幸死咸城豈不可也若羅公抗叛勇以死咸人莫之稱者此其故尤當深思也嗚呼公與羅公同一死守土而吾民之稱道迥異其無徒以死重公也與公諱靜淵湖南人

吳陳氏節孝碑　訓導胡壁華撰文并附

余官咸甯司訓之明年吳生廷選來受業歲己亥廷選應郡院試皆第一補弟子員庚子二月丁母艱母固苦節遺腹生廷選撫之誨之俾至於成立者也壬寅夏五月廷選服闋持節母行實來　上聞余嘗諏

訪節母家世甚悉節母之曾祖母陳曾叔祖母朱孀守撫孤前經　學憲王賜雙節競爽額咨　部請題節母景仰前型克嗣徽音方之太姒無愧焉余遂錄其實蹟申諸　大府循例請旌於朝及余將去任廷選乞爲文勒諸貞珉余諾之而匆匆不果作也既還里數月廷選復寓書申前請於是節母歿三年矣余嘉廷選孝思之摯乃刪次其狀而書之曰節母姓陳氏縣之一都處士時萬公之女也自少閒靜及笄歸吳君耀三年二十五耀三卒節母倉卒不欲生舅位高公姑王母知其娠也曲諭以耀三之宜有後節母感泣愈竭力盡婦職以陰慰其夫越三月廷選生節母念舅姑垂老日以孤子娛色笑盤飧必馨潔每舅姑有疾日夜侍湯藥惟謹後兩遭大喪悲戚至於毀瘠居恒茹蔬衣素澹泊自甘廷選少長承世父承德郎習之公命就外傅節母勖以勵志砥學毋負世父撫蓄意益勤紡績以助和丸迨廷選甫入庠而節母遽逝廷選之盡傷於心求所以表彰其母也宜哉古人守身以事親懍懍乎明善思誠而祿位顯揚猶後也然則廷選之所以不沒其母者事當有在不徒以余言爲重輕矣節母之生也以乾隆辛亥逮其沒

享年五十守節二十有五年

王錢氏貞烈碑　員外郎劉名馨撰文并附

貞烈女錢一姑者生而警慧幼卽通曉女訓諸書行止中規矩父才萬爲相攸得道均王君王氏爲吾咸巨族予之姻親也道均君生三齡屑廢疾稍長貞女漸聞常私禱司竈前願減算以祈其瘳姑姊中偶有道及道均君以爲談笑者貞女輒正色拒之時伯母鄭氏孀居貞女常與之依夜同寢泪常濕枕上甚則作啼泣聲伯母比叩之則飾對云兒瞇熟未有是也如是者有年迨及笄道均疾仍前渭川王翁聞貞女

賢甚不欲以道均累終身囑錢某婦微達此意貞女聞而泣曰父母生我只此一身將欲以兒爲二姓人耶是何言之謬也某婦悚然退父才翁母氏察其意甚堅亦不復議族里聞之莫不賢貞女而嘖嘖稱之弗衰乙酉歲十一月十一日道君年二十七竟以是疾去世王渭翁使走告錢并不令貞女知也貞女泣涕曰吾家人來非以郎君故耶慟絶復甦誓欲過門守孝時貞女祖士如翁年逾八旬貞女平日侍奉不少怠翁因是力阻之貞女恐傷厥祖心乃止姑姊連慰勸謂生不面王郎尊章未及事何自苦爲貞女佯

諾且强作歡顔猶同伯母寢閣四日乘家人不備投繯自盡衣縞服麻髻素鞋悉具時乙酉年冬月十五日也先是嘉慶年間邑有貞節女楊三姑請准旌表建坊東方外聚而觀者甚衆叔母邀貞女往女答曰此豈人生做不到者耶何觀爲蓋貞女之志早決而其於大義聞之稔矣乎又聞貞女歿後父母痛不忍舍欲於祖山安厝期已定起櫬時數十人力紲不得前因暫停焉及王渭翁率族衆衣冠拜迎舉柩若輕數十里遥日未旰即至遂與道均君同塋人咸謂貞女慷慨就義死猶不昧云丙戌春學博王厚齋比部

雷藿郊已呈報蒙　旌貞烈女得垂不朽歲辛亥余假歸里適貞烈女夫弟惟楚爲建坊表乞余一言麗於碑余惟事關風教不容聽其無傳者亦吾黨之義也遂不辭而紀其事

革派甲夫示碑 碑文併書後附

武昌府正堂何爲遵飭示禁事照得咸邑路當孔衙差務絡繹例設排夫不敷應用不能不雇用民夫縣不通商販所雇充夫之人悉係鄉間農民向來每六十里發錢八十文農隙之時天氣晴和頗能應募若農忙時天雨泥濘則無從雇覓因此大差往往致悮

是以該縣向定章程凡農忙時大差經過如須添雇民夫官出雇價先期發交各甲長預爲雇定臨時應用自此方無貽悮至嘉慶十二年七月間縣民張開儒等以縣役苛派勒索等情赴縣呈控蒙批飭查禁止十三年三月間有甲民周漢文以差役包攬苛勒等情並宋輝祥等先後上控又據該縣張查出張開儒傳單斂費把持滋事等情通詳究辦均奉批府提究當經前府審明詳奉

臬憲袁轉詳

督撫憲汪章批結在案茲據周漢文王萬年施懷照曾述經樊

林羽陳正萬胡協功方松茂陳鳴岐祝金鳴周見都李開堂宋輝祥張學希張正祥等赴　臬憲呈請給示批府抄詳出示曉諭奉此本府遵查　臬憲抄看內開該縣添雇民夫一事乾隆五十八年前司等原議遇有重差額設排夫不敷應用准其附近馬頭腳夫及附近鄉村食力貧民酌給工價雇募所議甚屬允當今據訊明該縣並無馬頭嗣後如需添雇民夫仍遵照前司等議定章程按照時價着令夫頭在於鄉村食力貧民雇募應用毋得再赴各都紛派令甲長雇募以杜弊端等因合行出示曉諭爲此示仰

該保甲夫頭人等知悉嗣後遇有差使應須添雇民夫照時價給發夫頭雇募應用該夫頭有短價强雇情事並爾等食力貧民有藉差居奇額外勒索定行分別究處其從前派令甲長雇夫永行革除倘縣役再有勒索滋擾許被擾人具禀究辦决不寬貸各宜凜遵毋違特示嘉慶十四年三月吉日刊

右碑革派甲夫給示刊立各都以杜後累者也當未示革以前民不堪其擾矣捕役勾通刑書騰官舞弊藉大差過境倚勢作威不着夫頭僱募勒派民夫始也大差苛派後小差亦然始也有差勒索後無差亦然窮民無告勢不得不聽其包攬以飽谿壑每年每甲給夫銀數十兩闔邑十六都每都十甲共壹百六十甲總計所得不下數千金然猶不自足也恣其貪惏之性假設名目充甲有點卯費有認狀費有四季規有查圍月結規辦差又索松椏稻草杉菼竹木等物三六都上五都且有冬笋茶葉竿笠石灰等規小民何辜誰能堪此使非

各大憲軫念民依審實嚴究議定章程革除一切陋規害伊胡底哉有父母斯民之責者愼無使日久而弊生又爲民害也摘錄小龍潭碑文以書於後錢光奎跋

拾遺

祕書廿一種列拾遺記志郡國者率以拾遺殿焉舊志補遺今已歸入正志矣然有爲正志所未及詳者槪吐棄一切斷壁零璣不將墜於地乎與其過而廢也毋甯過而存之賦詩斷章取以資博考焉可也志拾遺　壬午

續志補

雲麾將軍李思訓碑爲北海最妙之跡今剝落已甚宋以前塌本舊藏京師李貢士家爲趙文敏故物其題簽乃手書也李北海有兩雲麾碑一李思訓一李秀官同姓又同思訓碑在陝西秀碑在艮鄉秦人著石墨鐫華

者乃以爲一碑且以北碑爲趙文敏所臨誤矣 銷夏記
岳麓碑李北海撰并書雖已殘剝然其鋒穎尚淩厲不
可一世北海奇人故所書爾爾昔俞仲蔚謂此碑勝雲
麾必有所見也北海諸碑皆手自鐫所云黃仙鶴伏苓
芝無其人而托名也歐陽公云李邕書余始不甚好好
之最晚譬猶結交其始也難則其合也必久全 銷夏記
欽州刺史葉明慧碑乃八分書遒雅大有東京遺意八
傳爲李北海書然碑首錯落不敢定金石略載有道先
生葉公碑不載此碑 銷夏記
北海書始變右軍行法頓挫起伏陽冰謂書中得仙手

襄陽牧獨孤册遺愛頌碑李邕撰 通志
襄陽牧衛遺愛頌碑天寶中立李邕撰 通志
漢陽王張柬之碑貞元十二年十一月立李邕撰 通志
董逌書跋予見荆州李邕六公詠石刻文既不刓詩
尤奇偉豪氣激發如見斷鰲立極時宜老杜有朗詠六
公篇云云也 六公謂張柬之桓彥範敬暉崔元暐袁恕己狄仁傑也
馮當世少孤寓武昌縱酒不羈一夕醉卧郊外溪邊有
漁者罷漁艤舟困眠有人叱之曰馮侍中在此安得不
避漁者驚起步月岸上一人衣冠熟睡草間詢之知爲
馮也即拜曰他日貴顯幸勿忘具以所夢告因請卧舟

中以避風露馮睡至晚與共載入郡後馮貴使訪漁舟
不復見 澠水燕談錄
馮當世未第時客餘杭縣爲官逋拘窘計無所出悶題
小詩於所寓寺壁一胥魁范生見之爲白縣令丐寛假
令疑胥受賕游說胥曰馮秀才甚貧但見所留詩他日
必貴顯無疑因誦其詩令遽釋之其詩云韓信棲遲項
羽窮手提長劍喝秋風可憐四海蒼生眼不識男兒未
濟中 泊宅編
馮當世有詩號潛山集。皆其未遇時所作如瑟彈夜月
龍魂冷劍擊秋風鬼膽粗吟氣老懷長劍古醉胸橫得

太行寛塵埃掉臂離長陌琴酒和雲入舊山豐年足酒
客身易世路無媒着脚難皆不凡語也 鶴林玉露
雲齊廣録記馮當世慶歷中以鄂州薦至大江風濤洶
湧幾至沉沒來春廷試第一還過大江風微浪穩舟楫
安然公題詩江亭云江神也世情爲我風光好余讀唐
文粹見施肩吾及第後過楊子江詩云憶昔將貢年抱
愁此江邊魚龍鬬閃爍黑浪高於天今日步春草復來
經此道江神也世情爲我風光好乃知當世取肩吾末
句題於江亭耳非自作也 復齋漫録
漢陽張昌宗處家以義歷世不分馮京贈以詩云一水

灤洄遶沲村子房苗裔此間存同居八世三千口可惜
君恩未表門漢陽守孫杓知之嘉其義爲納稅焉事聞
旌曰義門　漢陽志
永安咸舊爲永安鎮懿簡王孟炯昭王庶二子洪武三十二年
封又云建文元年宣德七年薨莊惠王季壂懿簡庶一子正統
二年以鎮國將軍進封成化四年薨悼懷王均鈢先卒
靖懿王榮澹嗣成化八年襲封正德十五年薨昭定王
顯梧靖懿嫡一子嘉靖六年襲封本年薨恭順王英㷆
昭定嫡一子嘉靖二十八年襲封薨榮惠王華珠恭順
嫡一子萬歷三年襲封薨藴鍾榮惠嫡一子萬歷三年

封長子既而襲封盛落藴鍾嫡子卒容折盛落嫡一子
萬歷三十八年封長孫既而襲封　通志
明初諸王分藩之國亦典軍事靖難後始奪諸王兵柄
自是之國或不於其地撤護衛仰廩祿於縣官空名守
藩而已縣四都橫溝橋殷家嘴等處更名租餉即廢藩
田地名民納價而更名　參郡志
王　煥字午槐號鍾白嘗爲江西高安縣令入覲時諸
大老以詩贈其行詩云江水淸淸江月明酌杯江水送
君行此情非是從凉薄君與江流一樣淸煥之居官淸
廉於此見矣　舊志

戶部主事王大寰熊襄愍公廷弼女倩也熊罷官至寰
家與寰兄弟輩漁於黃鉅橋溪舉網得雙鯉焉先一夕
漁人夢水神語云熊經畧明日來此網魚宜預爲毆之
至是果應今碑鐫熊經畧舉網得魚處猶存溪邊　江夏志
崇禎十七年闖賊爲淸兵所逼奔竄湖北總督何騰蛟
檄飭各州縣團防咸知縣事陳鶴齡聯絡鄉勇以待逼
闖以二十八騎登九宮山鄉兵四起截殺於亂刃之下
見何騰蛟逆闖伏誅疏
錢有犨字彊仁號痴巖臨湘訓導有年其兄也性聰雋
甫成童補弟子員潛心好學工文章李府尊葉觀察觀

風均取第一移居縣北城內喜咏吟邑侯何廷韜器重
之唱和無虛日亦名下士也康熙六年
御製秋日閨怨七律限溪西雞齊啼韻內用一二三四五六
七八九十百千萬半雙兩丈尺十八字犨擬一首詩云
百尺樓頭千丈溪欄杆十二六橋西四時一對雙飛鳥
五夜三更獨聽雞半幅魚書愁莫寄兩行鴈字寫難齊
七絃八別腸迴九萬里情牽掩淚啼
邑宰陳煥世工吟咏書法通神墨跡留咸不少所寫多
其所作步西河橋得句云長虹千里鎖城闉綠野桑麻
翠幄連間數輕鷗浮淺筏一燈漁唱曉鐘天賫書以贈

邑紳

邑侯温宜鋭號玉山罷官去咸年餘矣不忘斯民重來此地臨行製七律二首留别歲貢敏旃嚴昌遜次韻奉和錄其一云竹馬騰歡夾道迎耆耇又見佛如生談來經濟純乎古讀到文章總不平（侯著玉山文集分贈）幾樹棠陰留馬跡一城雀躍繪輿情民間雞黍多餘物爭向郵亭作大烹（沒字碑後語）

吾楚咸甯周君煦生以咸豐壬子同余弟叔鸞中書家墳舉於鄉而叔鸞僅中副車今叔鸞之墓五易草矣而君謁選得城固令同治己巳與家璧遇於秦中出葬母

周原圖屬題其未遷葬也冢嗣祺夢倪慶雲者告以地且曰張公魯魯公廟登山握左拳瘤而疑之及君卜得其邑之周袁山買而更之曰周原葬焉墓域之左有里社旁有碑曰張公魯廷之墓訛與夢合因問居人有倪慶雲否則居閒署券者之父適字慶雲蓋於文人皃爲倪也此殆有前定耶傳記樗里滕公袁安陶士行沈彬事豈盡誣也夫自委壑而藁掩而薪衣而封樹而五行堪輿青烏黃囊之說與此因斯人至性之不容已而遞生焉者也爲人子者非敢藉遺骸以求福然意不在求福而委遺骸於溝壑豈人子之心哉守禮行善而盡心以安其親此人子可爲者也自求多福有道雖聖賢不以爲非而以地形之學程子不道遂謂近人所相地形必非庖犧俯察之理蓋亦疑事而質矣夫地形家言彭祖言公劉言文王周公言孔子子貢或出傅會而閒亦有徵於詩書以郭景純之忠節周子朱子蔡季通之道學而亦於是兢兢焉豈亦有世俗之見而爲之者哉且自是說盛行而殉葬之風息矣是安親之餘亦有以體好生之心而有補救於世俗也但惑於其說或違禮而久不葬或葬焉而屢遷不已欲安其親而不知所以安親斯不可耳孔子曰吾聞之古不修墓蓋慎之於始也余

家先塋多在黃州先祖母葬大冶青山麓梅垣背而先父母葬武昌石山麓王家嘴一曰金粟墩以土言也叔鸞季鴉祔焉亡室程恭人亦祔此山去先塋十數武璧題煦生是圖南望楚山不禁怦怦心動而哀親葬有時盡白雲無盡時也（狄雲行館偶刊）